安次县四种旧志丛书（河北省社会科学基金项目）

（民国）安次县志

金久红 主编

金久红 王玉亮 校注

天津出版传媒集团

天津古籍出版社

图书在版编目（CIP）数据

（民国）安次县志 / 金久红，王玉亮校注. -- 天津：天津古籍出版社，2019.11
（安次县四种旧志丛书 / 金久红主编）
ISBN 978-7-5528-0862-9

Ⅰ. ①民… Ⅱ. ①金… ②王… Ⅲ. ①安次县－地方志－民国 Ⅳ. ①K296.44

中国版本图书馆CIP数据核字(2019)第215515号

（民国）安次县志
MINGUO ANCI XIANZHI

金久红，王玉亮/校注

出版人/张玮

天津古籍出版社出版

（天津市西康路35号　邮编300051）

http://www.tjabc.net

临沂华兴数字商务印刷有限公司印刷

全国新华书店发行

开本 787毫米×1092毫米 1/16　印张 28　字数 438 千字

2019 年 11 月 第 1 版　2019 年 11 月 第 1 次印刷

ISBN 978-7-5528-0862-9　　定价：198.00元

编纂委员会成员

顾　问:张　平

主　任:薛振泽

副主任:袁鸿昌　寇　东　赵　玉

委　员:马富凤　李华东　冯振永　杨涵予

　　　　金久红　陈新海　王玉亮

序

今廊坊市安次区,古称安次,元代称东安州,明清两代称东安县,1914年复旧名安次县。自金元定都北京以来,安次便为畿南首邑。此地"南接雄霸,北控燕云,拥三关而萦九河","北拱燕台,东环潞水,气映西山之嵯峨,派分津门之澎湃"。这样优越的自然地理环境,促进了古代经济的发展和繁荣,"凡城市村墟,星罗棋置,烟火万家,亦彬彬乎名区也"。地杰而人灵,民富而文萃,"以致涵灵毓秀,酝酿人文"。其实,作为汉代就已立制的古县,风华物茂,名流久传,"名卿巨公,忠孝节义彪炳于载籍者,实甲于渤海诸邑",而安次的优秀历史文化、名人风骨无不有赖于县志的记载与留传。

国有国史,县有县志;史存国续,志纂县兴。邑之有志,犹国之有史,"史载一代兴亡之迹,志备一方文献之征"。县志对于一个县而言,就是其历史渊源和人文根脉,是凝聚一方、地域认同的载体。游子萦牵梦里、叶落归根的深厚情感,后人见贤思齐、崇德求义的良风善俗,无不真切地体现在县志中,又无不依赖于县志得以弘扬。而县志的修纂和县志的整理,是珍存一县历史全貌、挖掘传承一县文化的前提和基础,需要全县各界人士共同重视和攘助。

最早记载安次的志书为元代《东安县图志》,该志虽在明代《文渊阁书目》、清代《(光绪)顺天府志》中都有记载,但编纂者与卷数均已不详。其次为明初《东安县志》,编入明代《文渊阁书目》时已是"志久佚,无法考知卷数及撰者"了。还有明嘉靖时本县人张文举编纂的《(万历)东安县志》,明后期收藏入内阁，清初佚散，也无法确知卷数详情。现存最早的县志为明天启五年（1625）刻本，即由明代郑之城、边仑等修纂的《（天启）东安县志》，记事止于天启五年。清代的有康熙十六年（1677）付梓的《（康熙）东安县志》，由王士美始修，李大章等终稿；另有乾隆十四年（1749）刊刻的《（乾隆）东安县志》，由时任县令李光昭聘任周琰编纂完成。民国时期则有 1914 年由刘钟英、马钟琇纂修并付梓的《（民国）安次县志》。这四种志书既有单行本，也有成书于 1936 的合刊本。明天启、清康熙两部《东安县志》在国内都是孤本仅存（现珍藏于国家图书馆），《（乾隆）东安县志》和《（民国）安次县志》亦存者寥寥。

今廊坊市安次区与廊坊师范学院进行合作，廊坊师范学院以金久红教授为首的科研团队，便以《（天启）东安县志》《（康熙）东安县志》《（乾隆）东安县志》和《（民国）安次县志》的初刊本为底本，以《安次县旧志四种合刊》本为对校本，对四部珍稀旧志进行了系统的整理点校，历时五年而成。这项工作，无论是对安次县志本身的文本存传，还是对当地历史文化的挖掘、传承与弘扬，或是对地方区域历史文化的研究，都具有非常重要的价值和意义。

首先，县志的整理有助于地方区域历史的研究。地方志对区域内政治、自然、经济和人文的发展传承有较全面的记载，"盖县之有志，犹国之有史也。史载一代之兴衰，详而靡遗，志补一方之文献，信而有征，皆足以追往古勖来今，其旨渊哉深乎！"其次，县志的整理有助于地方社会的治理。县志对地方官员可以起到旌善彰恶的警示作用，"服官而勤政治，居乡而砥躬修"，"邑之有志，所以载古今事迹之殊，而吏之贤否，亦于兹可见也"。县志对地方官员可以起到资政辅治的借鉴作用，正所谓"邑之有志，所以征文献、端吏治而正民心者也。邑之有志，所以记载事迹，表彰人文"。"俾官于斯者可以考利弊、知民风，生于斯者可以去朴陋、进文明"。安次县志中记载了历代乡贤济贫助赈、捐学兴学的大量义举，歌颂了求荣知耻、急公近义、爱国奉献的各类人物，这些人物、事例和精神，在古代发挥着德化一方百姓、引领当地社会风气的重要作用,在今天也可以给我们提供宝贵的借鉴与指引。

以史为鉴,我国五千年文明得以传承,社会治理在鉴史的沿革中曲折前行。进入21世纪以来,优秀传统地方历史文化更加受到重视,国家提出了"创新乡贤文化,弘扬善行义举,以乡情乡愁为纽带吸引和凝聚各方人士支持家乡建设,传承乡村文明"的乡村文化建设思想。在这个过程中,安次区委宣传部提出要对现存的安次县志进行校注整理与出版,这一工作值得大力支持与充分肯定。

2019年,正值改革开放四十周年和新中国成立七十周年,谨以此成果,作为向党和国家以及安次人民的献礼!

张平

2019.7.16

校注凡例

一、此次《（民国）安次县志》的整理工作，依择优而取的原则，以刘钟英、马钟琇纂修之1914年铅印本（此本正文中简称1914年印"民国志"）为底本。考虑到1936年王文琳等辑《安次县旧志四种合刊》存世较多，故将合刊本中重订之《（民国）安次县志》（此本正文中简称合刊本"民国志"）的讹误脱漏等情况一并注出，以便读者参考。

二、原书竖排繁体，今改为横排简体，并加现代标点符号，根据文义进行分段。

三、异体字、俗体字一般改为现行规范字，但通假字、避讳字不作改动，只于页下作出注释说明。

四、底本用"□"表示不能确定当为何字，存疑待考，整理本因之不变。

五、整理中贯彻"整旧如旧"的原则，底本脱、讹、衍、倒之处，正文均维持原貌，只加注释于当页说明。

六、本书正文用宋体，夹注用小字楷体，以示区别。正文和夹注的标点各为系统。

七、吸收1936年《安次县旧志四种合刊》中重刊之《（民国）安次县志》校勘记的有益成果，连同新发现的问题，一并在当页注释，本书书末不再另附校勘记。

八、四种合刊本中重刊之《（民国）安次县志》的部分内容（尤其是《艺文志》），与1914年初刊本相较，有较多增录，亦有少量删节，俱在当页以注文简要说明，具体增录文本收入附录一。

九、四种合刊本虽与各时期初刊本相较间有讹误,但于战乱频仍之际,保存、传布地方文献功不可没,其卷首三篇总序,亦录于书末,以志不忘。文本收入附录二。

目 录

安次县志序 …………………………………………………………… 1
安次县志序 …………………………………………………………… 2
安次县志序 …………………………………………………………… 3
安次县志序 …………………………………………………………… 5
中华民国三年安次县修志在事诸人姓氏 …………………………… 6
安次县志凡例十则 …………………………………………………… 11
参考书目 ……………………………………………………………… 13
安次县志目录 ………………………………………………………… 14
安次县志卷一　地理志 ……………………………………………… 15
安次县志卷二　赋役志 ……………………………………………… 69
安次县志卷三　职官志 ……………………………………………… 103
安次县志卷四　选举志 ……………………………………………… 139
安次县志卷五　名宦志 ……………………………………………… 176
安次县志卷六　人物志 ……………………………………………… 184
安次县志卷七　列女志 ……………………………………………… 227
安次县志卷八　艺文志内编文 ……………………………………… 273

安次县志卷九　艺文志内编诗	308
安次县志卷十　艺文志外编文	345
安次县志卷十一　艺文志外编诗	389
安次县志卷十二　杂记	403

附录一	421
附录二	430
后记	434

安次县志序

邑之有志,犹国之有史也。史载一代兴亡之迹,志备一方文献之征。其建置沿革也,地理河渠也,名宦人物也,古迹艺文也,作者执笔而书之,俾官于斯者可以考利弊、知民风,生于斯者可以去朴陋、进文明。继往开来,岂非当务之急与?

安次,古汉县,文物甲于畿南。自李唐来,伟人接踵而出,麟麟炳炳焉。乾隆中,邑侯李公修志,用力甚勤,迄今百有余年矣。县会诸君子思缵其功。甲寅仲春,公举比部①马君箸羲肩其任,敦请鄙人挈其纲。固辞不获已,乃献其一得之愚。邑之良士任采访者,云集响应,共襄盛举。收稿既多,乃取李志,阙者补之,冗者删之,略者详之,谬者纠之。地理沿革有表焉,职官选举有表焉,艺文志分内外两编,则国粹于是保焉。箸羲藏书数万卷,微显②阐幽,心精力果,不数月而书成。李公有灵,应亦叹后来居上也。凡倡修、采访、缮写、捐赀诸君子列名简端,以垂不朽,礼亦宜之。

昔光绪中,余曾独力修《大城县志》,节财俭用,不立志局。今箸羲志与余同,行所无事,岂不快哉!箸羲表章文献不遗余力,手辑《古燕诗纪》一编,凡顺天府属,自秦汉以至明清无不载焉。主持风雅,鼓吹修明,此书一出,当不胫而走。区区邑志,犹其小焉者耳。

中华民国三年岁次甲寅四月穀旦③古平舒刘钟英紫山甫撰

---

① 比部:明清时对刑部及其司官的习称。
② "微显"合刊本"民国志"误作"显微"。微显阐幽:谓显现微妙之处,阐明幽深之理。
③ 穀旦:良辰;晴朗美好的日子。旧时常用为吉日的代称。

安次县志序

吾邑志书,自李明府重纂之后,世换沧桑。县议会同人思缵其绪,筹公款,延访员。今岁仲春,公推琇主编纂之任。自揣固陋,辞不获已。亟取旧书,变通其例,详其略而补其漏。粗得大凡,就正于刘芷衫师,遇有商榷,屡承教正。敬谨将事,阅百日而书成,通计十四万言,汇为一十二卷。第一志《地理》,附以金石存目及新政大略,其事则增于前矣。第二志《赋役》,王德修茂才之所辑也,表式从新,一目了然。第三志《职官》,表族侄志恒校订甚勤。第四志《选举》,编年为表,以符通例。第五志《名宦》,前志率尚骈语,事迹全湮,今矫其弊,取合史裁。第六志《人物》,前代乡贤,旧志不无挂漏,兹详加搜辑以彰先献。由钩稽群籍补传者十居其三,取裁前志者十之四。有清耆旧,自乾隆以还,悉为立传。成于芷衫师者约居其半,家鹏卿明经间亦分辑,余则琇所纂也。第以邑人承乏,殊难衡以国史之例,乡评具在,阅者谅之。第七志《列女》,悉据采访册,复取高毓亭茂才寄来赵寿三遗稿,得数十人,鹏卿分纂甚多。第八、第九志《艺文》,以邑人著述为内编,起于五代,断自近人;附录撰著书目,意在保存国粹,并采有关本邑之文订为外编,各成二卷。第十曰《杂记》,事关本邑,足资考证,无类可附,殿于末篇。惜乎!庚子之役,县署毁于联军,案牍大都无存,旁摭博拾,语焉不详,故《赋役》《职官》二志略焉。史有阙文,古今同慨①,排纂既竟,爰撮其本末如此。

中华民国三年甲寅闰五月既望邑人马钟琇谨序

吾邑重印县志,属余校补,计校正增补四十六事。乙亥夏四月仲莹校竟记

---

① 慨:感叹。

安次县志序

邑之有志,所以征文献、端吏治而正民心者也。燕南之文献足征者,莫如安次。是邑也,于汉隶渤海郡,于唐隶幽州范阳郡,于宋隶燕山府路,历代伟人间出,彪炳史册久矣。

岁戊申,镶承乏①斯邑,如学务、警察以及自治制度,纷纭繁赜,次第举行,商君所谓"难与谋始者,靡不备尝艰苦"。政事之暇,尝阅前志,其忠孝节烈、文章技术彰彰在人耳目者,更仆难数。惜自乾隆以后,续修绝响,自庚子至今日兵燹②沧桑又十五载,设再无人载笔,一邑之掌故将胥③失其传焉。斯诚断续存亡之交也。邑人马君钟琇起而任之,力不藉于公家,友惟集夫同志,变通旧志之规模,网罗旧闻之放失,为书十四万余言,高文典册无不彰,潜德幽光无不发。拟诸形容,则宛斯《绎史》之根柢,贵与《通考》之模型也。

志既成,驰书索序,镶虽不敏,何敢恝然④而不竭其心志乎?盖有地理而后有风俗,有文献而后有人心,人心风俗可变,而此型方训俗之文终古不变。《周礼》"训方氏掌四方之政事与其上下之志"⑤。汉丞相张禹使朱赣条天下风俗,班史因之作《地理志》,咸于民质良楛、俗尚贞淫三致意焉。诚以人心风俗者,天下安危所系也。风俗美,民气固,吏治端,何忧乎寇乱?何畏乎强邻?何恤乎奇技淫巧?斯则文献之观感,有以浃洽之也。夫兰台柱下之文非不闳且富,而一代修史者必采诸稗官私箸⑥,则以信史直笔存之斯民也。方

---

① 承乏:承继空缺的职位。后多用作任官的谦词。
② 兵燹(xiǎn):因战乱而造成的焚烧破坏等灾害。燹,野火,多指兵乱中纵火焚烧。
③ 胥:都。
④ 恝(jiá)然:漠不关心貌,冷淡貌。
⑤ 语出《周礼·夏官司马第四》,其原文为:"训方氏掌道四方之政事与其上下之志。"
⑥ 箸:通"著",撰写,写作。

今国家史馆宏开,下征书之令,斯志之成适逢其会,何其幸欤!伟哉乎!马君兴起一邑之人才,而跻民风于隆古,他日久道化成,不卜可知矣。

镁于斯邑愧鲜树立,窃幸夫官斯邑者奉此编为治谱,端吏治而正民心犹反手耳。乃操觚而为之序。

中华民国三年十二月蜀西神泉周如镁少莪撰

安次县志序

昔紫阳朱子所至,以茸志为急务,诚以文献无征,后人不能悬拟,方策具在,旷代犹可相师。吾人读书稽古,幸际升平,将润色鸿猷,大其声以鸣国家之盛,而梓桑①恭敬。转使典章文物湮没无闻,不亦羞当世之士耶!矧文以载道,其为前人所已及者不可不述,所谓"有以守之,弗敢废也";其为前人所未及者不敢不增,所谓"有以启之,弗敢专也"。

甲寅秋,余知安次县事,适斯县志告成,马君箸羲、杨君馨斋、解君荫周、郭君炳寰诸绅寄书来阅,乞一言以弁诸简。公余稍暇,次第披览,举夫山川、风俗、建置沿革以及地理、河渠、名宦、文艺②诸大端罔弗毕备,而人物之盛为直省所仅见。自吕正惠公而下,历历可数,已足动人景慕。若忠烈节义之事,其炳烁千秋者指不胜屈。当其舍生取义、奋不顾身,虽古之志士仁人,何以加诸③?使无有操彰瘅之权,秉阳秋之笔,大书特书,光昭志乘,历年既久,必几归于湮没不彰,亦士大夫之责也。虽然,托孤寄命,临大节而不可夺者,君子也。是必有人焉,奋乎百世之上,兴起乎百世之下,足以磨世砺俗相维持于不敝者。则大城刘君紫山、邑人马君箸羲分任纂修,又得合邑诸君共襄辅助,历五阅月④而志竟成。此固合邑之幸,亦赖诸君数典不忘,有以致之也。爰赘数语,置诸简端,以志不忘云。是为序。

中华民国三年十月知安次县事贵州贵阳熊济熙谨序

---

① 梓桑:亦曰"桑梓",梓树和桑树。语出《诗·小雅·小弁》:"维桑与梓,必恭敬止。"朱熹集传:"桑、梓二木。古者五亩之宅,树之墙下,以遗子孙给蚕食、具器用者也……桑梓,父母所植。"故人们多用桑梓来借指故乡或乡亲父老。

② "文艺"误,当作"艺文",字序颠倒。合刊本"民国志"此处亦倒。

③ 加诸:指凌驾于。

④ 阅:经历。五阅月:即五个月。

中华民国三年安次县修志在事诸人姓氏

倡修

参事会员岁贡生① 杨毓棻

参事会员庠生② 陈毓琦

参事会员庠生 王致诚

参事会员庠生 孙玉辉

议事会议员庠生 郭鸿文

议员武生③ 曹克俭

议员 马钟琇

议员 马元煦

议员庠生 高荫荣

议员庠生 邵祖训

议员庠生 于家训

议员庠生 李文林

议员庠生 解锡樾

议员庠生 孟景山

议员 王双全

议员 张海山

议员庠生 汪树玗

---

① 岁贡生:科举制度中贡入国子监生员的一种。明清两代,每年或两、三年从府州县学中选送资深的廪生升入国子监肄业,因称岁贡。大多挨次升贡,故俗称"挨贡"。

② 庠生:科举制度中府、州、县学的生员的别称。明清时为秀才的别称。

③ 武生:武秀才的俗称。

中华民国三年安次县修志在事诸人姓氏

议员　张庆祥

议员廪生　邢奉璋

议员　张汇泉

议员　王金

议员　刘体贞

总纂

光绪乙酉科拔贡生①　大城刘钟英

前法部制勘司主事　邑人马钟琇

分纂

恩贡生②　马鸿翱

邑廪生　王耀成

收掌

邑廪生　李树铭

采访

邑廪生　邵宪伦

前大挑③知县举人④　黄万荣

前安州学正举人　张廷钰

前候选知县举人　曹克祇

前候选教谕举人　马元熙

---

① 拔贡生：科举制度中贡入国子监的生员的一种。清制，初定六年一次，乾隆中改为十二年一次，每府学二名，州、县学各一名，由各省学政从生员中考选，保送入京，经朝考合格，可充任京官、知县或教职。

② 恩贡生：科举制度中贡入国子监的生员之一种。明清定制，凡遇皇室庆典，根据府、州、县学岁贡常额，本年加贡一次作为恩贡。清代特许"先贤"后裔入监者，亦称恩贡。

③ 大挑：清乾隆以后定制，三科以上会试不中的举人，挑取其中一等的以知县用，二等的以教职用。六年举行一次，意在使举人出身的有较宽的出路，名为大挑。

④ 举人：明清两代称乡试录取者。

前潮州盐大使举人　信书年

邑庠生　张廷襄

邑庠生　谢藻

邑庠生　刘仙舫　娄佐梅　杨世昌

邑庠生　王祖植

邑庠生　周玉堂

廪生①　杨云台

邑庠生　石长瀛　孙书带

邑庠生　马立群

孝廉方正②庠生　王开文

岁贡生　李福谦

邑庠生　刘光鑫

贡生③马钟琦　解锡田

邑庠生　宋湛霖　倪硕甫

邑庠生　崔步瀛

邑庠生　杨缙云

邑庠生　解锡镇　宗子光

庠生　曹金楹

郡庠生　强潭

高等小学毕业生　马元烈

邑庠生　彭九卿

---

① 廪生：明清两代称由公家给以膳食的生员。又称廪膳生。明初生员有定额，皆食廪。其后名额增多，因谓初设食廪者为廪膳生员，省称"廪生"。

② 孝廉方正：清代特诏举行的制科之一。自雍正时起，新帝嗣位，诏直省府、州、县、卫各举"孝廉方正"，赐六品章服，备召用。乾隆以后，定荐举后送吏部考察，授以知县等官及教职。

③ 贡生：指科举时代，考选府、州、县生员（秀才）送到国子监（太学）读书的人。

中华民国三年安次县修志在事诸人姓氏

师范生　郭鸿逵

邑庠生　谢振镛

师范生　张培芛

邑庠生　解光煜

廪生　张仑

邑庠生　崔传礼

邑庠生　于召勋

邑庠生　郭为翰　徐成恺

邑庠生　王廷献

邑庠生　马树和

邑庠生　扈天锡　卢永第　张有容

邑庠生　孙绳武

邑庠生　谢恩溥

邑庠生　于明哲　王雨亭

贡生　孟景云　马元炽　王化兴　田宝兰

邑庠生　张培芬　杜永清　王永江

邑庠生　董连秀　马元煦

邑庠生　岳谦

邑庠生　孙家彦　马钟璞

邑庠生　曹镜如

邑庠生　马骍

誊录

高等小学毕业生　马丕敬

高等小学毕业生　马志恒

（民国）安次县志

绘图

马元恺

高等小学毕业生　王泽清

马元悌

安次县志凡例十则

一东安县今年复古名安次县,爰绘新图,置诸卷首。惜乎!县城失于修葺,县署毁于联军,旧所载廨宇十不存一,今撮其大略以俟修明。若文庙、祀典,通国一体,非一县所专,兹不备载。

一文武官员历任年分,多不可考,姑为阙之,惟已故者录其德政。六房①案卷悉遭兵燹,修志者无所凭依,阅者慎勿讥其挂漏也。

一人物志,自唐以来,伟人接踵而出,旧志失载甚多,盖无书可考耳。今遍阅秘书,凡可传者皆为补入,发潜德之幽光,存历朝之文献,淑身②淑世③何快如之!凡现存者不录。

一桑干河迁徙无常,今据《永定河志》详考其溃决、修筑诸事,绘为新图,并载李公诸论,以备河防一览,而以凤河、龙河、哑吧河、减河附焉。其余古河古堤岁久淤平者,皆归诸"古迹",而以古坊、古墓、古桥梁、古市集附焉。

一《史记》立表,法最简明,今遵其例,地理沿革、赋役、职官、选举皆立表,一览无遗。新增村庄百余,录之以见生聚之盛也。各村新立学校为造士基础,录之以俟德化之成也。若僧寺、道观并入《古迹》,不在此例。

一旧志分门太多,如忠孝节义,一人分置数处,《名宦》亦羼乎其间。《列女》又分节妇、烈妇、孝妇、贞女诸目,古史有此例乎?今归划一,以省复沓。

一旧志立传者多以骈丽肤辞④了事,事迹全堙⑤,不可为法。今尽以史笔

---

① 六房:宋门下省设六房:孔目房、吏房、户房、兵房、礼房、刑房,由给事中分治。元、明、清之州县衙门亦设吏、户、礼、兵、刑、工六房。后成为地方衙门吏役的总称。

② 淑身:以善修身。

③ 淑世:犹济世。

④ 肤辞:亦作"肤词"。肤浅空泛的言辞。

⑤ 堙:埋没。

行之,使古人须眉毕现。又八景诗纯构虚词,最为陋习,今一概删去,自此之后永断来章。

——名臣奏议关系国家治乱,嘉谋硕画备载无遗。金石之文、墓志墓表及诸碑记之佳者,亦并录之,为存古也。诗古文辞乃一邑精华所萃,今分内、外两编,内为主,外为客,附以《邑人撰著存目》一篇,以视前志较为明晰。

——邑人有以诗文稿邮寄志局者,必甄别而后录,不能每人而悦之也。他邑以禀帖①等件为古文者,摭入志中,传为笑柄,直言无隐,识者谅之。

——琐事异闻无类可入者,归诸杂记,以资考证。惟编者见闻未广,不无挂漏②,所企博洽诸公匡其不逮。有得古人传志诗文可以补遗者,即祈邮寄相示,胜于百朋之锡多矣,必泐③芳名,永垂不朽。

---

① 禀帖:旧时民众或下级呈官府的文书。

② 挂漏:"挂一漏万"的略语,谓提及者少而遗漏者多。

③ 泐:通"勒"。铭刻。

参考书目①

《汉书》《宋史》《辽史》《金史》《元史》《明史》《全唐文》《全唐诗》《宋文鉴》《霸州志》《旧五代史》《新五代史》《辽文存》《元文类》《归田录》《元诗选》《明诗综》《严陵集》《一山集》《九国志》《北学编》《文献通考》《宋诗纪事》《十国春秋》《畿辅通志》《顺天府志》《山居新话》《金石粹编》《东都事略》《元史考异》《日下旧闻》《大明一统志》《大清一统志》《寄园寄所寄》《司马温公集》《吴文正公集》《春明梦余录》《契丹国志》《大金国志》《列朝诗集》《全唐文拾》《馆陶县志》《永清县志》《永定河志》《四库全书提要》《读史方舆纪要》《池北偶谈》《玉壶清话》《红豆树馆诗话》《云自在堪笔记》《太平寰宇记》《帝京景物略》《寰宇访碑录》《宋诗纪事补》《翰苑群书》

---

① 参考书目依原书顺序排列,未做调整。

安次县志目录

卷之一　地理志

　　舆图　沿革表　疆界　星野　气候　形势　四乡村落城池　官廨　集市学制　祀典　风俗古迹　河渠堤埝　物产　金石存目　五行　铁路电线　自治大略　警察大略　邮政

卷之二　赋役志

　　户口　田赋　解支　差徭

卷之三　职官志

　　官制　文官　武备

卷之四　选举志

　　文科　武科　五贡　例贡　官职　荫袭

卷之五　名宦志

　　列传

卷之六　人物志

　　列传　附流寓　方外

卷之七　列女志

　　列传

卷之八　艺文志内编文

卷之九　艺文志内编诗

　　邑人著述存目

卷之十　艺文志外编文

卷之十一　艺文志外编诗

卷之十二　杂记

安次县志卷一　地理志

安次为燕南旧邑，文化肇自西汉，前志言之详矣。今纂新志，略变旧章，并"星野""建置""学校""祀典""河渠""风物""古迹"于《地理》，增"铁路电线"及"自治""警察"各条，以见新政一斑。附录《金石目》一篇，亦考古者所乐闻也。

安次县

《新书·地理志·安次上》○《舆地广记·安次上》○《元·地理志·东安州下》○《光绪顺天府志·东安县要》

地理沿革表

汉	安次县。前汉属渤海郡。后汉属广阳郡。
三国魏	安次县。属燕国。
晋	安次县。属燕国。后晋①属燕郡。前燕属燕国。前秦属燕郡。
北魏	改名安城县。属燕郡。
齐周	安次县。
隋	复故名安次县。属涿郡。
唐	安次县。武德初属幽州，武德四年移治石梁城，贞观八年移治常道城，开元二十三年又移治耿就桥南，神龙初徙昌州来寄治②，领县一，龙山县。
五代辽	安次县。梁属幽州。唐属幽州。辽属析津府。
宋金	安次县。宋属燕山府。金属大兴府。
元	东安州。太宗七年改属霸州，中统四年升州，属大都路。
明	东安县。洪武初降为县，属北平府。永乐时改北平为顺天府，仍隶顺属。
清	东安县。属顺天府南路厅。
中华民国	三年夏复安次故名。

---

① 据文意，此"后晋"指历史上的东晋。
② 寄治：地方官署侨居他地。《宋书·州郡志一》："宋末失淮北，侨立兖州，寄治淮阴。"

（民国）安次县志

黄帝制天下以立万国，始经安墟，合符釜山，遂隶涿鹿之阿。安次，即古安墟地。唐虞夏商周属冀、兖、幽州之域，春秋战国俱为燕国封疆。《汉地理志》云："武王封召公于燕，其后三十六世俱称王。东有渔阳、右北平、辽西、辽东。西有上谷、代郡、雁门。南有涿郡之易州、容城、范阳。北有新城、故安、涿县、良乡、新昌及渤海之安次，皆燕分也。"①

秦并天下，立郡四十，置上谷、渔阳、右北平等郡。《史记》："自雁门、太原以东至辽阳，为燕、代国。"②汉高帝置安次县，属渤海郡。五年八月，立卢绾为燕王。六年，分燕置涿郡。吕后时，又分燕国之地，置涿郡及广阳国。武帝元狩六年，置十三州，改为幽州，领郡国十。昭帝元凤元年，改为广阳郡。宣帝本始元年，改郡为国。后汉建武十三年，省入上谷郡。永平八年，复为广阳郡，置幽州刺史治于此。《后汉郡国志》："广阳郡，世祖省并上谷。永平八年，复五城：蓟、广阳、昌平、军都、安次。"和帝复置幽州，隶如旧。

三国魏改隶范阳郡。晋太康初，以幽州听治北燕、范阳二国。永嘉之后，于汉为刘渊地，于赵为石勒地，于燕为慕容隽地，于秦为苻坚地，于后燕为慕容垂地。后魏迁都平城，置燕都，领于幽州，更安次为安城。后周属幽州总管府。

隋大业初，废府，改为涿郡，复名安次。唐高祖武德初，以安次隶涿郡。四年，移县治于东南五十里石梁城。太宗贞观八年，移县西五十里常道城。武后如意元年，分安次，置武隆县即永清县，属幽州。元宗③开元中，改幽州为范阳郡，安次仍隶范阳；二十三年，移县治于耿就桥行市南。肃宗乾元中，安次仍隶幽州。

---

① 《汉书·地理志》原文为："武王定殷，封召公于燕，其后三十六世与六国俱称王。东有渔阳、右北平、辽西、辽东，西有上谷、代郡、雁门，南得涿郡之易、容城、范阳、北新城、故安、涿县、良乡、新昌，及渤海之安次，皆燕分也。"

② 选自《史记·汉兴以来诸侯王年表序》。

③ 此处"元"为避讳字。元宗：即玄宗，避康熙玄烨讳。

石晋天福初，割燕云十六州以赂契丹，安次遂为辽地。辽会同元年，以幽州为南京幽都府，安次隶焉。开泰元年，改南京为燕京，幽都为永安析津府。保大末，入于金。永①宣和五年，幽州入宋，置燕山府路，收复山前州县，安次隶焉。后七年，郭药师以燕山叛，没于金。金天会七年，属河东北路，大兴、宛平等十县，安次在焉。天德三年，迁都燕京，改为中都路，以析津府为大兴府，安次仍隶之。

元中统元，改安次为东安，隶霸州，更号燕京路，又为总管大兴路以隶之。二年，升东安县为东安州。至元初，改燕京为中都大兴府。九，改中都为大都，又改大兴府为大都路总管府，直隶中书省，东安州隶焉。

明洪武元年八月，改大都路为北平府。九月，置大都督分府于此。十月，隶山东行省。二年三月，置北平行省，以北平府隶之。是年，东安因浑河为患，迁治于常伯乡张李店。九年，改东安州为县。旧志"洪武二年改州为县"，今照《通志》作"九年"，俟考。永乐元年，以北平为北京，改北平府为顺天府，东安县隶焉。

清因之，隶南路同知焉。

疆　界

正东落垡村，接武清县界，距县治十八里。东北堤口村，接通州界，距县治五十里。

正西左奕村，接永清县界，距县治十二里。西南安澜城，接霸州界，距县治四十里。

正南褚河港，接静海县界，距县治六十五里。东南穆家口，接②武清县界，距县治三十五里。

---

① "永"字误，当作"宋"。合刊本"民国志"此处亦误作"永"。
② "接"合刊本"民国志"误作"按"。

正北萧家务,接大兴县界,距县治五十里。西北佟指挥营,接大兴县界,距县治六十里。

西北至北京顺天府一百四十里,西南至省会保定府二百九十里,北至霸昌道驻扎之昌平州二百一十里,西北至南路分府驻扎之黄村一百一十里(黄村,大兴县属),东至武清县四十里,东北至通州一百二十里,西至永清县四十五里,西南至霸州一百里,南至静海县一百三十里,东南①天津府一百一十里,北至大兴县一百四十里,西北至固安县七十里。

星 野

按《周礼·保章氏》:"以星土辨九州之地,所封之域皆有分星,以观妖祥。"后之修志书者,无不以此弁首。虽弹丸小邑,亦效其颦,烦称博引,并与妖祥无涉,甚无谓也。今录数则以备数典。

《汉书·地理志》:"燕地,尾、箕分野也……东有渔阳、右北平、辽西、辽东,西有上谷、代郡、雁门,南得涿郡之易、容城、范阳、北新城、故安、涿县、良乡、新昌及渤海之安次,皆燕分也。乐浪、元菟,亦宜属焉……自危四度至斗六度,谓之析木之次,燕之分也。"

《后汉书·天文志》:"辰星主幽州……玉衡第八星主幽州,常以戊寅日候之。戊寅为涿郡之安次。"

皇甫谧《帝王世纪》:"自尾十度至斗七度百三十五分而终,曰析木之次,于辰在寅,谓之摄提格,于律为应钟,斗建在亥,今燕分野。"《后汉书·郡国志》引以为注。

《通考》:"尾箕,燕分。"注:"渤海之安次皆其分也。"

---

① "南"后脱一"至"字,当补。合刊本"民国志"此处亦脱此字。

金陵周于漆所定《天文大成》云："东安、固安同为尾六度、天江①斗分②属之地。"

气　候

县境当赤道北三十九度，气候系大陆性质，寒暑均不甚酷，雨量甚少。每岁小雪后川河始冰，来年春分前冻即解。春夏之交，永定河附近之处大风时作，黄沙弥漫空际，行旅苦之。

形　势

本县全境成一狭长形，以西北部为最广。锐端当其南中部，状如蜂腰。东北有两股斜伸入于通州、武清境，如蜗角，然其相连之颈仅一带耳。

土③质南部平衍多沙土，乏黏性④，不及北部之肥沃。北部地质膏腴，性燥易坼，雨水稍缺，旱灾易成。中部滨河之地，多系淤泥，宜麦，收成倍于他处焉。

四乡村落

东南　**崇福乡**

陈家⑤务	距城二里	仇家庄	距城四里
西尤庄	距城四里	东尤庄	距城四里
北赵庄	距城十二里	孟东庄	距城六里

---

① 天江：星名。
② 斗分：古时的一种历算方法。
③ "土"合刊本"民国志"误作"士"。
④ "性"合刊本"民国志"误作"牲"。
⑤ 合刊本"民国志""陈"后脱一"家"字。

(民国)安次县志

孙东庄　距城六里	北崔庄　距城五里
大麻庄　距城八里	南辛庄　距城八里
谷庄　距城八里	屯东庄　距城五里
大小纪庄　距城五里	马神庙　距城八里
许东庄	陈东庄
麻子屯　距城八里	于家营　距城八里
东庄南关　距城六里	孔洼　距城八里
前所营　距城十里	北沙窝　距城十二里
刘七堤	齐官屯
邢官营　距城十二里	丈房河　距城十二里
张单营	小麻庄　距城九里
北赵庄　距城十二里	东栗庄　距城十里
南崔庄	杨官屯　距城十二里
庄窠村　距城十二里	南沙窝　距城十二里
济南屯　距城十五里	金官屯　距城十六里
芦七堤　距城十二里	范庄　距城十四里
齐营　距城十六里	马头镇　距城二十里
田家庄　距城十八里	后罗官屯　距城二十里
张庄　距城二十二里	前罗官屯　距城二十里
史家庄　距城二十里	八里桥
赵家窑	刘疙疸①
王庄　距城二十五里	胡家场
响口　距城二十五里	李庄　距城二十五里

----

① 疙疸：即"疙瘩"。

西辛庄　　　　　　　　　孙皮庄　距城二十七里

司庄　距城二十五里　　　曹庄　距城二十五里

小郑庄　距城二十五里　　东西安庄　距城二十五里

甄庄　距城二十五里　　　惠家堡　距城二十八里

高庄　距城二十三里　　　怀庄　距城二十六里

唐家坟　　　　　　　　　白草洼　距城三十里

丰盛店　距城三十里　　　侯家桥

新立村　　　　　　　　　穆家口　距城三十五里

葛渔城镇　距城四十里　　郑行子

苏家窑　　　　　　　　　小东村

杜家场　　　　　　　　　高柳子

兽头房　　　　　　　　　孙家场

景尔头　　　　　　　　　张家场

老堤头　　　　　　　　　黄家漕

李家场　　　　　　　　　马柳子

卢①家堡　　　　　　　　马窑

霍家场　　　　　　　　　杨家场

于家堤　距城四十一里　　罗家柳

淘河　距城四十九里　　　豆家窑

孟家坟　　　　　　　　　东西六百地

边家坟　　　　　　　　　大刘铺

四堡　　　　　　　　　　西茔

郎二茔　　　　　　　　　南泊

---

① "卢"合刊本"民国志"误作"芦"。

(民国)安次县志

马道口	椅子圈
南堤	东中西桃园
郭庄	宋六口　距城五十里
东沽港　距城五十七里	赵家堡
小宋六口　距城五十里	于家堡
榆树园	曹柳子
褚河港　距城六十五里	陈家堡
王家堡	

西南　**常伯乡**

蔡家营　距城四里	户史家务
大北尹　距城五里	贾榆木屯　距城五里
田北尹	小北尹　距城八里
马杓榴　距城七里	大王庄　距城八里
李庄	崔史家务　距城五里
灰城　距城十里	大益屯　距城十五里
宗史家务　距城五里	朱官屯　距城十二里
彭庄	桃园　距城八里
张家务　距城八里	北护村壕　距城二十五里
窑上	柳园
南护村壕　距城二十五里	三家村
邵庄　距城十二里	西马子庄　距城十八里
朱村　距城八里	四洛图　距城十五里
李马子庄　距城十八里	左奕　距城十二里
秦马子庄　距城十八里	曹马子庄　距城十八里
北马子庄　距城十八里	信马子庄　距城十八里

南马子庄　距城十八里	棋杆马子庄　距城十八里
姚马子庄　距城十八里	第十里　距城二十里
郭家庄　距城二十里	挑河头镇　距城二十五里
西曹庄　距城二十五里	石桥　距城二十五里
黄堤　距城三十里	辛庄
张家庄　距城二十五里	岔河村　距城二十八里
川心河	大郑庄　距城二十五里
小沈庄　距城二十七里	九家堡
大沈庄　距城三十里	胡家庄　距城三十里
郭家场	祁坨　距城三十里
小惠庄　距城三十里	马家场
邵庄　距城三十里	段家场
三堡	张坨　距城三十里
西张家场	马道口
韩家场	蔺家场
邓家场	青杨树　距城三十里
小马家场	外狼城　距城四十五里
十一号	得胜口镇　距城五十里
王家圈　距城五十六里	十二号
马家口　距城五十里	小东庄南柳村
惠家场	磨叉港　距城五十六里
里狼城　距城四十里	堤根村　距城三十里
孙坨　距城三十二里	南堤
佟庄　距城三十里	冯村
王家场	蛤喇港　距城三十五里
张家村	齐官屯　距城十四里

(民国)安次县志

东北　安仁乡

贾家庄　距城五里	韩家庄　距城三里
潘家场　距城六里	葛园子
东小营　距城五里	伊家场
小大刘庄　距城五里	东张家务　距城八里
傅庄　距城十里	焦庄　距城八里
祝马房　距城十里	路家营　距城十五里
小辛庄	皮家务　距城八里
西马圈　距城十五里	张单营　距城十五里
熊家营　距城十三里	吴家庄　距城十五里
石各庄　距城十里	岳家庄　距城八里
苏家庄	田庄　距城八里
野鸡官庄	落垡镇　距城二十里
普照营　距城十二里	把什营　距城十五里
连家庄　距城二十里	亭子头　距城二十里
董常甫　距城二十里	黄道务　距城二十五里
东西孟各庄　距城十八里	高孟各庄
麦洼村　距城二十五里	小王家庄
北昌村　距城三十里	小官庄　距城三十里
祖各庄　距城二十五里	窦家务　距城三十里
蔡家庄　距城三十里	麦洼辛店　距城二十五里
律庄　距城二十五里	廊房　距城三十里
中所营　距城二十五里	许各庄　距城二十五里
大官庄	西务　距城三十五里
郭桑园　距城三十里	墩台

周各庄	距城三十里	陈桑园	
苗家庄		王家砦	距城二十五里
李庄		陈各庄	
翟各庄	距城三十五里	碾子营	距城三十五里
化营辛庄		南甸	
南尖塔	距城四十里	化家营	距城四十里
北甸村		北尖塔	距城四十里
前王各庄	距城四十里	王家庄	距城四十里
东尖塔	距城四十里	后王各庄	距城四十里
麻家营	距城四十里	骆辛庄	
伊马房	距城四十三里	小堼垡	
上庄头		龙门庄	距城六十里
左场		堤口	距城五十里
张各庄	距城六十里	刘鲍马房	
堤上营	距城五十里	半壁店	距城六十里
萧家务	距城五十里	哼啰庄	距城六十里
倪家村	距城六十里	大里庄	距城六十里
邵各庄	距城六十里	施家坟	
前后甫	距城六十里	辛庄	距城四十里
大黑垡	距城七十里	小黑垡	距城七十里
黑垡辛庄		李家务	距城八十里
泗儿上		牛房	距城九十里

西北 **惠化乡**

宋王务	距城一里	社学庄	距城二里
东储村	距城三里	东西麻各庄	距城五里

高家务	禅房　距城八里
孙庄　距城三里	东西小韩村　距城五里
大西储	南园子
大王务	小西储
东得胜　距城八里	后场
民卢村　距城十二里	西得胜　距城八里
高家圈	军卢村　距城十二里
永丰　距城十五里	茨平村　距城十二里
景村　距城十二里	周家园子
石庄窠　距城十四里	太平庄　距城五十五里
蛮儿营　距城十五里	东孟村　距城十五里
大小安乐村　距城二十里	辛其庄　距城十七里
西孟村　距城十五里	小北石　距城二十五里
南固城　距城二十里	王常甫　距城二十里
小营　距城十七里	于常甫　距城十九里
北史家务　距城二十五里	柴家务　距城二十五里
杨税务　距城二十五里	东固城　距城二十里
大北石　距城二十五里	王玛
西固城　距城二十里	小次乡
柳园　距城三十里	管家务　距城三十七里
僧垡头　距城四十里	琥珀营　距城三十五里
南北陈	许更生
胡其营　距城三十五里	辛庄
崔指挥营　距城五十七里	南寺垡　距城五十里
野鸡刘庄　距城六十里	南化各庄

寺垡辛庄　距城五十里	蔡家务　距城五十里
南昌村　距城二十五里	北寺垡　距城五十里
洪辛庄　距城六十二里	大麻庄　距城二十五里
小麻庄　距城二十五里	王庄
芒店村　距城三十五里	南庄　距城三十里
顺民屯　距城三十五里	赵各庄　距城四十里
大垡　距城三十二里	大东京　距城三十五里
奶子房　距城四十里	李更生
小东京　距城三十五里	高更生　距城五十五里
马家务　距城四十里	穆家房　距城四十里
杨更生　距城五十里	刚其营　距城四十里
高辛庄	张家务　距城五十五里
霍更生	吴场
大白家务　距城五十里	张更生
马场	古庄　距城六十里
夏家营　距城五十五里	孙场
南王里　距城六十里	辛庄　距城四十里
刘各庄　距城三十五里	爨庄　距城三十五里
古县庄　距城三十五里	辛房村
卢庄　距城四十里	东西冯家务　距城三十八里
旧州镇　距城四十里	太凝侯庄　距城四十二里
郭家场	小五龙　距城四十三里
兴龙庄　距城四十八里	刘官营　距城五十里
史家务	垡上村　距城五十里
四南务　距城四十五里	南汉　距城四十里

靳各庄	距城五十里	陈亮营	距城五十七里
南常道	距城五十里	南辛庄	
毛家营	距城五十七里	北常道	距城五十里
兴龙场		王各庄	距城五十里
新白家务	距城五十里	张家场	
义和场		东王里	距城六十里
辛庄		杨马房	距城七十里
北王里	距城六十里	毕各庄	距城七十里
卜家营	距城七十里	藏古营	距城六十五里
田古营	距城六十里	团城	距城七十里
巩各庄		艾各庄	距城四十五里
韩各庄	距城五十二里	齐家营	距城五十里
大五龙	距城四十五里	朱家场	
浑酒营	距城五十里	邢家营	距城五十里
李纪营		王家场	
曹留犊	距城五十里	艾家务	距城五十八里
石庄窠		周留犊	距城五十里
簸箕营	距城六十里	石何营	
郝留犊	距城五十里	王小寨	距城五十里
沈小寨	距城六十里	墨其营	距城五十里
东火头营	距城五十里	高小寨	距城六十里
侯孙洼	距城五十里	火头营	距城五十里
太平庄	距城五十五里	孙洼小营	
苗小寨	距城五十里	刘家场	
万庄	距城五十里	柳林马房	距城五十里
倘户营	距城五十五里	北皋村	距城六十里

高家营　距城五十五里	八家务　距城五十七里
赵家场	殷家营　距城五十里
王家场	稽察王　距城六十里
王园子	潘村　距城六十里
李孙洼　距城五十里	草厂　距城五十五里
丰其小营　距城六十里	石槽　距城五十六里
杜各庄　距城五十五里	佟指挥营　距城六十里
霸州营　距城五十里	回子营　距城五十里
西化营　距城六十里	红寺村　距城六十七里
武家营　距城六十里	牤牛庄　距城六十二里
赤鲁村　距城七十里	柴孙洼　距城六十里
皋家营　距城六十里	

明编户四十四里　嘉靖四十三年知县陶栋请并为十八里,清初因之,详《赋役志》。

澄清坊　文城坊　城内以坊名

黄务里　东庄里　以上迤东

辛庄里　安庄里　白洼里　以上迤东南

北马里　河北里　河南里　石桥里　益留里　以上迤西南

淳化里　丰登里　通津里　东张里　葛南里　葛北里　东沽里

公河里　安富屯　宣化屯　修正屯　以上正南

户北里　左南里　左北里　北隐里　以上迤西

刘庄里　得胜里　卢村里　徐村里　艾庄里　北昌里　凤窝里

贾庄里　邵庄里　南务里　东务里　新务里　王庄里　以上迤北

孙洼里　团城里　白务里　留犊里　以上迤西北

清编户四十二里　每里设书手一人,专司每年造报官簿;老人一名,专司向各花户催纳粮银。

澄清里　分八甲　　白务里　分十九甲　　团城里　分十六甲

留犊里	分三十四甲	北尹里	分七甲	北左里	分五甲
孙洼里	分二甲	徐村里	分十甲	得胜里	分四甲
王庄里	一甲	黄务里	分三甲	葛北里	分四甲
东庄里	分四甲	辛庄里	分三甲	辛务里	分四甲
葛南里	分十一甲	北昌里	分十甲	卢村里	分五甲
甲庄里	分三甲	东张里	分九甲	丰登里	分九甲
河北里	分二甲	公河里	分八甲	东沽里	分五甲
左南里	分五甲	文城里	分三甲	纯化里	分三甲
益留里	分四甲	安付里	分四甲		

以上分甲者共二十九里

通津里　北昌里　河南里　石桥里　刘庄里　凤窝里　安庄里　户北里　艾庄里　南务里　邵庄里　东务里　白洼里

以上十三里原未分甲

建　置

城池

城周围七里二百四十步。东阔七百六十四步,南阔七百一十八步,西阔五百六十步,北阔八百步。高二丈七尺,广一丈五尺。池深八尺,阔一丈二尺。

自明洪武二年,从常道城之耿就桥行市南迁治于常伯乡张李店,即今县治是也。旧志"迁县治于洪武三年",今照《通志》"二年",存考。其时城池未建,凡官廨民居俱属草创。

天顺间知县于璧、成化间主簿何瑛始节创濠堑,略具规模。弘治十一年,知县蒋昇重修基址,砖券城东门一座,为镇东门。正德六年,流贼为寇,知县周义筑垣浚濠,建三城门:曰"安西",曰"平南",曰"拱北"。而四门乃具。十二年,知县武魁又于垣内累土加厚,增立女墙,环城之外,浚以深沟,而城之规制始备。嘉靖十六年,知县刘继先略加修治,改北门曰"迎恩",东门曰"曙海",南门曰"通津",西门曰"宗山"。二十八年,知县成印增修城基,广一丈四尺,顶阔一丈,高二丈七尺,堞五尺。浚池①深八尺,广一丈二尺,钉桩排岸,贯以横木。二十九年春,砖包城之四隅各四十丈,建角楼于其上,北门外复筑月城一座,上建两檐重楼。八月,闻贼势寖急②,添掘濠③堑,深广加倍。城中设望台六座,以资防守。又填砖包修西门,更券南门重楼一座。隆庆二年,知县刘祐奉文饬修砖城。因派阖邑富民,计砖七百余万块,灰四千万斤,缮修坚固,堪资守御。天启五年,知县郑之城又复重修。凡欹裂处,皆撤故易新。而内垣之卑薄者益加增坚厚,以垂久远。崇祯元年,知县欧阳保重修四门城楼,改题其额曰:"东升""西爽""南明""北拱"。

清顺治五、六年间,浑河为患。四围冲没,城楼垛堞悉行颓圮。康熙十一年,差员勘估,详咨工部,末④及修筑。十五年九月,知县李大章首捐俸金,设法修葺,四面完固。乾隆二年,县令张拔遵照乾隆元年部颁营造尺勘占⑤砖城,四面共长一千五百六十四丈六尺,计银二十二万两零。九年,清河道王照张令原估长丈改估土城,计银三万二千七百两零。十三年,原任四川布政司李如兰之子州同李云鹏遵旨修筑,于乾隆十四年三月兴工,十九年工竣。同治六年,署知县张鹏云兴修,计城身一千五百六十四丈六尺,高一丈五尺,顶宽八尺,底宽一丈二尺。又修瓮城四座,每座高二丈四尺,宽三丈,长二丈,又建四门看门兵房八间。七年知县李璋、八年署知县姚镕接修竣工,今皆失修。

官廨

县治自洪武二年主簿华得芳移于今所,一切厅廨规模草创。永乐二年,

---

① 浚池:深池。
② 寖急:越来越急迫。
③ "濠"合刊本"民国志"误作"濛"。
④ "末"字误,当作"未"。合刊本"民国志"此处亦误作"末"。
⑤ "占"字误,当作"估"。合刊本"民国志"此处亦误作"占"。

知县李骥重修大门三间,上建谯楼,重檐四周,气宇高敞,诚一邑之巨丽也。正德十一年,知县武魁建。至嘉靖四十五年,知县王宗尧拆毁。崇祯元年,知县欧阳保号称循吏,兼精堪舆术,于崇祯元年照旧重建。八年,知县何达海复毁之。仪门三间、戒石亭一座,万历间知县张汝蕴易以牌坊于大堂前。大堂一座,旧名"牧爱堂",知县冯沂改"忠爱堂"。思政堂在牧爱堂后,今为二堂,在宅门内,乾隆六年县令张鸿畴重修。虚受堂在宅门内西偏,县令张鸿畴建,乾隆十二年知县李光昭题额。库房一间,在大堂左,后移至思政堂右,乾隆六年县令张鸿畴重修,移至思政堂左。藏房一间,在大堂右。仪仗库在藏房之西。赞政厅在库房之东。知县内署在思政堂后,同治十一年知县毛璋重修二堂四间、二堂东西厢房六间、三堂西厢房三间、四堂三间、四堂东西耳房、东西厢房及东院书房、厨房。十三年,知县刘枝彦捐修六房办公所十间,旧志:吏公所东西共十间,废。并修饰大堂大门。光绪六年,知县王益寿修大门内道东土地祠,庚子联军入境,均毁于火。县丞衙署在正东。主簿衙署二所,乾隆十一年三角淀主簿衙署改建惠家铺。典史衙署旧在县丞宅南,后改建于县堂西。六房各五间,在堂墀左右,吏公廨东西各十间。狱一所,在仪门西。钟楼一座。明嘉靖四十二年,谯楼钟不击自鸣。隆庆初,邑令王宗尧毁楼,卧钟于地,鸣如故。后令王邦直复建楼以悬之,鸣遂止。今在甬道东。讲约所在县头门西,旧为茶棚庵,乾隆十三年,知县李光昭改建。寅宾馆旧在钟楼北,久废,乾隆十三年,知县李光昭改置讲约所后,察院行台在县治东。顺天府行台在县治西南,久废,万历六年知县韩景闵改为马神祠。金台书院在东街三官庙西,万历四十六年知县陆燧建。税课司在县治西,缺,久裁。河泊所在县治西,缺,久裁。阴阳学在县治东。医学在县治东。申明亭、旌善亭,知县成印、阮宗道相继重修。彰善坊在县治东,乾隆六年奉文建。养济院在大南街西胡同,万历间知县阮宗道重修。僧会司在县治西。广严寺演武场在县治东门外,正厅四楹,旗台一座,库房二间,在二堂左,一切银两必具文申报方可动支。其实在、新除逐项登簿明晰,立循环二簿,每月送上司倒换稽查。广有仓在东街。预备仓在北街。永丰仓,即常平仓,雍正十三年奉文将入官房地改建大门一座,廒房共二十八间,内应额贮谷一万二千石。乾隆九年八月,又奉文额贮谷三万石。每年出陈易新及借贷民间俱无常数,必奉明文方可支给。其实在、新除登簿明晰,立循环二簿,每月申送上司倒换稽查。以上各署均废。

义仓　一在城内西街北后巷,一在惠家铺,一在挑河头,一在落垡,一在伊家马房,一在杨税务,一在旧州。均乾隆十余年建。今基址仅存。

集市

城内东街　二七小集　　南街　五十大集　　　　落垡　一六日集

马头　一六日集　　　　葛渔城　五十日集　　　东沽港　四九日集

褚河港　二七日集　　　挑河头　四九日集　　　得胜口　五十日集

里狼城　二七日集　　　廊房　三八大集,五十小集　杨税务　三八日集

南寺垡　四九日集　　　旧州　三八日集　　　　万庄　二七四九集

学制

学宫在县治西,唐开元间建于耿就桥行市南。元中统四年,改县为州,升为州学。至正二十三年,因浑河水患移于州治东朝正坊。至明洪武二年,复因浑河水患随县治迁于今地。九年,改州为县,复为县学。宣德五年,知县王友信重修。天顺七年知县冯珍,嘉靖二十八年知县成印,隆庆五年知县王邦直,万历三十九年知县郑崇岳、教谕寇光裕,清康熙六年教谕王梦明,十一年训导马元调,六十一年知县周道裕,各有修建。嘉庆十八年,知县□□□①重修。光绪元年,知县刘枝彦修。三十二年,绅民捐款,仅将大成殿略事修理云。

大成殿五间

露台　在殿下。

---

① 嘉庆十八年重修学宫的知县姓名不详。1914年印"民国志"此处即存疑待考,合刊本"民国志"因之。

东庑　两庑各七间。

西庑　失修。

戟门　三间。

泮池

屏璧①一座

棂星门

崇圣祠三间　在明伦堂后。

明伦堂三间　在殿后。

牌坊二座　左为"继往",右为"开来",嘉靖二十九年建。又东为"德侔天地",西为"道冠古今"。万历间本道梁有年、教谕寇光裕重建。今久废。

神库房二间　在殿右,久废。

卧碑　在明伦堂东北壁上。

敬一亭　在明伦堂后,久废。

育英门

进德修业斋各三间　在明伦堂左右,久废。

孝弟忠信四号　在敬一亭左右,各五间。废。

射圃亭　在庙学西,今废。

教谕宅

训导宅

圣庙祭期:每岁春秋二仲月上丁日致祭,先三日斋戒,前一日省牲。知县行正献礼,教官行分献礼。

州县之志,学校多用圣贤名位、俎豆器数、乐章舞节,此则功令②所颁,通国一体,非一县所专,兹从略焉。

---

① "璧"字误,当作"壁"。合刊本"民国志"此处亦误作"璧"。

② 功令:古时国家对学者考核和录用的法规。

名宦祠　在戟门外西偏，祭圣毕，祭之祭品：羊一、豕一、帛一、爵各一，杂以果品。

　　乡贤祠　在戟门外西偏，祭期、祭品与名宦祠同。

　　忠义祠　在明伦堂后，雍正二年建。春秋二仲月上戊日致祭，其礼视名宦、乡贤。

　　节孝祠　在学宫之西，雍正二年建。祭期、祭礼与忠义祠同。

　　县学额设廪膳生员二十名，增广生员二十名，新进生每岁科两试各十二名，后又额增三名，武生岁试十二名。

入学仪注

　　凡岁科新进①发红案②后，印官卜日，新进衣公服，谒于堂。印官升公座，各童在大堂行四拜礼，毕。各童披花红，毕。又谢印官四拜礼，毕。鼓乐乘骑迎，各童先行，印官随后，坐轿送文庙，率领各童在大成殿行谒庙礼，三跪九叩首礼，毕。行至明伦堂，儒学官在东，印官在西，行送学礼。四拜毕，儒学官转西，印官转东，又行四拜礼。四拜毕，印官领各童与儒学行谒见礼。四拜毕，各童谢印官又行四拜礼，印官西向答揖，毕。印官同儒学在明伦堂饮公宴酒，毕。回署。送学有酒、有旗、有红、有花、有马、有鼓吹。诸生齐集县堂，着衣顶③、簪花、披红，毕。至二门外上马，旗鼓前导，县令亲领，诣学宫谒庙令，与学师交拜，诸生向学师四拜，学师报二拜，或免二拜，诸生退。儒学延印官宴明伦堂。

---

① 新进：谓初入仕途、新得科第或新被任用。
② 红案：科举时代称学政下发各府、州、县学的生员名单。
③ 衣顶：清代标志功名等级的衣服和顶戴。

宾兴仪注

应试 凡生员赴试者,先期印官具启投请,至期设宴大堂。学师南面,县令主席,诸生东西向,盛酒筵,演戏剧。仪门外设月桥结彩,印官步送桥上,举觯立饮,簪以桂花,被以彩绢,导以绛旗,引以鼓吹,亲送至东门外,盒樽数酌。毕,印官视诸生乘驿马乃回署。

捷报 凡举人初中,即日有司树旗、送捷报牌。郊迎于送旗牌之次日,遣夫马往接。既至,有司伞盖,率金鼓、清道、结彩出迎,行礼如常仪释菜①。至学,行礼而退,赴鹿鸣嘉宴,以次行礼,歌鹿鸣诗,成礼而退,归第导如来仪。会试如应试礼加隆,进士②如举人礼加隆,贡士次举人礼。

按《周礼·大司徒》:"以乡三物教万民而宾兴之",此宾兴之典所由昉③也。科举时代于乡、会二科,邑宰设宴饯送,概曰"宾兴"。虽在昔宾其德行,后世宾其文学,而于崇德尚贤之意则一也。今科举久停,此礼废矣。志之以备掌故。

乡饮仪注

明洪武五年,令中书省详定条式。十六年,礼部定到乡饮酒图式仪注,令府、州、县、里、社一体行。每岁正月十五日、十月初一日,印官于儒学行礼。前期印官为主,具书速宾④,凡致仕官及民有齿德儒行者,咸与至。旦,于学明伦堂序立,行相见礼。三揖而后,至阶三让。而后升堂,印官于主位东南,

---

① 释菜:亦作"释采"。古代入学时祭祀先圣先师的一种典礼。

② 进士:唐宋时称殿试及第者。金代科举之制,则以词赋、经义、策论中选的称为进士,以律科、经义中选的称为举人。明清时复以殿试合格者为进士。

③ 昉:起始。

④ 速宾:主人亲自登门邀请宾客。速:召。

大宾位西北,僎①位于东北,介宾位次于东南,九十者六豆,八十者五豆,七十者四豆,六十者坐,五十者立。县佐与学官之属序齿坐,皆西向。耆老儒士序齿坐,皆东向。教官一人为司正,扬觯②致辞:"恭惟朝廷,率由旧章,敦崇礼教,举行乡饮。凡我长幼,各相劝勉,为臣尽忠,为子尽孝。长幼有序,兄友弟恭,内睦宗族,外和乡党。毋容废堕,以忝所生。"读毕,讲读律令曰:"乡饮酒礼,序长幼,论贤良,别奸顽,其有曾违条犯者不许干与善良之席,违者罪以违制。敢有喧哗失礼者,扬觯者以礼责之。"歌《诗》古歌《南陔》《鱼丽》《周南》《召南》等章,后世歌《鹿鸣》《四牡》《皇皇》者,华古有扬觯,无读律制,取周官读法之义,所以补扬觯之不足也。宾主立听,再揖,然后坐。凡行酒,五行至七行,不过十行,宾主拜而退。

社学　在西门外,康熙乙未年建。

义学四　一在县治小西街,后改书院。一在王里村,一在苂平村,今俱废。一在落垡,亦废。

金台书院　在县治东街。明万历四十六年知县陆燧建。清雍正中,知县张拔改建于小西街,知县李光昭重修。嘉庆二十四年知县陈镇标复建,改名"安次书院"。今县议会即其故址。

光绪庚子乱后停止科举,讲新学,学校兴焉。今列如左:

城内高等小学校　光绪二十九年成立。

得胜口公立尚实小学校　光绪三十年冬季成立,宣统二年春扩充两等,民国三年改为高等。

西马圈初小学校　光绪三十一年春季成立。

葛渔城初小学校

西关初小学校

---

① 此处脱一"宾"字。僎宾:古代行乡饮酒礼时辅佐主人的人。

② 扬觯(zhì):举起酒器。古时饮钱时的一种礼节。

落垡初小学校

北田庄初小学校

甄庄初小学校

穆家口初小学校　　以上均于光绪三十一年秋季成立。

旧州初小学校

磨叉港初小学校

大沈庄初小学校

淘河初小学校　　以上均于光绪三十一年冬季成立。

城内模范学校

响口初小学校

东沽港初小学校

葛渔城女学校　　以上均于光绪三十二年冬季成立。

朱村初小学校　　光绪三十二年冬季成立。

得胜口马氏乐群小学校　　贡生马子龙立。

东张家务初小学校

南务初小学校

护村壕初小学校

齐官屯初小学校

柳林马房初小学校

古县初小学校

南辛庄初小学校

萧家务初小学校　　以上均于光绪三十三年春季成立。

大益屯初小学校

李孙洼初小学校

褚河港初小学校　　以上均于光绪三十三年夏季成立。

于家堤初小学校　　光绪三十三年冬季成立。

民卢村初小学校

北常道初小学校　以上均于光绪三十四年春季成立。

白家务初小学校　光绪三十四年冬季成立。

堤上营初小学校

马头初小学校

大垡初小学校

南马子庄初小学校

万庄初小学校

孙坨初小学校

北马子庄初小学校

南洛图庄初小学校

第什里初小学校　以上均于宣统元年成立。

高家庄初小学校

南甸子初小学校

杨税务初小学校

户史家务初小学校

北昌初小学校

赵各庄初小学校

南北陈初小学校

三固城初小学校

顺民屯初小学校

大马房初小学校

张洛图庄初小学校　以上均于宣统二年成立。

县城南关初小学校

小麻庄初小学校

史家庄初小学校

大五龙初小学校

东安庄初小学校

大郑庄初小学校

茨平初小学校

大北尹初小学校

里狼城初小学校

甄庄李氏初小学校

城内女学校　以上均于宣统三年成立。

路家营初小学校

白草洼初小学校

南马子庄初小学校

西北　张家务初小学校

东京村初小学校　以上均于中华民国元年成立。

济南屯初小学校

达王庄初小学校

小茨乡初小学校

王玛初小学校

淘河解氏小学校　以上均于中华民国二年成立。

祀　典

社稷坛,在县治西门外,春秋二仲月上戊日祭。

风云雷雨山川坛,在县治南门外,与社稷坛同日祭。

雩坛,每岁仲夏致祭,岁旱则设位以祷之。

先农坛,在县治东门外,每岁仲春亥日享先农。祭品:帛一,色白;羊一;

豕一;铏一;笾四;豆四;簠二;簋二;爵三。是日印官衣朝衣,至坛前,礼生赞①,行三跪九叩首礼。毕,礼生赞引②主祭官行初献礼。二人引赞③诣酒尊所,执事者酌酒,诣先农神位前,跪,初献爵,叩首,兴平身。诣读祝位,跪,众官皆跪,读祝。毕,叩首,兴平身,复位。又赞引行亚献礼。毕,复位。又赞行终献礼。毕,又赞诣饮福受胙④位,跪,饮福酒,受福胙,叩首,兴平身,复位。又行三跪九叩首礼。毕,换蟒袍,诣耤田,行耕耤礼。耕具:耒一,色赤;牛一,色黑;箱一,色青。正印官秉耒,佐贰执青箱播种,老农一人牵牛,官右手扶犁,左手执鞭,九推。毕,农夫终亩⑤。行耕毕,更朝服谢恩,礼毕,回署。

迎春 先期造土牛、芒神。立春前一日,印官朝服,率僚属,具仪卫,农夫执耒耜前导,迎春于东郊。行至春厂,同各官饮春酒。毕,礼生引至勾芒神位前行礼。毕,芒神同春牛前行,印官随之,至县署大门内,礼生引至芒神前,赞揖安神⑥礼。毕,同各官在大堂饮春酒。毕,进署。是日,燕陈诸歌部杂戏。越明日,按立春时刻祭拜,礼如前。礼毕,鞭春。遂击鼓,印官至牛前,执彩鞭击土牛三匝,僚属如之。礼毕,回署。

厉坛,在县治北门外,洪武年建,祀本县阖境无祀鬼神。清明节、七月望、十月朔致祭。计地三亩七分五厘。

漏泽坛,在厉坛东,地八亩。知县韩襄查复计地八亩,南北五十七弓,东西三十四弓。

八蜡庙,旧在县治西,今改建东门外,春秋上戊日致祭。刘猛将军合祀庙

---

① 赞:引导。
② 赞引:赞礼并导引。
③ 引赞:即引导。
④ 饮福受胙:古代祭祀的仪礼之一。福,指祭酒;胙,指祭肉。凡举行重大祭祀,于祭祀完毕,参加祭祀之君臣及执事人员,共饮祭酒吃祭肉。
⑤ 终亩:谓耕尽全部田亩。古代于立春日,天子行始耕之仪,公卿以下亦耕数锹,然后庶民尽耕之。
⑥ 安神:安置神主。

中,同日致祭。按《通志》:"猛将军名承忠,吴川人。元末授指挥。弱冠临戎,兵不血刃,盗皆鼠窜。适江淮千里飞蝗遍野,挥剑追逐,须臾,蝗飞境外。后因鼎革,自沉于河。有司奏请,遂授号为'猛将军'。"又《怡庵杂录》云:"宋理宗景定四年三月八日,敕封刘锜为扬威侯天曹猛将之神。"二说未知孰是,姑两存之。

关帝庙,在县北街,每岁春秋仲月戊日及五月十三日致祭。顺治十三年,泾阳张玉捐香火地三十亩,勒石祠中。

祭天 中华民国三年二月七日令自大总统至国民皆可行之,以冬至为祭期,祭礼应用跪拜,祭品应用牲牢。大总统代表国民致祭,各地方行政长官代表地方人民致祭,国民各听家自为祭。

祭祀 墓祭 清明、中元、十月朔、先人讳日、除夕。

家祭 上元、中秋、生人诞日及婚娶日。士大夫立家祠或列主于室,朔望展拜,随时荐新。

风　俗

正月元旦,设香烛酒果拜祭天地祖宗,闭门罢市,盛服,食水角,拜尊长。自月朔至十五日,戚友交贺,曰拜新禧。上元赏灯、放烟火,岁丰则有秧歌竹马之戏。十六日出游,谓之走百病,袚除不祥之意。二十五日以灰画地,作仓囷状,内置五谷少许,曰填仓,备供献祭仓神。是月,戚党治酒肴,相邀欢饮,谓之春酒。儿童放纸鸢为乐。

二月二日,食煎饼。

三月初三日,文士雅集禊饮。

清明,扫墓,添土,挂纸钱。

五月五日,人家插艾,食角黍。

六月六日,曝书画,晒衣服。初伏日,人家食冷淘。

七月七日,妇女穿针乞巧。十五日为中元节,祭祖先,荐时食于堂。

八月十五,为中秋节,陈设牲醴瓜果以祭月,戚友以月饼、瓜果相馈遗,饮宴赏月。

九月九日,登高、酿酒、赏菊、食蒸糕。

十月一日,墓祭,剪纸为衣,焚之,曰"送寒衣"。

十一月冬至,祀祖先、祭孔子、作九九消寒图。

十二月腊八日,杂五色豆米和以枣栗煮粥食之,名曰"腊八粥"。二十三日,祭灶,扫舍。除夕,祭先,毕,贴春帖,于门夜坐守岁,燃放爆竹,其声达旦。

婚 媒妁既通男家,投启女家,谓之"通庚"。婚期定,具仪物,告女家,谓之"过礼"。及期,男家具彩舆,婿往女家,谓之"亲迎",女至婿门者谓之"就亲"。

丧 亲终,迁尸正寝,讣告亲友,悬纸钱于门,男左女右。越三日,夕亲友拜奠,曰"送路"。会葬者酒醴拜奠于途,曰"路祭"。及葬,乃设木主于家。

古 迹

安墟 在东安县界,黄帝制天下以立万国,始经安墟,合符釜山。《长安客话》[①]《一统志》:"安墟庄在常道城。"

常道乡 在今县治西北五十里。按《纲鉴》:"魏武子宇封燕王,宇子璜封常道乡公。"今西北乡常道村即常道城故址。

安次县 汉置,属渤海郡。在今县治西北四十里,俗名古县。后魏改为安城,属燕郡。隋仍名安次,属涿郡。唐武德初,移治于石梁城,属涿郡。贞观中,又移于常道城。开元中,又移于耿就桥行市南,属范阳郡。元升为东安州,其州治即今旧州也。

石梁城 旧志:"在古县东南五十里。"《方舆纪要》:"在旧州头东南五十里。"按其道里,即今灰城。或曰南北朝时所置戍守城也。

---

① 《长安客话》,明万历时蒋一葵著,共八卷,记述了北京明代地方历史和地理沿革。

(民国)安次县志

崧州城　在县治西北五十里。辽古喇王所置州,即今之稽察王村也。

卢王屯　在常道乡东南二十五里。汉高帝五年七月,卢绾从击燕王臧荼,臧荼①降。八月,立绾为燕王。其名卢王屯,以绾与刘贾夹攻取燕,屯兵于此故也。今俗名卢村,《旧闻考》②民卢村、军卢村,当即卢王屯。

三川　旧志载:"大石桥之流为东川,西浮桥之流为西川,八里桥迤西之流为南川。晋刘琨守此以拒石勒。"三川,今俱无考。

葛城　在县南四十里。相传宋建屯守于此。

狼城　在县南四十五里。即宋信安军之狼城寨。见《旧闻考》。

飞虹桥　南跨界河川。汉武元狩二年建,刘琨曾饮于此。今无考。

长庆宫　旧在广淀。辽天会三年移安次南五十里,东接捺钵,南通番汉,有大石桥,以受宋诸国之礼。今茨平屯乃其旧址。

土楼　在县东六里。宋时为土儿卫,台高一丈六尺,盘一百六十步,旧建楼于上,以为四时欢乐之所。今废址尚存。

省抑宫　在安次南。辽会同中建,以禁妃嫔之有犯者。元时屡迁废后于其地。今改属武清县境,俗名"皇后店"。

奕台　在县西十二里。宋为左奕卫,台高一丈六尺,周一百二十步,制如土楼。元人点军于此。今其址在左奕村。《名胜志》云:"奕台西有仓。"

待清楼　在王里村浑河东岸。元皇庆元年建,常驻此修筑河堤,行劳工礼。

二士楼　在行市南。宋杨存勖、周伯茇读书处。二人居尝③慷慨,志复中原。及闻元集大统,弃业而遁,不知所终。

---

①　"荼"合刊本"民国志"误作"茶"。
②　《旧闻考》即《钦定日下旧闻考》,160 卷,清英廉等奉敕编,此书是在清朱彝尊《日下旧闻》的基础上删繁补缺、援古证今、逐一考据而成,是迄今所见清代官修规模最大、编辑时间最长、内容最丰富、考据最详实的北京史志文献资料集。
③　居尝:平时,平常。

聚燕台　《帝京景物略》云："采育东南二十里,有阜高一丈,广三四十尺,曰聚燕台。"每值秋社,燕欲辞巢,必各将数千百聚于此台,呢喃一二日,然后分翔而去,故名。邑人曹克祗曰:聚燕台,遗址在古县村之东北隅,俗谓土龙台。前为广福寺,寺前残碑存焉,碑文模糊不可辨,惟首行云"堭壕雉堞"依然尚存,汉唐以来旧墟者也。其末行云:"大金大定五年,西翰氏重修。"迄今多历年所,其台依然如故。故为之记,以俟后之考古者。

采育　即安次县之采魏里。明初为上林苑,改名蕃育署。后人合新旧而名之,呼为"采育署"。永乐二年,移山东西民填之。有恒产无恒赋,但以三畜为赋,计营五十八。旧有鹅鸭城、义犬庵在蕃育署,今已割入大兴界。

方伯坊　洪武中布政使司纪谆建,在县南乡纪家庄。

绣衣坊　正统间监察御史施礼建,在县南街。

孝子坊　景泰间周尚文建,在县南街。

都宪坊　成化间都御史李侃建,在县西街。

大宗伯坊　成化间礼部尚书施纯建,在县南街。

解元坊　成化乙卯科施绅建,在县南街。

父子尚书坊　成化间施礼、施纯建,在县南街。

五世进士坊　李辅建,在县西街。按:"进士"内有许辅无李辅。

兄弟联芳坊　李德仁、李德恢建,在县东街。

都谏坊　弘治间礼科给事中孙瑞建,在县东街。

进士坊　弘治间监察御史李锡建,在县东街。

都谏坊　正德间兵科给事中许复礼建,在县东街。

经元坊　嘉靖八年孟绂建,在县南街。

名登天府坊　嘉靖间举人张文举建,在县西街。

宫保坊　万历间兵部尚书刘体乾建,在县西街。

昭代明卿、**清朝俊彦二坊**　在县治左右,万历间知县陆燧建。

以上坊表今并废。

狼城河　上接霸州、信安,河经东安之宋六口、淘河,至武清之范瓮口,东归三角淀。

吕公河　上接文安、胜芳,河经东安之褚河、东沽二港,由武清之王庆坨,东归三角淀。

按:狼城、吕公二河皆自霸州之边家河而来,乃清河之正派,东淀之经流也。浑河屡徙,二河逐渐淤平,东安境内无复东淀清流矣。

淘河　宋何承矩云:"自淘河至泥沽口屈曲百二三十里,天设险阻,真地利也。"昔人讲水战之地,大为要害。

磨叉港　在东沽港西南,相传唐令鱼思圣征高丽从此经过。按:此乃狼城河之汊港也。

向口　在穆家口北,北通解口,宋时东川分派。

穆家口　在葛渔城东北,上通向口、解口,下经八里桥,入六道口。

东畔河　自县城外南坛起,经田家庄穿哑吧河至甄家庄,东归滗子淀。

西畔河　自大北尹起,经北马子庄穿哑吧河至孙家坨北止。东畔、西畔二河为明主薄①何瑛所挑,以泄浑河暴涨者也。

垂杨渡　在东沽港之北,下通静海,上通东安,因岸有垂杨故名。明张惟忠过垂杨渡诗云:"柳色凝初曙,莺声散晓霞。微茫连水国,迢递见村家。绿满平田草,红开断岸花。流亡宜早复,此地有鱼虾。"

琅川淀　在县治南七十里,其源自霸州,为九河之所聚,入于磨叉港。

莲花泊　在甄家庄南。

滗子淀　在甄家庄东北。

徐孟泊　在东沽港西南,又名上下接口。清初圈为网户②地,后逐渐淤平。雍正四年,怡贤亲王奏请复归原业,即今之续边粮地也。

---

①　"薄"字误,当作"簿"。合刊本"民国志"此处亦误作"薄"。

②　网户:即渔户。

长淀泊 在葛渔城东。

以上各河淀泊今已淤。

黄蜗堤 在县南四十里挑河镇之南。元皇庆元年水溢黄蜗堤,即此俗呼"黄家堤"。

青杨堤 在挑河镇之东南,今村名"青杨树"。

马家堤 在挑河镇。

于家堤 在葛渔城之南。

刘家堤 在四十亩口之南。

魏家堤 在古县之北。

凤河堤 在凤河之南。

左奕堤 在县西十里。辽谓之"西堤"。

七里堤 在县东八里。辽为"东堤",今村名"七字堤"。

燕王堤 在户子濠南五十里。

朱村堤 在县正西八里。

以上旧堤俱废。

广安桥 在向口村,村民徐文彦等重建。

永安桥 在田庄,村民孙万廠等重建。

万善桥 在皮家甫田庄,民孙万廠等重建。

永丰桥 在永丰村。

大通桥 即大石桥。宋辽互市之路。北通长庆宫,南通信安寨,跨浑河南界。今无考。乾隆中,邑侯李光昭《大通桥诗》云:"鱼鳞雁翅跨浑河,互市当年此地过。长庆北来通币帛,信安南去集兵戈。于今古殿云山在,自昔空屯黍稷多。万里乾坤归有道,村中时听叱牛歌。"

通济桥 即西浮桥。南通益津关,北通耿就桥,在左奕东,跨浑河西界。今无考。

八里桥 即东浮桥。宋建,南通六道口,北通凤河,在土楼东,罩马河。

（民国）安次县志

今无考。

小石桥　在县西南二十里，马子庄迤南。辽往来为牧放之处。今名"石桥村"。

永年桥　在东沽港中流。今无考。

次平桥　在县西。今无考。

刘琨墓　在古县东二十里楼桑村。按：今有南桑园、北桑园，即楼桑村，亦未可定。然冢土已平，亦无碑表，无可考证矣。

辽中丞韩泽墓　在县西北五十里更生村。乾统间，墓旁民掘得志石，掩而埋之。今无考。

杨晳墓　在旧州西南二里。旧传有石器、碑文，今无考。

施礼墓　在县南十五里益留村。谕祭碑存。

明处士私谥文毅先生马公墓　在县南五十里得胜口村西。墓铭曰："文毅隐德，岩桂在云。子孙千亿，长诵清芬。"

纪谆墓　在县东南六里纪家庄。

太常寺卿齐章墓　在县北二里东储村。弘治八年赐谕祭碑，久废。

李侃墓　在县东北五十里张家庄东北二百二十步，墓碑无存。

刘体乾墓　在县北门外一里许。谕祭碑文存。

胡谅墓　在马圈村西南一里。按：胡谅为南京光禄寺卿，而墓碑则刻"重修工部侍郎胡公之墓"，或升工侍，或加虚衔，皆无可考。

城隍庙　在县治西南隅。

土地祠　在仪门东。

龙王庙　在南关外。

马神庙　在土地祠后。

定觉寺　在县西北五十里常道乡。唐垂拱三年赐额。五代时毁于兵。辽天庆间张铣、金时韩承彦、杨俊卿各有修建。

广善寺　即唐之灵应寺，在徐村里固城庄。明太监何至渊重建，有碑。

崇国寺　在县治西北四十里僧堡头村。金天会五年重建,碑存。

宁国寺　在县治西北五十里留犊村。金大定三年,民人曹瑛建,碑存。

兴华寺　在县治西北四十五里东更生。金大定四年建,碑存。

兴胜寺　在县治西北三十五里顺民屯。金时建。

法华寺　在县西北禅房村。相传辽金时建,俗名"无梁寺"。明万历十七年重修,有李应期碑存。

东岳庙　旧在县治东门内,明永乐十五年知县李茂建。清顺治十七年邑民贾登云等募化改建东门外。

净觉寺　在县治西北五十里小寨村。明宣德八年太监张盛建。

严祥寺　在县治西北二十五里祖哥庄。明正统十二年太监张善建。

宝胜寺　在县治西北四十里旧州。明正统十四年邑民王福林修。

福胜寺　在县治西北六十里丰其营村。明景泰四年太监王镇建。

福兴寺　在县治西北二十五里麻村。明景泰四年千户张通修。

兴国寺　在县治西北三十五里爨庄。明景泰四年太监王镇建。

延福寺　在县治西北六十里稽察王村。明成化二年民人鄢昇建。

兴隆寺　在县治东北四十三里伊家马房村。明成化年僧道山募修,碑存。

福泉寺　在得胜口。明弘治八年,村人马谭、马禄、马克名、马驯、马玺、孙朋、秦昶等重修。内有古槐二株,明代所植也。

广严寺　在县治西。明正德三年,邑民孟士中舍地、郭谅捐资建。每遇朝贺,习仪于此。

二郎庙　在县治西街北后巷。明嘉靖初年邑民孟永昌重修。

观音堂　在县治南门外。明嘉靖己亥年曹雄等建。清康熙四年邑民贾登云、张圻募修。

真武庙　在县治小东街。明嘉靖十九年募修。

三官庙　明嘉靖二十七年知县成印建北城楼上,后知县陶栋移于县治东街。清康熙元年贾登云、张圻募化重修。

观音寺 在西马头村。明万历九年民人魏克俭建。

玉皇庙 向在县治东北隅。明万历九年刘九经建。清顺治十七年邑民张圻改建北门外,魏之剑舍基地十七亩。

白衣庵 在县治南门外观音堂南。明万历四十六年知县陆燧建,置香火地六十亩。

白衣庙 在得胜口。明万历中村人重修,今高等学校即其址也。

观音堂 在税课司胡同。明崇祯年间监生①刘乃鼎建。清康熙十年邑民张琇重修。

三皇庙 清康熙七年穆进孝刚太募化建于药王庙后。

县治西北四十里广福寺。

县治西北六十里王里村净安寺。

县治西北四十里大五龙村广延寺。

县治西北五十里白家务村净严寺。

县治东北四十里麻家营村华严寺。

堤上营村水月寺。

东马头村华严寺。

卢村朝华寺。

东得胜村福圣寺。

西马圈村福圣寺。

大垡村清凉寺。

于家常甫村开化寺。

槚榆木屯护法寺。

王家常甫村瑞征寺。

---

① 监生:明清在国子监肄业者统称监生。初由学政考取,或由皇帝特许,后亦可由捐纳取得其名。

北昌村寿生寺。

北寺垡村兴圣寺。

茨平村镇国寺。

张各庄广会寺。

南北城村石佛寺。

马家务村宝济庵。

古县村广福寺。

北尹村普照寺。

马子庄清凉寺。

挑河头村海月寺。

东沽港村龙泉寺。

麻家庄圆通寺。

宋六口村铁胎庙,庙为明侍御将军刘应元建。

古县村西有唐石幢 其幢面镌字云:"大唐幽州安次县隆福寺长明灯楼之颂",末云:"垂拱四年四月八日建"。据此可考唐时县治,惜无金石家赏鉴之也。

附《五废集》:

左奕　古县　西更生　孙家坨　稽察王

河　渠

永定河 即桑干河,古湿水也。以其水浊,故曰"浑河";以其色黑,故曰"卢沟河";又迁徙不常,名"无定河"。"永定河"之名,清圣祖之所锡也。原出山西太原潊头山之天池,伏流至朔州马邑县小卢泉、小泊泉,虽相间不远,而大小形势有别,城西合为一流,至县南会西来之恢河,同注桑干河。东北汇山阴县之䤾河、应州之浑源河、怀仁县之怀仁河,合大同北来之十里河、御河,转而东北,入直隶界,经蔚州会台,流东至保安州,又名"燕尾河"。东南会宣

（民国）安次县志

化之浑河，入怀来境，合东北之妫州河，又南流合和口入山至石佛寺，抵宛平县西北境。经沿河口东南流，穿石景山，至修家庄，又东南至芦沟桥。当其汇雁门、云中诸水，入桑干大河，迤里①东下，两岸崇山叠嶂夹束②河流，固未尝肆而湍流陡泄，直注东南，势亦雄捷也。

溯自马邑至石景山，计程九百四十余里，在保安州一带且开渠假水浸溉稻田，民资其利。及出石景山之东，地平土疏，波流湍激，挟泥带沙，善决善淤，或分或合，迁徙靡常，东安最当其冲。元明之世，河决之患无岁不有，其时或疏泄，或捍御，如明主簿何瑛之挑东畔、西畔二河，明邑令洪一谟、阮宗道之筑堤防护，皆不过随时补救而已。至万历乙未之秋，浑河南徙固、霸，东邑浑河之患顿息，而固、永、文、霸一带迭受其害。康熙三十七年，清圣祖亲临阅视，命抚臣于成龙大筑堤堰③，疏浚河流，改名"永定河"，此两岸筑堤开河之始也。自芦沟桥以下，由固安之杨村它头，经永清之郭家务，抵霸州之牛眼，至大城之辛张归淀。三十年来，河无迁徙冲突之患。惟入淀之后，下口日淤，信安、胜芳诸淀，辛张、策城诸泊，渐成平陆，壅阏清流，几无达津之路。雍正三年，命怡贤亲王及大学士朱轼兴修水利，令引浑河别由一道。遂于永清之郭家务改河东行。由冰窖、武家庄，经东安之狼城、宋流口、东沽港，至武清之王庆坨，归长淀。河入三角淀，浑流容衍于淀中，而大清河遂得遄驶归津矣！

十余年来，头道、二道等河，月城、黄花等套，自南而北日渐淤平。三角淀遂成沃壤，叶淀亦淤其半。乾隆四年，下口由东安之郑家楼东溃民堤而北出，东北趋武清萧家西南等庄，归沙家淀，入凤河。出口间或西折，则逆流至东安之淘河，复折而东，经葛渔城、穆家口，仍归沙家淀，下口情形大概若此。

东邑境内，自狼城至东沽港，永定河身长二十里，下口浑流所占，则淘河、

---

① 迤里：又作"迤逦"，曲折迁绵。
② "束"合刊本"民国志"误作"朿"。
③ "堰"合刊本"民国志"误作"揠"。

葛渔城、于家堤三村宛在水中，田庐多被其害，后亦渐淤。乾隆十六年，下游三角淀、淘河、范瓮口一带淤高，凌汛水大，于冰窖、草坝夺溜①而南。水由南堤外，经霸州、堂二铺、县境、得胜口，顺南埝东流，归叶淀入海。遂由冰窖改河，从旧有之东老堤开通，归入叶淀，因加培康熙三十九年接筑之北堤，并乾隆三年所筑之南坦坡埝为南埝，以乾隆四年所筑之北大堤为北埝，河由叶淀达津归海。二十年，冰窖迤北淤成南高北低，清高宗亲临阅视，将北六工二十号以下名贺尧营地势宽广改河，任其荡漾，散水匀沙，入沙家淀达海。三十七年，兴举大工，因水由北六工趋下，恐河流再往北涉，于下游之条②河头一带，开浚宽深，直抵毛家洼，入淀达海。

溯自康熙三十七年挑河建堤，至三十九年接堤改河，至雍正四年于柳岔口稍北改为下口，至乾隆十六年凌汛夺溜，加堤改河，二十年因冰窖河口淤高，于贺尧营地面开堤放水，改为下口，三十七年挑挖条③河头。七十余年之中，改移下口之举先后凡六次，自是以后不复议改，水由三泓行。嘉庆二十年后北岸七八两工均成险要，二十三年下口南移，大溜从南堤缺口向三河头横漫而出，致东淀、扬芬港以下逐渐淤塞，遂由扬芬港东南之岔河，经杜家道沟归韩家树正河入海。杜家道沟即千里长堤堤身也。

至道光三年，改由汪儿淀入大清河，渐由三河罾出口，直冲静海、天津接壤之千里堤边，偶值盛涨之时，则清浑交并，大清、子牙、南连诸河，几与永定河合为一矣。十年，于南八工十七号至汪儿淀筑堤一千七百八丈，以挑溜势，仍留入淀金门三百五十余丈。其明年，凌汛改溜，渐入中泓，由窦淀窑历六道口、双口一带入凤河，嗣复折而南趋，在南八下汛，二十号以下冲成缺口。迨二十二年凌汛后，往岁由大范瓮口南去之水，转而由稍北之郑家楼后东下，是

---

① 夺溜：河堤决口后主流改道的现象。
② "条"字误，当作"挑"。合刊本"民国志"此处亦误作"条"。
③ "条"字误，当作"挑"。合刊本"民国志"此处亦误作"条"。

（民国）安次县志

以二十三年北遥堤即漫溢成口，治之者于北六工筑坝堵截，以遏其势，于柳坨村疏浚中泓，以顺其性，由是溜走中泓者十余载。

咸丰九年，河势渐形北徙。不数年，凤河淤垫，下口高仰，倒漾之水由遥堤尾浸灌堤外，东安境内屡被水灾，故同治三年又于柳坨地面开浚引河，由旧河形，历义光、二光、鱼坝口、天津沟，达津归海，此即咸丰九年以前之正河。而河流善徙，水性靡常，旋复道光二十二年之故道，虽曰溜势无定，然自道光二十二年以后，皆东抵凤河以达于海，未尝舍三泓之水道。南高则北迁，北高则南徙，廿余年来久失挑浚。清末始由北运达津归海，尾闾①不畅，为境内之大患焉。

南岸官堤　自狼城接永清县界，起至东沽港，接武清县界上②，计长十八里，雍正四年筑。

北岸官堤　自哈喇港接永清县界，起至淘河村，东接武清县界止，计长二十四里，雍正四年筑。

围淀民堤　接北岸官堤尾，武清范瓮口村东起，至武清六道口西止，计长六里余，雍正六年筑，今废。

隔淀坦坡埝　在褚河港村北，上接霸州，下接静海，计长五里，乾隆三年筑。

北重堤　起止如北岸官堤，雍正十一年筑。

北大堤　自哈喇港接永清界起，至贺家辛庄东止，计长八里余，乾隆四年筑。

北埝　接北大堤尾起，至穆家口接武清界止，计长十八里，乾隆五年筑。

旧志载县令李光昭论永定河利弊最为详明，今仍录之：

或问于余曰："永定河果有一劳永逸之策乎？"余曰："不能。"何以故？浑河不难于治上游，而难于治下口。南北岸十八汛险工③林立，然顶冲扫湾处，

---

① 尾闾：古代传说中海水所归之处，现多用来指江河的下游。
② 据文意，"上"字误，疑当作"止"。合刊本"民国志"此处亦误作"上"。
③ 险工：经常受水流冲击，易贴溜出险的堤段。

所拔桩①、走埽②、决口,什不一觐。可见上游虽险,犹可以人力抢护也。惟下口不能禁其不淤,渐淤则渐高,南高则北徙③,北高则南徙,南北俱高则无路宣泄。下口无路宣泄,不得不于上游而议改矣。此亦事势之必然者也。

或又曰:"三角淀特设厅汛,专司疏浚。下口果如所言,岂厅汛各员皆尸位素餐者乎?"余曰:"不然。"下口之淤垫,非人力所能为也。犹记乾隆二年春,王庆坨村北引河一道,长约十七八里、宽约二十余丈、深约一丈三四尺,不等凌汛水至,大溜北趋黄花套。三日之后,水势消落,引河已成平陆矣。计此一河,非费数万帑金、数万民力不能成功,然不足以当凌汛一水之淤,况伏、秋二汛浩瀚之势乎? 不特此也。余在下口六载,当汛水长发之后,乘一小舟随溜测河,每遇舟浅不能前进而返。盖下口水势出漕必旁溢,旁溢则原溜必淤,四散分流矣。所以《水经注》引俗谚云:"高粱无上源,清泉无下尾。"清泉即湿水之尾闾,《注》为"清泉至潞,所在分流,更为微津,散漫难寻。"盖自昔而已然矣。

或又曰:"然则堡船、叉夫之设,竟无益乎?"余曰:"否。"叉夫之力,惟不能施于浑河下口。若以之疏浚淀河,则事半而功倍。盖浑河伏、秋二汛,每逢发水,所过辄淤,长或十余里,宽或百余丈,浅者三四尺,深者六七尺,舟行则胶,徒涉则陷,纯沙则板,污泥则泻,因淤而挖,随挖随淤。虽有叉夫,安所施其力哉? 若夫淀泊之中,其通舟楫之处,偶遇浅阻,叉夫乘小舟略为捞挖,舟通而溜自驶。至于支河汊港,素不通舟,苇草菰蒲,皆能壅塞。若叉夫时为疏导,支流脉络贯通,淀水自易宣泄。所以迩年来,西淀分设叉夫,深为有益。此明验也。故设叉夫以治淀河,乃策之至善者也。惟以浑河下口之淤,归罪于叉夫,则叉夫不任受耳。

---

① 拔桩:打掉根基之意。
② 埽(sào):治水工程用来护岸和堵决口的器材。一般用秫秸、芦苇捆绑而成。
③ "徙"合刊本"民国志"误作"徒"。

（民国）安次县志

或又曰："以清刷浑之策如何？"余曰："清水止可敌浑，断不能刷浑也。"所谓以清敌浑者，浑河逼近清流，恐其溢入淤垫，束清流之全力，处上游之势以敌之，使不得漫入则可。若清、浑并行，浑水之力数倍于清流，而淀河系受水之区，其流更缓。必至白露后，诸河水势消落归淀，淀河之流始行迅疾。而永定河伏汛之水，其浑浊较他汛为尤甚。当浑河盛涨之日，正清河力弱之时，惟有受其淤而已，岂能刷之哉？余与河工同事数人辨之甚力，初皆不以为然，厥后始信余言为不谬。故以清刷浑之说，万万不可轻试之于桑干者也。

或又曰："浑河两岸开渠引灌，分道浇溉，易瘠为沃。如《通志》所云'泾水之富关中，漳水之富邺下'，其法如何？"余曰："不能。"引流分灌，必须先讲沟洫之制。浑河水浊而性悍，水浊则易淤，性悍则难制。虽有沟洫，其如所过辄淤，四散奔突，何哉？惟迩年来，广筑遥堤，乾隆三年，筑隔淀坦坡埝，自霸州董家铺接老堤起，至武清龙尾子止。乾隆四年，筑北大堤，自永清半截河东起，至东安贺家辛庄止。乾隆五年，筑北埝，自接北大堤尾起，至武清东萧家庄止。又为之多建减水坝，乾隆三年，建金门闸石坝一座，建长安城、东胡林、曹家务、惠家庄草坝四座。七年，建求贤村、清凉寺、双营草坝三座。八年，建张仙务、郭家务、五道口草坝三座。实补偏救弊之良策也。盖河日淤高，堤日增长。现在堤身外高二丈有余，内高不过五六尺。乾隆七、八两年大汛之时，七工以下，水面离堤顶相距不及一尺。若非诸坝为之分泄，势必平漫矣。此其明验也。减河过水无多，旋即断流，不至为害。若两旁多种高粮，皆获丰收，菽粟或有损伤。浑河所过之处，地肥土润，可种秋麦，其收必倍。谚云"一麦抵三秋"，此之谓也。小民止言过水时之害，不言倍收时之利，此浮议之不可轻信者也。余尝称永定河为无用河，以其不通舟楫，不资灌溉，不产鱼虾，然其所长独能淤地。自康熙三十七年以后，冰窖、堂二铺、信安、胜芳等村宽长约数十里，尽成沃壤。雍正四年以后，东沽港、王庆坨、安光、六道口等村，宽长约三十里，悉为乐土。兹数十村者，皆昔日滨水荒乡也，今则富庶甲于诸邑矣。与泾、漳二水之利，何以异哉？故浑河者，患在目前，而利在日后。目前之患有限，而日后之利无穷也。

或又曰："浑河所淤之地，其利若此。今东、西两淀不乏淤地，随其高下量筑堤埝而艺种之，其利何如？"余曰："不可。"北方之淀，即南方之湖，容水之区也。南方河港多而湖深，北方河港少而淀浅，是淀之利害尤甚于湖也。读雍正四年怡贤亲王条奏，今日之淀较之昔日，淤几半矣。淀池多一尺之淤，即少受一尺之水。淤者，不能浚之，复深复围而筑之，使盛涨之水不得漫衍于其间，是与水争地矣。下流不畅，容纳无所，水不旁溢，将安之乎？是故借淀泊所淤之地为民间报垦之田，非计之得者也。盖一村之民，止顾一村之利害；一邑之官，止顾一邑之德怨，而治水之法不能有利而无害，不能尽德而无怨。惟在司其柄者，相其机宜，权其轻重。当弃则弃，毋务小利以悦民；当兴则兴，毋惑浮言而掣肘。斯得之矣。

或又曰："浑河下口水占之地，按亩给价除粮，此莫大之旷典也。而民有愿有不愿者，其故安在？"余曰："其愿者，顾目前；其不愿者，计日后也。"定例：河占之地，每亩给价六钱。东、武下洼之地，有每亩止值二三钱者。官价已倍其值，此顾目前者之所以愿售也。浑河经由之处，数年淤成沃壤，其所值或数倍或什倍。且东安旗圈、投充之地什居其六，民间恒业甚少，一领官价，淤出之后即成官地，不得复归原业，此计日后者之所以不愿售也。然有力之家包数年之粮尚属易事，其余未免拮据，此又告蠲、告赈者之所以纷纷也。余之愚见：浑河下口入淀，势必水占数村，莫若量其所占之地，地方官查其段落、顷亩，按其原征科则造册，报部存档，不必给价，暂与除粮。俟淤高涸出之后，仍听原业自行耕种，复照原则征粮，则小民自必乐于从事矣。安顿下口地亩之法，似莫便于此。

或又曰："下口水占村庄，其有户多人众、安土重迁、势难他徙者，量筑护村埝以捍御之，岂不甚善？"余曰："此亦有二。其有一面傍堤、一面临河之村，筑埝以障之，使水不直射则可。如四面环水之区，则断断不可者也。"盖下口一带，原属水乡村落，地基皆居高阜，水势盛涨，其被浸泡者不过傍村小屋耳,其村中高房大厦尚可无恙也。若①围埝以护村,河水逐年淤高,埝亦不得不逐年增长。数年之后,势如仰釜,汛水长发,面面受敌,水势冲刷,风浪排击,岂村民之力所能防护哉?稍有疏虞,建瓴直贯,民其为鱼矣。昔日之堂二甫,其覆辙也。故筑护村围埝之法,亦不可不熟为筹画者也。

凤河 源出南苑内。自大兴县之凤河营入东安境,经由堤上营,计长八里余,至下庄头入武清界。旧河由埝上村至二光归淀,因故道淤塞,雍正四年自埝上村以下改流至天津之双口入淀。迩年以来,不特浑河由沙家淀至东萧家庄,南归凤河,而东、武西北一带沥水,亦自北大堤减河至庞各庄,东归凤河。诚东、武二县最要河道,必须时为疏挖宽深,以资宣泄者也。

龙河 上无来源。自大兴之田家营入东安境,经由大五龙、古县、刘各庄、南昌、永丰、田庄等十九村庄,约长七十余里,至罗锅判入武清界。又自解口村入东安境,经响口村,约长十三里,至定子甫仍入武清界。旧由武清之六道口归淀,今至武清石各庄,循北大堤减河归凤河。

哑吧河 上无来源。自固安之华各庄入东安境,约长四里余,至野鸡刘各庄②入永清县境,又自永清县境之横亭复入东安境,至济南屯河会干沟河,旧由葛渔城东归淀,约长四十余里。乾隆初,自惠家铺南循北大堤减河,归凤河。五年,修筑北埝,即归北埝减河。二十八年,圈筑越埝改北堤后,即由堤外减河归母猪泊。按:哑吧河虽系古河,向未挑浚③,现在上游淤成平陆,下游沥水所归,微有河形。

干沟河 上无来源。自本邑小韩村起,至济南屯归哑吧河,长约十六里,亦疏泄沥水之要道也。今已淤平,多被占种矣。

坦坡埝引河 自永清之郭家务草坝起,经霸州之李家铺入东安境,计长

---

① 清刻"乾隆志"《河渠志》中"若"字后有"筑"字。
② 清刻"乾隆志"此处作"至张家野鸡庄入永清境"。
③ 挑浚:清除淤塞,开通河道之意。

五里余,至水大王庄仍入霸州境,历静海、武清、天津界至老河头,入大清河。

北大堤减河 自固安之求贤村草坝起,经永清之五道口入东安境,至惠家铺会哑吧河,约长二十六里,至穆家口入武清界,至庞各庄东归凤河。按:南北减河皆就筑堤方坑挑浚成河,以泄永定河草坝分减之水者也。浑河所过辄淤,且一带土性多属浮沙,必须每年量为疏浚,庶免壅滞之患。

以上旧志。

今按:减河前由北大堤附近漫流,后衍至朱村、小北隐等处,并无河形,雨水稍大,动辄成灾,城南一带自小北隐至东庄常受其害。至光绪十八九年间,百善堂工赈疏浚,上自阿防下至龙河,水不汛溢者十余年,民患稍纾。光绪三十一年,永定河北下决口,由减河直注小北隐村东,忽将北岸冲开,下流淤塞二十余里,河流直向县城。至民国元年,永定河北五决口,河流至景村复向县城焉。

物　产

谷之属

麦(大小两种。)　黍　稷(俗名糜,即穄也。)　谷　蜀秫(俗名高粱。)玉蜀秫(俗名棒子。)　黄豆　青豆　红豆　绿豆　黑豆　小豆　扁豆　茶豆　菜豆　豌豆　豇豆　刀豆　脂麻　陆稻　稗　荞麦　蚕豆

蔬之属

菘(俗名白菜。)　芹　芥　韭　葱　蒜　蒢荬　茴香(大小二种。)波菜　莴苣　茄　萝葡　马齿苋　胡萝葡　藕　香椿　山药　秦椒瓠子　葫芦　黄花菜　麻菇　甘薯　苦荬菜

瓜之属

王瓜　西瓜　冬瓜　甜瓜　南瓜　菜瓜　丝瓜　倭瓜　地王瓜

果之属

桃　李　杏　樱桃　梨　枣　石榴　葡萄　沙果　苹婆果　槟子桑葚　无花果　山楂　文官果

（民国）安次县志

木之属

榆　柳　槐　杨　樗　松　柏　杜　桑　柽柳

花之属

海棠　丁香　迎春　长春　夹竹桃　月季　夜合（俗名绒花。）　木槿
刺蘼　荼蘼　荷花　菊花　萱　蓼花　金盏　草茉莉　石竹
望江南　秋葵　锦葵　蜀葵　玉簪　鸡冠　剪秋罗　凤仙
旱金莲花　雁来红　紫薇　玫瑰　蔷薇　马兰　秋海棠　扁竹
虞美人　缠枝牡丹　波斯菊　莴苣莲　牵牛　藤萝　紫蝴蝶
洋海棠　江西腊　荷包牡丹　芍药　秋蝴蝶（秋日发花，蓝色竹叶。）
野菊花　牡丹　绣球　向日葵　杏梅　榆叶梅　芭蕉　美人蕉

草之属

蒲　芦　苇　莎　水葱　荻　艾　节节　茅　星星　蓬　蒿藜①
萍　苔　苜蓿

药之属

夏枯草　地丁　香附　兔丝　枸杞　益母草　苍耳子　薄荷
金银花　大小蓟　蒺藜　茵陈　蒲公英　地肤子（即扫帚子。）　凤眼
紫苏　苦丁香　天麻　茛菪　木贼　牵牛　草麻　麻黄　地黄
川芎　车前子　艾　半夏

禽之属

鸡　鸭　鹅　鹁鸽　乌鸦　鹊　燕　瓦雀　黄鹂　桑扈　鹰　鹞
鸠（鸧鸹也）　布谷　斑鸠　雁　啄木　凫　鸥　蝠蝙②

---

① 蒿藜分属两物，此处应分列之。合刊本"民国志"此处亦未分列。
② "蝠蝙"二字顺序颠倒，当作"蝙蝠"。合刊本"民国志"此处亦倒。

兽之属

马　驴　骡　豕　羊　猫　犬　兔　狐　獾　鼠　猬　牛　䮫（俗名驴骡。）　地羊　田鼠　鼢鼠

麟甲之属

鲤　鲇　鲫　鲂　鳔　白鱼　淮①　鳝　石鲢　鲭　螃蟹　虾　泥鳅　螺　蚌　黑鱼　蛤

虫之属

蚕　蛇　蝎　蛙　蛾　蜗牛　蜂　蝴蝶　蝼蛄　蚯蚓　蝇虎　蟋蟀　蜘蛛　蜻蜓　螳螂　蜣螂　萤　蝉　蝎虎　蚰蜒　百足虫

货之属

棉花　苘麻　蜡　麻油　酒　糖　布　木炭　瓦　砖　芦席　草帽缏（麦茎为之。）　靛青　蜜　落花生　柳器　烟叶

金石存目

唐幽州安次县隆福寺长明灯楼颂　　在古县村西，垂拱四年建。县尉张恒撰，主簿张去泰书。

谯楼钟　　辽大安②二年铸。

杨晢墓碑　　在旧州西南二里。旧志云无考，据邑人云今尚存，在稽察王村。

座主圆都等造百廿象幢　　在旧州关王庙，太康六年四月九日。

张景运为亡祖造陀罗尼经幢　　在留犊村宁国寺，正书"太康七祀"。

张佐等钟识　　在东安城内大寺，正书"大安二年五月"。

寺主志全造真言幢　　在旧州大悲寺，六面，正书"大安五年"。

沙门惠敞为传戒法师造塔并经幢　　在大五龙村，八面，刻"乾统四年三月"。

---

① "淮"后脱一"鱼"字。合刊本"民国志"此处亦脱"鱼"字。清刻"乾隆志"此处作"淮鱼"。

② 大安：即太安。"大"古通"太"。太安为辽道宗耶律洪基的年号。

(民国)安次县志

灵应院藏主上人造陀罗尼经幢　在固城村广善寺,八面,又元幢一正书"乾统七年三月"。

宝胜寺僧妙行造陀罗尼经幢　在东安大悲寺,八面,正书"乾统七年四月"。

定觉寺碑　在常道乡,张铣撰,天庆二年。

沙门慧□①为师造陀罗尼经幢　八面,正书"天庆三年"。

宝胜寺前监寺大德遗行记并经幢　李检撰,八面,正书。在冯家务井亭上。

三教寺石幢　在稽察王村。

尖塔村辽碑　乾统中布衣高琮书。

小五龙村辽碑　天庆十八年。

赵各庄辽幢

太凝侯庄辽幢

艾各庄辽幢

稽察王村碧霞宫碑

中丞韩泽墓志　在更生村。

定觉寺碑　在常道乡,金天会四年。

重修崇国寺碑　在僧垈头村,金天会五年。

大悲禅院碑　在县西阎家垈,天会六年立。

重修定觉寺碑　韩承彦撰,在金正隆间。又有大定元年杨俊卿撰碑。

宁国寺碑　在留犊村,大定三年。

兴华寺碑　在东更生村,大定四年。

古营寺碑　明昌五年。

团城寺碑　明昌六年。

旧州冰雹神庙碑　金天会六年。

古县庙碑　大安八年。

---

① 原本与合刊本"民国志"此处俱存疑待考。

东安州庙学碑　　孔克坚撰,元至正二十四年六月立。

邵家庄乡学碑记　　元李延兴撰。

李文珍孝行碑　　至正元年。

张宏纲墓表　　吴澄撰。

施礼墓表　　明陈敬宗撰。

纪谆墓表　　明王英撰。

李侃墓志铭　　明张瑄撰。

刘景墓志铭　　明徐阶撰。

陆公生祠碑记　　邑人为明知县陆燧立,冯铨撰。

福泉寺碑　　在得胜口,明弘治六年立,内有弘治八年古磬。

固城广善寺碑　　明洪熙元年立,胡濙撰,黄采书。

禅房法华寺碑　　明万历十七年立,邑人李应期撰,魏祁书。

刘体乾墓碑　　在县北门外。

胡谅墓碑　　在马圈村。

黄宗周墓志铭　　邑人张惟一撰。

重修东安县学碑记　　清顺治中王梦明撰。

齐占魁墓碑　　在留犊村。

马庆恩墓表　　大城刘钟英撰,在得胜口村南。

落垡义学碑　　王里村义学碑　　茨平村义学碑　　小西街义学碑①

李蓉姑墓碣　　在马头村北。

苑烈妇碑　　在里狼城村北。

武家营石幢

---

① 1914年印"民国志"与合刊本"民国志"此处三学碑皆以小字附于落垡义学碑后,未知何意。

五 行

后周广顺二年，大水，安次流民入塞者四万口。

宋延祐七年五月，浑河决落垈村堤，命有司修治之。

金明昌五年，饥。贞祐四年，大饥。

元大德六年四月，浑河溢坏民田一千八百余顷。皇庆元年二月，浑河决黄蜗堤。至治二年五月，水坏民田一千五百余顷。泰定三年七月雨，平地水深数尺。

明正统七年，蝗蔽天而行，所过野无青草。成化六年，夏涝秋旱，人乏食。正德四年，秋雹灾。九年，秋涝，播舟于道。十三年，春旱，大饥。十四年春，大疫。嘉靖四年夏五月，雨雹，麦苗尽坏。六年，大旱蝗蔽天。七年，大风、昼晦、地震，九月大水。十一年九月二十七日夜四鼓，星陨如雨，旱蝗民疫。十四年，夏水涝，秋冬地震，有声如雷。十六年，大水伤稼。二十一年，民多疫死。二十五年夏六月，淫雨五昼夜，水溢入城坏庐舍，人多溺死。二十九年，三月大风、雨沙，六月头畜疫死，七月学圃产芝一本。三十三年，自春至冬大疫，人死过半，六月大水。隆庆元年冬十月，地震有声。二年三月二十八日午时，地震有声。五年春，大旱，自六月至九月淫潦为灾，浑河溢坏庐舍田禾，岁大饥，冬十一月天鼓鸣，自东南经西北声大震。万历二年，大水漂没人畜，邑令洪一谟拯救之。八年，春旱无麦，夏秋浑河溢伤禾稼。十年春，疾疫大作，死者无算。十一年，浑河决堤口，水失故道。三十二年六月，大水。四十三年春，大旱，秋乃雨，麦禾尽槁，八月繁霜，十月地震，饥民蜂起。四十四年春，浑河徙逼县城。四十五年，旱蝗，夏六月暴雨，浑河溢西城下。四十六年二月，黑风昼晦，九月地震。四十七年二月二十日申刻，红气漫天，已而昼晦，室中燃炬，三月雨沙，五六月大水淹禾。天启元年冬十月，地震。四年春，地震，从乾方起有声。五年五、六月地连震，声如霹雳，人尽恐。六年夏，浑河溢入城，架巢而居，禾尽坏。崇祯五年，大水为灾。十三年，大旱，人相食，殪死于道。

十四年,大旱。

清顺治二年,大水。五年,土贼刘东坡作乱,典史陶宏才被戕,邑令涂应旗剿平之。九年,大水。十年,大水。十一年,大饥。十三年,岁饥。十四年秋,蝗灾。

康熙二年,地震。四年,地震,水灾。六年,水灾。七年,淫雨浃旬平地,水深数尺,毁屋伤禾。八年九月二十五日未时,天鼓鸣,如霹雳声。九年,旱灾。十一年,旱蝗,继以淫涝。十三年九月九日卯时,地震。十八年七月十八日,地震。二十三年,蝗。二十八年,旱。三十九年秋,大稔。四十八年,四月蝗,六月水灾。五十八年六月,雷雨暴作,大风拔木。

雍正二年,冰雹,水伤禾。三年,六月至八月大雨成灾。四年,麦大熟①,是夏民多疫疠。七年六月,河西务西堤决口漫溢,东安三十余村秋禾不登②。八年,大稔。十一年秋,浑河溢,秋禾不登。

乾隆二年,春旱无麦,六月大雨浑河决堤,四十余处平地水深数尺,秋禾被淹八十余村。三年六月,大雨,浑河溢,秋禾被灾一百九十余村。五年六月,浑河溢坏庐舍田禾。八年五月,大暑,人多暍死③。九年秋,大稔。十二年七月,大雨,秋禾被淹四十余村。十六年,永定河凌汛夺溜,水由南堤外东流,经得胜口一带顺南埝归叶淀。

嘉庆二十年六月,永定河北七工漫溢。道光二十四年五月,永定河南七工漫溢。咸丰六年六月,永定河南七工决口。九年,下口淤高倒漾,水由遥堤尾浸灌堤外,县境屡被水灾。同治六年,大旱,至六月始得雨,禾稼晚熟,十月尚未雨霜。是年马贼起于永霸县南,居民大恐。七年,麦大熟。十年,潦水成灾。

---

① 大熟:亦作"大孰",大丰收。
② 登:谷物成熟。
③ 暍(yē)死:中暑而死。

光绪二年,大雨成灾。四年,永定河决口。十六年六月,永定河决口。十八年,永定河决口。十九年,又决口。二十年,大水。二十二年,永定河决口。二十六年,拳匪作乱,拆毁落垡一带电杆铁路,挟仇杀人,人心惶恐,京津陷,联军入境,县署毁焉。二十七年春,大风霾,白昼晦冥。二十八年春,灾疫流行,永定河决口。宣统二年五月,彗星哈雷见,是岁,王里村农家产牛凡五蹄,为万生园所购去。

民国元年,大水,冬,盗风甚炽。二年,盗贼横行,入冬尤甚,居民不得安枕焉。

铁路电线

县北境有京津铁路,于光绪二十三年修筑,由牤牛庄入境,横贯县界,直趋东南,至落垡出境,经武清以达天津,附设电线以通消息。车站在县境者凡三:万庄、郎坊、落垡也。又县南褚河港村北有由天津达保定府之电线,庚子之乱,德人所经营。和议成,由政府赎回,永定河南堤有德律风,以达永定道署各汛,传递消息甚为得力。

自 治

清末预备立宪,取法列强,创行地方自治制度,令下各州县,公推绅董,创设自治预备会一所,以为筹办自治机关。宣统二年夏,本县议事会、参事会相继成立,画分全境为十乡。于三年春,城会、乡会亦次第成立。民国三年春,因改订约法,奉令停办,已成过去历史,亟应笔之于书,以存掌故也。兹将各会所地址并议员额数列左:

县议事会　　在县城小西街路南,议员二十名。

参事会　　同上,会员四名。

城议事会　　在城内。

第一乡议事会　在孔洼村。

第二乡议事会　在宗史家务村。

第三乡议事会　在马头镇。

第四乡议事会　在廊房①村。

第五乡议事会　在葛渔城镇。

第六乡议事会　在旧州镇。

第七乡议事会　在淘河村。

第八乡议事会　在南寺垡村。

第九乡议事会　在得胜口镇。

第十乡议事会　在张各庄村。

以上十乡每乡议员十二名,乡董、乡佐各一名。

警　察

清光绪庚子之乱和议告成,今袁大总统时督直隶,始创设警察于天津,成效昭著,乃推广及于全国。乙巳冬,本县奉文筹办,设总局于县城,四乡各设分局,以士绅为董事,又视各局之情形,酌设分区以辅助之,共十三区。其常年经费多取之于青苗会款,夙无青款之部分,则按亩摊款焉。今将各局区地址列左:

巡警总局　在县城东街,管辖六区。　　马圈分区　落垡分区　孔洼分区
马头分区　达王庄分区　杨税②务分区

以上总局六区,共一百六十六村。

巡警东局　在葛渔城镇,管辖二区。　　小惠庄分区　淘河分区

东局二区,共四十七村。

---

① "廊房"与前文之"郎坊"为同一地,今作"廊坊"。

② "税"合刊本"民国志"误作"说"。

巡警南局　在得胜口镇,管辖一区。　东沽港分区

南局一区,共二十八村。

巡警西局　在旧州镇,管辖三区。　王里分区　丰其营分区　王玛分区

西局三区,共一百二十一村。

巡警北局　在堤上营村,管辖一区。　廊房分区

北局一区,共四十九村。

以上创办时所分区域如是,宣统庚戌并为八区,迄今仍之,中区设于本城,北一区在廊房村,北二区在旧州镇,北三区在白家务,北四区在张各庄,南一区在马头镇,南二区在葛渔城镇,南三区在得胜口镇。分所二:一在淘河,一在东沽港。

邮政

清光绪中始设邮政于省会,递寄公文函件,颇称便利,渐逐推广,由府厅州县以及乡镇次第设立,乃设专部于京师,以掌其事,今则日形发达矣。兹将县属已通邮政之各村庄,具列如左:

本城支局　得胜口　里狼城　东沽港　马头　葛渔城　调河头　落垡　廊房　万庄　旧州　南寺垡

安次县志卷二　赋役志

人民土地,立国大原,权利义务,理成对待,此中外所同认。而划分政费,因革损益,与时变通,又古今之定义也。今志《赋役》,仍依旧志,分为三目:曰户口,表人民也;曰田赋,表土地并人民义务也;曰解支①,表国家及地方之政费也。胪举②如后,俾邑人有所考览焉。

户　口

唐开元二十三年　一万二千户　《辽史》　丁二万四千　同

明原额　四千六百一十一户　《顺天府志》一千八百三十八户

后见存者　一千零七十二户　《顺天府志》作"实在三千六百八十一户"

逃亡者　二千六百零九户

又原额　二万二千口　《顺天府志》作"一万二千零五十四丁口"

后见在当差者　六千三百四十九口　《顺天府志》作"实在一万三千二百

优免者　二千五百五十八名　　四十八丁口"

明洪武初,编户四十四里。弘治十五年,知县张尧龙请并为三十里。嘉靖十年,知县韩襄请复旧,颇扰累。四十三年,知县陶栋又请并为十八里。清初因之。表如左:

澄清坊　　　　　　　团城里

白务里　　　　　　　葛南里

---

① 解支:开支。
② 胪举:列举。

得胜里	黄务里文城坊并	刘庄里	卢村里孙洼里并
徐村里	留犊里并	北隐里	左北里并
左南里	北马里户北里并	东张里	淳化里益留里并
丰登里	安付屯通津里并	东沽里	东庄里葛北里并
王庄里	东务里并	艾庄里	辛务里并
北昌里	贾庄里并	凤窝里	南务里邵庄里并
石桥里	公河河南河北里并	安庄里	辛庄里白洼里并

(附记)

明代一切差役取办里甲，定户编丁，计丁派役，久之，吏缘为奸，害滋甚。嘉靖间，行一条鞭法，民稍便。然粮长、里长名罢而实存。天启后，厂车遍布，军役繁兴，民不堪命矣。

清顺治元年，丁差银分九则，自一两一钱四分递减，一钱为差。十四年，定五年编审制，东安无上则丁。又卫丁差银分三则，上则三钱，亦以一钱递减。康熙二十七年，归并金吾左卫、神武卫、永清左卫、燕山右卫、彭城卫。五十五年后增丁永不加赋。都计额内外并屯卫等丁共五千八百三十七，内除滋生免赋六百五十三丁，实存五千一百八十四丁。各征银不等，共征千五百零八两二钱九分。又遇闰，除部发免赋人丁外，每丁加闰银二分六厘七毫六丝七忽，共征八十三两有奇①。自雍正二年摊入地粮，终清之世永为例。清丁粮均入地亩，东南各省施行较早。雍正二年，直督李卫援例奏请，允之。

以上节录旧志。

据清光绪初《顺天府志》，东安县光绪九年汇报城乡三万六千四百户，共计男女大小十万五千一百三十八口。

光绪三十二年，据报全县民户都一万九千一百九十一户，其中旗籍二百五十五户，回籍三百二十六户，教民则十七户。云人丁则汉民男子三万七千

---

① 有奇：有余。

九百六十一人，女子三万五千九百五十三人；旗籍则男子九百四十六人，女子八百三十二人；回籍男子八百七十六人，女子七百二十三人；教民男子三十二人，女子二十二人。

按：光绪九年至三十二年，历年不过二十有三，全境户口何以锐减至是？岂凶荒兵乱之所致哉？毋亦册报有不实焉耳？

田赋 据清乾隆十四年重修县志所载

一民地　四百九十六顷四十五亩八分四厘四毫民地，别圈地而言。

清顺治元年，原额三千二百四十二顷八十四亩七分六厘，内开除之数如左：

年数	事项	开除地数	粮额
顺治二 三 四	圈去 圈去 圈去	共一千九百四十七顷四十五亩七分三厘	民地粮额以亩起算，正科银五分七厘九毫一丝，加芝、棉、胖衣、裤鞋，改折银五毫五丝六忽八微五纤二沙，遇闰，加增银一厘五毫二丝七忽九微。
四	金派河西务船地三十五只，只地十顷	共三百五十顷	
十三 十四	添增剥船坐拨地	七十九顷三十五亩八分六厘六毫	
四	镶黄旗下投充①焦春茂带去地	三百五十三顷七十二亩五分七厘	
康熙二十一	拨给内务府设立庄头屯地	三十五亩	

①　投充：投靠权势人家充当奴仆以得到庇护。

(民国)安次县志

(续表)

年数	事项	开除地数	粮额
雍正六	奉文将从前抄没①年熙②并魏珠③家人张成全等入官大地,除民人陈之纪认买地六十一亩二分五厘外,开除粮额地	八顷七十七亩六分五厘	
十三	查撤牲丁④诡入民粮地	六顷七十二亩一分	
都计	七项	二千七百四十六顷三十八亩九分一厘六毫	

一兑补地 三百三十三顷一亩二分五厘民地被圈,即于本邑官屯地内补还者,故名。

原额三百三十三顷三十三亩二分五厘,此顺治四年兑补,内开除之数如左:

年数	事项	开除地数	粮额
雍正六	奉文将从前抄没年熙入官除粮兑补地十七亩五分续据陈之纪认买十五亩实除地	二亩五分	正科二分,加芝、棉等同民地,闰月加同民地。
十三	查撤牲丁诡入民粮案内地	二十九亩五分	
都计	二项	三十二亩	

一收地 四百八十七顷一十八亩一分九厘即剥船地,旧时拨为船地,今复收归原额者,亦名船地。

康熙四十年归并剥船征粮地五百三十顷,内开除之数如左:

---

① 抄没:查抄没收。
② 年熙:汉军镶黄旗人,年羹尧长子。
③ 魏珠:康熙的宫殿太监。
④ 牲丁:内务府都虞司所属打牲乌拉及口内外打牲壮丁之总称。专司各项采捕事宜。

年数	事项	开除地数	粮额
康熙五十七	石文柱入官拨给内务府设立庄头地	四十二顷八亩一分一厘	科则①，加增闰月并同民地
雍正六	奉文将从前抄没年熙入官除粮船地	七十二亩五分	
乾隆十一	建盖三角淀主簿衙署基地	一亩二分	
都计	三项	四十三顷五十四亩三分	

一增地　系额外认垦、报垦者，内有备边、马房等地。

首认报垦共地一千四百九十六顷五十六亩五分四厘三毫，内开除之数如左：

年数	事项	开除地数	粮额
康熙年间	圈拨去地	一百二十九顷二十亩零九厘	
雍正六	买剩入官除粮地	四分	
九	挑筑永定河除地	九十顷八亩三分五厘	
都计	三项	二百二十顷八分四厘	

增地实存者如左表：

年数	事项	地数	粮额
顺治十三	首认开垦备边马小地	七十五顷一十六亩五分	亩一分
十三	备边小地	一百四十五顷三十亩一分	亩一分五毫五丝六忽八微五纤二沙
十三	备边等地	六十五顷六十五亩七分五厘	亩一分
十三	首认开垦圈剩地	二顷六亩四分七厘	亩一分
十三	归监马房地	一百二十九顷九十二亩零九厘	亩一分

①　科则：朝廷规定的田赋征收比率。清代依土地肥瘠高下、丁户按贫富分若干等别，其地丁粮钱亦按不同等级确定不同赋率征收。

(民国)安次县志

(续表)

年数	事项	地数	粮额
节年①	报垦地	二百四十一顷七十九亩三分四厘	亩一分
康熙十二	报垦民地	七顷六十一亩四分九厘四毫	同民地
十二	报垦地	三顷九十四亩一分三厘二毫	亩二分
十二	报垦备边地	三百六十四顷零九分	亩一分
雍正七	任伦等首报垦荒地	一百九十一顷六十三亩二分二厘七毫	各征不等
十一	张维坤等自首民地	四十一顷三十三亩七分	同民地
十二	性洪傅璋等垦种地②	八十四亩	亩一分
十二	李淇首报地	二顷八十八亩	亩一分
十二	解文元首报地	二十五亩	同民地
乾隆四	李璧③臣首报垦荒地	四顷三十七亩	亩一分
五	僧显慧首认地	五十亩	亩一分
都计	十六项	一千二百七十七顷二十七亩七分零三毫	

一额外地 系退出、投充并查出民间隐匿地,内有夹空、续边等地。

退出、断出、查出、开荒等共地一千一百三十九顷八十五亩三分四厘九毫四丝,内开除之数如左:

年数	事项	开除地数	
顺治、康熙年间	圈去地	四百三十顷六十五亩八分一厘	
雍正九	查撤牲丁诡入民粮小地	五顷八十八亩	
都计	二项	四百三十六顷五十三亩八分一厘	

---

① 节年:积年;历年。
② 此处原文疑有误。
③ "璧"合刊本"民国志"误作"壁"。

额外地实存者如左表：

年数	事项	地数	粮额
顺治八	退出英王下投充人张良栋等大地	一十三顷六亩五分	亩二分，余同增地
康熙二十三	保定府粮厅查出夹空地	二顷三十四亩五分	亩一分
二十三	又镶黄旗退出荒地	五顷一十五亩	亩三分
四	孙绪宗告出还官地	二十七亩五分	亩二分，余同增地
八	李汝峰告出荒地	四十二亩	亩一分
九	奉部交民开垦地	四十九亩	亩一分
九	又查出报垦荒地	五顷七十三亩三分	亩一分
十一	奉部发下刘朝臣等地	二顷二十一亩四分	亩一分五厘一毫三丝一微三纤二尘
十二	奉部断出张文政等为民大地	三十五亩	亩二分五毫五丝六忽八微五纤二沙
十二	又张圣辅告出还官地	四顷八亩	亩二分八厘九毫五丝五忽
十六	查出隐漏民地	一百二十三顷零九分九厘六毫	同民地
十六	熟地	二百三十六顷八十三亩五分五厘四毫	亩一分
十六	归监马房地	一百一十一顷十三亩零零五毫	亩一分
十六	备边地	一百二十顷十六亩三分八厘	亩一分
十六	备边地	十九顷四十五亩五分零六毫	亩一分五毫五丝六忽八微五纤二沙

(民国)安次县志

(续表)

年数	事项	地数	粮额
十六	续查出民地	二项三十四亩六分五厘	同民地
十八	查出垦熟拨补地	七项二十三亩八分二厘七毫	亩二分五毫五丝六忽八微五纤二沙
十八	查出马房地	一项六十六亩	亩一分
二十三	拨给被圈民王自高地	七十亩	亩一分
二十四	查哈还出地	七十七亩三分九厘	亩①
雍正二	断归民人张京原业地	二项四十亩	亩二分四厘
三	张京案内控告余地	三十八亩	亩二分四厘
六	交出网户地	三十五项八亩四分五厘九毫四丝	亩一分
十二	陈之纪认买抄没年熙入官地	六十一亩二分五厘	同民地
乾隆四	民人张文明等认种李三太告发垦荒地	三项十八亩五分	亩一分
六	民人范秀玉等认种王均平首告②马文举隐占地	四项二十一亩八分二厘二毫	亩二分,余同增地
都计	二十六项	七百零三项三十一亩五分三厘九毫四丝	

—旗退、余、绝地 八十三项九十九亩八分三厘五毫旗退者,旗圈交官召种之地;余地,则旗圈额外之地;绝地,则逃亡事故无人承管者也。

原数共二百四十四项四十九亩三分七厘九毫,内开除之数如左:

---

① 原文此处即阙疑未书。合刊本"民国志"因之。
② 首告:出面告发。

年数	事项	开除地数	粮额
康熙年间	圈去地	九十七顷六十八亩九分八厘	旗退、余、绝地各征银不等,例不均摊丁匠、丁闰。
雍正九	拨补挑河旗地	二十五顷八十四亩六分	
十二	拨给庄头地	七十六亩二分	
乾隆二	拨给网户地	九顷	
三	拨给庄头地	五顷四十一亩四分五厘四毫	
九	拨给蚕户地	七顷八十八亩六分四厘	
九	旗人认买地	六顷三十一亩一分五厘	
九	又详明归入另案奏销项下地	三顷七十八亩五分二厘	
十一	拨给庄头地	三顷八十亩	
都计	九项	一百六十顷四十九亩五分三厘四毫	

一**卫地** 前明燕山六卫地,卫除,地悉归民也。

康熙二十七年,奉文归并燕山、金吾、神武、永清、腾骧、彭城六卫。各项共地二百九十四顷六十九亩四分四厘五毫,粮额不等,无加增,亦无地闰,但征黑豆若干。见后表。

一**耤田地** 额四亩七分

雍正七年,奉诏物设,每岁仲春亥日祭先农坛毕,县令率属员、农夫耕耤田,如古大夫礼。其田视年岁之丰歉定收获之多寡,别贮以供粢盛①。

一**学田** 原额一十二顷四十四亩,康熙九年圈去地三十三亩,实存地十二顷十一亩,各征租不等。每年由儒学通融②,散给廪生并极贫、次贫生员,以佐膏火之资。仍造报藩库,奏销日久,已成具文③。

旧志所载尚有各地开除总数及实存总数,与前所胪举者多有出入,不知

---

① 粢盛:古代盛在祭器内以供祭祀的谷物。
② 通融:指短期借贷。
③ 具文:徒有形式而无实际作用的空文。

（民国）安次县志

何故。谨附阙疑之例，悉依其旧，录之如左：

额内外原地除奉拨船地于康熙四十年归还外，实共原地六千八百五十二顷四十二亩八分六厘零四丝，内除：

旗圈地并拨补庄头、网户、蚕户各地	二千七百顷一十四亩六分一厘四毫
带投地	三百五十三顷七十二亩五分七厘
抄没入官地	九顷五十三亩零五厘
诡入民粮旗地	十二顷八十九亩六分
挑筑河占地	九十顷八亩三分五厘
旗人认买地	六顷三十一亩一分五厘
另案奏销地	三顷七十八亩五分二厘
新设三角淀主簿衙署基地	一亩二分
都计九项	三千一百七十六顷四十九亩零五厘四毫

实余现征粮租额内外并屯卫、存退①、余、绝各地共三千六百七十五顷九十三亩八分零六毫四丝，数如左：

民地	六百七十一顷六十二亩九分三厘四毫
兑补地	三百五十三顷六十六亩五分七厘七毫
船地	四百八十七顷一十八亩一分九厘
边马小地并各项垦地	一千七百八十四顷七十六亩八分二厘五毫四丝
六卫归并地	二百九十四顷六十九亩四分四厘五毫
存退、余、绝输租地	八十三顷九十九亩八分三厘五毫
都计六项	三千六百七十五顷九十三亩八分零六毫四丝

粮额都数，除学田租二十八两八钱三分九厘外，计共六项，表而出之如左：

---

① 存退：顺治初旗人圈地，圈地有余交官征租谓之存，圈后还官征租谓之退，自乾隆十一年（1746）始立册名曰存退。

民地	正加银三千九百二十六两八钱零五厘三毫二丝二忽六纤三沙七尘六埃八渺
兑补地	正加银七百二十七两零二分五厘四毫八丝九忽一微三纤五沙六尘四渺
船地	正加银二千八百四十八两三钱九分九厘二毫零四忽四微三纤七沙八尘八埃
边马小地并各项垦地	正银一千八百四十五两二钱三分九厘四毫零零九微一纤零零九埃二渺①
六卫归并地	正银四百零一两三钱四分四厘一毫五丝四忽八微二纤二沙五尘二埃二漠五湖。又黑豆三石八斗四升三合六秒七撮四圭八粟六颗三粒六黍
存退、余、绝输租地	租银一百七十四两七钱二分一厘八毫四丝
都计六项	九千九百二十三两五钱三分五厘三毫九丝一忽三微六纤九沙八尘六埃四渺二漠五湖

又正加各项,除存退、余、绝地外,例皆摊派丁匠、丁闰银两表如左:

正加银	摊派	银额	共数
一两	丁匠	二钱七厘二丝六忽八微一纤九沙二尘八埃二渺七漠三湖	二千一十八两二钱六分五厘八毫六丝五忽四微六纤一沙一埃四渺五漠二湖九虚一澄七清二净七逡二巡二稜四庚
一两	丁闰	七厘九毫四丝一忽一微七纤八沙五尘八埃二渺一漠二虚七澄四清	七十七两四钱一分七厘六丝九忽五微三纤三沙八尘七埃四渺八漠八湖七虚四澄八清八净六逡七巡

以上系据旧志。

邑乘失修,重以光绪庚子县署焦土②,文籍荡然。今重纂邑乘,则百六七

---

① 原文版此处分作两列,据意当为一列。合刊本"民国志"此处同于 1914 年印"民国志"。
② "土"合刊本"民国志"误作"士"。焦土:即烈火烧焦的土地。形容建筑物、庄稼等因战乱而遭到彻底破坏的景象。

（民国）安次县志

十年之沿革变迁无从钩考。查《顺天府志》成于光绪初叶,虽于州县语焉不详,亦今日唯一之资料矣,田赋、解支两项多取材焉,而益以最近之调查,然视旧志详尽多逊色矣。据《顺天府志》东安县地三千六百五十九顷六十八亩四分一厘六毫,额征正加有差,共银九千九百五十七两六钱七分,地闰银二百六十八两四钱四分八厘。详目如左。最近调查此项地亩总数亦同。

事项	地数	粮额	闰月增加数
认垦地	六百七十一顷六十四亩四分三厘四毫	每亩银五分八厘四毫六丝六忽八微五纤二沙	每亩银一厘五毫二丝七忽九微
兑补地	三百三十三顷一亩二分五厘	每亩银二分五毫五丝六忽八微五纤二沙	每亩银一厘五毫二丝七忽九微
退出英王地	二十顷六十五亩三分二厘七毫	每亩银二分五厘五丝六忽八微五纤二沙	
退出荒地	五顷十五亩	每亩银三分	
报垦地	八顷四十三亩四分五厘四毫	每亩银二分	
退民地	四顷八亩	每亩银二分八厘九毫五丝五忽	
归原业地	二顷七十八亩	每亩银二分四厘	
部发地	二顷二十一亩四分	每亩银一分五厘一毫三丝一微三沙二尘	
备边地	一百六十三顷七十五亩六分六厘	每亩征有差,共银二百十一两四钱三分二厘一毫八丝九忽五微六纤九沙二尘八埃	
任伦等报垦地	一百九十一顷六十三亩二分二厘七毫		
归监马房认垦、备边等地	一千四百五顷七十七亩一分三厘八毫四丝	每亩银一分	

（续表）

事项	地数	粮额	闰月增加数
归并剥船地	四百八十二顷八十四亩三分九厘	每亩银五分四厘四毫六丝六忽八微五纤二沙	
王永璧等认垦民小地	八顷八十二亩	每亩银二分八厘九毫五丝五忽	每亩银一厘五毫二丝七忽九微
又下地	五顷五十一亩八分四厘	每亩银一分二厘	
张龙等承认质郡王换给民小地	十四顷七十六亩一分五厘	每亩银一分三厘六毫七丝六忽六微六纤六沙①	每亩银一厘五毫二丝七忽九微
金吾卫存剩中地、自首地	二十六顷六十七亩八分七厘	每亩银一分五厘	
存剩下地	十五顷五十亩七分五厘	每亩银一分一厘九毫六丝七忽九微二沙二尘六埃七渺	
存剩中地	十顷七十四亩六分	每亩银一分五厘一毫三丝一忽二纤二尘。每亩征黑豆三合二勺九抄七圭八粟六颗三粒，共黑豆三石五斗三升六合三勺九抄七撮四圭六颗三粒六黍。	
查出失空下地	一顷九十四亩四分三厘	每亩银一分一厘四毫四忽八微	
垦地	七十一顷三十七亩六分八厘	每亩银一分二厘	
又下地	十一顷六十四亩	每亩银一分三厘	
归并存剩上地	五亩五分	每亩银一分八厘	

---

① "沙"合刊本"民国志"误作"渺"。

（民国）安次县志

（续表）

事项	地数	粮额	闰月增加数
又中地	三十三亩	每亩银二分	
又下地	一顷十九亩九分	每亩银一分	
自首地	一顷二十八亩六分	每亩银二分五厘	
神武卫退出上地	七十亩三厘	每亩银四分八厘	
中地	三顷四分五厘	每亩银二分四厘	
告发地	一顷八十二亩	每亩银一分二厘	
首垦地	三十四顷七十九亩三分二厘	每亩银一分二厘	
永清卫存剩下地	十二顷九十九亩四分九厘	每亩银一分五厘三毫五丝	
首垦空地	六顷五十八亩六分五厘	每亩银三分	
垦中地	七顷七分九厘	每亩银一分六厘	
断出地	二十一顷十六亩九分三厘五毫	每亩银一分五厘	
又下地	九顷九十六亩七分七厘	每亩银一分	
燕山卫首垦地	七顷五十六亩七分一厘	每亩银一分	
垦荒地	三十九顷二十八亩七分二厘	每亩银一分二厘	
又下地	二顷十三亩四分	每亩银一分	
腾骧卫归并存剩下地	七十亩	每亩银一分四厘一毫九丝二忽。每亩征黑豆四合三勺八抄一撮，共豆三斗六合六勺七抄	

（续表）

事项	地数	粮额	闰月增加数
垦地	八十五亩	每亩银一分二厘	
彭城卫归并中地	五顷七十二亩	每亩银一分四厘	
又下地	二亩	每亩银一分七厘	
李鹏万等成熟地	六顷二十一亩九分七厘六毫	每亩银一分	
透大漠等垦地	三十五顷七十八亩七分八厘	每亩银一分	

以上地粮并摊入丁银二千零五十八两八钱八分三厘。闰增七十八两七钱三分七厘。共征银一万二千一十六两五钱五分三厘,闰年则一万二千三百六十三两七钱三分八厘。火耗计两增银一钱。又黑豆三石八斗四升三合一勺。均解顺天府尹衙门。

清之旗地犹朱明庄田也,或者比之采地,其得失暂可不论。据《顺天府志》,旗租凡八项,而东安有其六焉:曰存退、曰另案、曰三次赎典、曰四次赎典、曰奴典、曰公产,依次录表如左:

地名	释名	地数	庄基	庄窠	场园	房	井	征银
存退地	此顺治初旗人圈地也,圈地有余交官征租谓之"存",圈后还官征租谓之"退",自乾隆十一年始册报,名曰"存退"。	二百二十九顷十九亩八分四厘四毫	六亩	三亩四分四厘		三		一千四百十五两六钱三分五厘

(续表)

地名	释名	地数	庄基	庄窠	场园	房	井	征银
另案地	雍正三年，户部咨令将内务府交出旗圈余地、又八旗报抵亏公之地、又察抄入官房地交地方官征解。自七年始，另立一案，名曰"另案"。	二百三十四顷五亩九分九毫	十三亩六分九厘。又随房基地二亩七分，又庄基一块。	六亩。又庄窠一块。无租。	十五亩	一百二十	三	三千五十五两九钱九分七厘
三次赎典地	八旗地私自典卖与民，动帑赎回。起乾隆十年，讫十二年，谓之"初次"；起十三年，讫十五年，谓之"二次"；起十六年，讫十八年，厥后定章，立册造报，名曰"三次"。	三十八亩						三两五钱七分四厘
四次赎典地	起乾隆十九年，讫二十五年，征解如"三次"例，而自为一册，名曰"四次"。	一百九十五亩二分七厘。又白地水坑八亩五分，无租。	民自盖房二十二。无租。	三块	场园基地八十四亩七分九厘	一百五十有七		一千三百二十四两六钱九厘

（续表）

地名	释名	地数	庄基	庄窠	场园	房	井	征银
奴典地	八旗人私自典地与旗奴,动帑赎回。起乾隆十九年,讫二十三年,交地方官征解,专册造报,名曰"奴典"。	一百七十一顷二十八亩九分五厘		一块	场园地二十七块,计地二十三亩。	二百六十一间有半,棚十二。	三。无租。	一干①八百七十两八钱八分
公产地	八旗地私典与民,发觉入官,交地方官征解,专册造报,名曰"公产"。	一百六十顷八十一亩一分六厘三毫		二十三亩六分一厘	园地十九亩,随地场十四亩一分七厘,场园房占地二十九亩二分二厘五毫。	一百三十九间,又民自盖房棚一百十五间有半。无租。		九百二十四两五钱五分七厘
都计六项		八百二十顷四十七亩七分二厘五毫	二十二亩三分九厘	三十三亩零五厘	一顷八十五亩一分八厘五毫	房七百九十六,棚十二。	六	八千六百零二两三钱三分三厘

右银昔日以八千二百九十三两四钱二分三厘解藩库,余解户部。定南武庄王归井田科现俱归财政司云。

最近调查则存退附武庄王地二百二十九顷九十二亩九分零四毫,征银一千四百一十八两八钱零九厘;公产地一百零七顷二十六亩一分九厘,征银九

---

① "干"字误,当作"千"。合刊本"民国志"此处亦误作"干"。

（民国）安次县志

百二十四两五钱五分七厘；另案地三百五十四顷二十九亩六分六厘五毫，征银二千九百四十九两九钱二分六厘四毫；三、四次赎典地共一百零九顷六十三亩二分七厘，征银一千八百二十八两一钱八分三厘；奴典地一百六十四顷一十五亩一分五厘，征银一千八百七十七两八钱八分；六项旗租地外尚有泰陵广恩库地一顷三十亩，租银一十六两六钱。又兵部马馆地十六顷六十九亩，租银二百零七两五钱二分五厘；銮仪卫地十八顷二十二亩，租银二十四两，又京钱三百五十六吊七百三十文。以上三项①向解藩库，现改解财政司。

又有雍和宫香灯地一十四顷七十三亩，租京钱三百七十二吊一百七十一文；步军统领衙门西河岁修地七顷二十一亩，租银五十两；马五宝地二顷零三亩七分二厘，租银三十六两八钱八分四厘；又自咸丰三年后有黑地升科者，至今凡三百七十七顷四十九亩五分四厘，征银七百五十六两八钱九分八厘。此外，河淤地亩共一百四十六顷零六亩五分，征银五百七十一两二钱四分五厘，现归永定道署水利局自行征解。香灯一项，解内务府。西河岁修一项，解提督衙门。马五宝租，昔解藩库，现归财政司。升科一项，解顺天府署。

又学田一项，清乾隆间仅十余顷，今则此项地额增至七十八顷八十五亩六分六厘，每年征租京钱一千四百三十一吊三百三十七文，由县中劝学所征收。

有清一代，自康熙至乾隆蠲租减赋有足称者，东安地属畿辅，屡邀格外，不可不志也。今略举如左。据旧志。

康熙二十三年	豁除未完地丁钱粮
二十四年	正赋免三分之一
二十五年	豁除未完地丁钱粮
二十六年	蠲免租赋
三十三年	豁除历年旧欠

---

① "项"合刊本"民国志"误作"顷"。

三十五年　　　蠲免租赋

　　四十四年　　　蠲免租赋

　　五十年　　　　蠲免租赋并豁除历年旧欠

　　五十五年　　　蠲免租赋

　　五十六年　　　免带征地丁屯卫银

雍正七年　　　　蠲免二千零一十四两五钱八分

　　八年　　　　　蠲免一千九百五十八两三分零

　　九年　　　　　蠲免一千九百五十一两七钱一分零

　　十三年　　　　蠲免历年积欠

乾隆二年　　　　蠲免地丁钱粮

　　三年　　　　　蠲免积欠

　　四年　　　　　减免租赋

　　十一年　　　　蠲免地丁钱粮

解　支

　　起运、存留①各款,有清一代往往沿袭明制而略有变通。及迁流既久,又复名实相异,莫可究诘。今依旧志,表而出之,皆过去之历史也。民国成立后,所调查者无几,悉著之篇,以告邑人之留心财政者。

　　起运各款表列如下:

---

① 存留:清代地方政府所征税粮中,留下供本地开支的部分。

（民国）安次县志

项目				银额
各寺监项下	户部			四千六百二十一两三钱一分零八毫八丝二忽八微七纤五沙
		细目	本色	折准	
	夏税	锦衣卫驯象房仓	大麦二十六石七斗	小麦一十三石三斗五升四合	每石折银一两一钱
		外象房仓	大麦三十二石六斗九升三合九秒	小麦一十六石三斗四合五勺九秒	每石折银一两一钱
		镇边城新城仓	棉布一十一匹一丈七尺	小麦	共折银一十二两九钱九分
		密云驿	小麦二十七石二斗二升		每石折银七钱
		龙庆仓	小麦二十八石五斗七升		每石折银七钱
		古北口仓	小麦七十二石零五升		每石折银八钱五分
		派剩	小麦八十六石七斗三升五合五勺二秒		每石折银八钱
		京库农桑	丝	绢二百七十六匹二丈三尺二分五厘	每匹折银七钱
		京库人丁	丝	绢七十一匹一丈二尺	每匹折银七钱
	秋粮	密云龙庆仓	粟米二百二十石，黑豆二十石八斗一升。		每石折银六钱五分 每石折银六钱

（续表）

项目					银额
各寺监项下	秋粮	细目	本色	折准	
		横岭口仓	粟米一百八十石		每石折银六钱五分
		古北口仓	粟米一百四十八石三斗六升		每石折银八钱五分
		镇边城新城仓	粟米五十一石八斗四升		每石折银六钱五分
		派剩	米一百九十石四斗七升五合二勺三秒		每石折银五钱
		南石渠仓	黑豆四十二石九斗七升八合四勺三秒		每石折银六钱
	马草	细目	本色	折准	
		安仁坊草场	草一万三千九百二十九束		每束折银三分五厘
		居庸仓	草六千束		每束折银三分
		大仓银库	草八十七束		每束折银二分五厘
		蓟①州	草六万二千七百五十九束		每束折银二分五厘
		石门镇驿	草一千零五十八束		每束折银二分五厘

---

① "蓟"合刊本"民国志"误作"苏"。

(续表)

项目					银额
各寺监项下	马草	细目	本色	折准	
		马兰峪	草二千九百四十二束		每束折银二分五厘
		宣府在城草场	草三千四百零五束		每束连脚价折银六分四厘
		旅顺兵饷	银三十九两五钱六分七厘		三十九两五钱六分七厘
	御马监				
		细目	本色	折准	
		御马仓	大麦七石五斗三升二勺	小麦三石三斗六升五合一勺	每石折银一两三钱
			豌豆三十九石五斗四升九合二勺七秒	小麦抵豆	每石折银九钱
			黑豆八十四石六斗八升六合三勺四秒		每石折银七钱
		御马仓内场	草二千一百八十五束		每束折银五分五厘
		天师庵外场	草八千六百二十四束		每束折银五分
	宣徽院				供应库芝麻五十二石二斗，每石折银一两五钱，脚价银五钱。又顺治十年奉文，每石量增银五钱。

(续表)

项目				银额
各寺监项下	御用监			京库地棉花绒一千三百七十八斤六两,每斤折银八分,脚价一分九厘九毫九丝六忽七微。又顺治十年奉文,每斤量增银五分。
	礼部			四百零二两二钱八分九厘,遇闰加银十二两一钱八厘四毫。
	细目	本色	折准	
	光禄寺	果品		二十两零五分六厘
	光禄寺	牲口		七十三两
	光禄寺	马连根		一十九两
	光禄寺	活兔		四两八钱
	光禄寺	小麦九十八石九斗		每石折银九钱
	光禄寺	赤豆二十四石六升		每石折银一两二钱
	光禄寺	大青黄豆七石三斗九升		每石折银九钱
	国子监医生工食			四两五钱,遇闰加银三钱七分五厘。
	国子监膳夫			四十两,遇闰加银三两三钱三分三厘四毫。
	礼部会同馆夫工食			一百两零八钱,遇闰加银八两四钱。
	太医院	蒿术苍术		七两五钱
	观象台	灯油木炭		一两六钱

(续表)

项目				银额
各寺监项下	细目	本色	折准	
	宪书①板片②			六两五钱
	工部			一千八百七十八两二钱六分一厘二毫五丝
	细目	本色	折准	
	胖衣裤鞋七十一副零三分			每副价银一两五钱。顺治十年奉文，每副量增银一两二钱。
	砍柴夫			一千三百四十三两七钱
	四司料价			一百九十五两五钱七分五厘
	蓝靛			三十两
	苇夫			四十五两
	鹅翎			七两一钱五分六厘二毫五丝
	狐皮			十两
	搬运木柴夫			三十一两六钱六分
	司设局			
	细目	本色	折准	
	冰窖蒭秸			二十二两六钱六分

　　以上起运共银六千九百零一两八钱六分一厘一毫三丝二忽八微七纤五沙，遇闰加银十二两一钱零八厘四毫。据旧志，前项因地丁圈投，钱粮缺额，无凭征解云。

　　存留各款，表列如下。据旧志，谨分四项：曰存在者、曰增添者、曰裁减者、曰

---

① 宪书：即历书。
② 板片：印刷用的雕板。一板称为一片。

全载者。表而出之,以清眉目。

存在者	
项目	银额
修理文庙银	银十两
铺兵十六名工食银	九十六两
本县典史俸银	三十一两五钱二分
文庙崇圣、名宦乡贤春秋二大祭银	四十两
社稷、山川风云雷雨、城隍、马神、八蜡①等神二大祭银	三十两
三小祭无祀鬼神银	十两
宪书银	三两
朔望日行香纸烛银	一两
乡饮酒礼银	十两
五色土银	三十二两五钱,雍正七年奉文办解本色②,每年解黄土一十二袋十五斤,一两五钱,青白赤黑土各一十一袋十斤。
更夫五名工食银	三十两
火夫八名工食银	四十八两
庆丰闸闸夫工食银	七十二两
会试举人每名盘费银	十两,每年带存银三两三钱三分三厘三毫。
状元归第银	十两,每年带存银三两三钱三分三厘三毫。
新中举人牌坊银	八十两,每年带存银二十六两六钱六分六厘六毫。
新中进士牌坊银	一百两,每年带存银三十三两三钱三分三厘三毫。

---

① 八蜡:周代每年农事完毕,于建亥之月(十二月)举行的祭祀名称。
② 本色:自唐末至明清原定征收的实物田赋称本色;如改征其他实物或货币,称折色。

（民国）安次县志

（续表）

存在者	
项目	银额
新中武举人花红旗匾银	十两,每年带存银三两三钱三分三厘三毫。
新中武进士花红旗匾银	二十两,每年带存银六两六钱六分六厘六毫。

增添者	
项目	银额
县丞俸银	四十两
马夫一名工食银	六两
门子一名工食银	六两
皂隶四名工食银	二十四两
主簿俸银	三十三两一钱一分四厘
马夫一名工食银	六两
门子一名工食银	六两
皂隶四名工食银	二十四两
	以上雍正七年设增①
三角淀管河主簿俸银	三十三两一钱一分四厘
马夫一名工食银	六两
门子一名工食银	六两
皂隶四名工食银	二十四两
	以上雍正十三年增设
儒学教谕俸银	四十两,雍正十三年新增银二十四两二钱四分。
训导俸银四	十两,雍正十三年新增银二十四两二钱四分。

---

① "设增"两字顺序颠倒,当作"增设"。合刊本"民国志"此处亦倒。

（续表）

增添者	
项目	银额
关帝庙祭祀银	四十两，雍正五年新增。
先农坛坛夫三名工食银	十二两，闰月银一两，雍正六年新增。
仵作二名工食	十二两，新增。
南路司狱司俸银	三十一两五钱二分
皂隶二名工食银	十二两，闰月银一两。
禁卒十二名工食银	七十二两，闰月银六两。
更夫五名工食银	三十两，闰月银二两五钱。
	以上司狱俸工乾隆二年新增
天坛坛户五名工食银牺牲所①	三十一两八钱，乾隆七年新增。
所夫一名工食银	六两三钱六分，乾隆七年新增。
斋宫夫一名工食银	六两三钱六分，乾隆八年新增。

裁减者	
项目	银额
修理龙亭仪仗银	银一两，康熙七年减银五钱。
霸昌道快手，今改按察司快手十二名工食银	八十六两四钱，顺治十三年裁银十四两四钱。
本县知县俸薪银	六十三两四钱九分，顺治十三年裁银十八两四钱九分。
门子二名工食银	十四两四钱，顺治九年裁银二两四钱。
皂隶十六名工食银	一百十五两二钱，顺治九年裁银十九两二钱，又节年裁皂隶六名工食银三十六两。
马快八名工食银	一百四十四两，顺治九年裁银九两六钱。

---

① "牺牲所"三字刻板位置有误，当为下一行内容。

(民国)安次县志

(续表)

裁减者	
项目	银额
民壮五十名工食银	三百六十两。顺治九年裁银六十两。又节年俸裁民壮十名工食银六十两。又雍正十三年裁民壮改养余丁,案内拨给北运河同知民壮四名,本县县丞民壮四名,主簿民壮四名,共工食银七十二两,仍由县库解支。
看监禁子八名工食银	五十七两六钱,顺治九年裁银九两六钱。
轿伞扇夫七名工食银	五十两四钱,顺治九年裁银八两四钱。
斗级四名工食银	二十八两八钱,顺治九年裁银四两八钱。
马夫一名工食银	七两二钱,顺治九年裁银一两二钱。
门子一名工食银	七两二钱,顺治九年裁银一两二钱。
皂隶四名工食银	二十八两八钱,顺治九年裁银四两八钱。
斋夫六名工食银	七十二两,康熙三年裁银三十六两。
门斗五名工食银	三十六两,康熙三年裁银斗三名,共银二十一两六钱。
廪生二十名岁支银	一百九十二两,顺治十三年裁银一百二十八两。
膳夫二名工食银	四十两,顺治十三年裁银二十六两六钱六分六厘六毫六丝六忽。
走递、马匹、草料并喂马夫、车夫银	一千四百八十两,节年裁银一千一百八十四两一钱八分二厘八毫四丝七忽五微,遇闰加银二十四两七钱五分六厘四毫二丝九忽七纤四沙四尘七埃二渺。
吹手四名工食银	二十八两八钱,顺治九年裁银四两八钱。
孤贫口粮、布花银	六两,闰月银三钱,乾隆六年裁银二两一钱二分六厘六毫五丝一忽。
考贡生员盘费、花红、旗匾银	四十两,节年裁银三十五两,二年一办,每年各半,乾隆五年奉文匀派给扣解银三钱九分四厘五毫。

（续表）

裁减者	
项目	银额
乡试对读①生员、誊录书手、厨役等银	三十六两八钱,每年带存银十②二两二钱七分三厘三毫,节年裁银六两一钱三分六厘六毫五丝。
会试对读生员、誊录书手、厨役等银	三十二两七钱二分,每年带存银十两九钱六厘六毫六丝,节年裁银五两四钱五分三厘三毫三丝。

全裁者	
项目	银额
直隶顺抚书吏三名廪给银	一百八两,节年全裁。
本府府尹柴薪银	四十二两,康熙七年全裁。
本府儒学斋夫二名工食银	二十四两,康熙三年全裁。
心红纸张银	二十两,康熙十四年全裁。
油烛银	十两,顺治十三年全裁。
迎送上司伞扇银	十两,节年全裁。
修理宅舍家伙银	二十两,顺治九年全裁。
吏书十二名工食银	一百二十九两六钱,节年全裁。
灯夫四名工食银	二十八两八钱,节年全裁。
修理监仓银	二十两,节年全裁。
库书一名工食银	十二两,节年全裁。
仓书一名工食银	十二两,节年全裁。
县丞赁衙署银	十六两,乾隆四年全裁。
主簿赁衙署银	十六两,乾隆四年全裁。

① 对读:校对。
② 合刊本"民国志""银"后脱一"十"字。

(民国)安次县志

(续表)

全裁者	
项目	银额
书办一名工食银	七两二钱,节年全裁。
学书一名工食银	七两二钱,康熙元年全裁。
教官喂马草料银	二十两,节年全裁。
学院科岁二考并本县季考生员试卷、花红银	二十两,节年全裁。
春牛、芒神、桃符、门神酒席银	五两,节年全裁。
看守察院门子二名工食银	十二两,雍正十一年全裁。
修理察院家伙等项银	十两,顺治九年全裁。
朝日坛户三名工食银	十八两,乾隆六年全裁。
圜丘坛户二名工食银	十二两,乾隆六年全裁。
帝王庙庙户一名工食银	六两,乾隆六年全裁。
关庙帝①庙户工食银	七两二钱,乾隆六年全裁。
杂支供应过往上司下程②、坐饭、中伙③、蜡炭等银	二百两,节年全裁。
杠桥夫工食银	一百两,节年全裁。
接递皂隶四名工食银	二十四两,节年全裁。
通州工部分司挑挖新河夫工食银	五十九两五钱,康熙三十九年全裁。
柳栽④银	二十六两四钱,康熙三十九年全裁。
桩草银	九十二两四钱,康熙三十九年全裁。
挖运浅夫一百三十二名工食银	一千八十二两四钱,康熙三十九年全裁。
朝觐盘费银	二十五两,顺治十三年全裁。
朝觐纸张银	六两,顺治十三年全裁。

---

① "庙帝"字序颠倒,当作"帝庙"。合刊本"民国志"此处亦倒。
② 下程:停驻;休憩。
③ 中伙:即中火,指途中午休用饭。
④ "栽"合刊本"民国志"误作"裁"。

（续表）

全裁者	
项目	银额
科举生员宾兴①、盘费、花红、卷资、酒席银	八十两,每年带存银二十六两六钱六分七厘,节年全裁。
科场器皿银	四十五两三钱,节年全裁。

以上存留共银六千二百五十九两三钱四厘六毫二丝三忽五微,遇闰该银一百六十七两九钱六丝六忽八微七纤四沙四尘七埃二渺。

节年裁扣银四千一十六两九钱三分一厘三毫五丝八忽,闰银一百三十二两三钱四分三厘六毫三丝七忽八微。

实支存留银二千二百四十二两三钱七分三厘二毫六丝五忽五微,闰银三十五两五钱五分六厘四毫二丝九忽七纤四沙四尘七埃二渺。

据旧志,此后尚有税课、驿递、盐政三项,并附志之:

税课 县属各集镇牛骡杂课,旧无定额,每年尽收尽解。

驿递 僻递现存马十匹、马夫五名、兽医一名。共银三百二两一钱二分九丝九忽七微四纤八沙,遇闰加银二十五两一钱七分六厘六毫七丝四忽九微七纤九沙。

盐政 额销盐一千四百引,分认京引四百三十二引。

以上据旧志。

又据前清光绪初《顺天府志》所载,东安县起运银九千九百十八两八钱四分七厘,闰年则一万零二百三十五两三钱六分六厘,火耗各以数增。至若留支者,则约分五项:曰官俸、曰役食、曰祀礼、曰杂项、曰驿站递马工料,表而列之如下:

---

① 宾兴:科举时代,地方官设宴招待应举之士。亦指乡试。

（民国）安次县志

项	目	员名	银额
官俸	知县	一	四十两
	三角淀南七汛主簿	一	三十三两一钱一分四厘
	北二下汛主簿	一	同
	北堤七汛主簿	一	同
	典史	一	三十一两五钱二分
	南路同知司狱	一	同
	教谕	一	四十两
	训导	一	同
役食	按察司快手（改自霸昌道）	十二	共七十二两
	知县门子	二	共十二两
	皂隶	十	共六十两
	民壮	二十五	共百五十两
	知县马快	八	共百三十四两四钱
	炮手	四	共二十四两
	更夫	五	共三十两
	水火夫	八	共四十八两
	北运河务关同知民壮	四	共二十四两
	北堤七工主簿民壮	四	同
	三角淀主簿门子	一	六两
	又马夫	一	同
	典史门子	一	同
	又马夫	一	同
	又皂隶	四	共二十四两
	南路司狱皂隶	二	共十二两闰增一两
	禁卒	十二	共七十二两闰增六两
	更夫	五	共三十两闰增二两五钱
	县学斋宫夫	三	共三十六两
	膳夫	二	共十三两三钱二分三厘

(续表)

项	目	员名	银额	
役食	门斗	二	共银十四两四钱	
	天坛夫	五	共三十一两八钱	
	天坛斋宫夫	一	六两三钱六分	
	先农坛夫	二	共十二两闰增一两	
祀礼	修文庙		十两	
	文庙、崇圣祠、名宦祠、乡贤祠祭银		四十两	
	示稚山川等祭银		三十两	
	文昌庙祭银（并加银）		三十九两九钱九分九厘	
	关庙祭银		四十两	
	三小祭银		十两	
	朔望行香银		一两	
	修龙亭银		五两	
	五色土价银		三十二两五钱	
	乡饮酒礼银		十两	
杂项	时宪书银		三两	
	廪生	二十	共六十四两	
	孤贫	一	三两六钱闰增三钱	凡七十两有奇
	又冬衣布花银	一	二钱七分八①厘	
	贡生花红、旗匾银		二两五钱二年一办	
	乡试对读、誊录书手银		六两一钱三分七厘三年一办	
	又会试对读、誊录书手银		五两四钱五分三厘	
	会试举人盘费银		三两三钱三分三厘	
	举人坊银		二十六两六钱六分七厘	

---

① "八"合刊本"民国志"误作"四"。

(续表)

项目		员名	银额
杂项	进士坊银		三十三两三钱三分三厘
	武举花红、旗匾银		三两三钱三分三厘
	武进士花红、旗匾银		六两六钱六分七厘
	状元归第银		三两三钱三分三厘
驿站递马工料	驿站递①马工料银		二百三十八两三钱九分七厘闰增十九两八钱六分六厘
五项	五十六目		共银二千零九十七两七钱零六厘闰增三十两零六钱六分六厘

右表不过一时代政界之现相，至今已时过境迁矣。

杂税、驿递两项，《顺天府志》未详。东安盐政一项，与东安旧志所载殊多不同，因附录之。额行一千四百引，此同县志。分销京盐三十二引，减一百八十三引，减停二百一十一引，现行一千四百三十八引。

差　徭 附

明万历时，东安编头八十七项，银六千零七十六两六钱八分三毫一丝一忽。清自雍正二年以后，人丁均入地粮，在官之役则留支田赋。其在田赋外者，徭无定时，役有定里。或摊资，则曰差钱；或征力，则曰差夫。东安旧志于"差徭"一项略焉不详，府志亦未之载。民国元年，由县会议决，全县差徭减免二成。据官查底册，凡烟户、缮书、狱犯津贴及各房书吏运米瓜贡等项差徭皆由各村庄分配，其不分配者则书院、膏火、礼宾、文庙、文昌阁、城隍庙等项差徭是也。今将阖邑应办差徭，据底册收款凡分三项，附录如左：

一制钱　京钱六千八百二十一吊五百三十文，合东钱二万零四百六十四吊五百九十文。

一银两　七百零八两九钱二分一厘。　一银圆　二百一十五元四角。

---

① "递"合刊本"民国志"误作"邃"。

安次县志卷三　职官志

　　官斯土之有美政者,已于《名宦志》传之。兹编凡曾官东邑者,只著其到任年代而事弗系焉。自明以上,无从详求,姑从缺文之例可耳。

　　宋仁基　唐幽州都督府行安次县令、朝议郎、怀仁县开国侯、骑都尉,垂拱四年任。①

　　张　愃　垂拱四年任。前成均监,擢弟进士,幽州都督府安次县尉。能文。

　　张去泰　垂拱四年,行安次县员外、主簿、通直郎、议军。工书。

　　陈立行　蓟人。安次主簿。

　　知州②田成③　元④南唐进士。元贞二年任。

　　太守⑤世宝墀　以下俱见至正二十四年学碑。

　　奉训大夫达鲁花赤管本州诸军,劝农防御,知河防渠堰事卜兰奚

　　判目赵彬

　　太守赵时敏

　　　　牛德裕

---

　　①　"宋仁基"之下,合刊本"民国志"增录一人:谭宪　谭中弟,唐安次令。据杜牧《燕将录》,见光绪《顺天府志》《前代州县表》。

　　②　知州:官名。地方行政机构州之长官。宋朝以朝官为州一级长官,称"权知军州事""知军州事",简称"知州"。掌教化百姓,劝课农桑,旌别孝悌,奉行法令,考察属员,赈济灾伤,以及赋役、钱谷、狱讼等事。元朝州分上、中、下三等,上州长官称州尹,中、下州长官称知州,品秩分别为正五品和从五品。明清皆置,为一州的最高行政长官。明每州一人,从五品;其佐官有同知、判官等;清代则称"州同""州判"。

　　③　"成"字误,当作"诚"。合刊本"民国志"此处亦误作"成"。

　　④　"南"前衍一"元"字。合刊本"民国志"此处亦衍此字。

　　⑤　太守:官名。

(民国)安次县志

学正①张天麟

州判②翟仲景

　　王　显

　　奥　鲁

官　制 明清

知县③一员

县丞④一员　　明裁。清设河工县丞。

主簿⑤一员　　明裁。清设河工主簿。

典史⑥一员

教谕⑦一员　　清末裁。

训导⑧一员　　清末裁。

税课局大史⑨一员　　裁。

阴阳学训术⑩一员　　原无置官。

医学训科⑪一员　　原无置官。

僧会司僧会⑫一员

---

① 学正:官名。宋朝始置。地方州学所设学正,掌本州生员教育,及评定生员品行优劣。

② 州判:官名。地方各州之副职,从七品,分掌督粮、捕盗、海防、水利诸事。

③ 知县。官名。地方行政机构县之长官。

④ 县丞:官名。

⑤ 主簿:官名。

⑥ 典史:官名,元始置,明清沿置,为知县下掌管缉捕、监狱的属官。

⑦ 教谕:官名。

⑧ 训导:官名。明清地方学校之学官。

⑨ 税课局大史:明清掌管税课的官吏。

⑩ 阴阳学训术:明代地方阴阳学官,府曰正术,州曰典术,县曰训术。

⑪ 医学训科:明代地方专司医学的官员。

⑫ 僧会司僧会:地方上管理寺庙和僧尼事务的职官,由僧人担任。

道会司道会^①一员

年代	知县	县丞	主簿	典史	教谕	训导
明						
洪武三年			华德芳			
洪武七年	侯文秀 四川人。					
洪武九年	王友信 山东人。					
洪武十一年	王观					
洪武十五年	岳镇					
洪武十八年	秦士弘					
洪武二十二年	邓侯 金坛人,由举聪明正直科任。					
永乐二年	李骥 山东剌城人,洪武癸酉举人。					
永乐三年					胡振 长垣县人,举人。	
永乐十五年	李茂					
宣德五年	王睿 河南临颍人,监生。					
天顺四年	冯珍 陕西人,监生。					
天顺六年			李铎			刘钺

① 道会司道会:主管县级道教机构的官吏。

（民国）安次县志

（续表）

年代	知县	县丞	主簿	典史	教谕	训导
天顺八年	于壁① 山东人，进士。	严杰	辛谅	厉昌盛	陈晔	杨银
天顺十年						谢颙
成化元年②	程资 河南人，监生。	何瑛 河南杞县人。	何瑛 杞县人。			
成化七年	郑兴 山东人，监生。	杨瑛 陕西巩昌卫人。				
成化十一年		叶本盛 无为州人。				
弘治二年	朱华 滁州人，举人。					
弘治三年						崔浩
弘治五年	景佐 山西蒲州人，进士。				谢延龄	
弘治七年			薛志	潘茂		
弘治八年	郭淳 山西高平人，举人。				陈宪 鱼台县人。	
弘治九年		包钟 陕西甘州人。				茹璠
弘治十年			张翔			

① "壁"字误，据清刻"乾隆志"以及本书《名宦志》的记载，当作"璧"。
② "成化元年"合刊本"民国志"作"成化初年"。

（续表）

年代	知县	县丞	主簿	典史	教谕	训导
弘治十一年	蒋昇 胡广荆州人，进士。	张铿 河南人。				
弘治十二年						王治 中牟县人。 邹世澄
弘治十四年			马安 武功人。 丑华 山西人。			
弘治十五年	张尧龙 山东济宁人。			宁英		高耸 漳浦县人。
弘治十六年		包汴 辽东人。				
弘治十八年						贾受 太原县人。
弘治末年			靳铭 山西人。			
正德元年	郭登 山西洪洞人。		李彦达 山西人。	赵贤 云南人。	赵隆 历城县人。	
正德二年						常春 河南人，举人。
正德三年	杜泰 山东长清人，进士。					张钺 山东人。
正德四年	彭伟 山东掖县人，举人。	李永昌 山东邹平县人。	豹振 凤翔人。			

(民国)安次县志

(续表)

年代	知县	县丞	主簿	典史	教谕	训导
正德五年			周凤翔 山西人。	宋儒 山西人。		闵宽 眉州人。
正德七年		李文 陕西羽榆卫①人。	杨俨 山西人。 原宗禄			
正德八年	周义 山西翼城人,举人。			席凤 河南人。		王镐 华容县人。
正德十年	武魁 山东沂县人。	罗节 四川人。	刘辉 山西人。			陈云汉 高唐州人。
正德十一年			宋珵 平定州人。			
正德十二年			杨东山 平定州人。	汪鸿 南直隶人。		唐錬 归安县人。
正德十三年	傅相 山东长山人。		麦振 凤阳府人。 姜润 山东人。			徐玺 鄱阳县人。
正德十四年		徐一勤 山东长山县人。	刘文 陕西三原县人。			
正德十五年	张云 陕西凤翔人。		徐问 凤阳人。		张永祯 曲阜县人。	王文镐 湖广人。
嘉靖元年					张纪 河南灵宝县人。	黄逢 江西安异县人。

---

① "羽榆卫"误,当作"榆林卫"。合刊本"民国志"此处亦误。

(续表)

年代	知县	县丞	主簿	典史	教谕	训导
嘉靖二年	胡瀹 河南洛阳人,进士。					
嘉靖四年		李时雍 河南磁州人。	宋宗伦 山东曹州人。			望遍 卢氏县人。
嘉靖五年	韩襄 山东鱼台人,举人。		冯连 凤翔府人。			
嘉靖六年				盛明 山东人。		王泰 榆次县人。
嘉靖七年					周福 凤阳府人。	黄振 即墨县人。
嘉靖八年			孙学礼 山东人。 张瀹 庆阳府人。			
嘉靖九年			张文 山东人。			
嘉靖十年						荣华 海丰县人。
嘉靖十一年	张钺 山东登州人。		蔡仁 陕西人。			张文明 祥符县人,举人。
嘉靖十二年		高巍 山东滨州人。		胡福玘 山西人。		
嘉靖十三年			郝成 山西人。			
嘉靖十四年	胡汝辅 山西石州人,举人。	原宗浙 山西辽州人。		马玹 泾阳人。		

109

(民国)安次县志

(续表)

年代	知县	县丞	主簿	典史	教谕	训导
嘉靖十六年	刘继光 山东 新泰人。		于塘 河南人。		郭锦 曹州人。	桑光溥 滨州人。
嘉靖十七年			张表 茌平县人。	范大爵 霍州人。		韩贤 新野县人。
嘉靖十九年		张东铭 山东 濮州人。		夏九皋 辽州人。		
嘉靖二十年	赵廷琦 山西 岢岚人。		武官 邱县人。		陈洪范 滨州人。	孙思诚 邹平县人。
嘉靖二十二年			徐润 颖州人。		张鋹 辽东 复州人。	
嘉靖二十三年						方凤翔 襄城县人。
嘉靖二十四年		张鸿渐 山东齐东 县人。	颜孔耀 山东馆陶 人,例贡。 张大中 应州人。		周绅 固始县人。	
嘉靖二十五年			董儒 宣府人。	何贡 南京人。		
嘉靖二十六年	汪宗之 贵溪人。 举人。					
嘉靖二十七年	成印 陕西耀州 人,举人。			孙荣 全椒县人。		
嘉靖二十八年		史策 山西 解州人。	郑祁 济宁人。			李抚 蓬莱县人。

（续表）

年代	知县	县丞	主簿	典史	教谕	训导
嘉靖二十九年	秦璿 广西桂林人，举人。		关洛 应州人。			
嘉靖三十年						刘世禄 安阳县人。
嘉靖三十一年		郭鲁 河南新安县人。		李济 代州人。	刘三锡 山东邱县人。	
嘉靖三十二年			段胤光 山东巨野县人。			
嘉靖三十三年	刘恩 山东寿光人，举人。	严应爵 零陵人。	东颐寿 华州人。			马源 广宁县人。
嘉靖三十四年				袁汉 亳州人。		丁昆 凤翔府人。
嘉靖三十五年	杨缙 陕西陇州人，举人。	徐云翔 蕲州人。	乔文太 洪洞人。 郭杲 辽东人。		杨环 山西霍州人。	
嘉靖三十六年			嗣后缺裁			帅义 四川人。
嘉靖三十七年	文邦彦 广西全州人，举人。	江一定 山东即墨县人。		金鳞 浙江上虞县人。		
嘉靖三十八年	白鹤 河南卫辉人。					刘洸 河南人。
嘉靖三十九年	江一定 山东即墨人，监生。					吴东 兰州人。

（民国）安次县志

（续表）

年代	知县	县丞	主簿	典史	教谕	训导
嘉靖四十一年		赵希儒 山东武定州人。			舒弘化 富顺县人，举人。	
嘉靖四十二年	姚守中 陕西洮州人，监生。	嗣后缺裁				王之干 闻喜县人。
嘉靖四十三年	陶栋 山东历城人，举人。			张绪 招远县人。	于绣 山东新城县人。	
嘉靖四十五年	王宗尧 山西闻喜人，举人。					
隆庆元年					李一才 山东嘉祥县人。	
隆庆二年	刘祜 陕西咸阳人，举人。					
隆庆三年						田畔 昌乐县人。
隆庆四年					高希哲 山东常山县人。①	孟锐 孟津县人。
隆庆五年	王邦直 山东临朐人，举人。			贾世安 大同人。		王存仁 辽东人。 孙富 同州人。
隆庆六年						张祯 冀州人。

---

① 据合刊本"民国志"补录。

(续表)

年代	知县	县丞	主簿	典史	教谕	训导
万历二年				何凤 南京人。	孙杰 贵州人,举人。	
万历三年	李锦制 山西榆社举人。 洪一谟 山东历城举人。					
万历四年	张承礼 河南郑州举人。					
万历五年				陈谏 苏州人。	吕希简 保定县人。	
万历六年	韩景闵 山西洪洞县人。					陈问学 广宗县人。
万历八年	张汝蕴 山东章邱县人。			许节 江西临川县人。	刘大良 安州人。	
万历十年	阮宗道 山西大同人,选贡。					杨廷选 正定府人。
万历十一年	王光祖 河南南阳人,举人。				萧九章 福建晋江人,举人。	
万历十二年	刘世武 直隶舒城人,选贡。					张试 山西安邑县人。
万历十三年	冯沂 河南汝州郏县人。			石琼 福建莆田县人。		

(民国)安次县志

(续表)

年代	知县	县丞	主簿	典史	教谕	训导
万历十四年					颜魁槐 福建海澄人,举人。	
万历十五年	孙绪 山西大同应州人。①					
万历十七年				叶应诏 浙江山阴县人。	张凤翼 广东澄海人,举人。	胡向仁 河间府青县人。
万历二十年	谢赐带 东昌府武定州人,举人。			徐廷节 南直青阴县人。	滕如麟 云南永昌人,举人。	
万历二十二年	田子耕 东昌府夏津县举人。					李蕃 保定府安州人。
万历二十四年				祁天相 浙江绍兴府人。		
万历二十五年	徐伟 山东临清州人,举人。				毕格 直隶南皮县人。	徐可久 永平府迁安县人。
万历二十七年	曾曰唯 河南光山县进士。			鲁廷贯 浙江山阴县人。		
万历二十八年	李希召 河南兰阳县人,进士。					

---

① 万历十五年"知县"栏下"孙绪"条,合刊本"民国志"作"山西大同应州岁贡"。且此条下又录一则:"王朔,陕西兴平岁贡。"

（续表）

年代	知县	县丞	主簿	典史	教谕	训导
万历二十九年					蔡止茂 湖广黄冈①县人，举人。	
万历三十年				张默 山东东阿县人。		
万历三十一年					贾桐 直隶兴济县人，岁贡。	
万历三十二年						齐岐 保定府蠡县人。
万历三十三年	郑崇岳 浙江浦江县举人。			刘良臣 湖广巴陵县人。	苗时露 直隶曲周县人，岁贡。	
万历三十五年						张启明 山东夏津县人。
万历三十六年					寇光裕 山西榆次县人，举人。	
万历三十七年				张淳 陕西渭南县人。		
万历三十八年	段必选 云南昆明县举人。					
万历三十九年	戴之二 河南固始县举人。					

---

① "冈"合刊本"民国志"误作"罔"。

(民国)安次县志

(续表)

年代	知县	县丞	主簿	典史	教谕	训导
万历四十年				江起龙 江西吉安府人。		郑民念 河间府东光县人。
万历四十一年					韩东明 直隶安肃县举人。	
万历四十三年				汪必达 江西南昌县人。		卢思问 永平府卢龙县人。
万历四十四年	张燮 浙江余姚县举人。					
万历四十五年	陆燧 南直松江府上海县人。			彭廷官 江西永新县人。		
万历四十七年				黄家栋 福建莆田县人。	王从先 湖广石首县举人。	杨三元 保定府定兴县人。
万历四十八年	陈所养 陕西汉中府洋县人。			狄用礼 溧阳县人。		
天启元年				常应时 山西蒲县人。		
天启二年	段铨 陕西兰州人,举人。				边仑 直隶蠡县举人。	陈瑾 河间府天津卫人。
天启三年				陈三策 南直合肥县人。		

(续表)

年代	知县	县丞	主簿	典史	教谕	训导
天启四年	郑之城 辰州平溪卫选贡。					
天启六年	邱民仰 陕西渭南县举人。			陈三豪 福建福清县人。		
天启七年						白成文 南和县人,岁贡。
崇祯元年	欧阳保 江西新建县举人。			杜其弊 陕西人。		
崇祯二年					张文光 岁贡。	齐光裕 高阳县人。
崇祯三年	卢跃龙 广东人,举人。 赵海 贵州人,举人。				霍茂官 曲周县人,岁贡。	
崇祯四年	李之潘 山东人,举人。					
崇祯五年	欧阳一遇 江西兴国县人,选贡。				田嘉谷 山西人,岁贡。	
崇祯六年				路自纯 山西人。		
崇祯七年	何达海 山西沁水县人,岁贡。				崔恒春 真定县人,岁贡。	

(民国)安次县志

(续表)

年代	知县	县丞	主簿	典史	教谕	训导
崇祯九年	黄奇遇 揭阳进士。 郑以诚 张掖。 选贡。			吉庚 山西人。 柴希贡 山西人。		郭履礼 静海县人， 岁贡。
崇祯十年	王佩弦 山东青城县举人。				彭复贤 岁贡。	
崇祯十一年				许之蛟 南直人。		曹应时 任邱县人， 岁贡。
崇祯十三年	李之用 山西太原府偏头关举人。			刁昭汉 山东邹平县人。		
崇祯十四年				张凤化 陕西富平县人。	郎位 贵州人， 岁贡。	郭一元 蠡县岁贡。 万人杰 昌黎岁贡。
崇祯十六年	赵世亮 山东掖县人，岁贡。					
崇祯十七年						赵阶 深泽县人， 岁贡。
				吴从仁 山西人。		
清						
顺治元年	郑以诚 陕西张掖县选贡。					
顺治二年	刘应坤 辽东人，贡士。					

（续表）

年代	知县	县丞	主簿	典史	教谕	训导
顺治三年	王鼎胤 山东淄川县人,进士。				冯熙朝 真定县人,岁贡。	孟陈王 滦州人,岁贡。
顺治四年	王晋 山东掖县人,进士。					
顺治五年	夏时昌 满洲人,生员。			陶弘才 会稽人。 言大学 绍兴人。		
顺治六年	涂应旗 辽东铁岭选贡。				潘鹏程 滦州人,岁贡。 頡光 清苑①县人,举人。	
顺治九年	宗良弼 河南滦泽县进士。					
顺治十一年	樊芳春 陕西泾阳县举人。			顾相 浙江绍兴府人。		
顺治十三年	苏兆元 福建福宁州举人。			王敩 顺天府人。		傅尔鉁 衡水县人。
顺治十五年						刘映斗 定州人,岁贡。
顺治十六年				徐中畅 青阳县人。		

---

① "苑"合刊本"民国志"误作"范"。

(民国)安次县志

(续表)

年代	知县	县丞	主簿	典史	教谕	训导
顺治十八年	王业隆 陕西平凉卫岁贡。				王梦明 安肃县人。**自此教谕缺裁,后于康熙十四年复设。**	
康熙二年				叶邦治 浙江义乌县人。		
康熙四年						石光岳 昌黎县人,岁贡。
康熙八年	李长炜 南直高邮州人,恩贡。					
康熙九年	丁尔发 浙江义乌县人,举人。			袁希麟 陕西富平县人。		
康熙十年	王士美 江西金溪县举人。					刑师孔 新河县人,岁贡。
康熙十一年						马元调 顺德府任县岁贡。
康熙十二年	侯应封 宁远县人,举人。			徐同 浙江会稽县人。		
康熙十四年	李大章 江南丹徒县人,荫贡。			邵观 浙江鄞县人。		
康熙十六年				郭燡 保定清苑县拔贡。		

(续表)

年代	知县	县丞	主簿	典史	教谕	训导
康熙十九年				章国英 浙江会稽县人。		
康熙二十年	吴兆龙 江南宜兴县举人。					
康熙二十一年						傅凤翔 正定府新河县岁贡。
康熙二十五年	顾勤墡 浙江嘉善人,监生。 耿振采 江南人,进士。					
康熙二十六年	柯愿 福建龙溪县进士。 程俊 厢白旗人,监生。				孙肯廷 正黄旗人,贡生。	
康熙二十八年	梁缵祖 正白旗人,监生。			史纲 浙江会稽县人。	霍绍曾 正定府井陉县举人。	
康熙三十一年					李铣 保定府高阳举人。	
康熙三十二年	董廷荣 厢黄旗人,监生。					
康熙三十三年						张裕贞 广平府清河恩贡。

(民国)安次县志

(续表)

年代	知县	县丞	主簿	典史	教谕	训导
康熙三十五年	钱昇 浙江仁和县人。					
康熙三十六年	叶鼎福 江南无锡县监生。			王有功 山东商河县人。		
康熙三十七年						王熙运 宣化府蔚县恩贡。
康熙三十九年	王友直 正白旗人,监生。			宋斌 山东章邱县人。		
康熙四十年						耿昇 河间府献县人。
康熙四十一年				薛莪 河南洛阳县人。	戴昙 河间府沧州人。	
康熙四十四年					戈玠 河间府景州岁贡。	
康熙四十五年	周士玛 湖广沔①阳州进士。					武昌 河间府盐山岁贡。
康熙四十六年						刘抟芳 保定府满城岁贡。
康熙四十八年				王斌如 浙江萧山县人。		

① "沔"合刊本"民国志"误作"污"。

安次县志卷三

（续表）

年代	知县	县丞	主簿	典史	教谕	训导
康熙四十九年						赵怡 永平府卢龙岁贡。
康熙五十三年	杜珢① 山东滨州人，岁贡。					
康熙五十六年	梁兆吉 广西永宁州人。					袁履恕 正定府阜平贡生。
康熙五十九年	周道裕 湖广应城县人。					
康熙六十年						牛好问 河间府宁津岁贡。
康熙六十一年				叶威 山西前卫人。		
雍正元年	吴时亨 江南宜兴县人，监生。					
雍正三年	傅树崇 河南登封县进士。					黄之瀚 河间府青县举人。
雍正四年	徐裕庆 陕西蒲城县进士。					

---

① "珢"合刊本"民国志"误作"琅"。

(民国)安次县志

(续表)

年代	知县	县丞	主簿	典史	教谕	训导
雍正五年	戴谟 浙江钱塘县人,贡生。	李泰阶 江南苏州府昆山人。**永定河南上七工县丞,雍正五年设。**	恽源浚 江南常州府武进人。**永定河北岸下七工主簿,雍正五年设。**		尹士奇 直隶天津州举人。	汪仲玉 奉天府开源岁贡。
雍正六年	石声闻 山东长山县举人。					
雍正七年			满原清 四川峨眉县人。			
雍正九年	刘逊 山东沂水县贡生。 张拔 山东平阴县举人。		陈琦 浙江宣平县人。			
雍正十二年			张仁鉴 四川金堂县人。	陆溥 江南上海县人。		
雍正十二年			周岐熊 山西沂州人,监生。			

(续表)

年代	知县	县丞	主簿	典史	教谕	训导
雍正十三年			下七工 詹暗 _{江南阜宁人,监生。} 张学守 _{江南如皋人,监生。} 三角淀 徐文龙 _{山西大同人,监生。} 李逸客 _{陕西三元人。} **永定河三角淀主簿,雍正十二年设。**			
乾隆元年			三角淀 刑绍周 _{河间东光人,监生。} 李光昭 _{浙江山阴人,监生。}			
乾隆二年		李逸客 _{陕西三原人,吏员。} 胡君友 _{直隶景州人,监生。}	下七工 龙廷栋 _{江南望江人,监生。} 韩极 _{直隶交河人,监生。}			

(民国)安次县志

(续表)

年代	知县	县丞	主簿	典史	教谕	训导
乾隆三年			下七工 吴廷铉 江南金匮人,监生。 三角淀 邓维植 福建沙县人,监生。	武克勋 平阳临汾人。		郭凤雏 大名府开州岁贡。
乾隆四年	林鹏飞 广东潮阳进士。 庄学愈 江南武进举人。	刘杰 镶白旗包衣汉军,监生。	韩极 河间交河人,监生。			
乾隆五年	徐世彬 江西德化县人,选贡。			薛远 绍兴山阴人。		
乾隆六年	张鸿畴 江南桐城人,监生。					
乾隆七年	袁鲲化 江南宝应人,监生。		下七工 张永 江南山阳人,监生。	朱以忠 绍兴府萧山人。		
乾隆八年	李和永 河南光山县人,监生。 李光昭 浙江山阴人,监生。		下七工 顾之岑 江南如皋人,监生。 三角淀 刘思忠 山东栖霞人,监生。	姚廷会 绍兴府山阴人。		苏文辉 奉天海城人,岁贡。

（续表）

年代	知县	县丞	主簿	典史	教谕	训导
乾隆十一年		徐大纲 正蓝旗汉军，监生。 张景衡 顺天大兴人，监生。				
乾隆十三年					杨昑 正定县人，拔贡。 戈云岩① 河间府景州举人。	张伸 奉天宁远州人，岁贡。 霍敏德② 正定府井陉县人。
乾隆十四年					金鼎 元城县人，拔贡。	
乾隆二十三年		萧拔				
乾隆二十五年		徐传韩 江苏昆山人。 方典 安徽怀远人。				
乾隆二十七年					莫廷榕 景州人。	
乾隆二十八年	边来献 贵州清溪人，拔贡。	沈士濂 浙江慈溪人。	徐德颐 江苏昆山人。	刘定 江西上犹人。		孟楫 南乐人，岁贡。
乾隆二十九年		白子玉 贵州施秉人，拔贡。				

---

① "戈云岩"在合刊本"民国志"中被置于"乾隆十四年"栏下。
② "霍敏德"在合刊本"民国志"中被置于"乾隆十四年"栏下。

(民国)安次县志

(续表)

年代	知县	县丞	主簿	典史	教谕	训导
乾隆三十年		金潘				
		曾成勋 湖南兴宁人。 王湘若				
乾隆三十三年					李华 盖平人,拔贡。	
乾隆三十四年		陈仑				
乾隆三十五年	王治岐 甘肃固原人,拔贡。					王克仁 唐县人,岁贡。
乾隆四十五年		章佩瑜				
乾隆五十年		雷春天 四川华阴人,监生。				
乾隆五十一年		宋德鸿 湖北汉川人,拔贡。 陈佩兰				
乾隆五十五年		周永照 江苏泰州人。				
乾隆五十六年		况缵绪 江南上元人。				
年末详	庄钧					
嘉庆元年		刘德成				
嘉庆二年		裘龙鲲				
嘉庆四年		沈荣				

(续表)

年代	知县	县丞	主簿	典史	教谕	训导
嘉庆六年		王葵初 贾绍封				
嘉庆十二年		**是年南七汛东安丞改主簿。**				
嘉庆二十四年	陈镇标					
道光十六年				任麟书 安徽舒城人,监生。		
道光十七年						王叔常 盐山人,举人。
道光十八年				章绚文 浙江归安人,监生。		
道光十九年						田有棠 唐县人,拔贡。
道光二十年				王栋 奉天承德人,监生。		
道光二十一年				张维型 山东昌邑人,吏员。		
道光二十三年	赵从俭 陕西蒲城人,进士。			毛仰曾 浙江余姚人。		
道光二十四年	刘炘 曹擢新 陕西三原人,举人。					

129

(民国)安次县志

(续表)

年代	知县	县丞	主簿	典史	教谕	训导
道光二十五年	唐盛 山西朔州人,举人。			冯允中 浙江山阴人,吏员。 童恒麟 山东历城人,监生。		
道光二十六年	李辉曾 山东临清人,供事。					
道光二十七年	朱华衮 福建邵武人,举人。					
道光二十八年	李图 山东掖人,拔贡。					
	李辉曾 丛坛 山东文登人,举人。 郭宝鐄 河南符详人,举人。					
道光二十九年				姚淦 浙江慈溪人。 向尚哲 四川长寿人,监生。		
咸丰元年	丛坛					
咸丰二年	张和 甘肃河州人,进士。				徐界清 天津人,举人。	
咸丰三年	王启疆 陕西岐山人,举人。					

130

（续表）

年代	知县	县丞	主簿	典史	教谕	训导
咸丰四年	赵从俭					
咸丰六年	白维					赵基复 新城人。
咸丰七年			陈镜清 山东济宁人。			万树樟 景州人。
咸丰八年				陈绍谌 浙江山阴人。		何德金 正定人，举人。
咸丰九年					孟鸿文 丰润人，举人。 裴维智 迁安人，恩贡。	
咸丰十年	宋维光 山西汾阳人，贡生。			丁学洙 浙江山阴人，监生。 潘光烜 奉天锦人①。		
同治元年	蔡澄 江西德化人，恩贡。 李海楼 河南扶沟人，拔贡。					
同治二年	任尔会 山西汾阳人，监生。 吕嘉瑞 安徽旌德人，举人。			张嘉桢 浙江鄞人②，监生。		

① 锦人：即锦县人。
② 鄞人：即鄞县人。

(民国)安次县志

(续表)

年代	知县	县丞	主簿	典史	教谕	训导
同治三年	黄景熙 江西南丰人,优贡。 宋维光					
同治五年						赵连星 博野人,恩贡。 王仪 大名人,岁贡。
同治六年	张鹏云 奉天锦人,优贡。					
同治七年	李璋 河南西华人,进士。					张国琳 献①人,举人。 郭鸿逵 赤峰人,举人。
同治八②年	姚镕 浙江德清人,监生。					
同治九年	李璋 张邦瑞 浙江会稽人,供事。			侯廷铎 山西平遥人,监生。		
同治十年	毛璋 山东潍县人,进士。					
同治十二年	冯玮 河南武陟人。			葛元恩 浙江仁和人,监生。		

① 合刊本"民国志"此处以空白表示脱一字。
② "八"合刊本"民国志"作"九"。

(续表)

年代	知县	县丞	主簿	典史	教谕	训导
同治十三年	刘枝彦 江苏武进人,供事。					
光绪二年	葛元恩 浙江仁和人。					
光绪三年	彭爵骐 安徽怀宁人,举人。			田起滨 安徽旌德人,监生。		
光绪四年				马维霖 江苏吴人,监生。	李升廷 唐山人,岁贡。	李澄瀛 交河人,岁贡。 魏坤 内邱人,举人。
光绪五年	文邦从 四川南充县人。			朱安	张瀛三 盐山人,举人。	
光绪六年	王益寿 山东夏津人,优贡。					张鹏兆 枣强人,附贡。 张肄三 盐山人,举人。 刘庆集 盐山人,举人。
光绪七年	彭庆飏 湖北潜江人,进士①。					
光绪八年	冯寿松 浙江归安人。					

---

① "士"合刊本"民国志"误作"土"。

(民国)安次县志

(续表)

年代	知县	县丞	主簿	典史	教谕	训导
光绪十年	张钰 江苏仪征人。					
光绪十一年	王言昌 云南昆明举人。					
光绪十三年	杨谦炳 江苏阳湖举人。 汪仰山 山东历城人。					
光绪十四年	陈鸿保 江苏海宁人。					
光绪十五年	冯寿松 浙江归安人。 石赓臣 奉天铁岭县人。					
光绪十六年	殷谦 贵阳人,进士。					
光绪十七年	刘兆璋 湖北应城人。					
光绪十八年	文邦从 四川南充举人。					
光绪十九年	鲁人瑞 江西新建拔贡。			胡寿耆 奉天人。		

（续表）

年代	知县	县丞	主簿	典史	教谕	训导
光绪二十二年	范思本 浙江会稽人。 古铭猷① 广东举人。					
光绪二十四年	赵炳文 江宁上元人。 刘焌升 甘肃平凉县人。					
光绪二十五年	彭英甲 奉天承德人。					
光绪二十七年	马为瑗 江苏盐城人。			郭文奎 山西长治人。	张荫桢 青县增生，二十八年任。	
光绪二十八年	常瑾芬 安徽副贡。			吴端维 江苏太仓州人。	李恒泰 高邑人，廪贡②。	杨毓鑫 丰润举人。
光绪三十年	唐启禔 广西宣化人。			刘思义 云南会泽人。 陈运恒 湖南湘乡人。	李长生 高阳人，优贡，二十九年任。	
光绪三十一年	徐体善 浙江萧山人。			查美朗 浙江杭州人。		

---

① "猷"合刊本"民国志"误作"献"。
② 廪贡：指府、州、县的廪生被选拔为贡生。亦用以称以廪生的资格而被选拔为贡生者。

(民国)安次县志

(续表)

年代	知县	县丞	主簿	典史	教谕	训导
光绪三十二年	骆育焜 山东济宁州人。 王以安 浙江钱塘人。			严昭和 安徽滁州人。 刘国才 四川华阳人。		
光绪三十三年	周登皞 福建侯官举人。 董开沅 江苏阳湖人。					
光绪三十四年	周如鏄 四川安县人。					
宣统三年				张兆和 山西浑源州人。		
中华民国元年				刘桂亭 山东诸城县人。		
中华民国二年	熊济熙 贵州贵阳人。					

武备清					
游击	都司	守备	千总	永定河营南岸下七工管河把总	驻防
徐自能 满洲人,顺治六年任。自此缺载。	领马兵四十七名,守兵一百八十五名,驻扎旧州衙署,乾隆七年建。 孔弘宪 河间府人。 李自芳 京卫人。 惠延祖 陕西人。 王清 陕西延安府榆林卫人。 陈大伟 山西绛州龙门县武进士。 李实 陕西西安府咸宁县武进士。 施和 浙江山阴县人。 林武略 广东潮州府惠来县人,由侍卫,乾隆六年任。 王佐 直隶人,乾隆十一年任。 许士达 贵州安顺府人,乾隆十三年任。	徐国栋 京卫人,武进士。顺治十一年任。 周光 山西人,康熙元年任。 周子泰 陕西人,康熙十一年任。 李蕴华 京卫人,武进士,康熙十五年任。 自此缺载。	驻扎县治内 张荣善 昌平州人。 李九思 永平府人。 张联芳 天津人。 赵可立 河间府人。 史进忠 顺天府通州人。 刘经邦 河间府人。 常永贵 陕西西安府长安县人。 卢国正 顺天府通州人。 马云 顺天府武清县人。 武成 山西大同人。 姚世龙 顺天府三河县人。 梁士玮 正定府正定县人。 王怀玑 河间府献县人。	驻扎狼城 韩昌 宛平人,雍正六年任。 宫得振 永清人,雍正十二年任。 卢文成 永清人,雍正十三年任。 李功 永清人,乾隆元年任。 王芝 固安人,乾隆三年任。 杨全壁 永清人,乾隆三年任。 宋嘉宾 固安人,乾隆三年任。 张素奇 乾隆六年任。 王大林 大兴人,乾隆十年任。 朱三仲 固安人,乾隆十二年任。	顺治五年因土寇刘东坡为乱,满兵驻防始此。旧志云。 防守御 康熙十二年设,驻扎县治内,衙署乾隆八年建。 索其 南达尔汉 赛柱 包尔本 花连保 傅仑 由侍卫,乾隆六年任。 福格 由侍卫,乾隆十三年任。 防尉 二员,分满洲蒙古。 莫思礼 满洲。 恩可 蒙古。 代都 满洲。 达不拉漠 蒙古。

(续表)

武备_清						
游击	都司	守备	千总	永定河营南岸下七工管河把总	驻防
	杨敬 河间府交河县人,乾隆十四年任。 戚祥 湖广人,乾隆十四年任。		顾进义 顺天府武清县人。 樊成 山西蒲州府临晋县武解元。		拉都 满洲。 渣木素 蒙古。 郭米 满洲。 古不立 蒙古。 花色 满洲。 白因代 蒙古。 常在 满洲。 罗罗 蒙古。 苏成额 满洲。 贰坠 蒙古。 骁骑校 **乾隆二年添设**。 园尔德

（民国）安次县志

安次县志卷四 选举志

国家以文武两科取士,其始也,文足以致治,武足以戡乱;其弊也,文不知兵,武不晓事,惟视此为入仕之途。八股三箭之外不复知有实学,幸而得志,则决性命之情以饕富贵,殃民误国,而国危矣。今变为学校,注重实用,教育以为强国基础。穷则变,变则通也。乃守旧者仍望科举制度之复行,昧于义已。

时代	进士	举人	贡生	武进士	武举
五代					
天福　晋	扈蒙 有传。 赵文度 有传。				
广顺　周	扈载 有传。				
宋					
	吕诲 有传。				
辽					
太平十一年	杨晳 有传。				
金					
天眷三年	刘徽柔 有传。				
元					

(民国)安次县志

(续表)

时代	进士	举人	贡生	武进士	武举
中统	米元祯 有传。				
至正	李士瞻 有传。				
至正丁酉 王宗嗣榜	李延兴 有传。				
明					
洪武			陶贵 授刑部主事。 王郁 授户部给事中。		
乙卯			王昭 授刑部主事。		
甲子		刑严 授教谕。 崔林 授照磨。			
丁卯		刘垄 授学正。			
乙亥			纪谆 有传。		
丙子		焦铎 授教谕。 施礼			
丁丑 韩克忠榜	施礼 有传。				
□□		范凯 授经历。	李东 授行人司左司副。		

（续表）

时代	进士	举人	贡生	武进士	武举
永乐乙酉		许忠 授知州。			
戊子		张溥 累官济南府同知。			
甲午		王佐 累官苏州府知府。 李新 累官太仆寺丞。			
丁酉		李春 授照磨。	孟固 授刑部员外。		
己亥			魏纲 授浙江道御史。		
辛丑			阎杰 累官太仆寺丞。		
壬寅			朱朝臣 授训导。		
癸卯			李厚 授训导。		
乙巳			杨敬 授县丞。		
宣德丙午		许成 授照磨。	孟鉴		
丁未			范克明 授主簿。		

(民国)安次县志

(续表)

时代	进士	举人	贡生	武进士	武举
己酉			尹智 授府照磨。		
辛亥			孙武 授邠州巡检。		
壬子		李伸 有传。			
癸丑			鲁昇 授卫知事。		
乙卯		施绅 解元,累官通政司右参议。	贾杲 授推官。		
正统丁巳			胥瞻 授府知事。		
戊午		李侃 经魁。 周尚文 有传。			
己未			王谧 授照磨。		
壬戌 刘俨榜	李侃 有传。				
癸亥			周信 授知县。		
甲子			唐斌 授主簿。		
丙寅			刘瑶 授卫经历。		
戊辰			阎岗 授县丞。		

(续表)

时代	进士	举人	贡生	武进士	武举
己巳			孟玘		
景泰庚午		赵宽 授知州。	孟宣 授州吏目。		
壬申			纪宣 授府照磨。		
甲戌			刘鉴 授县丞。		
丙子			张铭 授州判。		
天顺戊寅			李盛 授县丞。		
庚辰			王俨 授华亭县主簿。		
壬午		许弼	王鉴 授县丞。		
甲申			孙俊 授鸿胪寺序班。		
成化乙酉		许辅 施纯			
丙戌	施纯 有传，登罗伦榜。		韩玉 授闸官。		
戊子		李宪 士瞻玄孙，授松江通判。	崔贤 授县丞。		

(民国)安次县志

(续表)

时代	进士	举人	贡生	武进士	武举
		胡纶 授湖州府推官。 李慧 授丰城知县。 赵鸾 授高邮州同知。			
庚寅			张纯 授州同。		
辛卯		李德恢 士瞻玄孙。 李德仁 士瞻玄孙。			
壬辰	许辅 登吴宽榜,授户部主事。		仇睦 授州同。		
乙未 谢迁榜	许弼 授官郎中。 李德恢 累官严州知府。				
丁酉		魏景昭 王佐 授修武知县。			
	胡谅 乡榜未详,登曾彦榜,累官光禄寺卿。 李德仁 累官刑部郎中。		黄简 授滨州判官。		
庚子			刘玉 授辽东训导。		

144

安次县志卷四

（续表）

时代	进士	举人	贡生	武进士	武举
辛丑	赵宽① 有传。				
壬寅			杨间 授主簿。		
甲辰			郝文 授肥城县 主簿。		
丙午		王宗义 授兖州府 通判。	周观 授训导。		
弘治戊申			阎福 授王府 奉祀正。		
己酉		孙瑞 张本 授安定知县。	张昭		
庚戌			王忱		
壬子			孟旭 有传。		
癸丑 毛澄榜	孙瑞 授礼科给 事中。				
甲寅			窦惠 授即墨县 县丞。		
丙辰			李凤 授苲②平县 县丞。		

① "辛丑"栏下"赵宽"条，在合刊本"民国志"中删去未载。
② "苲"字误，当作"茌"。合刊本"民国志"此处亦误作"苲"。

(民国)安次县志

(续表)

时代	进士	举人	贡生	武进士	武举
丁巳			焦诚 授封邱县训导。		
己未			窦奇 授新乡县县丞。		
庚申			阎翔		
辛酉		李锡 经魁。			
壬戌		李锡 有传。 登康海榜。 魏景昭 登康海榜，累官御史。	李杰 授寿光县主簿。		
甲子			李希贤 授吏目。		
丙寅			郭卓伦 授扶沟县训导。		
正德丁卯		许复礼 经魁。			
戊辰			焦谨 授教授。		
庚午		吴栋 李光霁 刘大有 张儒	张骐 授教谕。		
		鲍昭			

（续表）

时代	进士	举人	贡生	武进士	武举
辛未 杨慎榜	许复礼 有传。 吴栋 有传。				
壬申			施懋 授大同府训导。		
癸酉		黄鹤龄			
甲戌	李光霁 唐皋榜，授官大理寺评事。		许伯伦 授平凉卫知事。		
丙子		李钦昊	王宗礼 授教谕。		
戊寅			刘宣 授县丞。		
己卯		阎登 累官户部员外郎。			
庚辰			刘景 有传。		
辛巳			于铎 授训导。		
壬午			李宣 授鹿邑县训导。		
嘉靖癸未	李钦昊 登姚涞榜。累官参议。		王尚大 授寿光县县丞。		
甲申			马汝颐 授武原县知县。		

（民国）安次县志

（续表）

时代	进士	举人	贡生	武进士	武举
乙酉		李珨 李世清 授东阿县知县。			
丙戌	李珨 登龚用卿榜，授户部主事。		孟綵 授河南府通判。		
戊子		孟绂 附旭传。	魏秉直 授崇信县教育。		
己丑 罗洪榜	杜彰 乡榜未详。				
庚寅			黄瑁 授平定州州同。		
辛卯		许应元 张文举 有传。			
壬辰	许应元 登林大钦榜，累官布政。		刘进 授泰州判。		
癸巳			王镛		
甲午		齐思 授宜城知县。	高伦 授东昌府经历。		
丙申			陈位 授金州卫教授。		
戊戌			李景荣 授隆庆尉①训导。		

---

① "尉"疑为"卫"之误。合刊本"民国志"此处亦误。

148

（续表）

时代	进士	举人	贡生	武进士	武举
己亥			许时中		
庚子		许应亨 吴桐 授栖霞知县。 李大经 邵鸣岐 有传	庞伦 授山西□州训导。		
壬寅			张汝砺		
癸①卯		刘体乾	焦佐 授石楼县训导。		
甲辰	许应亨 登秦鸣雷榜，累官参议。 刘体乾 有传。		高瑞		
丙午			郭继光 授观城知县。		
戊②申			张天爵 授太谷知县。		
庚戌			刘相 授山阴县教谕。		
壬子		魏楠 授临淄知县。	王廷佑 授泾阳县主簿。		
		庞梅 李应期 有传。			

---

① "癸"合刊本"民国志"误作"祭"。
② "戊"合刊本"民国志"误作"戍"。

(民国)安次县志

(续表)

时代	进士	举人	贡生	武进士	武举
□□			解锦 淘河人。		
甲寅			孙应昌 授秦州训导。		
丙辰			解沔 淘河人,授咸阳县教谕。		
丁巳			许汝端 授猗氏教谕。		
戊午			孙釜 授代州训导。		
庚申			冯时泰 授诸城县县丞。		
壬戌			张孚化 授平顺县教育①。		
丙寅			李久渊 授永宁县教谕。		
隆庆戊辰			杨绍光 授仪封县教谕。		
			陈守 恩贡。		
庚午		刘顺性 授新郑知县。	周朴 授清苑县训导。		

① "育"字误,应作"谕"。合刊本"民国志"此处亦误作"育"。

（续表）

时代	进士	举人	贡生	武进士	武举
壬申			王三锡		
万历癸①酉		吴文灿 杨遇 吴惟忠 授延安府同知。	郭楠 授平原主簿。		
甲戌			高维崧 授青城主簿。		
丙子			王嘉言		
戊寅			施为霖 有传。		
己卯		林应元			
庚辰			李希曾 授井陉县训导。		
壬午		福文明 有传。	杨绍英 授平阴县教谕。		
甲申			高维岩 授永平府教授。		
丙戌	吴文灿 唐文献榜，历官兵科给事中。		郭维城 授山东蓬莱主簿。		
戊子		陈宪 累官平阳府通判。	史亨 授怀庆孟县训导。		

---

① "癸"合刊本"民国志"误作"祭"。

(民国)安次县志

(续表)

时代	进士	举人	贡生	武进士	武举
庚寅			房伟 授金州卫训导。		
壬辰	林应元 登翁正春榜,授翰林院庶吉士,历官吏科给事中。		王应门 授山西兴县训导。		
甲午			马承祀 考授通判。		
乙未			施大志		
戊戌			郭维镛 选贡,授陕西巩昌府西河县知县,升山西岢岚州知州。		
庚子		黄宗周 有传。	田舜耕 授潼关卫训导。		
壬寅			陈民爱 授清河县训导。 张登云 恩贡。		
甲辰			刘龙光		
丙午			聂大猷 授大名府浚县训导。升山东新城县教谕。		
戊申			吕尧钦 授河间县训导。		

152

(续表)

时代	进士	举人	贡生	武进士	武举
庚戌			高维岑		
壬子		邵豫立 授冠县知县，升泗州知州。	张唯一 有传，授永平府训导，升南宫县教谕，又升山西万全都司开平卫教授。		
甲寅			王嘉宾		
丙辰			邢孝		
戊午		孙绳武 授襄城县知县。	郭养心 授故城县训导。		
庚申			魏邦 有传。		
泰昌庚申			张希稷 恩贡，授昆山县主簿。		
天启辛酉		李若琳	刘兆东 有传。		
壬戌	李若琳 登文震孟榜，授翰林院庶吉士，累官礼部尚书。		曹谦 授京卫学训导，升霍山县知县。		
甲子		刘跻穑 经魁。	李新开 授任邱县训导。		
丙寅			刘栝		

(民国)安次县志

(续表)

时代	进士	举人	贡生	武进士	武举
崇祯戊辰			郝道洪 授合州州同，升象州知州。 李櫄 选贡①。		
庚午			王荩臣 授赞皇县训导，升长武县知县。		
辛未		孙承泽 有传,登陈于泰榜,乡科无考。			
壬申			吕周佐		
甲戌			黄行可 附《宗周传》。		
乙亥			安九有 考授主簿。		
丙子		林有本 李复阳 累官山西关内道参议。	黄见可		
丁丑 刘同升榜	林有本 官盐运使经历。				
戊寅			曹一贞 有传,授大名府清丰县训导。		
庚辰			于时行		

---

① 合刊本"民国志""选"后脱一"贡"字。

（续表）

时代	进士	举人	贡生	武进士	武举
壬午		张居易 授金华县知县。	黄桂芳		
甲申			李柱 顺治初授青州府通判，补江西饶州府通判。		
		孙道缵 科分未详。 孙圣麟 科分未详，授五河县知县。			
□□戊辰				李若琏 累官锦衣卫南营都督佥事。	
戊戌				李咸阳 任江西湖口水师营都司，若琏子。	
				李起阳 任宣化府镇标右营守备，若琏子。	
己丑				李晋阳 任山西天成卫守备，若琏子。	
己酉					李巽阳

(民国)安次县志

(续表)

时代	进士	举人	贡生	武进士	武举
清					
顺治己酉		福泽 任学正,累官青州府海防同知。 李若琛	张荐馫 副榜,授河南西平县知县。 赵聚奎 恩贡,授吴县县丞。 黄芝芳 有传。		
丙戌 傅以渐榜	李若琛 官御史,巡按河南。				
戊子		邵骏发	孙谦亨 授砀山县知县,调广济县知县。		
己丑			田圻 选浚县训导,未任。		
辛卯			施我瑾 有传。 刘孔炫 考授知县。		
壬辰			艾初春 授滨州州判。		
癸巳			施行己 授唐县训导。		
甲午			冯之珆 恩贡,授江西余干知县。		
乙未			王之衡 授湖州府经历。		

156

（续表）

时代	进士	举人	贡生	武进士	武举
丙申			孙启祚		
己亥			福而恒 文明之孙。		
康熙壬寅			杨馨芳 考授县丞。 张兆元 黄蘅 有传，考授县丞，行可子。		
乙巳			解璟恩 贡生， 淘河人。		
己酉					柴桂芳
庚戌			扈运闻 字建斗①，考授训导。	柴桂芳 任崇明县守备。	
壬子②			张墀 有传，考授训导。 王璋 选贡。		
乙卯			李鸿 恩贡。 穆九中		孙天章
丙辰				孙天章 任湖广襄阳卫守备，升江南广德营游击。	

① 据合刊本"民国志"此处增录"字建斗"三字。
② "壬子"栏后，合刊本"民国志"又增录一则："甲寅，刘炌，训导。"

(民国)安次县志

(续表)

时代	进士	举人	贡生	武进士	武举
丁巳			刘宗奭 有传。		
己未			扈昇		
辛酉			张淳		路坛 有传， 路家营人。
癸亥			刘日启		
乙丑			刘洪霍		
丙寅			解万杰 拔贡，淘河人， 授博野县 教谕。		
丁卯			王佳惠		
戊辰			田文焕		
巳己			胡见龙		
辛未			张大庚		
癸酉			邵庆延		
乙亥			邓丹		
丁丑			安维藩		
己卯		李果实	刘溶		
辛巳			田淑躬		
壬午					李耀 任宁夏卫守御 所千总。 王燕 乾隆元年任山 东济宁卫领运 千总。
癸未			刘鸿济		
乙酉			艾人龙		

(续表)

时代	进士	举人	贡生	武进士	武举
丁亥			纪有堂		
己丑	李果实 有传,登赵熊诏榜。		徐舜相		
辛卯			王文义		
癸巳		谢典 淘河人,任赵州学正。	解天章 副榜,淘河人。 扈公护		
甲午					高成观 任浙江桐庐县千总。
乙未			李之翰		
丁酉		李文 有传。	王之弼		
己亥			王业发		
庚子		王培元 任奉天府复州学正。			
辛丑			徐欣		
雍正癸卯			范秀玉 恩贡。		
甲辰			李果能 拔贡。 王者臣 得胜口人,任新河县训导。		
丙午			张硕弼		
戊申			何图		
己酉		邵纲 任昌黎县教谕。			

(民国)安次县志

(续表)

时代	进士	举人	贡生	武进士	武举
庚戌			贾梅		
壬子		解禧 李光澜	李琦		高弘道
甲寅			段存仁		
乙卯					高其垣 任江南镇江卫千总。
乾隆丙辰		秦其昭 马子庄人,官庆云县教谕。	魏国正 恩贡。 杨挺		
戊午		李天锡	王业缉		
庚申			徐干		
辛酉		黄钺 有传,卢村人。	俞明菘 拔贡,有传。		
壬戌			王克立		
甲子		顾人骥	胡斌		
丙寅			王业万		
丁卯		唐文运			
戊辰 梁国治榜		顾人骥 唐文运 寄籍大兴。			
己卯			高其伟 有传,副贡,官监利知县。		
庚辰	杨企曾 前沙窝人,乡榜未详,官山西知县。				

(续表)

时代	进士	举人	贡生	武进士	武举
壬午		徐淳 有传,大麻庄人,官复州学正。			
戊子			刘璥 副贡,第什里人,官平山教谕。 黄琏 副贡,调河头人。		
甲午					马大杰 得胜口人。
丁酉		王绍先 南辛店人。	王业继 岁贡,东储村人。		李九扬 得胜村人。
					孙季华 哈喇港人。
己亥					孟镇 东沽港人。
庚子			孟毓林 乡科未详,东沽港人。		马永基 得胜口人。 王体仁 崔克亮 南辛店人。 李锡命 西得胜村人。
辛丑			王体仁 官贵州长壩营游击。		
癸卯		赵震 有传,第什里人,官上虞知县。			孟毓枝 官保定城守营守备。

161

(民国)安次县志

(续表)

时代	进士	举人	贡生	武进士	武举
甲辰			李锡命 会元,有传。		
丙午					孟毓樸 官江南泗州卫运千。
己酉		崔成辅 南辛店人。 孙仁言 城内人,官顺德训导。	孙仁言 字蔼如,拔贡。	马承基 乡科未详,有传。	孟毓桐 东沽港人。
庚戌			孟毓桐		
壬子		沈凤集 官广宗训导。			孟毓柏 东沽港人。
甲寅					刘本澜 第什里人。
嘉庆丙辰		秦其昭① 官庆云县教谕。			
戊午		孟鉁 官大名训导。			
己未				孟毓柏 官湖北守备。	
辛酉		黄沛 调河头人。 谢元晖 城内人。 马龙骐 得胜口人。	信中立 拔贡,有传。 黄廷楷 字揆平,芦②村人,副贡。		

---

① "嘉庆丙辰"栏下"秦其昭"条,合刊本"民国志"删去未载。
② "芦"字误,当作"卢"。合刊本"民国志"此处作"卢"。

(续表)

时代	进士	举人	贡生	武进士	武举
壬戌	黄沛 官陕西定边知县。 马龙骐 恩赐。		侯绍曾 字赤鲁,杨税务人,岁贡。		
甲子		张受疆			
丁卯		解兆青 有传,淘河人。			赵国治 孙步贤 哈喇港人。
戊辰			范作哲 岁贡,里狼城人。 孙汉三 副贡。		孙步蟾 哈喇港人。
辛未	谢元晖 有传,城内人,官山西知县。				
癸未			吴培先 拔贡,官清河教谕。		
戊寅		张曰哲 葛渔城人。	解兆椿 副贡,淘河人。		
庚辰			黄道谦 字东村,芦①村。恩贡。		
道光辛巳		陈元麒 城内人,官光州知州,在任有政绩。			

---

① "芦"字误,当作"卢"。合刊本"民国志"此处作"卢"。

(民国)安次县志

(续表)

时代	进士	举人	贡生	武进士	武举
壬午		吴廷璋 落垡人。			
乙酉			信联芳 拔贡, 信东庄人。		
戊子		王存仁 西务人,官深泽高邑训导。			
辛卯		马青云 有传, 得胜口人。	张国士 副贡, 葛渔城人。		
丁酉		信联芳 信东庄人。	高槙 拔贡。 吴廷英 副贡,落垡人。		孟传瑾 东沽港人。
己亥		张国士			刘国庆 杩杓榴①。 孟荣 城内人。 马云龙 东储村人。
庚子		邵占鳌 城内人。			
甲辰		黄宝琛 挑河头人。			王肇开
丙午		曹光霖 褚河港人,署永平府教授。			

---

① "榴"后脱一"人"字,当补。合刊本"民国志"此处亦脱此字。

（续表）

时代	进士	举人	贡生	武进士	武举
丁未	张国士 有传,官河间府教授。				
己酉		马良训 卢家屯人。	徐烜 岁贡,大麻庄人。 曹光训 拔贡,褚河港人,官芮城知县。		于祥 古县人。
咸丰丙辰	邵占鳌 有传。				
戊午			郭毓秀 岁贡,葛渔城人。		
己未		徐仲三 城内人,官广宁铁岭知县,升辽阳州知州。			
辛酉			谢开运 拔贡,城内人。 吴成业 副贡,落垡人。 郭为霖 有传,副贡,葛渔城人。		
同治甲子			郭梦熊 字君符,岁贡,西得胜人。		
丁卯		张耀元 葛渔城人。	马深清 有传,岁贡。得胜口人。		赵沛霖 南务人,官嘉湖卫守备。

（民国）安次县志

（续表）

时代	进士	举人	贡生	武进士	武举
辛未			信承恩 恩贡， 信东庄人。		
壬申			汪汝霖 岁贡， 张各庄人。		
癸酉		谢开运 有传，城内人。 马馥亭 有传， 得胜口人。 黄万荣 挑河头人，大挑知县。	赵廷桂 拔贡， 东粟庄人。		马鸿绪 得胜口人。 张尚志 百草洼人。
光绪丙子		张廷钰 西马圈人，官安州学正。 曹克祗 祖各庄人，拣选知县。	姜显齐 岁贡，祝马房村人。		
丁丑			陈万元 岁贡，普照营村人。		
庚辰			马庆恩 有传，恩贡。 得胜口人。		
壬午			解兆蟾 恩贡，淘河人。 解锡桂 优贡，淘河人。		
甲申			马溪清 有传，岁贡。 得胜口人。 王锟 岁贡， 东储村人。		

（续表）

时代	进士	举人	贡生	武进士	武举
乙酉		常光斗 北昌村人，官中书。 赵秉正 有传。	缑岭芝 拔贡，南汉人。 王双琦 优贡，马头人，官辑安知县。		
丙戌			信承绂 岁贡，东庄人。		
戊子		王泽同 马头人。	刘元士 岁贡，有传，王家务人。		
己丑					马骙 得胜口人，候选千总。 孟文源 孔洼人。 寇占雄 固城人。 丁耀武 王里村人。 倪赞清 齐官屯人。 张鸿宾 高辛庄人。 周恩敷 落垡人。
庚寅			魏启榶 恩贡，有传，城内人。 解兆琳 岁贡，淘河人。 刘广义 岁贡，齐家营人。	倪赞清 有传。 丁耀武	窦占元 冯家务人。

(民国)安次县志

(续表)

时代	进士	举人	贡生	武进士	武举
壬辰			邵温玉 岁贡,古县人。		
癸巳		马元熙 得胜口人,候选教谕。			
甲午					林振基 三小营人。 刘国南 洛图庄人。 马聆 得胜口人。
					邵廷俊 邵庄人。
乙未			解光哲 岁贡,淘河人。		
丁酉		信书年 东庄人,官潮州盐大使。	曹乃莹 拔贡,祖各庄人。 马鸿翔 岁贡,得胜口人,考选训导。 黄豫谦 拔贡,有传,挑河头人。		
戊戌			李玉瑾 岁贡,葛渔城人。		韩万成 杨税务人。
己亥				韩万成 蓝翎侍卫,武昌府督标都司。	
庚子			孟继荣 岁贡,淘河人。		

168

（续表）

时代	进士	举人	贡生	武进士	武举
癸卯		彭汝濂 史庄人。	马景云 岁贡,得胜口人,考授训导。 杨毓枫 副贡,小惠庄人。 汪汝芬 岁贡,张各庄人。		
甲辰			赵培 岁贡,仇庄人。		
乙巳			马子龙 名骧,以字①行,得胜口人,岁贡。		
丁未			赵国枬 岁贡,郑家楼人。		
戊申			杨毓芬 岁贡,小惠庄人。 杨毓枬 岁贡,小惠庄人。		
宣统己酉			张培原 拔贡,葛渔城人。 杨同霖 拔贡,葛渔城人。		

---

① "以字"顺序颠倒,当作"字以"。合刊本"民国志"此处亦倒。

(续表)

时代	进士	举人	贡生	武进士	武举
庚戌			马鸿翱 恩贡, 得胜口人。 邢国珍 恩贡, 沈庄子人。 张培纪 岁贡, 葛渔城人。 李福谦 岁贡, 桃源村人。		

未详科分者,列下俟考

清	进士	举人	贡生	武进士	武举
顺治					高棐 王湛
乾隆			黄陆 岁贡。 黄锐 岁贡。 解晶 岁贡,淘河人。 解侃 恩贡,淘河人。 解文励 贡生,淘河人。 解文芹 岁贡,淘河人。 解克知 恩贡,淘河人。		孟毓林 东沽港人。 孟銮 东沽港人。 孟毓本 东沽港人。 刘柱海 石桥村人。 刘毓桐 第什里人。
嘉庆			解元朋 有传,城内人, 清丰训导。		解克明 淘河人。

（续表）

时代	进士	举人	贡生	武进士	武举
道光			刘廷基 小北隐村人。		单桐 琥珀营人。
咸丰			信启芳 东庄人。①		

籍贯未分明者二人，据旧志录入。
齐章　成化丙戌科罗伦榜进士，累官太常寺少卿。通志载滦州人。
齐文　成化己丑科张昇榜进士，累官户部郎中。通志载滦州人。

例　贡

明

刘　琢　廪贡。有传。

于　腾　附贡。

刘　兴　增贡，授威宁县县丞。

刘匡国　附贡。

刘学曾　廪贡。

许文胄　廪准贡。有传。

邵秉忠　廪贡。有传。

霍复亨　廪准贡，授山西扶风县县丞。

刘乃鼎　增贡，体乾之孙。

李遇春　附贡。

于　鹏　廪贡，累官光禄寺丞，封征侍郎。

徐景铭　附贡。

郭应昌　廪贡。

刘应东　附贡。

---

① 在"咸丰"栏内"信启芳"条下，合刊本"民国志"又增录一则："刘湃森，优贡，河间府教授。"

王世登　附贡。

清

邵嗣昌　廪准贡。

张乔年　监贡。

纪　溶　监贡。

李　焜　监贡。

黄　焘　监贡。

高弘训　监贡。

李希夔　监贡。

解　侾　监贡。

马国基　增贡。

崔官存　监贡。

马玉树　附贡。

王开文　孝廉方正。

王福堂　官湖北远安县知县。

王福常　官刑部主事。

王福安　湖北同知。

王双甲　官起居注主事。

王双琨　官山东夏津县知县。

王锺毓　候选知县。

王锺秀　候选知府。

监生入仕者

明

刘　琮　授府知事。

杨　绣　授州判。

解　镗　授江南镇管河分府。

王得道　河南太康主簿。

邵颖发　豫立子。官鸿胪寺随堂。

清

高永杰　考授州同。有传。

高福炽　河南巡检。

高　清　福建巡检。

高　涟　山西巡检。

高　华　廪膳生，鸿胪寺序班，议叙陕西县丞。

王　霖　山西巡检。

高　钧　山西巡检。

刘毓棠　湖北汉阳镇巡检。

解兆柏　山东濮州州判。

田作霖　宾州司狱。

王福祥　浙江萧山奉化知县，简授内阁侍读学士，光绪己亥授大理寺正卿，癸卯兼署太常寺正卿。卒年八十一岁。

孙明芳　理藩院主事。

刘桂森①　官□县训导。

娄锡恩　光禄寺署正。

吏员入仕者

明

杨开泰　张　宾　王弘德　序班。

---

① 刘桂森在合刊本"民国志"中未加著录。

马继志　由供事任通政司知事。

潘文举　天文生。

吴彦鸣①　詹事府录事。

王弘德　序班。

潘国祥　五官保章。

施吉甫　由武生,任河南原武县典史。

窦如星　潼关驿丞。

张继斌　任蒙阴县典史,升永丰县巡检。

宋文耀　任上饶县巡检,升平原县县丞。

杨廷桂　任上蔡县驿丞,升夹马营巡检。

孟重轮　任滋阳县驿丞。

张存诚　任侯官县驿丞。

刘宗文　任山西仓大使。

张　汉　任潜江县主簿。

韩　忠　任贵州太平府驿丞。

王济民　任安庆府经历。

清

俞承祖　任浙江右门县主簿。

马永乾　内阁供事,任江西南丰县典史。

荫　袭

明

刘　浦　兵部尚书体乾之子。由廪生荫授都事,累官工部员外郎。清勤明敏,

---

① 合刊本"民国志"在杨开泰、张宾、马继志、吴彦鸣后补注:以上四人旧志云"明儒士"。

克荷家声。

刘　极　体乾孙。荫授刑部郎中。

孙道樸　吏部左侍郎承泽子。荫授泰州同知。

李亨阳　礼部尚书若琳子。荫授陕西巩昌府同知。

李益阳　若灿子。荫授湖广宝庆府知府。

李　昱　荫授湖广郧西县知县。

郝　通　世袭指挥，官至偏头关总兵。有传。

张　仁　世袭指挥。性退让，有才识。虽居武胄，清约如寒士。后升陕西都司。

邵　瑛　系洪武二年军籍，从驾征讨，立功居庸关等一十七处。永乐三年授常山中护卫前所千户。弟斌袭职。

邵　忠　斌长子。永乐间袭职副千户，授武略将军。

邵豫培　忠族孙。忠无嗣，天启间以豫培袭职。善骑射，兼通文艺。崇祯间长子孔茂袭职。

张应魁　山东卫右所指挥佥事，授明威将军①。

清

李庆隆　副将，锡命次子承袭云骑尉，补天津左营守备，署理务关参将。

李殿琛　庆隆孙。咸丰中承袭云骑尉，授保定府前营千总。

李士英　锡命元孙袭恩骑尉。

以上武职。②

---

① 合刊本"民国志""将"后脱一"军"字。

② 此下有明清时期一众人物，1914年印"民国志"中未载，而清刻"乾隆志"中有记。在合刊本"民国志"中据清刻"乾隆志"进行了补录。详见书末《附录一·四种合刊本所增补之选举志》。

(民国)安次县志

安次县志卷五　名宦志

康对山《武功县志》志官师则善恶并著,存劝戒也。今叙次《名宦》,志其有政绩者,甘棠之咏召公,郑人之歌子产,据事直书,以示不忘。余第列名职官表中,语无褒贬,自具微意。官斯土者,尚其知所择哉。

唐

陈立行,字晞颜,蓟人。祖辉、父从皆不仕。执亲之丧,头蓬不栉,面垢不靧①,负土成坟,必自己力。年过强仕,方从命官释褐②,授澶州参军,俄改幽州安次主簿,管护军。表疏府,换署幽州大督府兵曹参军。大中十一年卒,年五十有八。娶河东柳楚女,有男女各一人,葬于幽都县礼贤乡之平原。

元

田诚南,唐县人。登进士。元贞二年,任东安知州。清介自持,无异寒士。诏进征南元帅,初莅任时,不携妻孥③,但以两鹤自随。及去任,留鹤轩墀,清风两袖,有古廉吏风。

明

侯文秀,四川人。洪武七年任。廉以守己,勤以治事,兴学劝农,民人乐业。秩满而去,百姓思之不忘。

李骥,字尚德,郯城人。洪武二十六年举人,入国学。居三年,授户科给

---

① 靧(huì):洗脸。
② 释褐:脱去平民衣服。喻始任官职。
③ "孥"合刊本"民国志"误作"拏"。妻孥:妻子和儿女。

事中。时关市①讥②商旅,发③及囊箧④,骥奏止之,寻坐事免。建文时,荐起新乡知县,招流亡,给以农具,复业者数千人。内艰去官,民相率奏留,不许。永乐初,服阕,改知东安县事。凡事有病民者,辄奏免之,有嫠妇子为狼啮死,诉于骥。骥祷城隍神,深自咎责。明旦,狼死于其处。侍郎李昶等交荐,擢刑部郎中,终河南知府。

王睿,河南临颖⑤县人。宣德五年,知县事。政治宽平,人心悦服。九年任满,民泣留之。诏以知州,仍治知县事。后卒于官,百姓皆悼痛不忘。

何瑛,杞县人。成化初,官东安县主簿。邑南洼,下岁有水患,瑛相度地势,东自南坛旁开创河渠,经杨官屯直达甄家庄之河口。西自县之北隐村旁开创河渠,经马子庄直达调河头之河口。水得通行,害去八九。升县丞,立社仓,均徭役,奸弊⑥不行,生民赖焉。

于璧,山东进士。天顺八年,官东安知县。节清政肃,民胥怀之。

景佐,山西蒲州进士。弘治五年,知东安县事。政事精敏,吏民帖服。

马安,武功人。弘治十二年,官东安主簿。机事明敏,剖决如神。

彭伟,山东掖县举人。正德四年,知东安县事。清俭慈祥,民受其惠。

胡汝辅,山西石州举人。嘉靖十二年,官东安知县。务持大体,详革弊端。旋改任,人皆惜之。后擢御史,历陕西按察副使。

张文明,祥符举人。嘉靖十一年,授东安教谕。畜道德,能文章,士林模楷,教化大行。

夏九皋,辽州人。嘉靖十九年,官东安典史。存心不失其初,居官无怠于

---

① 关市:位于交通要道的市集。
② 讥:查问。
③ 发:打开。
④ 箧(qiè):箱子一类的东西。
⑤ "颖"字误,当作"颍"。合刊本"民国志"此处亦误作"颖"。
⑥ 奸弊:亦作"奸敝",指诡诈舞弊,欺诈蒙骗。

事。清廉守法,吏员之翘出者。

陶栋,山东历城举人。嘉靖四十三年,官东安知县。初,东安编户四十四里,凡有徭役,悉按甲里分派。栋历任后,以人民不堪重累,详请并为一十八里,邑民德之。

洪一谟,山东历城举人。万历三年,官东安知县。值浑河暴涨,竭力防守,堤得无恙,是能御灾捍患者也。后擢御史。

阮宗道,山西大同选贡。万历十年,知东安县事。廉洁自持,取邑人张文举邑乘底本创纂《东安志》,厥功甚巨。累官至太仆寺卿。

冯沂,汝州郏县恩贡。万历十三年,官东安知县。廉平清正,人不敢干以私。

田子耕,山东夏津举人。万历二十二年,官东安知县。宽厚宜民,优容待士。

李希召,河南兰阳进士。万历二十八年,官东安知县。政教严肃,吏畏民怀。

郑崇岳,浙江浦江举人。万历三十三年,知东安县事。莅任后,力兴学校,长于听讼,权豪为之敛迹。典史刘良臣,巴陵人。劳干有守。

寇光裕,山西榆次举人。万历三十六年,官东安教谕。重新黉舍,文风大起,士习日端,儒林之坊表也。

戴之二,河南固始举人。万历三十九年,知东安县事。为政简易,吏不欺,民不扰,河堤巩固,保障之良也。

陆燧,上海进士。万历四十五年,官东安知县。严究奸宄,增置学田,士民皆受其惠。

段铨,陕西兰州举人。天启二年,知东安县事。仁厚恭谨,恪守官箴。

郑之城,湖广平溪卫选贡。天启四年,官东安知县。决狱如神,民怀吏畏。续修《东安县志》,士民称之。

陈三豪,福建福清人。天启五年,官东安典史。学富政平,邑人德之。

邱民仰，字长白，渭南人。万历举人，官教谕。天启六年，迁东安知县，厘宿弊十二事。河啮，岁旱蝗，为文祭祷。河他徙，蝗亦尽。调新城县，累官佥都御史。崇祯十三年巡抚辽东，城陷死之。

欧阳保，江西新建举人。崇祯元年，知东安县事。性正直，御下精明，法尚严威，城狐咸敛迹焉。

卢耀龙，广东举人。崇祯三年，官东安知县。清廉端介，礼士爱民。

赵海，贵州举人。崇祯三年，官东安知县。勇于剔奸，庭无猾吏，狱少冤民，尤善育才，士皆称之。

路自纯，山西人。崇祯六年，官东安典史。有为有守，士民怀之。

黄奇遇，揭阳进士。崇祯九年，署东安知县。受事未久，剔厘六案，力除弊窦①，画定章程，计革除侵派银三千余两，百姓感之。

柴希贡，山西人。崇祯九年，官东安典史。廉仁有守。

赵世亮，山东掖县岁贡。崇祯十六年，官东安知县。劝农桑，兴学校，固封守，练乡兵，百政具举。及闻流寇陷京师，痛哭流涕，留题于壁，有"千古难消亡国恨，声声杜宇月明中"之句，即日挂冠而去。

清

刘应坤，辽东贡士。顺治二年，官东安知县。勤抚字②，劝民息讼，惠绩甚多。

王鼎胤，山东淄川进士。顺治三年，知东安县事。治规整饬，听讼精严。

陶弘才，字君实，绍兴人。生四岁，遭父丧，贫无以殓，伏尸哀恸若成人。母痛欲自经，持裾大号，获救免，宗族怜而竞赙③之。奉母十余年，以孝称。母卒，子处草庐，哀毁骨立。见人读书辄惭慕，曰："吾力不能为亲竭，身不能

---

① 弊窦：弊病，弊端。
② 抚字：谓对百姓的安抚体恤。
③ 赙（fù）：拿钱财帮助别人办理丧事。

为君致,有志就傅而乏脩脯,奈何!"父老感其言,为言于蕺山刘宗周,因得列门下。颇涉经史,晓大义。状貌伟杰,性壮烈,精武技,受学后抑损若懦夫,小试不售,遂北上。由三考出尉东安,遇事敢为,令甚器重之。顺治五年秋,大饥。贼刘东坡悍有邪术,肆掠浑河左右。冬十月围东安,民皆凶惧。时令在会城,贼攻城急,弘才升县堂,伐鼓集众而誓曰:"某虽下吏,亦天子命官。义当死尔,百姓有能杀贼者从。"众皆泣曰:"昔岁浸,民饥且死,会大尹卧病,公慨然为民请赈,伏抚辕三日获请。生乃公生,死随公死,今日惟公命。"于是率军民三百余人,突出西门,奋勇击贼,斩首数十级,生擒四人以还。贼益兵攻城且诱之战,佯北追至落垡村西,忽黑雾迷天,咫尺不相见,众溃。弘才策马冲突,当者披靡,卒中妖术被执。贼见其义勇,欲降之。弘才厉声骂贼,夺刀刺贼不中。杀贼数人,遂自刭。贼怒醢之,悬头于蠹以示。城中民皆震哭,塞门增堞以死誓。年十六以上者,争持瓦石登陴拒贼。会令亦请兵至,贼遁,邑赖以宁。东安满兵驻防始于此。弘才卒年三十八,家贫无子,不能上闻。士民私祀之,岁时布奠,无不泣下者,迄今犹称其忠烈不衰。其时有一少年闻尉被害,愤甚,操戈而出,门塞不得启,号呼堕城死,亦义士也。惜其名不传。陶自新撰。

宗良弼,河南深泽进士。顺治九年,官东安知县。吏畏其威,民怀其德,决数年不决之狱,人惊以为神。

樊芳春,陕西泾阳举人。顺治十一年,知东安县事。律身清谨,剔蠹精严,为人古朴可风。

苏兆元,福建福宁举人。顺治十三年,官东安知县。居官有体度,务安详。

王业隆,陕西平凉卫岁贡。顺治十八年,知东安县事。礼士爱民,邑人称之。

丁尔发,浙江义乌举人举。康熙九年,知东安县事。厘奸剔蠹,惠绩甚多。

王士美,江西金溪举人。康熙十年,官东安知县官。清廉守己,惠爱宜民,有慈母神君之颂。

马元调,顺德任县岁贡。康熙十一年,官东安训导。学问淹博,训诲严明。尝续纂《东安邑志》。旧志称其捐助恤贫,乐善不倦云。

侯应封,宁远举人。康熙十二年,官东安知县。才守兼优,士民感颂。

李大章,江南丹徒人。由荫贡授知县。康熙十四年,莅任东安。操履端洁,学问渊通,慈以爱民,礼以待士。刊邑志,缮城池,缉逃亡,严保甲,不愧古之循吏焉。

周士玿,湖广沔阳州进士。康熙四十五年,官东安知县。振兴学校,宽厚爱民。

恽源浚,字哲长,常州武进人。由监生考授州同。雍正五年,官永定河主簿。持身端洁,学问渊通,善吹铁箫,号铁箫老人。为人爽迈任气,必践言,又善画,下笔生气坌涌①,如云展潮行。擢大名府通判。去官后,卒于天津。旧志称其能诗,兹录一首,以见一班②。

奉令复之永定河赠局长张师晦云：

桑乾复祗役,宣力互鞅掌。	凉飔激素秋,凄景迫幽赏。
风涛陵谷移,伊人逝惚恍。	空践题柱踪,徒存伏轼想。
俗情肆流瞩,澄怀渺孤往。	行迈罄咨诹,劳歌发尘坱③。
同心遂所托,即事交推奖。	识达寡歧趋④,鉴精靡一爽。
岁序久奄忽,志意颇消长。	谁终薄世荣,寻直尺羞枉。

徐世彬,江西德化拔贡。乾隆五年,知东安县事。在任未久,颇著循声。县治前有碑,今无考矣。署满赴省,当日送行诗甚多。今录二首。

---

① 坌(bèn)涌:涌出,涌现。
② 一班:一斑。比喻事物的一小部分。
③ "坱"合刊本"民国志"误作"坱"。坱(yǎng):尘埃。
④ 歧趋:亦作"歧趣",指不同的趋向。

（民国）安次县志

田见麟诗云：

雷封百里内，处处遍循声。　听讼堂悬镜，栽花春满城。

十奇曾致咏，四长竞齐名。　一旦驱车别，攀号道路情。

沙景行诗云：

莅政未经年，循声已遍传。　德风嘘草野，甘雨润桑田。

棠荫垂遗爱，图形拟昔贤。　临岐①争卧辙，无计可留鞭。

李光昭，字少逸，浙江山阴人。由监生。官武清县丞。乾隆八年，迁东安知县。其为政也，慈惠爱人，廉洁自守，不诩诩以矜能，不察察以逞智，重设义塾，置地为膏火助，毁偶像以破迷信。又于县治西创设讲约所，朔望会集绅民，申读约法以正人心。尝以东安旧志谫陋②，听讼之余，采辑简编，旁谘故老。凡有关民瘼者，必穷源竟委，务极周详。十四年纂成县志二十二卷，其"田赋""里役""河渠"诸条多伟论焉。明邑绅李侃墓久为镶白旗石姓圈地，犁几及垄。光昭檄典吏封殖其墓，禁耕侵，有碑记。今载《艺文志外编》。

庄钧，字振和，号斅坡，武进人。少育于外王父③刘文，恪于义。乾隆初，于义修畿辅河道，钧年十九，随幕府，数言水利事，奇之。直隶总督方举能，任河工者上其名，补霸州州判，卓异，迁知东安县。既明习水利，又长于治民，有殊绩而性谦谨，未尝自言。河水暴出，钧乘小舟渡，及中，舟覆，仆役皆溺，有跃而呼者曰："此吾贤父母也！"遽入水负之出。官至济南知府。

陈镇标，嘉庆二十四年，任东安知县。重建安次书院，士林感之。

黎永瓒，字秫塘，奉天进士。咸丰初，官东安教谕，兼主讲书院。工书。

赵基复，字子原，保定新城县人。咸丰乙卯举人。咸丰末，司铎东安。乐育人才，工书法，士林得其遗墨，咸珍重之。

宋维光，字叔雅，山西人。同治中，知东安县事。值连年灾歉，盗风甚炽，

---

① 临岐：亦作"临歧"，本为面临歧路，后亦用为赠别之辞。

② 谫陋：浅陋。

③ 外王父：外祖父。

每躬行下乡侦探,所获剧盗甚多。贼皆闻风远遁,境内称治。今妇孺无不知有宋公者也。

李璋,字峨廷。河南郾城进士。咸同间,知东安县事。礼贤下士,折狱如神,尤以清廉著,至今父老犹称颂之。

刘枝彦,字竹坡,江苏武进人。同治末,授东安知县。勤政爱民,尤长于听断,发奸摘伏,判决宿案甚多。尝取尚书顾畏民岩之义榜,诸讼庭曰:"顾畏堂,丙子科举行宾兴,凡在书院肄业者,送卷赀二金。"士林感之。

常觐芬,字向宸。安徽副榜。光绪中,官东安知县。庚子之变,县署毁于火,莅任后倡议缮修,多方擘画,未及兴工,旋去职,士论惜之。尝为齐孝子苑烈妇建立墓碑于县治,创立学校,遗惠甚多。

董开沅,安徽人。光绪中,知东安县事。性廉洁,清苦自守。挑河头水灾,常捐廉赈饥。未几,以年老降调。

(民国)安次县志

安次县志卷六　人物志

《汉书·古今人表》区为九品,实知人论世之权舆①,后之修志者,不能求备,有善则录之耳。东安旧志,一人分见数处,殊乖体例,今统名"人物志",搜采古今载记,证以桑梓旧闻,是非折衷于乡评,体裁略别乎国史,善善从长②,期于信今而传后焉。

五代(晋、周、后蜀)

赵玉,幽州安次人。尝客沧州,依节度判官吕兖。刘守光破沧州,收兖亲属,尽戮之,兖子琦年十四,见执将就刑,玉绐③监者曰:"吾弟也。"监者信之,纵琦去。琦足弱不能行,玉负之以逃。至太原,变姓名。丐衣食以给琦,后琦事晋为秘书监,累迁兵部侍郎。玉仕至职方员外郎,琦事之如父。当是时,燕赵之士以玉能存吕氏之孤,翕然称之。

子文度,另传。补。④

吕琦,字辉山,幽州安次人也。祖寿,瀛州景城主簿。父兖,沧州节度判官,累至检校右庶子。刘守光攻陷沧州,琦父兖见杀,守光怒兖,并族其家。琦年十五,为吏追摄,将就戮焉。兖故客赵玉绐其监者曰:"此子某之同气也,幸无滥焉。"监者信之,即引之俱去。行一舍,琦困于徒步,以足病告,玉负之

---

① 权舆:起始。
② 善善从长:原指褒扬美德,源远流长,后用来比喻汲取别人的长处。善善:褒扬美德;从长:源远流长的意思。
③ 绐:欺骗。
④ 凡不见于前朝县志之记载者,"民国志"中均以"补"字标识,以示增补。

而行,逾数百里,因变姓名,乞食于路,乃免其祸。琦为人,美风仪,重节概,少丧其家,游学汾、晋之间。唐庄宗镇太原,以为代州军事推官,后为横海赵德钧节度推官,入为殿中侍御史。明宗时,为驾部员外郎,兼侍御史知杂事。会河阳帑吏窃财事发,诏军巡院鞫之。时军巡使尹训恃势纳赂,枉直相反,俄有诉冤于阙下者,诏琦按之,既验其奸,乃上言请治尹训,沮①而不行。琦连奏不已,训知其不免,自杀于家,其狱遂明,蒙活者甚众,自是多琦之公直。长兴中,废帝失守河中,罢居清化坊,与琦同巷,琦数往过之。后废帝入立,待琦甚厚,拜知制诰、给事中、枢密院直学士、端明殿学士。是时,晋高祖镇河东,有二志,废帝患之,琦与李崧俱备顾问,多所裨画。琦言:"太原之患,必引契丹为助,不如先事制之。"自明宗时王都反定州,契丹遣秃馁、荝(音仄)刺等助都,而为赵德钧、王晏球所败,秃馁见杀,荝刺等皆送京师。其后,契丹数遣使者求荝刺等,其辞甚卑恭,明宗辄斩其使者不报。而东丹王又亡入中国,契丹由此数欲求和。琦因言:"方今之势,不如与契丹通和,如汉故事,使强藩大镇顾外无所引援,可弭其乱心。"崧以琦语语三司使张延朗,延朗欣然曰:"苟能纾国患,岁费县官十数万缗,责吾取足可也!"因共建其事。废帝大喜,佗②日以琦等语问枢密直学士薛文遇,文遇大以为非,因诵戎昱"社稷依明主,安危托妇人"之诗,以诮琦等。废帝大怒,急召崧、琦等问和戎计如何。琦等察帝色怒,亟曰:"臣等为国计,非与契丹求利于中国也。"帝即发怒曰:"卿等佐朕欲致太平而若是耶?"崧等惶恐拜谢,拜无数,琦足力乏不能拜而先止。帝曰:"琦强项,肯以人主视我邪!"琦曰:"臣素病羸,拜多而乏,容臣少息。"顷之喘定,奏曰:"陛下以臣等言非,罪之可也,屡拜何益?"帝意稍解,曰:"勿拜。"赐酒一卮而遣之,其议遂寝。其后晋高祖起太原,果引契丹为助,遂以亡唐。琦事晋为秘书监,天福中,预修《唐书》,权掌选部,皆有能名焉。累迁礼部、刑

---

① 沮:阻止。
② 佗:通"他",代词。

(民国)安次县志

部、户部、兵部侍郎,阶至金紫光禄大夫,爵至开国子。天福八年卒。子余庆、端自有传。补。

扈载,字仲熙,北燕安次人也。少好学,善属文。广顺初,举进士高第,拜校书郎,直史馆。再迁监察御史,其为文章,以词多自喜,常次历代有国兴废治乱之迹为《浑源赋》。又游相国寺,见庭竹可爱,作《碧鲜赋》,题其壁。世宗闻之,遣小黄门就壁录之,览而称善,因拜水部员外郎、知制诰,迁翰林学士,赐绯鱼①,而载已病,不能朝谢。居百余日,乃舆疾入直学士院。世宗怜之,赐诰还帝②,遣太医视疾。初,载以文学知名一时。枢密使王朴尤重其才,荐于宰相李谷,久而不用。朴以问谷曰:"扈载不为舍人,何也?"谷曰:"非不知其才,载命薄,恐不能胜。"朴曰:"公为宰相,以进贤退不肖为职,何言命也?"已而拜知制诰。及为学士,居岁中病卒,年三十六,议者以谷能知命而朴能荐士。是时,天子英武,乐延天下英才,而尤礼文士。载与张昭、窦俨、陶谷、徐台符等俱被进用。谷居数人中,文词最劣,尤无行。昭、俨类与议论,其文灿然。而谷能先意所在,以进谀取合人主,事无大小,必称美颂赞,至于广京城为木偶人、紫芝白兔之类,皆颂以献,其词大抵类俳优。而载以不幸早卒,议论虽不及昭、俨,而不为谷之谀也。有集十卷。

孙钦,幽州安次人,为人果干,多权略,事孟知祥及孟昶,历官左奉圣都指挥使。广政中,郭延钧判武德军,与监押王承丕不相协。承丕阴作乱,会钦以部兵戍③边,过辞承丕,承丕挟与俱见延钧。见则称诏命左右击杀延钧,屠其家,钦遽请出诏示众,承丕辄言:"我能致公富贵,何问诏书为?"钦知其反也,因绐曰:"今内外未安,我当以部兵为公巡察。"即麾鞭跃马而出,承丕连呼之,不至。钦至营,谕其部曲曰:"承丕不道,枉杀府公,非反而何?当与众共

---

① 绯鱼:指绯衣与鱼符袋。旧时朝官的服饰。唐制:五品以上佩鱼符袋,宋因之。
② "帝"字误,当作"第"。合刊本"民国志"此处亦误作"帝"。查《旧五代史·周书·列传第十一》,此处作"第"。
③ "戍"合刊本"民国志"误作"戌"。

诛之。"遂帅兵入府,攻承丕,承丕左右欲拒战,钦直前叱之,皆弃兵走,执承丕,斩于阶下,并其亲党,传首成都。加检校太子宾客。二十五年寝疾,卒,年七十二。补。

宋

扈蒙,字日用,幽州安次人。曾祖洋,涿州别驾。祖智周,卢龙军节度推官。父曾,内园使。蒙少能文,晋天福中,举进士,入汉为鄠县主簿。赵思绾叛,遣郭从义讨之。郡县吏供给皆戎服趋事,蒙冠服褒博①,举止舒缓,从义颇讶之。转运使李谷谓曰:"蒙文学名流,不习吏事。"遂不之问。周广顺中,从归德军节度赵晖为掌书记,召为右拾遗、直史馆、知制诰。蒙从弟载时为翰林学士,兄弟并掌内外制,时号"二扈"。宋初,由中书舍人迁翰林学士,坐请托于同年仇华,黜为太子左赞善大夫,稍迁左补阙,掌大名市征。六年,复知制诰,充史馆修撰。开宝中,受诏与李穆等同修《五代史》,详定《古今本草》。连知贡举。七年,蒙上书,请修日历,太祖从之。即以参知政事卢多逊典其事。九年正月,受朝元殿,降王在列,声明大备。蒙上《圣功颂》,以述太祖受禅、平一天下之功,其词夸丽,有诏褒②之。为卢多逊所恶,出知江陵府。太宗即位,召拜中书舍人,旋复翰林学士,与李昉同修《太祖实录》。太平兴国四年,从征太原还,转户部侍郎,加承旨。雍熙三年,被疾,以工部尚书致仕。未几,卒,年七十二。赠右仆射。蒙性沉厚,不言人是非,好释典,不喜杀,缙绅称善人。有笑疾,虽上前不自禁。多著述,有《鳌山集》二十卷行于世。补。

赵文度,义士赵玉之子也。其父玉尝客沧州节度判官吕兖之门。会刘守光破沧州,兖家属遇害。兖子琦为玉所救,得免于难,琦事之如父。玉疾,亲尝药扶侍,及卒,为其主办丧事。文度幼孤,琦教以学,如己子。后举进士,琦荐于主司马裔孙,擢甲科,历徐、兖、陈、许四镇从事。汉初,为河东掌书记。

---

① 褒博:褒衣博带,即宽衣大带。古代儒者的装束。
② "褒"合刊本"民国志"误作"裵"。

(民国)安次县志

文度捷敏善戏谑,刘崇雅爱之。及称帝,累官至翰林承旨、兵部尚书。天会四年,授中书侍郎,转门下侍郎兼枢密使,加司徒。久之,与郭无内①不协,出知汾州,徙岚州。太祖开宝二年亲征晋阳,遣偏师围岚。文度危蹙请降,待罪行宫,太祖命释之,赐袭衣、玉带、金鞍勒马,器币甚厚,其官属赐物有差。文度本名弘,以犯宣祖庙讳,赐今名。师还,赐检校太傅、安国军节度使。岁余徙华州,不宣制而告敕同宣制之例。又徙耀州,凡历三镇。七年,卒,年六十一。善为诗,人多讽诵,有《观光集》。子昌图,至内殿崇班、阁门祗候②。补。

吕余庆,幽州安次人,本名胤,避太祖偏讳,以字行。祖兖,横海军节度判官。父琦,晋兵部侍郎。余庆以荫补千牛备身,历开封府参军,迁户曹掾。晋少帝弟重睿领忠武军节度,以余庆为推官。仕汉历周,迁濮州录事参军。太祖领同州节制,闻余庆有材,奏为从事。世宗闻曰:"得非尝为濮州纠曹者乎?"即以为定国军掌书记。世宗尝镇澶渊,濮为属郡,故知其为人也。太宗③历滑、许、宋三镇,余庆并为宾佐。及即位,自宋、亳观察判官召拜给事中,充端明殿学士。清泰中,琦亦居是职,官秩皆同,时人荣之。未几,知开封府。太祖征潞及扬,并领上都副留守。建隆三年,迁户部侍郎,丁母忧。荆湖平,出知潭州,改襄州,迁兵部侍郎,知江陵府。召还,以本官参知政事。蜀平,命知成都府。时盗贼四起,军士恃功骄恣,大将王全斌等不能戢下。一日,药市始集,街吏驰报有军校被酒持刃夺贾人物。余庆立捕斩之以徇,军中畏服,民以安堵,即④加吏部侍郎。归朝,兼剑南、荆南等道都提举、三司水陆发运等使。开宝六年,与宰相更知政事,即旋以疾上表求解机务,拜尚书左丞。九年,卒,年五十。赠镇南节度使。余庆厚重简易,太祖继领藩镇,余庆为元僚。及受禅,赵普、李处耘皆先进用,余庆恬不为意。未几,处耘出守淄

---

① "内"《宋史·列传第二百四十一》作"为"。
② 祗候:职官名。宋代祗候分置于东、西上阁门,与阁门宣赞舍人并称阁职,祗候分佐舍人。
③ "宗"《宋史·列传第二十二》作"祖"。
④ 合刊本"民国志""堵"后脱一"即"字。

州,余庆自江陵还,太祖委曲问处耘事,余庆以理辨释,上以为实,遂命参知政事。会赵普忤旨,左右争倾普,余庆辨明之,太祖意稍解,时称其长者。至道中,以弟端为宰相,特诏赠侍中。

吕端,字易直,幽州安次人。父琦,晋兵部侍郎。端少敏悟好学,以荫补千牛备身。历国子主簿、太仆寺丞、秘书郎、直弘文馆,换著作佐郎、直史馆。太祖即位,迁太常丞、知浚仪县、同判定州。开宝中,西上閤门使郝崇信使契丹,以端假太常少卿为副。八年,知洪州,未上,改司门员外郎,知成都府,赐金紫。为政清简,远近便之。会秦王廷美尹京兆,拜考功员外郎,充开封府判官。太宗征河东,廷美将有居留之命。端白廷美曰:"主上栉风沐雨,以申吊伐,王地处亲贤,当表率扈从。今主留务,非所宜也。"廷美由是恳请从行。寻坐王府亲吏请托执事者违诏市竹木,贬商州司户参军。移汝州,复为太常丞、判寺事。出知蔡州,以善政,吏民列奏借留。改祠部员外郎,知开封县,迁考功员外郎兼侍御史知杂事。使高丽,暴风折樯,舟人怖恐,端读书若在斋阁时。迁户部①郎中,判太常寺兼礼院,迁为大理少卿,俄拜右谏议大夫。许王元僖尹开封,又为判官。王薨,有发其阴事者,坐禆赞无状,遣御史武元颖、内侍王继恩就鞫于府。端方决事,徐起候之,二使曰:"有诏推君。"端神色自若,顾从者曰:"取帽来!"二使曰:"何②遽至此?"端曰:"天子有制问,即罪人矣,安可在堂上对制使?"即下堂,随问而答。左迁卫尉少卿。会置考课院,群官有负谴置散秩者,引对,皆泣涕,以饥寒为请。至端,即奏曰:"臣前佐秦邸,以不检府吏,谪掾商州,陛下复擢官籍辱用。今许王暴薨,臣辅佐无状,陛下又不重谴,俾亚少列,臣罪大而幸深矣!今有司进退善否,苟得颍州副使,臣之愿也。"太宗曰:"朕自知卿。"无何③,复旧官,为枢密直学士,逾月,拜参知

---

① "部"合刊本"民国志"误作"何"。
② "何"合刊本"民国志"误作"部"。显见是合刊本"民国志""何"与"部"两字颠倒错排所致。
③ 无何:不多时,不久。

政事。时赵普在中书，尝曰："吾观吕公奏事，得嘉赏未尝喜，遇抑挫未尝惧，亦不形于言，真台辅之器也。"岁余，左谏议大夫寇准亦拜参知政事。端请居准下，太宗即以端为左谏议大夫，立准上。每独召便殿，语必移晷。擢拜户部侍郎平章事。时吕蒙正为相，太宗欲相端，或曰："端为人糊涂。"太宗曰："端小事糊涂，大事不糊涂。"决意相之。会曲宴后苑，太宗作《钓鱼诗》，有云："欲饵金钩深未达，磻溪须问钓鱼人"，意以属端。后数日，罢蒙正而相端焉。初，端兄余庆建隆中以藩府旧僚参预大政，端复居相位，时论荣之。端历官仅四十年，至是骤被奖擢，太宗犹恨任用之晚。端为相持重，识大体，以清简为务。虑与寇准同列，先居相位，恐准不平，乃请参知政事与宰相分日押班知印，同升政事堂，太宗从之。时同列奏对多有异议，惟端罕所建明。一日，内出手札戒谕："自今中书事必经吕端详酌，乃闻奏。"端愈谦让不自当。初，李继迁扰西鄙，保安军奏获其母。至是，太宗欲诛之，以寇准居枢密副使，独召与谋。准退，过相幕，端疑谋大事，邀谓准曰："上戒君勿言于端乎？"准曰："否。"端曰："边鄙常事，端不必与知，若军国大计，端备位宰相，不可不知也。"准遂告其故。端曰："何以处之？"准曰："欲斩于保安军北门外，以戒凶逆。"端曰："必若此，非计之得也，愿少缓之，端将覆奏。"入曰："昔项羽得太公，欲烹之，高祖曰：'愿分我一杯羹'。夫举大事不顾其亲，况继迁悖逆之人乎？陛下今日杀之，明日继迁可擒乎？若其不然，徒结怨仇，愈坚其叛心耳。"太宗曰："然则何如？"端曰："以臣之愚，宜置于延州，使善养视之，以招来继迁。虽不能即降，终可以系其心，而母生死之命在我矣。"太宗抚髀称善曰："微卿，几误我事。"即用其策。其母后病死延州，继迁寻亦死，继迁子竟纳款请命，端之力也。进门下侍郎兼兵部尚书。太宗不豫，真宗为皇太子，端日与太子问起居。及疾大渐，内侍王继恩①忌太子英明，阴与参知政事李昌龄、殿前都指挥使李继勋、知制诰胡旦谋立故楚王元佐。太宗崩，李皇后命继恩召

---

① "恩"合刊本"民国志"误作"思"。

端,端知有变,锁继恩于阁内,使人守之而入。皇后曰:"宫车已晏驾,立嗣以长,顺也,今将如何?"端曰:"先帝立太子正为今日,今始弃天下,岂可遽违命有异议耶?"乃奉太子至福宁庭中。真宗既立,垂帘引见群臣,端平立殿下不拜,请卷帘,升殿审视,然后降阶,率群臣拜,呼万岁。以继勋为使相,赴陈州。贬昌龄忠武军司马,继恩右监门卫将军,均州安置。旦除名,流浔州,籍①其家资。真宗每见辅臣入对,惟于端肃然拱揖,不以名呼。又以端躯体洪大,宫庭阶戺②稍峻,特令梓人为纳陛③。尝召对便殿,访军国大事经久之事④,端陈当世急务,皆有条理,真宗嘉纳。加右仆射,监修国史。明年夏,被疾,诏免常参,就中书视事。上书求解,不许。十月,以太子太保罢。在告三百日,有司言当罢奉,诏赐如故。车驾临问,端不能兴,抚慰甚至。卒,年六十六,赠司空,谥正惠,追封妻李氏泾国夫人,以其子藩为太子中舍,荀大理评事,蔚⑤千牛备身,蔼殿中省进马。端姿仪瑰秀,有器量,宽厚多恕,善谈谑,意豁如也。虽经摈退,未尝以得丧介怀。善与人交,轻财好施,未尝问家事。李惟清自知枢密改御史中丞,意端抑己,及端免朝谒,方弹奏常参官疾告逾年受奉者,又构人讼堂吏过失,欲以中⑥端。端曰:"吾直道而行,无所愧畏,风波之言不足虑也。"端祖兖,尝事沧州节度刘守文为判官⑦。守文之乱,兖举族被害。时父琦方幼,同郡赵玉冒锋刃绐监者曰:"此予之弟,非吕氏子也。"遂得免。玉子文度为耀帅,文度孙绍宗十余岁,端视如己子,表荐赐出身。故相冯道,乡

---

① 籍:籍没,谓登记所有的财产,加以没收。
② 阶戺(shì):台阶两旁所砌的斜石。
③ 纳陛:古代帝王赐给有殊勋的诸侯或大臣的"九锡"之一。凿殿基为登升的陛级,纳之于檐下,不使尊者露而升,故名。
④ "事"字误,根据文义,当作"制"。合刊本"民国志"此处亦误作"事"。查《宋史·列传第四十》,此处作"制"。
⑤ "蔚"合刊本"民国志"误作"慰"。
⑥ 中:中伤。
⑦ "官"合刊本"民国志"误作"管"。

（民国）安次县志

里世旧,道子正之以病废,端分俸给之。端两使绝域,其国叹重之,后有使往者,每问端为宰相否,其名显如此。景德二年,真宗闻端后嗣不振,又录蔚为奉礼郎。藩后病足,不任朝谒,请告累年,有司奏罢其俸,真宗特令复旧官,分司西京,给俸家居养病。端不蓄资产,藩兄弟贫匮,又迫婚嫁,因质①其居第。真宗特出内府钱五百万赎还之。又别赐金帛,俾偿宿负,遣使检校家事。藩、荀皆至国子博士,蔚至太子中舍。

吕诲,字献可,端之孙也。性纯厚,不妄与人交。登进士第,由屯田员外郎为殿中侍御史。嘉祐中,疏请早建皇嗣,仁宗以诲章付中书韩琦,由此定议。英宗朝以内臣王昭明等为陕西四路钤辖,专主藩部。诲言:"自唐以来,举兵不利,未有不自监军者。今走马承受②官品至卑,一路已不胜其苦,况钤辖乎?"卒罢之。熙宁初,为御史中丞。未几,王安石执政,诲与之不合,上疏劾之。疏上,出知邓州,提举崇福宫。初,安石始参政,诲时召对崇政殿,与司马光相遇于路,诲举手示光曰:"袖中弹文乃新参也。"光止之。诲曰:"安石虽有时名,然好执偏见,轻信奸回③,喜人佞己。听其言则美,施于用则疏,若在侍从犹或可容,置诸宰辅,天下必受其祸矣。"诲既斥,安石益横。光由是服诲之先见,自以为不及也。明年,改知河南,命未下,而诲以疾表求致仕曰:"臣无宿疾,偶值医者用术乖方,不知脉候有虚实,阴阳有顺逆,诊察有标本,治疗有先后,妄投汤剂,率意任情,差之指下,祸延四肢。非只惮跰戾④之苦,又将虞腹心之变。"盖以一身之疾喻朝政也。光及邵雍日就卧内问疾,诲所言皆国家事,忧愤不能忘⑤,未尝一语及私。一日,手书托光以墓志,光亟省

---

① 质:抵押。

② 走马承受:官名,路级监察官员。宋置,诸路各一员,以三班使臣及内侍充任。无事岁一入奏,有边警则不时驰驿上闻,初隶经略安抚总管司,崇宁中始诏不隶帅司,寻改为廉访使者,靖康初复旧。

③ 奸回:奸恶邪僻。

④ 跰戾:谓脚掌扭曲反戾。

⑤ "忘"合刊本"民国志"误作"妄"。

之,已瞑目矣。光涕泣呼曰:"更有以见属乎?"诲复张目强视曰:"天下事尚可为,君实勉之。"遂卒,年五十八,海内闻者痛惜之。诲三居言责,皆以弹奏大臣而去,一时推其鲠直,有奏章二十卷。元祐初,吕大防、范纯仁、刘挚表其忠,诏赠通议大夫,以子由庚为太常寺太祝。补。①

杨存晁、周伯苈者,宋之遗民也。二人读书楼中,慷慨悲歌,有恢复中原之志。后闻元集大统,遁去,不知所终,殆管宁、陶潜之流亚②欤!

辽

韩延徽,字藏明,幽州安次人。父梦殷,累官蓟、儒、顺三州刺史。延徽少英迈,燕师刘仁恭奇之,召为幽都府文学、平州录事参军,同冯道祗候③院,授幽州观察度支使。后守光为帅,延徽来聘,太祖怒其不屈,留之。述律后谏曰:"彼秉节弗挠,贤者也,奈何困辱之?"太祖召与意,合上意,立命参军事。攻党项、室韦,服诸部落,延徽之筹居多。乃请树城郭、分市里,以居汉人之降者。又为定配偶,教垦艺,以生养之。以故逃亡者少。居久之,慨然怀其乡里,赋诗见意,遂亡归唐。已而与他将王缄有隙,惧及难,乃省亲幽州,匿故人王德明舍。德明问所适,延徽曰:"吾将复走契丹。"德明不以为然。延徽笑曰:"彼失我如左右手,其见我必喜。"既至,太祖问故。延徽曰:"忘亲非孝,弃君非忠。臣④虽挺身逃,臣心在陛下。臣是以复来。"上大悦,赐名曰"匣列"。"匣列",辽言"复来"也。即命为守政事令、崇文馆大学士,中外事悉令参决。天赞四年,从征渤海,大諲撰⑤乞降,既而复叛,与诸将破其城,以功拜左仆射。又与康默记攻长岭府,拔之。师还,太祖崩,哀动左右。太宗朝,封

---

① 合刊本"民国志""祝"后脱一"补"字。
② 流亚:同一类的人或物。
③ 祗候:宋辽职官名。
④ "臣"合刊本"民国志"误作"巨"。
⑤ 大諲撰:渤海国第十五代君主,906—926 年在位。契丹国兴起后,屡屡侵犯渤海国,926 年被契丹国攻陷,大諲撰投降,渤海国灭亡。

（民国）安次县志

鲁国公，仍为政事令。使晋还，改南京三司使。世宗朝，迁南府宰相，建政事省，设张理具，称尽力吏。天禄三年①六月，河东使请行册礼，帝召延徽定其制，延徽奏一遵太宗册晋帝礼，从之。应历中，致仕。子德枢镇东平，诏许每岁东归省。九年卒，年七十八。上闻震悼，赠尚书令，葬幽州之鲁郭，世为崇文令公。初，延徽南奔，太祖梦白鹤自帐中出；比还，复入帐中。诘旦，谓侍臣曰："延徽至矣。"已而果然。太祖初元，庶事草创，凡营都邑、建宫殿、正君臣、定名分，法度井井，延徽力也。补。

杨晳，字昌时，安次人。幼通五经大义，圣宗闻其颖悟，诏试诗，授秘书省校书郎。太平十一年，擢进士乙科，为著作佐郎。重熙十二年，累迁枢密都承旨，权度支使。登对称旨，进枢密副使。历长宁军节度使，山西路转运使，知兴中府。清宁初，入知南院枢密使，与姚景行同总朝政。请行柴册礼②。封赵国公。以足疾，复知兴中府。咸雍初，徙封齐，召赐同德功臣，尚书左仆射，兼中书令，拜枢密使，改封晋，给宰相、枢密使两厅仪从，封赵王。屡请归政，益赐保节功臣，致仕。太康五年，例改辽西郡王，薨。补。

韩德枢，延徽子也。年甫十五，太宗见之，谓延徽曰："是儿卿家之福，朕国之宝，真英物也！"未冠，守左羽林大将军，迁特进太尉。时汉人降与转徙者，多寓东平。丁岁灾，饥馑疾疠。德枢请往抚宇③之，授辽兴军节度使。下车整纷剔蠹，恩煦信孚，劝农桑，兴教化，期月民获苏息。入为南院宣徽使，遥授天平军节度使，平、滦、营三州管内观察处置等使，门下平章事。已而加开府仪同三司、行侍中，封赵国公。保宁元年卒。补。

---

① "三年"《辽史·列传第四》此处作"五年"。
② 柴册礼：古时礼仪。积薪为坛，皇帝受群臣所上玉册，然后燔柴祀天，谓之柴册。
③ "抚宇"误，当作"抚字"。抚字：抚育爱护，谓对百姓的安抚体恤。合刊本"民国志"此处亦误作"抚宇"。

韩绍勋,延徽孙,官东京户部使。会燕荐饥①,民怨乱,东京舍利军详稳②大延琳因之为变,囚留守萧孝先、绍勋被执,词不屈,贼以锯解之,愤骂至死。

韩绍芳,绍勋弟。开泰九年,为枢密都承旨。太平四年,为枢密直学。重熙间参知政事,加兼侍中。时延议征李元昊,力谏不听,出为广德军节度使。闻败,呕血死。

韩资让,延徽曾孙。寿隆初,拜中书侍郎、平章事。会徽宗嗣位,遣使来报,有司按籍,有"登宝位"文,坐是出为崇义军节度使,改镇辽兴,卒。补。

金

刘徽柔,字君美,大兴安次人。天眷三年③擢进士第。初为真定、栾城主簿,转开远军节度掌书记,迁洪洞令。徽柔明敏,善听断。县人杨远者,投牒于县,以为夜雨屋坏,压其侄死,号诉哀切。徽柔熟视而笑曰:"汝利侄财而杀之,乃诬雨耶?"叱付狱,其人立伏曰:"公神明也,不敢延死。"遂置于法。秩满,县人遮恋不得去者弥日,为立生祠,刻石颂德。正隆二年,入为大理评事,迁司直。大定二年,同知河东南路转运使事,以廉第一,改知平定军,入为大理少卿。七年,知磁州,改同知南京留守事。十月④,迁中都路转运使,卒官。补。

元

张仁义,东安州人,金末徙家益都。及太宗下山东,仁义乃走信安。时燕蓟已下,独信安犹为金守,其主将知仁义勇而有谋,用之左右。国兵围信安,仁义率敢死士三百,开门出战,围解,以功署军马总管。守信安逾十年,度不能支,乃与主将举城内附。率其部曲从宗王合伍平定河南,授管军元帅。后攻归德,飞矢入口,折其二齿,镞出项后,卒,赐爵县侯。子禧另传。补。

---

① 荐饥:连年歉收。
② 详稳:辽代官名,诸官府监治长官。
③ "三年"《金史·列传第二十八》此处作"二年"。
④ "十月"《金史·列传第二十八》此处作"十年"。

（民国）安次县志

张禧，东安州人，年十六，从大将阿术鲁南攻徐州、归德，复从元帅察罕攻寿春、安丰、庐、滁、黄、泗诸州，皆有功。禧素峭直，为主将所忌，诬以他罪，欲置之法。时王鹗侍世祖于潜邸，禧密往依之，鹗请左丞阔阔荐禧与其子弘纲俱入见。岁己未，从世祖南伐，济江，与宋兵始接战，即擒其一将。进攻鄂州，诸军穴城以入，宋树栅为夹城于内，入战者辄不利，乃命以厚赏募敢死士。禧与子弘纲俱应募，由城东南入战，将至城下，帝悯其父子俱入险地，遣阿里海牙谕禧父子，止一人进战。禧所执枪折，取弘纲枪以入，破城东南角。有逗留不进者十余人，立城下，弘纲复夺其枪入。转战良久，禧身中十八矢，一矢镞贯腹，闷绝复苏曰："得血竭饮之，血出可生。"世祖亟命取血竭，遣人往疗之。疮既愈，复从大将纳剌忽与宋兵战于金口、李家洲，皆捷。世祖即位，赐金符，授新军千户。三年，从征李璮①。时宋乘李璮叛，遣夏贵袭取蕲县、宿州等城，禧移兵攻之，贵走，尽复诸城。至元元年，升唐邓等州庐氏②保甲丁壮军总管。宋侵均州，总管李玉山败走，帝命禧代之。三年，与宋将吕文焕战于高头赤山，乘胜复均州。四年，改水军总管，益其军二千五百，令习水战。五年，从攻襄樊。六年七月，夏贵率兵援襄阳，禧从元帅阿术战，却之。八年，江水暴溢，宋遣范文虎以战舰千余艘来援。元帅阿术命禧率轻舟，夜衔枚③入其阵中，插苇以识水之深浅。及还，阿术即命禧率四翼水军进战。宋兵溃，追至浅水，夺战舰七十余艘。九年，攻樊城，焚其串楼，败宋将张贵于鹿门山。十年，行省集诸将问破襄④阳之策。禧言："襄、樊夹汉江而城，敌人横铁锁、置木櫍于水中，今断锁毁櫍，以绝其援，则樊城必下。樊城下，则襄阳可图矣。"行省用其计，乃破樊城，而襄阳继降。帝遣使录诸将功，授宣武将军、水军万户，佩金虎符，丞相伯颜因命禧为水军先锋。十二年，败宋将孙虎臣于丁家

---

① "李璮"《元史·列传第五十二》此处作"李瓒"。
② "庐氏"《元史·列传第五十二》此处作"卢氏"。
③ 衔枚：横衔枚于口中，以防喧哗或叫喊。枚，形如筷子，两端有带，可系于颈上。
④ "襄"合刊本"民国志"误作"襄"。

洲,寻移屯黄池,以断宋救兵。九月,从阿术与宋都统姜才战,有功,加信武将军。十三年,从下温、台、福建。十四年,加怀远大将军、江阴路达鲁花赤、水军万户。十六年,入朝,进招勇大将军、招讨使。十七年,加镇国上将军、都元帅。时朝廷议征日本,禧请行,即日拜行中书省平章政事,与右丞范文虎、左承李庭同率舟师,泛海东征。至日本,禧即舍舟,筑垒平湖岛,约束战舰,各相去五十步止泊,以避风涛触击。八月,飓风大作,文虎、庭战舰悉坏,禧所部独完。文虎等议还,禧曰:"士卒溺死者半,其脱死者,皆壮士也,曷若乘其无回顾心,因粮于敌以进战。"文虎等不从,曰:"还朝问罪,我辈当之,公不与也"。禧乃分船与之。时平湖岛屯兵四千,乏舟,禧曰:"我安忍弃之!"遂悉弃舟中所有马七十匹,以济其还。至京师,文虎等皆获罪,禧独免。补。

张弘纲,字宪臣,禧之子,年十八,父禧为主将所诬,系狱,将杀之,弘纲直入狱①中,狱卒并系之。弘纲佯狂谑笑,守者易之,既寝,遂与其父逸去。后从其父攻城徇地,屡有功,自昭信校尉、管军总把,佩银符,换金符,为千户,升总管、广威将军、招讨副使,加定远大将军、招讨使,袭镇江阴。盗起安吉,弘纲率兵往捕,未逾旬,擒之。从参政高兴破建德溪寨诸贼,后赐三珠虎符,授昭勇大将军、河南诸翼征行万户。从右丞刘深征八百媳妇国②,师次八番,与叛蛮宋隆济等力战而殁。赠宣忠秉义功臣、资善大夫、湖广等处行中书省左丞、上护军,追封齐郡公,谥宣武。子汉,当袭职,让其弟鼎。汉,后为监察御史,累官至集贤直学士。鼎,袭江阴水军万户。补。

米四,字元祯,东安人。初业儒,能通六经,尤深于《易》,遇异人授以仙术,便志存山水。元中统初,举人才,以有司荐,登进士高第,不仕,隐云居山三十余年,莫知所终。

---

① "狱"合刊本"民国志"误作"嶽","嶽"今简写作"岳"。
② 八百媳妇国:即八百媳妇,土司名。相传其部长有妻八百,各领一寨,故名。故地在今缅甸掸邦东部萨尔温江以东,湄公河以西地区。元泰定四年(1327)以其部分地区设置蒙庆宣慰司,至顺二年(1331)改置八百等处宣慰使司统辖全境。明洪武时改置八百大甸军民宣慰使司。

（民国）安次县志

李士瞻，字彦闻，先世新野人，徙居荆门。至正初，以布衣游公卿间，寻，中大都路进士第，占籍东安。辟中书省掾，除刑部主事，累官户部尚书，出督福建海漕，就拜行省左丞，召入为参知政事，改枢密副使，翰林学士承旨，封楚国公，以至正二十七年卒，年五十有五。士瞻襟度弘远，立朝謇谔①，有经济之才。至正二十二年，上疏极言时政，凡二十条：一曰悔己过，以诏天下；二曰罢造作，以快人心；三曰御经筵，以讲圣学；四曰延老成，以询治道；五曰去姑息，以振乾刚；六曰开言路，以求得失；七曰明赏罚，以厉百司；八曰公选举，以息奔竞；九曰察近倖，以杜奸弊；十曰严宿卫，以备非常；十一曰省佛事，以节浮费；十二曰绝滥赏，以足国用；十三曰罢各官屯种，俾有司经理；十四曰减常岁计置，为诸官用度；十五曰招集散亡，以实八卫之兵；十六曰广给牛具，以备屯田之用；十七曰奖励守令，以劝农务本；十八曰开诚布公，以礼待藩镇；十九曰分遣大将，急保山东；二十曰依唐广宁故事，分道进取。大抵当时急务，洵谠直之士也。出理福建盐政时，海寇据福州城，王师攻之不下，士瞻喻以祸福，酋遂出降，闽人立祠祀之。著有《经济文集》六卷，子四人，皆知名。补。

李延兴，字继本，东安人，原名守成，先世河南人，元初占籍北平。父士瞻，官翰林学士承旨，封楚国公。延兴少以诗名，持身端洁。至正丁酉中，王宗嗣榜三甲进士，授太常奉礼兼翰林检讨。中原俶②扰，隐居不仕，河朔学者多从之，以师道尊于北方，号"一山先生"。其自叙云："岁壬辰，为雄邑招致，亲夏楚③事。"又有《移教房山留别雄县周尹诗》。继本辞官设教，士友咸称"广文先生"，不称故翰林，元季崇师重道，其流风可观也。又云："洪武乙卯，典邑校于涞，以口耳学为童子师。丁巳秋，得告还里。戊午夏，刘宰招致，摄其乡学。"明初，学官听郡邑长史推择名硕为之，故继本虽元亡不仕，犹出典

---

① 謇谔：亦作"謇鄂""謇愕"。正直敢言。
② 俶（chù）：开始。
③ 夏楚（jiǎ chǔ）：古代学校两种体罚越礼犯规者的用具。后亦泛指体罚学童的工具。夏，榎木。楚，荆木。

邑校也。画像自赞云："虽同乎今之人，而以圣贤为矩墨。虽食夫今之禄，而视轩冕如泥涂。有《一山文集》九卷。补。

程式，东安州人，布衣也。亲丧，筑庐墓侧，事死如生。翰林承旨康里公扁曰"慕亲"。慈乌①巢于冢树，浑河为之回澜，人咸谓孝感所致。至正乙酉，于州治东设义塾一区，赡地百余亩，延师以教乡人，岁给廪饩②弗替，又分田以给姻族。太守牛德裕请旌其门曰"孝义"。会州学为浑河所没，欲更建之，费甚不资。监郡卜侯太守世侯宝墀暨学正张天麟暂假义塾，以为弦诵地。式慨然捐助之，州学复兴焉。后以荐除本州文学。补。

施伯诚，其先南徐丹徒人。父翁祖，元季以武功历官至镇江帅府万户。伯诚生而岐嶷③，夙昭美誉。年十九，客游都下，值天下多故，道路梗塞不能归，惟以医术自给，性颖悟博通方论，遇奇疾辄著神效。洪武初，寓于东安常伯乡之益留里，遂家焉。遇贫乏求医者，未尝责报。朋友死无所归者，辄资助葬之。乡里皆感德焉。以子礼贵，诰赠嘉议大夫。洪武九年卒，年六十有七。补。

明

施礼，字仲节，伯诚子也。伟躯广颡，才识绝人，领洪武丙子乡荐，登丁丑科韩克忠榜进士。授行人司副，奉使交趾，以功升河南参议。母忧归，服阕④，起淮南知府。未几，以罣误谪遣，偕夫人冯氏，行橐萧然，课僮耕获以自给。永乐间，除山东道监察御史，执法甚严，贪残者未尝少贷。复命日擢大理寺右丞。洪熙元年，授正卿。治狱详明，多所平反。历九载，进秩刑部侍郎。宣宗尝谕之曰："刑法天下，民命所关，卿理狱事，可谓于民不冤矣！"特授刑

---

① 慈乌：乌鸦的一种。相传此鸟能反哺其母，故称。
② 廪饩(lǐn xì)：指科举时代由公家发给在学生员的膳食津贴。
③ 岐嶷(qí nì)：指幼年聪慧。
④ 服阕：守丧期满除服。阕，终了。

部尚书。历事五朝,扬历①中外。为御史时,每言吾于此职,不敢以讦为直、以察为明,惟言所当言而已。子纯另传。补。

陈琏,东安人,以岁贡入南监,读书有文名。妻孔氏以节闻,详《列女志》。补。

纪谆,字克诚,东安人也。幼颖悟嗜学,洪武乙亥,贡礼部,升太学,以才识特著,选署都察院事。寻晋山西道监察御史,纠击贪邪,伸理冤抑,风纪大振。未几,诏选京职,任宰官,出为睢宁令。民有讼其子毁父者,廉得其情,乃谕其父子曰:"身修而后家齐,闻尔多乖,得非子有谏诤,遂以为毁己乎?"讼者惭服。永乐初,擢湖广道监察御史,迁山东按察使司。与御史吴某共讞郡县重狱,委曲原情,多所平反。吴不悦,曰:"吾奉命理狱,尔喋喋多言,视同僚属,何耶?"谆曰:"刑狱重事,一失其平,则致人于死。所以言者,盖欲得其当耳。"及吴秩满,授山东属郡,颇不自安。谆待之益厚。寻以事左迁浙江道监察御史,扈从远征。及还,以功赐银币,擢交趾按察使。交民初附,推诚恤下,禁吏侵扰,民感德焉。旋迁交趾左布政使。仁宗嗣位,入朝京师,改山西布政使。父忧归,哀毁成疾。正统九年卒,年七十六。补。

王重,北平东安人。洪武时,以孝闻,见《明史孝义传》。《明史》援《唐书》例,胪其姓氏而不具事,实邑志失载,致孝行不彰,惜哉!补。

冀杰,东安人。成祖时,由行伍立功迁,迁左军都督佥事,从北征。仁宗立,命守开平,进左军都督。卒,赠清源伯。

李伸,字希直,东安人。祖延兴,元翰林检讨。父东,洪熙初官行人司副,赠太仆寺少卿。伸宣德壬子举于乡,任馆陶教谕,经明行高,每升座诸生以次论难,善为剖析疑滞,士论推服,累官国子监丞。上疏言刘静修为元代大儒,应祀孔庙。章数上,未允,告归。得旨与弟侃同日归里,籍于容城,私淑静修之学焉。补。

---

① 扬历:谓显扬贤者居官的治绩。

李侃,字希正,号归庵,正统戊午举人,壬戌科刘俨榜进士,授户科给事中。景帝监国,陈简将才、募民壮、用战车三事。乜先①逼京师,议者欲焚城外马草。侃言敌轻剽,无持久心,乞勿焚,免复敛为民累,皆报许。时父母在容城,侃晓夜悲泣乞假,冒险迎之。景泰初,议录扈从死事诸臣,后侃因言,避难偷生者,宜严谴以厉臣节。上皇将还,与同官刘福等言"礼宜从厚"。忤旨被诘,尚书胡濙为解乃已。再迁都给事中。军兴,减天下,学校师儒俸廪。侃奏复之,户部尚书金濂违诏征租,侃论濂下之吏。石亨从子彪侵民业,侃请置重典,并严禁勋戚中官,不得豪夺细民,有司隐者,同罪。帝宥亨彪,余如其请。时给事中敢言者,林聪称首,侃亦矫抗有直声。廷议易储,诸大臣唯唯,侃泣言:"东宫无失德。"聪与御史朱英亦言不可。时议壮之,擢詹事府丞。天顺元年,改太常丞,进太仆卿。明年,复设山西巡抚,迁侃右佥都御史。任之奏言:"塞北之地,与穷荒无异。非生长其间者,未有能宁居而狎敌者也。今南人戍西北边,怯风寒,闻寇股栗。而北人戍南,亦不耐暑,多潜逃。宜令南北清勾之军,各就本土补伍。人情交便,戎备得修。"时不能用,奏发巡按李杰罪,杰亦讦。侃按杰事有验,除名。侃无赃罪,获宥。六年,考察属吏,奏罢布政使王允、李正芳以下百六十人,因言:"诸臣年与臣若,不堪任事者,臣悉退之,臣亦当罢。"诏不许。侃性刚方,力振风纪。贪墨者屏迹。其年冬,以母丧归。军民拥泣至不得行。服除,遂不出,年七十有九卒。侃事亲孝,好学安贫,殁,几不能殓。弘治初,国子生江纪等言:"前祭酒胡俨,都御史高明、李侃,学行事功彰著耳目,并乞赐谥。"寝不行。侃二子。德恢,严州知府;德仁,河东盐运使。

周尚文,东安人。正统戊午举人,授乐昌训导。有孝行,父目瞽,尚文以

---

① 乜先(niè xiān):即也先,明代蒙古族瓦剌部首领,于明正统十五年攻打明朝。他的后人有的进入中原,定居于山东境内。也先的子孙与汉人融合,改姓为乜姓,故《山左诗集》载:"山东之乜,系也先后所在。"

舌舐之,复明。母丧,庐墓侧,盗不敢犯。成化中,奏旌其孝。

施纯,刑部尚书礼之子也,成化乙酉举人,丙戌科罗纶榜进士,授给事中。久之,芳声茂著。累迁鸿胪寺卿,晋礼部尚书兼太子少保。

黄简,字子敬,东安人,成化戊戌贡,授山东滨州判官,以清廉著。民为之歌曰:"黄子敬,心无竞,不爱钱,食清俸。"

许复礼,字穉仁,东安人,正德丁卯举人,辛未科杨慎榜进士。改庶吉士,授兵科都给事中,以抗直闻。武宗数出游幸,复礼力谏不省。世宗初,钱宁江彬宸濠之党,诖误系狱者甚众。复礼以为言,多所省释。中官黄锦愬高唐州判官,金坡连逮五百人,以复礼言得弗穷治。官终河南布政司参政。孙文胄以廪贡官上杭知县,升福宁州知州。风姿洒落,兼擅词华。

吴栋,东安人,正德庚午举人,辛未科杨慎榜进士,官长史。服官①清慎,不畏权贵,风节足称焉。

赵宽②,字栗夫,东安人。景泰庚午科举人,成化辛丑进士。历官刑部郎中,出为浙江提学副使,迁广东按察使。栗夫少有声场屋,下笔数千言,葩藻夺目,于诗尤为擅长,著有《半江集》。补。

张文举,东安人。赋性刚正,学有本原。嘉靖辛卯举人,授郑州知州。《郑州志》称其有为③守,有古循吏风。尝草邑乘稿,极力搜罗,条其纲纪,文献赖以有征。万历中,邑令阮宗道创修《东安志》,取以为蓝本焉。补。

李锡,东安人,弘治辛酉举人,中壬戌科康海榜进士。性笃实,学术湛深。累官御史,立朝以公忠著。

孟旭,东安人。性纯良,与人无竞。弘治壬子岁贡生,授官训导。乐育人

---

① 服官:为官,做官。
② 赵宽的小传在合刊本"民国志"中删去未刊。马钟琇在1936年《安次县志》的跋语中说:"赵宽诗系同名吴江人所作,当日误收,今删去。"推测其小传被删,亦因于此。
③ "为"后脱一"有"字,当补。合刊本"民国志"此处不脱。有为有守:既有作为,又有操守。形容人的完美。

材,学者多所成就。子绂,嘉靖戊子科举人,盖得诸庭训者居多焉。官终南康府通判。

刘景,字仰之,东安人。家世务农,至景始好读书,通记载,遂入县学,为学官弟子,旋食廪饩。以正德庚辰岁贡,除庐州府学训导。直躬坦怀,不饰词貌,以干进取。久之,迁陕西米脂县教谕。年余,致仕归,逾岁而卒。性孝友,抚兄子如己出。又乐施与,有称贷者不责其偿。以子体乾贵,赠南京兵部尚书。补。

张福时,东安人。谙韬钤①,善骑射。世宗朝,以世职历官漕运参将。值河决,攒运八载,飞挽②为诸郡先。大学士徐阶、兵部尚书杨博咸称之。晋挂印总兵官,镇淮安督漕如故。世宗常品论群臣,有"清不过福时,勇不过马芳"之语,凡手敕书名而不氏焉。及徐杨去国,福亦罢归。

邵鸣岐,东安人,嘉靖庚子举人。授东昌府别驾。革除陋规,清以自守,署篆六邑,皆有政声,迁兖州府司马。时峄邑以运道阻塞,大司空朱衡督开漕河八百里,动帑数十百万。三省监司知其清廉,举司出纳。事竣,朱大司空特荐内迁户部郎,累官广西知府。

刘体乾,字子元,东安人,嘉靖癸卯举人,甲辰科秦鸣雷榜进士。授行人,改兵科给事中。司礼太监鲍忠卒,其党李庆为其侄鲍恩等八人乞迁,帝已许之,以体乾言止录三人。转左给事中。帝以财用绌诏廷臣集议。多请追宿逋,增赋额。体乾独上奏曰:"苏轼有言,'丰财之道,惟在去其害财者'。今之害最大者有二,冗吏冗费是也!历代官制,汉七千五百员,唐万八千员,宋极冗至三万四千员。本朝自成化五年,武职已逾八万,合文职盖十万余。今边功升授、勋贵传请、曹局添设、大臣恩荫,加以厂卫监局勇士匠人之属,岁增月益,不可悉举。多一官则多一官之费,请严敕诸曹,清革冗滥,减俸将不赀。

---

① 韬钤:谋略。
② 挽:拉,牵引。

（民国）安次县志

又闻光禄库金自嘉靖改元至十五年积至八十万,自二十一年以后供亿日增,余藏顿尽。进御果蔬,初无定额,止视内监片纸,如数供御,干没①狼籍,辄转鬻市人。其他诸曹侵盗尤多,宜著为令典。岁终使科道臣会计之以清冗费。二冗既革,国计自裕,舍是而督逋增赋,是扬汤止沸也。"于是部议请汰各监局人匠,从之。累官通政使,迁刑部右侍郎,改户部左侍郎,总督仓场。隆庆初,进南京户部尚书。南畿湖广江西,银布绢米积逋二百六十余万。凤阳园陵九卫官军四万,而仓粟无一月储。体乾再疏请责成有司,又条上六事,皆报可。马森吉召改北部,诏取太仓银三十万两。体乾言:"太仓银所存三百七十万耳,而九边年例二百七十六万有奇。在京军粮商价百有余万,蓟州、大同诸镇例外,奏乞不与焉。若复取以上供,经费安办?"帝不听。体乾复奏:"今国计绌之大小臣工所共知。即存库之数,乃近遣御史所搜括,明岁即无策矣。今尽以供无益费,万一变起仓卒,如国计何?"于是给事中李已、杨一魁、龙光,御史刘思问、苏士润、贺一桂、傅孟春,交章乞如体乾言。阁臣李春芳等皆上疏请,乃命止进十万两。又奏太和山香税宜如太山例,有司董之,毋属内臣,忤旨夺俸半年。帝尝问九边军饷、太仓岁发及四方解纳之数,体乾言:"祖宗朝止辽东、大同、宣府、延绥四镇,继以宁夏、甘肃、蓟州,又继以固原、山西,今密云、昌平、永平、易州,俱列戍②矣。各镇防守有主兵,其后增召募、增客兵,而坐食愈众。各镇刍饷有屯田,其后加民粮、加盐课、加京运,而横费滋多。"因列上隆庆以来岁发之数。又奏:"国家岁入不足供所出,而额外陈乞者多。请以内外一切经费应存革者刊勒成书。"报可。诏市棉③二万五千斤。体乾请俟湖州贡,帝不从,趣之急。给事中李已言:"三月非用棉④时,不宜重扰商户。"体乾亦复争,乃命止进万斤。逾年,诏趣进金花银,且购猫睛、祖母绿诸

---

① 干没:侵吞他人财物。
② "戍"合刊本"民国志"误作"戌"。
③ "棉"合刊本"民国志"误作"锦"。
④ "棉"合刊本"民国志"误作"锦"。

异宝。已上书力谏,体乾请从己言,不纳。内承运库以白箚索部帑十万,体乾执奏。给事中刘继文亦言:"白箚非体。"帝报:"有旨。"竟取之。体乾又乞承运库减税额二十万,为中官崔敏所格,不得请。是时,内供已多数下部取太仓,又趣市珍珠黄绿玉诸物。体乾清劲有执,每疏力争,积忤帝意,竟夺官。给事中光懋、御史凌琯等交章请留,不听。穆宗即位,起南京兵部尚书,奏言:"留都根本重地,故额军九万,马五千余匹。今军止二万二千,马仅及半。单弱足虑,宜选诸卫余丁随伍操练,发贮库草场银买马。"又条上防守四事,并从之。万历二年,致仕。卒赠太子少①。子溥,廪生,以荫补官。授都事,累迁工部员外郎。孙极,荫授刑部郎中;跻樵,天启甲子科举人。

李应期,东安人,嘉靖壬子科举人。博学工文,官掖县知县。天启中,赞修东安县志,与有力焉。补。②

郝通,东安人。世袭指挥,通武略。嘉靖间,巨寇杨功搔扰畿辅,通击破之。挂印偏头关总兵。

施为霖,字天和,号苍泽,东安益留里人。礼之元孙也。由万历戊寅选贡,授山东峄县县丞。当道称其才,屡命摄县事。凡单、凡阳谷、凡峄其政略可数者,曰:"勤抚宇③、调征输、戢奸宄,而其尤著者,则开仓赈济一事。"当时峄邑荐饥,民且相食,为霖不待上官檄至,出仓谷数千石以散给之。且筑官舍三百余椽以栖露处,哀鸿重集。以最绩闻上,敕中使赐银牌以旌异之。以邑丞而邀旷典,实当时所未有也。寻升山西马邑县知县,德威并用,民皆悦服。以疾乞归,闭户读书,以清白励其子孙焉。

刘学光,东安人。有孝行,父殁,庐于墓侧。幽林孤绝,人迹罕到。每朝夕设奠,依依如膝下状。万历中,邑宰洪一谟表其门。

---

① "少"后脱一"保"字,当补。合刊本"民国志"此处亦脱此字。
② 合刊本"民国志""焉"后脱一"补"字。
③ "抚宇"误,当作"抚字"。合刊本"民国志"此处亦误作"抚宇"。

(民国)安次县志

邵秉忠,鸣岐之子也,以廪贡生授临潼县县丞,升成山卫经历。品端学粹,无竞无猜,见称于时云。

魏邦才,东安人,万历庚申贡生,不违亲志。终身孺慕,众论称之。

黄宗周,字郁文,邑南挑河头人也,万历庚子举人。授汲县知县,以廉明著。会福王藩封河南,供亿百出,猝难应办,太守知其才能,一切皆属之。王之阉人卫士横索不赀①,宗周以强项摧抑之,皆帖然服,不敢嚣张。寻升济南府海防同知,备倭东州,任转饷之寄。凡二载,以勤劳致疾,乞归,不许。力疾从事,行至东州兰若,疾革②,慰二子曰:"吾以驰驱王事不能生还,分所当尽,古人勤王异域,马革裹尸者多矣!"语竟而逝,无一言及家事。年五十有五,时泰昌改元也。子行可,崇祯甲戌贡生,授新乐县训导,擢淇县知县。在任多著政绩,士民勒碑颂之。补。

刘琢,字叔时,号曙海。世居山阴,壮游燕赵,乐东安风土,遂卜居焉。筑舍县治小西街之葛南里。旋补博士弟子,食高等廪饩。万历中,纳粟入贡,授官山东宁海州判,摄文登县事。文军民杂处,军多强横不法,占民田没为牧地,百余年矣。有司皆格于势,不能治。琢谓:"昔定牧场、均田赋,自有一定疆界。"于是悉力清厘,使牧地民田不相侵并,虽抵触营将不恤也。其他兴学校、立社仓,旌贤瘅恶,阖境肃然,老稚咸德之。当道以最状闻,不浃岁③,迁汝宁王府审理正。一日,谓家人曰:"余数年来心力渐耗,虽属闲曹,朝廷升斗之粟,初非病躯所宜悉窃也!"遂告归旋里④,后足迹不至公府。左图右书,觞咏自适。子应东、次兆东,天启辛酉副榜,授徐州州同。捐俸救饥,缮城御寇,士民立石颂德。崇祯癸未,下诏求贤,以工部尚书张凤翔荐任通州监纪。济难多方,寻升江南苏州府同知。值革命,遂旋里。

---

① 不赀:亦作"不訾"。不可比量,不可计数。
② 疾革:病情危急。
③ 浃岁:一年。
④ 旋里:返回故乡。

福文明，东安①，万历壬午科举人。累官南通州知州。清操自守，有古循吏风。

张惟一，东安人，万历壬子贡生。授永平府训导，升南宫县教谕，累官山西万全都司开平卫教授。持身端正，博学工文，黄道吉邑人②，工诗。补。

曹一贞，东安人，崇祯戊寅岁贡生，授大名府清礼县训导，甲申殉国。

张文英，东安西储村人。工和缓之术，闻人有疾，持药饵往治之，赖以活者甚众。

清

孙承泽，字北海，号退谷。其先山东益都人，隶上林苑籍。明初，以采育为上林苑，采育乃古安次县采魏里③，故承泽为东安人。崇祯辛④未科进士，官兵科给事中。入清，官至吏部左侍郎，加太子太保，都察院左都御史。乞休。既归，耄而好学，读书日有程课⑤，著述满家，尤致力于经学。治《尚书》，笃信古文，成《尚书集解》二十二卷。又著《九州山水考》三卷，取《禹贡》所载山水，分类相从：山凡四十有三，正导者二十有七，杂见者十有六；水凡四十有二，正导者九，杂见者三十有三；附以泽九，原隰十，冠以水道会通源委，皆首标其名，而以所合诸水旁行斜贯，引以乌丝，略似族谱世系。中多引明人事实，以相佐证。如水利、海运之类，盖借事抒议，不专为注经设也。又撰《诗经朱传翼》三十卷，以小序、集传并列，杂引诸说而成。又以《程子春秋传》非完书，乃集诸儒之说以补之，其词义高简者则重为申明，阙略者详为补缀，成《春秋程传补》二十卷。复取前人诸经序跋论说以类相次，得《易》四卷、《书》二卷、《诗》四卷、《春秋》六卷、《礼记》二卷。余杭严沆益以《周礼举要》二

---

① "安"后脱"人"字，当补。合刊本"民国志"此处不脱。
② 此处疑有误。
③ "里"合刊本"民国志"误作"重"。
④ "辛"合刊本"民国志"误作"幸"。
⑤ 程课：规定的学业内容和课程。

卷,共为一编,名之曰《五经翼》,刊板行之。其书虽未及朱彝尊《经义考》之淹洽,至《周礼举要》备举五官大义,亦颇有所发明也。其于史学用力亦深,著《元朝典故编年考》十卷,取元代事迹分年编次。正史以外,杂取文集说部附益之,足补元史之漏略。又精鉴赏,嗜书画,退居后撰《庚子销夏记》八卷,考据精审,叙次雅洁,有米芾、黄长睿之遗风。尝辑明代轶事为《春明梦余录》七十卷,一朝掌故多赖是书以存,足资考证。晚岁在京师之西营别墅,名之曰"退谷",水木清华①,称胜境焉。补。

黄芝芳,东安人。顺治己酉贡生,授黄陂县县丞,升大同府经历。值姜逆之变,殉节。

施我瑾,东安人。顺治辛卯恩贡,明尚书礼之后也。考授州判,改授常州府宜兴县县丞,迁山西蒲州州同。天性纯孝,居乡有德。

邵豫新,东安人,鸣岐之孙也。鸣岐服官有政绩。康熙五年,乡人公举入祠。豫新念旧祠颓废,捐资重建,克光前烈焉。

路坦,字贞吉,东安路营村人。性严重②,慎交游,崇节俭,处事有胆,论事有识,治家有法,御物有方。自幼好读书,旁涉韬略。尤精于《孙子》十三篇,技勇绝伦。于康熙辛酉科武闱中式③。尝谓人曰:"无求即是贵,知足便不贫。"无愧古之立言者。年甫弱冠而孤,仰体祖父之心,俯念兄弟之情。承家立业者三十余年,其诸弟、诸侄皆抚之成立而就功名;为诸侄择配,必求淑女。凡庄田、宫室、器物皆竭力经营,恢复而创造之。后以家口繁多,难以同爨④,或不能无间言,未尝不太息痛恨,躬自悼也。年近七十,每一美食犹必与诸弟共之,每教子孙夜读书,犹必召诸侄共之。其友爱深至,造就谆切,皆出于天性,非功名富贵所得而易者也。丙申岁卒,年七十岁。补。康熙中邑人

---

① 水木清华:指园林景色清朗秀丽。
② 严重:严肃稳重。
③ 中式:科举考试合格。
④ 爨(cuàn):烧火做饭。

李文撰。

李果实,东安人。康熙己卯科举人,己丑科赵熊诏榜进士。历官河间府、正定府学教授。以德行文章课弟子员,人比之安定先生。及殁,翰林戈懋伦为之志。补。

李文,东安人。康熙丁酉科举人。能文。补。

黄蘅,东安人。康熙壬寅贡生,明淇县知县,行可子也。考授县丞。持身端洁,德孚乡评。补。

刘宗奭①,瑑之孙。康熙丁巳贡生。工诗文。尝赞修邑志。补。

高永杰,东安人。太学生,考授州同。性慷慨,尚任侠。康熙四十年剥船既裁,其船地,民产也,凡五百三十余顷,旗人某欲规取以自私,永杰激于义愤,倾家资,冒艰险,纠合东、武、永、固、通、宝六州县船户等合词叩阍②,事闻,其地仍得为民产。见义勇为之风,洵③不可及也。补。

刘缙,东安人。事母至孝,其妻张氏亦克尽妇道,宗族称之。

张仲金,东安人。事继母得其欢心,其妻李氏佐之,人称双孝云。

梁问孟,本村民。有孝行。其父病,诸药弗效,终夜祷天,乞以身代,刲股投药中,服之即愈。

黄钺,东安人。乾隆辛酉举人。工诗。

俞明菘,字季青,东安人。乾隆辛酉拔贡生。工诗。尝赞修邑志。

高其伟,字伟人,东安人。乾隆己卯副榜,官湖北监利知县。能诗。

张墀④,东安人。尝赞修邑志。工诗。

许济,东安人。由吏员授四川纳谷县尉。乾隆间,大军平金川,济隶南路军营,调赴科多,办理站务。木果木之变,贼围科多,与知县程荫桂分垒固守。

---

① 合刊本"民国志"中此处增加了"字君甫"三字。
② 叩阍:吏民因冤屈等直接向朝廷申诉。
③ 洵:实在。
④ 合刊本"民国志"中此处增加了"字轩升"三字。

夜半，贼从西山扑压粮站，用火围攻，济在后山闻变，挺长矛奔赴，毙贼六七人。将渡河，贼曰："此长人能杀人，当先去之。"矢刃俱下，遂遇害。济躯干颀硕，故贼中目为长人云。

邵文光，字汉章，城内人。诸生。乾隆时，事亲以孝著。母病，侍奉汤药年余，衣不解带。居丧，蔬食三载，始终尽礼。邑人感之，至今过其门者犹指为邵孝子家云。

赵国材，字干臣，第什里人。乾隆六十一年，预千叟宴，恩赏鸠杖、玉如意、金寿字，尚方珍绮。子震，字闻远，号东轩。乾隆癸卯科举人。授浙江上虞县知县，旋迁复州学正。父子济美，乡里称之。

荣体仁，字统四。东安诸生。能诗。乾隆中，赞修县志，与有力焉。

田袚，东安人。乾隆中廪膳生。年十六，父患剧疾，日侍汤药，经年体不安枕。父卒，哀毁骨立。事继母刘，亲涤溺器，兄弟甚友爱。宗族中有无宁居者，割宅居之，其笃行如此。

马俊民，字冠千，东安诸生。世居得胜口，遇有善举，无不乐为之倡，乡人咸推重之。乾隆乙酉，马氏创建宗祠，以俊民董其事。鸠工庀材，悉身任之，阅数月而工竣。乃慨然曰："吾先世自明初北迁以来，聚族而居，数百年来，宗支繁衍，世有谱牒可守。自明季离乱，旧谱散佚，既已建祠以奉先，尤不可不修谱以传后也。"爰集族人重行纂辑，是秋厘订成书。其敬宗收族之功有足多者。族孙果学，字懋修。太学生，亦好义之士也。当时赞助，与有力焉。

谢兆玺，字璞含，城内人。其先世绍兴余姚籍。父鹤，字鸣九。乾隆初，以名诸生幕游京师，乐东安风土，遂家焉。乐善好施，有善人之目。兆玺有胆略，为人诚实不欺，夙为邑宰所倚重，遇事每咨询焉。清高宗南巡尝驻跸东安，玺受邑宰委任襄办行宫差务，大珰先至，索赂甚急，玺以地瘠民贫拒之，珰乃诬以误要差，上闻。感愤成疾而卒。

徐淳，字厚斋，大麻庄人。乾隆壬午举人，官复州学正。著有经学书，藏于家。

马锡麟,字守愚,得胜口人。乾隆时布衣,工岐黄术,有求之者,贫富无不立应,远近延之诊治者,踵相接也。比至病者之室,则举家相庆曰:"马公至,可以无忧矣。"起死回生有神医之目,道光中卒。子庆连,字画三,诸生。庆余,字性轩,善承家学,治瘟疫,活人无算。兄子庆清,字阶平,性朴直,办理乡团,严禁赌博,匪人为之敛迹。子友棠,遇事勇往,有父风焉。

李锡命,字天宠,西得胜村人。性慷慨,胆略过人。乾隆庚子科武举甲辰科会榜第一,廷试第二,授二等侍卫。嘉庆元年,授广东潮州游击,随广州将军明亮平定苗匪石柳邓有功,赏倍勇巴图鲁。二年五月,额勒登保奏:"剿川匪林之华等于芭蕉山,贼据险死拒。锡命身先士卒,逼贼寨,克之。"七月,升两广督标后营参将。四年,升罗定协副将。十一月,追剿冉天元于苍溪县,力战死。事闻,嘉庆五年赏治丧银一千二百两,特赐谕祭文,曰:"皇帝谕祭阵亡副将李锡命之灵,曰:'鞠躬尽瘁,臣子之芳踪;恤死报勤,国家之盛典。尔李锡命赋性忠直,国而忘身,御敌冲锋,奋勇阵殁,朕用悼焉。颁祭葬以慰幽魂。呜呼!聿昭不朽之荣,庶享匪躬之报,尔如有知,尚克歆享!'"荫一子,详《袭荫表》。

马承基,字念远,得胜口人。丰姿魁梧,臂力绝人。乾隆己酉武科榜眼,选侍卫。期满,授平阳府游击,未赴任而卒,年三十余。

马龙骐,字际唐,得胜口人。少为诸生,好学不倦。嘉庆辛酉举人,壬戌科恩赐进士。授官检讨。有文名。

马大兴,字骏发,东安得胜口人。国学生。富而好礼,尝出百金置祭田以供祀事,舆人颂之曰:"孝友睦姻,六行咸备;婚嫁丧葬,三族蒙恩。"嘉庆元年,大饥,道殣相望,大兴出谷百石以赒乡党,邑宰旌之,拟诸贞惠文子①。其季子连茹官守御所千总,诰封武德佐骑尉。

谢元晖,字旭亭,兆玺子也。幼聪慧,早补博士弟子员。嘉庆辛酉举于

---

① 贞惠文子:指春秋时卫国大夫公叔文子,名发,单谥为"文",全谥为"贞惠文"。

乡,辛未成进士。授山西兴县知县,升岢岚州知州,充山西同考官。廉洁自持,所在多惠绩。母忧归,服阕,除奉天锦州府教授,卒于官。

谢元朋,字笃斋,元晖弟也。居母丧,疏食三载,终于明经。为安次书院董事,延名宿以主讲席,益膏火以奖生徒,增其式廓,士风丕振。晚岁授清丰县训导,以年老未赴,卒于家。子锷,字廉夫,邑诸生,以孝友闻。孙振瀛,少入县学,能世其家。

信中立,字权之,东庄人。嘉庆辛酉拔贡生。天资超迈,博学能文。尝以乡曲孤陋寡闻,游学都门,师事纪文达公,与大兴王廷绍期①夕磋磨、赋诗唱和,如是者数年,学益进。归,辟草堂数间,讲学其中,一时学者从游甚众。寒畯之士并束脩不取,人多感之。著有《东野草堂诗稿》。道光十四年卒,年六十有三。子启芳,岁贡生;联芳,道光丁酉科举人;庭芳,增广生。皆以文学名。

孙季华,字巨峰,哈喇港人。乾隆丁酉科武举。尝蓄耕牛二只,系于门外,以供乡邻驱使,里人便之,咸感德焉。

刘天祯,宋家务村人。嘉庆中,以医术名于其乡。子清涟、孙廷臣,世继其志。凡求医者无不奏效,一时感德者众,竭诚修匾,以榜其门焉。

解兆青,字冶轩,淘河人。嘉庆丁卯举人。皓首穷经,尤致力于三礼之学。官终宁远州学正。

曹尔馨,字开远,国学生,褚河港村富室也。兄尔昌、尔安,老而无子,欲纳妾,惧不容于嫡,恒以为忧。时兄弟析产已久,尔馨生二子,伯与仲俱成童矣。一日,子告之曰:"两伯欲我二人为嗣,言之屡屡,何以答之?"尔馨阴嘱之曰:"汝伯再为是言,则云必俟伯父死方可。"无何,子具以父言对兄嫂,果大怒,皆娶篷室,逾年各举一男。后悟弟意,每向人称扬曰:"倘非吾弟一激之

---

① "期"字误,当作"朝"。合刊本"民国志"此处亦误作"期"。

力,我两人绝嗣矣!"友于①之情老而弥笃。尝游京师,寓辄累月。旅馆有邻,贫乏不能自存,女数岁乞食于道。尔馨怜其苦,助以巨资。女后被选入宫,即成皇帝全贵妃也。既贵,不忘其德。适宗室某凌虐平民,尔馨见之,怒曰:"法律定自朝廷,无贵贱也,汝何得倚势凌人?余一生不畏强御,当为国家除害。"即起殴之,坐是交刑部治罪,赖妃之力得免。晚年以乐施故,家中落,两兄时时资助,论者两贤之。侄孙光霖,道光丙午科举人。官永平府教授。光训,道光己酉科拔贡。官山芮城知县。

马青云,字子凌,得胜口人。道光辛卯举人。家贫力学,讲学授徒以老。

马文阁,字苑台,得胜口人。乾隆中诸生。工画花卉,牡丹尤擅场②,邑人珍之。

王述曾,马头镇人。一乡之善士也。道光壬辰岁大饥,曾出粟赈济之,全活甚众。里人感戴,欲表其闾,曾力却之。其孙福祥,字子仪。官浙江萧山、奉化等邑知县。光绪末,累官至大理寺正卿。论者谓厚德之报云。

董廷璟,东安人,农家子也。天性孝友,其兄不事生业,负多债以殁。璟慨然鬻产偿之,坐受困厄,卒无怨色。又以耕作所得竭蹶③佐侄浩向学,得为邑诸生焉。

张启元,邑庠生,城内人也。性纯谨。族有寡嫂老且贫,元悯之,割田产之半与焉。并以次子为之嗣,其乐善不倦如此。又工岐黄术,长于痘科,遇贫乏者求诊治,兼施药饵,徒步而往,虽昏夜不辞也。年八十余以寿终,乡人感其义,思念不置焉。

李世元,张庄人。天性至孝,事继母刘,能得其欢心。刘患目疾,医久无效,黠者绐之曰:"刲肉燃灯祈天,或可愈也。"世元从之,刘目复明,至诚感

---

① 友于:借指兄弟。
② 擅场:指技艺超群。
③ 竭蹶:尽力。

神,此之谓也。

马钦,字愚溪,得胜口人。少为诸生。工书,喜吟咏。弟镈,字颖君。道光中诸生。善事其兄,工画山水,能以桃核一枚精镌弥勒尊者,今世所谓美术家也。镈子涟清,字莲舫,廪贡生,善画翎毛花卉;深清,字少颖,工书,以孝友闻,同治丁卯岁贡生;湘清,字楚江,庠生,善画,工雕刻,音律尤擅长云。

张国士,字少韩,葛渔城人。道光辛卯副榜,己亥举人,丁未科成进士,授河间府学教授。归里后主讲永清书院,后进之士多所成就。李文忠公督直隶时,尝欲荐之,力辞弗就,其高尚如此。

邵占鳌,字柱峰,文光子。道光庚子举人,咸丰丙辰进士,授刑部主事,迁员外。辛酉,洋兵犯天津,回籍团练,境内赖以安谧。与霸州诗人崔宜枚友善,崔赠以诗云:"莫笑穷愁泽畔吟,雄谈直欲破秋阴。目无余子狂逾甚,交到忘年感易深。谓我真为天下士,于君犹见古人心。高山流水谁同调,赖有钟期一赏音。"亦足以见其志趣矣。光绪戊寅岁饥,尝出粟赈济之,活人无算云。

黄宝琛,字楚珍,挑河头人。少颖异,事亲以孝闻。及长,工举子业。道光甲辰举于乡,四上公车,荐而不售。洪杨之乱,各省大吏咨部请员,宝琛就拣发①以知县用,启行有日矣,以母氏年高,戎马仓皇,不欲远离膝下,遂告病中止。咸丰癸丑冬,粤军踞静海之独流镇,畿辅戒严。朝命各省士绅兴办团练,宝琛联合邻村,首先捐资助械,朝夕训练,桑梓赖以安堵焉。

杨构,字绪昌,葛渔城人。父方融早卒,母氏郭守节四十余年,抚构成立。构性慷慨,光绪十六年,本村被水,乡人大饥,构悯之,乃谓二子曰:"人所以孳孳为利者无他,不过谋一家之饱暖耳。今吾家已饱暖矣,环顾乡人冻饿,吾不忍也。吾将散半生所积以济乡人,汝曹以为何如?"二子皆曰:"诺。"遂出所储数千缗,未竟厥志而殁。二子遵奉遗言,于本年十一月间籴米施粥,又施棉衣数百件,乡人全活无算。

---

① 拣发:清代官制用语。谓在候选人员中挑选分发任用。

曹柏龄,字殷圃,号健峰,东安之祖各庄人。祖为诸生,父奎一入武庠。柏龄业儒,既壮补弟子员,嗜学如布粟,耻为俗儒,弋时名,苟仕禄。师鲁斋治生之说,带经陇上,躬耕树艺以帅于家,岁入足以自养。晦迹樵牧间,城市罕睹其面。中岁教读,先敦品而后授书,教人文艺必多读先正程文,以？性灵。时辈迂之,弗恤也。士出门下者,咸有声于庠。子克让,茂才。克祗,弱冠举于乡,亦其效与其学,兼及堪舆、卜筮,以应世之求。又笃于族戚,推之乡邻,任恤之谊无少靳①。每义举必倡之,环村龙河梁成其一也。少与中表②靳刘共学,假之馆,而饮食之。比赴潞阳试,诸生遇泥雨乃跣而负之渡。刘尤贫,分以己田为之疆理③,赡其家。山左王某困于潞,推解而遣之归。地邻某窃种果于其田界,置不问,逾十稔树槁,始归所侵田。生平无疾言遽色,子孙奴婢有过,据理以责之,服辄已。识者叹其涵养云。宁河高赓恩撰。

解兆蟾,字桂轩,淘河人。少为诸生,屡试秋闱不第。光绪中,以明经终老。事亲克尽子职,品学纯粹,卓然一乡师表焉。

马庆恩,字荫轩,得胜口人。少从永清诗人李九鹏游。道光末,补博士弟子,旋食廪饩,尚实践,躬亲稼穑。尝曰:"知读而不知耕,则不能养生;力耕而不力学,则无以进德。"试秋闱不售④,为光绪庚辰恩贡生,考授教谕。生平笃守程朱义理,以主敬为先。幽独中正襟危坐,如对大宾。尝手辑《四书评语》一编,胪列先儒之说而折其衷,往往出人意表。家法尚严,肃门无杂宾。不喜作佛事,尤不信风水之说。尝曰:"邀福者侥幸之辈也,滥交者败家之原也。"虽饶于资而自奉甚俭,至周急则毫无吝色。乡邻有告贷者,灼知其正用,必周恤之。若无赖子,则面折其过,而后周之。人多感化焉。遇欠债之无力偿者,多焚其券契;族人无力赴考者,辄助以川资。修茔畔孤坟,为之致祭。延乡人

---

① 靳:吝惜。
② 中表:指与祖父、父亲的姐妹的子女的亲戚关系,或与祖母、母亲的兄弟姐妹的子女的亲戚关系。
③ 疆理:划田界治理。
④ 不售:指考试不中。

嗣续,助其娶妻。亲故庆吊,必衣冠而赴之。与人有约,虽风雨无阻。尝训子孙曰:"事神吾宁敬祖,希贤须先尊师。"又尝谓友曰:"士君子宜素位而行,得志当存澄清天下之心,不得志亦当整饬乡闾,以厚风俗。"皆名言也。昔胡家堡等十数村苦于河防夫役差,科派繁重,居民不堪其累。公尝谒霸州刘牧,陈其不便于民,得请减免,父老至今歌咏之。光绪丁酉正月卒,年七十有一。

强永凝,字怀德,丈方河村人。太学生。天性慈祥,有长者风。其中表某,停枢无力营葬,永凝慨然资助之。乡党有告贷者,无不量力周给也。邑令郑莲溪闻其义,旌以善區,乡里荣之。子中涵,字海门。同治中岁贡生,官鸿胪寺序班。乐善不倦,有父风焉。

刘子懦,字宿斋,北隐村人。咸丰中诸生。持身端谨,不苟言笑。家贫,嗜学于书,无所不窥。讲学授徒,力阐程朱义理。尤通音韵,手抄《左传事纬》及音韵书若干种。宗族称孝,乡党称悌。自知死期,年四十余卒。易箦①前数日,异香满室,或云仙去。

马济清,字鸿舟,得胜口人。道光中诸生。精于小儿医,活人甚众。晚究养生之术,莳花种树,优游以终。族弟溪清,字碧山。光绪中岁贡生。通医术,性坦率,乡人推重之。

叶瑢,字玉声,小刘各庄人。累世素封,性好施与。道光中,有旗籍知州某候铨无期,几同涸鲋,瑢周其急,且为斡旋,得分发广东,感恩次骨,约与同行。未几,被黜,待瑢极凉薄。瑢怒而归,卒于逆旅。时发逆猖獗,道路不通,其子秉五,椎胸泣血,誓迎父尸。辛酉岁,宝坻王祖培放粤东学差,乃从之赴粤,求得父尸,扶柩归里。中途资用乏绝,号泣呼天,哀感路人。适有某公子奉讳②还乡者,哀其孝行,出资称贷,乃得归葬。乡党无不称孝焉。秉五,字彝堂,邑庠生也。同里贡生刘元士为之传。

---

① 易箦(zé):指人病重将死。箦,指竹编的床席。
② 奉讳:谓居丧。父母没,孝子不忍言亲之名,故讳之。

魏启榱,字朴亭,城内人。以明经终老,善诱后进,士林德之。

马丕箴,字右铭,得胜口人。少为诸生。道咸间,尝从新城王振纲受业,得其指授,学业大成。秋闱屡荐不售,以明经终老。家本素封,力行善事,如立文社,不取修金,成名者数十人。族侄志桂,登同治癸酉乡荐。同里某甲父死,无以殓,助之棺木。丁卯大饥,约族人各出巨资周急。复与乡人筹办团练以御马贼,卫桑梓,舆论称之。光绪庚寅卒,年七十。子鸿翔、鸿翱皆贡生。鸿翊,诸生,早卒,与弟翱并工诗。

刘元士,字小墀,王家务人。耕读传家。光绪乙巳,以贡生为邑学董,年已七十矣。与邑宰相交,绝口不谈私事。凡有涉讼求居间者,一概谢绝之。东邻某建房,侵其地基,经数十年,从未与较。某贫甚欲卖其居,无敢承买者。某与元士言其事,元士曰:"汝因贫始卖屋,无妨。反宾为主,侵占多寡,我不计也。"某恐有后患,元士乃代为书券,遂成其事。乡人笑其痴,君子称其善。世有同胞争产、涉讼不休者,当愧死矣。光绪庚寅岁大饥,元士代乡人乞赈上书,义赈局黄殿撰允其请,赖以全活者甚众。乡人感之,恭送匾额,题曰"仁言利溥",以志不忘云。

马丕云,字兴之,得胜口人。少贫苦自励,中岁家计粗足,雅好施与。工疡医,施药饵,见义勇为,乡里以善人目之。族侄志镕,字耀金。通医术,长于外科。性澹泊,筑室东皋,四时得花木之胜,有隐君子之风焉。

马沈清,字子刚,得胜口人。慷慨重义。同治六年,亢旱①,赤地千里,马贼蜂起畿南,所向焚掠。五月,杪贼窜霸州,屠李家口。风声所及,乡人挈家逃避。沈清方筹办团练,仓卒间计无所措。适永定河水暴发,乃谋于众曰:"事急矣!寇至且墟。吾里间与其坐以待毙,吾宁决河御之,或可免也。"佥可。其议未及行,会河堤决,贼阻水不得渡,遂免于难。乱定,为仇家诬控,沈清费财甚巨,经年其案方结,族孙丕璋当日颇赞助之。

---

① 亢旱:大旱。

(民国)安次县志

赵继先,响口人。咸丰中贡生。性笃实,乐善不倦。同治六年,亢旱,斗米数千,继先以粟恤乡邻。越旬得雨,一乡宴然。嗣子彭龄,字寿三。性舂直①,侃侃不干虚誉。少从河间董式愈孝廉游,博览群书,尊师重道。同治中,补县学生。尝续邑志,惜未成书。善承先志,雅好施与,宗族乡党啼饥号寒者,罔不周急;里有善举,无不捐助,以为之倡也。响口村素有差徭,岁费百余金,邻里苦之。彭龄商之父老,以其资创设义塾,请于邑宰古铭猷,学塾得立。晚年家中落,有劝为子孙计者,则举汉疏广子孙多财之言以对。夙精岐黄,有求诊视者,虽风雨无阻,兼施药以济贫乏,赖以全活者甚众。平居自奉綦俭②,惟豪于饮,多而不乱,尝谓友人曰:"医人甘作劳人,醉死胜于愁死。"其豪迈如此。光绪壬寅夏,瘟疫流行,为人疗治,染疫而卒,年五十有九。乡人以"急公好义"表其闾。

马庆治,字悦安,得胜口村人。弟庆荣,字聘廷,臂力过人,咸丰初武庠生。兄弟友爱,老而弥笃。从弟庆咸,字德一。邑庠生。天性纯厚,里人称之。

王瑞峰,磨叉港人。家本素丰,雅好施与。道光癸巳,岁饥,峰出粟以恤乡邻,赖以活者甚众。子松林,字茂泉。咸丰武庠生。同治初,岁逢大旱,亦尝赈济邻里乡人,称盛德焉。其同里雷廷献,农民也,与弟廷印并以孝友闻。

刘子清,东张家务人。工岐黄术,尤善治伤寒瘟疫。同治中卒。晚年以其术传于里人张汉三,一宗其术,活人尤多。同里刘勤,字伯芸,亦以医术著。子湛清,能世其业。

解锡桂,字香严,淘河人。有清才,光绪壬午优贡生,师事福建陈伯潜。太史陈提倡风雅,桂与都下诸名士结社于松筠庵,得以结识胜流,学业大进。书法甚工。癸未岁,考授县令。有《呆镫馆诗文集》。

---

① "性舂直"误,合刊本"民国志"改作"性蠢心直",较为合宜。
② 綦(qí)俭:极简朴。

赵秉正，字午桥，第什里人。光绪乙酉恩赐举人。著有《诗草》一卷。

谢开运，字芝云，城内人。有隽才，咸丰辛酉拔贡生，廷试第一，同治癸酉举人。官正定县教谕。

郭为霖，字润芝，葛渔城人。咸丰辛酉副榜。官州判。需次湖北，遇佳山水，多所题咏，有《鸿雪斋诗草》藏于家。

路连元，字殿甲，路家营人。治家有法，处事最公，每以正业教亲邻。性好读书。侄万龄、孙振德皆入学。创建宗祠一所，以妥先灵。因就其中设义塾并施地五亩余，使寒士子弟皆入学，由是识字明理者甚多，是真无愧敬宗收族者矣。

谢绍宣，字子眺，城内人。庠生。工草书。履洁行芳，萧然自得。

齐占魁，留犊村人，以家贫佣于外。光绪十三年夏，其祖母病笃，年七十九矣。势岌岌，其父召之归。占魁素孝敬，得祖母欢心，至是见祖母病，既重治罔效，遂祷于神，誓以身代。如病得愈，当赴涿州跳塔以殉。涿州北门外有碧霞元君庙，即其意中所祷之神也。故注意于斯云。既而其祖母病果愈，占魁即欲践前誓，顾家人防之严，未得间也。明年三月，防者稍息，乃于二十二日夜潜，携一锄出行，至礼贤镇，以锄质钱，以质券付其所遇之邻人某，而身径赴涿州。邻人以券交其家，家人觉而追之，则已无及矣。马牧序东得其状，因具详请奏，得旌表如例。占魁死时，年二十有七。武进刘枝彦曰："予于同治末宰东安，见其风俗朴茂，人皆敦尚孝弟，顾而喜之。及牧涿州，则二浮图者近在署之西北，是则刘占魁捐躯之所。谓其孝而近于愚耶，是司牧者之教化有所未至也，则予有愧焉；谓其愚而终不失为孝，而可以励世磨钝，为靡靡之俗，劝且警耶，则予亦与有荣焉。当占魁死时，予方由涿州调权大兴篆，末①由与其请旌之事。迨是年回涿，乃以'致命存亲'四字榜其门，并恤其家，以表予敬且悯之心云。"武进刘枝彦撰。

---

① "末"字误，当作"未"。合刊本"民国志"此处亦误作"末"。

（民国）安次县志

姜九思，祝马房人。居乡严禁赌博，轻财重义，里人化之。

于文田，字砚农，东张家务人。好读书，应童试未售。性耿直，无诳言，见善则慕，嫉恶如仇，故与人多龃龉。分爨时以财物推让二兄，惟以勤俭治其家，而家亦稍裕焉。生子五人，年四十而妻亡，即不再娶，子媳皆悦服。光绪戊申，承办会事，破除情面，禁止赌博。因与博徒窦某斗殴，右手被其啮伤，控之官邑。宰颟顸从事，未判是非，村人愤之，上控于南路厅。惠司马重责窦某，并斥宰之疲玩，命文田设法调治，俟伤愈再行详办。乃赴天津寻西医治之，无效。亟归，未半日而卒，年六十岁。其子痛父情切，复控于官，乃置窦某于狱。窦在狱半载，托人调停，破产葬死者，并立石于墓，其案乃结。乡人歌之曰："公之生兮正直棱棱，公之死兮可挽赌风，比户安居而守正，公之目庶几其瞑。"邑人张廷襄撰。

岳步云，字汉亭，十二号村人。邑诸生也。天性慷慨，急于公义。光绪己卯夏，永定河水暴涨，堤工危险，乡人防护甚力，风雨中躬行慰劳，并飨之以酒食，乡人感激，奋力抢护数昼夜，始获保全。朱观察嘉其义，以匾额旌之。

邓广太，刘七堤人。家贫，以采薪度日。其父嗜饮，广太每卖薪归，必置酒肴以娱亲心，二十余年始终无怠。值岁终无门告贷，不得已典锄一柄，仅得东钱八百，自思不足取酒一瓶，因泣下，当商询其故，为增钱四百，乃沽酒归。其孝行如此。同治九年卒，年七十岁。

杨国山，里狼城人。少失怙，事母至孝。光绪庚子之乱，年已六十余矣。奉其母避兵河滩，猝遇军队，执欲杀之。国山恐惊其母，涕泣哀求，军人感动曰："此孝子也，伤之不义。"示以避兵之路而释之，母子遂免于难。

王连德，军卢村人，农家子也。幼丧父，其母不能守志，改适去。祖母尚存，年已七十余，双目失明，家无儋石①，赖连德行乞以养之。出入禀命而行，十余年如一日。光绪中，祖母殁。葬事毕，畏官租拖累，避地不知所终。

---

① 儋石：借指少量米粟。

马志桂,字馥亭,又字伯艿,丕云子也。同治癸酉科举人。性方鲠,讲学里中,从游寒士,不取束脩。永清诸生傅登瀛富而好礼,与桂友善,谓之曰:"子以砚田代耕,而门下济济,半多寒畯,何以仰事俯畜乎?自今以还,凡不能备修金者,予为之代。"桂诺其言。户外屦为满,学者两感其德焉。光绪六年,大挑二等,以教谕用。卒,年六十有三。弟志桥,字郁亭。武庠生。工疡医,善画山水。

姚昇,字东华,又字诗庐,南庄村人也。抑强扶弱,保卫邻里。尝因公忤权贵被谴出关,人咸惜之。寻赐还,与邑名士结诗社,复捐资创立义学,邑宰白公赐额嘉奖。咸同间,盗贼扰畿南,倡议清查保甲,一方赖之以安。会丁卯岁饥,捐资赈济,全活甚众。同治中卒,年七十八。其子开烗,官阜城教谕。

张景尧,字念唐,邑之农人也。目不知书,天性孝友。家贫,亲老甘旨①之,奉无少缺焉。有弟三人,因而析居,无事则各自为谋,有事则同力合作。不矜情,不饰貌,家庭以内肃如也。母年迈,股疾,动转维艰,尧率家人负之出入,二十余年如一日,其母若不知有疾也者。有事出门,虽晚必归。有留宿者,则曰:"有老母在。"人曰:"汝家人众多,何需一人侍奉?"景尧曰:"吾不目睹之,不放心也。"朝夕承欢,未尝少离母侧。光绪十年,年六十八,母年八十八。季春染疾,自知不起,仰见老母衰颓,因泣下曰:"天乎!宁不使吾少留乎!吾岂终负不孝之名乎!"三月十九日遂抱恨而卒,母至七月亦卒。

张兰畦,字香圃。善医,尤精于痘疹科,得之先人口授,又博览诸书,融会贯通之。凡痘之吉凶,决其生死,百无一误。苟非蛇皮蚕壳诸逆症,未有不起死回生者。活人无算,未尝索谢。同治九年卒。

倪作邦,字采臣,齐官屯人。邑序生也。性端谨。授徒讲学,藉以养亲,宗族称孝焉。

马丕琮,字礼堂,得胜口人。咸丰诸生。以五经教授乡里间,天性古峭,

---

① 甘旨:美好的食物。这里特指奉养父母的食品。

介然自持。尝续辑族谱,工画蛱蝶,有足传者。族弟丕言,字德征。性笃实,家有薄田不足供饘粥,而敬重文士,资助文社,为乡里叹服云。

倪赞清,字翼臣,齐官屯人。少有大志,弃文就武。光绪己丑、庚寅,连捷武进士,选充蓝翎侍卫。庚子之乱,联军陷京师,遂遇害。

魏伦,十一号村人。少孤,性至孝,事母胡能得其欢心。拳匪之乱,联军至,乡人望风而逃,伦独负母以去。或曰:"何不并挈妻子?"伦曰:"事急矣,恐累吾行,以惊老母耳。"行至中野,为联军所执,伦叩马哀乞,舌人悯其孝,代为陈词,联军皆为感动,部曲相戒曰:"此子纯孝,不可犯也。"遂释之去。光绪丙午卒,年三十有二,论者惜之。

孙福魁,东安人。善事其兄,友爱足称焉。

杨湉淼,字善舟,里郎城村人。善事亲,母殁,哀毁几至灭性①。友于兄弟,其兄不事生产,与之分爨,厥后大贫,复与同居,欣然从之,至再至三,卒无怨色。

张凤舞,白草洼人,富室也。孝弟出于天性,中年家渐落,不得已与兄凤仪析产,而自养老母。仪贫乏不能自存,乃托妻子于妇翁,游历新疆,以教读糊口,十年不得归,死焉。舞得凶耗,欲收兄骨,不惮艰苦,跋涉万里,半载始抵新疆,访得兄冢,负骨归葬,至今乡党称悌焉。

刘元琦,字景韩,城北大王家务布衣也。事继母以孝闻,治家严正,门内不闻嬉笑之声,言动必以礼,乡人敬畏之。有从母某氏者,虐待其妇,诟谇鞭笞,夜以继日,元琦据礼诤之。氏遂敛其虐。善教子,读者成名,耕者致富。光绪十六年卒,年五十有七。继母刘哭之恸曰:"汝先我而死,我之暮年将谁依乎?谁复携果饵至前承欢者乎?"闻者皆泣下。长子恩溥、孙福申皆诸生。次子惠溥有至性,周急恤贫,排难解纷,不遗余力。民国二年卒,年五十有一。

马鸿勋,字燮卿,得胜口人。增广生。光绪四年,其父丕京病故,鸿勋时

---

① 灭性:谓因丧亲过哀而毁灭生命。

在病中,仰天恸哭曰:"吾不能延亲之命,何以生为?"遂仰药死。其妻黄氏抚嗣子,守节三十余年。光绪季年,旌表孝子节妇焉。

王太和,字子修,东张家务人。老于诸生。性笃厚,讲学授徒,贫者不取修脯。兼通医术,以眼科名于乡。光绪中,卒,时年六十一。乡里重其古谊,醵金会葬之。

杨毓枫,字丹桥,小惠庄人。少为诸生,声振庠序,光绪壬寅科副榜。天性纯孝,母丧哀毁而卒。居家尚俭,自云:"平生得力在勤慎。"尝书二字于壁以自励云。

张荫荣,字欣如,祁营人。庠生。早孤,孝友性成。弱冠,喜读书,居恒以不朽自欺①,不幸三十八而卒。有《困勉堂诗文稿》,兵燹②无存,惜哉!

黄豫谦,字六皆,挑河头人。光绪丁酉科拔贡。生性嗜学,为文不落恒蹊③,尤耽④吟咏。享年不永,士论惜之。

流　寓

陈绂麟,字圣符,号菊溪,原籍霸州人,世居外郎⑤城。咸丰壬子恩贡生。家素封,乐善好施,周急恤邻,不遗余力,一切义举必为之倡。文安陈震著有《筿墅说书》,学者重之,多年未刊。其族人陈铃劝捐数载,未有任其事者。绂麟慨然捐巨资,并醵金付梓,兼刻陈仪《大中口义》、陈克绪《读易录》诸书,嘉惠后学。生平有菊癖,尝于北园辟精舍数间,藏书甚富,蓻⑥菊百余种,花木成阴。每值菊秋,坐客常满,人见其高风,未见其经济也。同治三年甲子,

---

① "欺"字误,当作"期"。合刊本"民国志"此处不误。
② 兵燹(xiǎn):因战乱而造成的焚烧破坏等灾害。
③ 恒蹊:传统,俗套。
④ 耽:沉溺,入迷。
⑤ "郎"字误,当作"狼"。合刊本"民国志"此处亦误作"郎"。
⑥ "蓻"字误,当作"蓺"。合刊本"民国志"此处亦误作"蓻"。

(民国)安次县志

因永定河南岸多险工,自行捐资助修十余里,以防水患。永定河道徐公旌以"急公好义"匾额。六年丁卯,岁大旱,流贼犯境,招募乡勇保护居民,又自购米赈饥,一乡皆受其赐。七年戊辰,卒,春秋六十有六。殁之日,乡人皆为流涕。至今书香世济其美①焉。

王秉芳,字晓峰。文安县诸生。世居邑之王家堡村,明孝子王原后也。效乃祖之为人,善事父母,友于兄弟,性端谨,少小如成人。年甫垂髫,两兄相继而殁,秉芳每于暗中涕泣,终日承欢膝下,未尝有戚容,恐伤父母心也。稍长力学,道光中补县学生。秋闱屡经房荐,而文章憎命②。久困名场,从游多知名之士。家故贫,所得馆谷悉供甘旨之费。母年老得痰疾,秉芳躬视汤药,衣不解带者三月。无何,父母双亡。秉芳哀毁逾常,居丧一本古礼。殡葬后,苫块③悉为之腐。光绪元年卒,年五十有八。

张步蟾,字玉堂,永清县茨平村人。由附生中式,道光辛巳恩科举人。二十四年,大挑一等,以知县用,分发广东。二十五年,委署平远县事,又委署新兴县。咸丰元年,补授惠州府长宁县。八年,调署肇庆府阳春县、恩平县,代理阳江县事,钦加同知衔,诰封奉政大夫。三县绅民皆送德政牌匾。长宁县大家邱、龙二姓,因地亩争讼不休,步蟾据实查明断结,永息争端。二姓感德,立长生禄位牌,供家庙中,同享祭祀。咸丰十年卒于官。光绪中奉上宪命,将茨平村拨入东安县,其后遂为东安人。

子茂春,有孝行。

于宪生,霸州诸生。于占鳌之子,世居里狼④城。二岁而孤,稍长,事母至孝。家故贫,行佣奉养,甘旨不少缺,先意承志,能博亲欢。母病,亲侍汤药,衣不解带者数旬,宗族称之。

---

① 世济其美:谓后代继承前代的美德。
② 文章憎命:谓工于为文,而命运多舛。
③ 苫块:"寝苫枕块"的略语。苫,草席;块,土块。古礼,居父母之丧,孝子以草荐为席,土块为枕。
④ "狼"合刊本"民国志"误作"郎"。

方外传

张道宽，东安州人。壮婴①危疾，夜梦伟人授符咒诸法，并告以结缘呼奴山。既寤，恶疾皆愈，访至顺州得呼奴山居焉。无何，疫疠大作，宽依咒果实，令病者食之，立愈，踵门谒者日千计。大丞相东平王患疡，医药罔效，诏宽治之，顿痊，劳以殊礼，为构白云观。后师事元逸真人张霞卿，遂赐通□大师之号，卒葬观西。其后居民病者，祷之辄应。每年三月二十八日，争献袍幡致赛云。元封普济真人，立庙呼奴山。

洪莲，自幼剃发，精修梵行。后闻宗善登坛，演大乘法，遂往从之。特参妙相，付受法衣。尝刺血写五部灵文，宗风大阐，名达至尊。因召赴都阅《大藏经》，毕，除僧录司。归院后，绳床布衣，兀然独坐，八十六岁而寂。

福兴，白务里人。洪莲之高弟。尝于大兴隆寺开坛说法，后住持邑之广严寺，精通释典，名著缁流。成化三年圆寂。诏遣谕祭，今骨塔在射圃园之西北。

真敬，左奕人。卓锡②于南门外之观音堂，戒行精严，寡言笑，好施舍，诵经不辍寒暑。预知死期，遍告檀那③，一夕坐逝。

圆朗，左奕观音堂住持也。绝嗜欲，勤修行。一夕，忽对客作偈曰："性寂情空。"危坐而殁。

周凤，淳化里人。与洪莲为友，授以抚病之法，抚处即愈，又授以数术，算人生死无失。凤自言某月日当死，至日果卒。其时有均智者，曾授数术于凤，亦能知生死，不爽毫发云。

以上明人。

---

① 婴：触，缠绕。
② 卓：植立。锡：锡杖，僧人外出所用。因谓僧人居留为卓锡。
③ 檀那：施主。梵语的音译。

佛彬,豫人也。避难为僧,居褚河港佛寺中。光绪中,提庙产兴学。彬劝其师出庙产立小学校,呈诸邑令骆育焜,骆甚嘉之。由是,褚河港有弦诵声。积忤师意,诬其不守清规,杖毙之。呜呼悕矣!

钱义三,字子纲,原籍山东德州人。少从兄贾于京师,流落至东安,遂为柳林马房村广福寺道士。光绪丙申岁,于寺中创设义塾,寒士子弟皆得向学。民国二年羽化,乡人感其义,思念不置焉。

安次县志卷七 列女志

列女有传,肇自刘向,范书准其义法,后世史家则焉。或抚孤而守志,或舍生以全贞,其贞洁之行炳焉,争光星日。敬谨录之,以垂帷范云。

明

谢梅氏,谢黑妻。年十八夫亡,即欲自尽,姑止之。遗腹生一子,夙夜操作以奉舅姑,抚子成立。守节四十余年。宣德中旌表。

陈孔氏,贡生陈琏妻。年十八适琏。逾月,琏以岁贡赴南监。越三年,琏卒,孔迎榇归葬。姑怜其无子,欲嫁之。孔泣而前曰:"夫既早逝,姑老且疾,妇嫁,姑将何依?"誓志不从。时值兵荒,人民奔窜,孔事姑甚谨。及卒,丧葬如礼。孀居五十八年。正统中建坊旌表。

纪王氏,纪缵绪妻。年十六适缵绪。会夫行戍,年歉而贫,王竭力以养舅姑,而自挑野菜以为食。洪武间,夫随征东昌,不还。王年才二十,姑怜其少,欲嫁之。曰:"妇所以不死者,为有舅姑在也。不然,请先毕命于今日。"姑从之。其后孝养益笃。正统间旌表,在纪家庄。

康孟氏,康恭妻。成化初旌表建坊。

高辛氏,高明妻。年二十二夫亡。遗孤尚幼,奉养舅姑,终始不衰。子娶阎氏又早死,其媳孝于姑亦不衰。辛年七十五、阎年六十一卒。邑人嘉其双节。

李张氏,李俊妻。弘治十二年旌表,建坊县东街。

杨张氏,千户杨林妻。林亡,张年二十五。苦志纺绩,足不履户外者四十五年,清谨无玷。年七十一卒。弘治间旌表。

刘张氏,刘景学妻。正德间旌表,建坊县西街。

王周氏,王文苑妻。苑亡,上无翁姑,下无子女。家贫岁凶,苦志守节。年七十五卒。县尹江一定旌其门。

扈张氏,扈文妻。婚三载,文死,生遗腹子扈印。家贫守节,誓志终身。后印夫妇俱早死,氏又抚其孙守忠成立。至八十三岁卒。县尹江一定旌其门。

李冀氏,李大经妻。夫亡,舅姑垂老而子幼。屡值荒年,节孝不替。知县陶栋旌其门。

孟窦氏,孟约妻。年二十二夫亡。子幼,誓志终身。年八十五卒。

孟房氏,孟瑁妻。年二十一夫亡。无子,伶仃孤苦,守节至八十五岁卒。

魏岳氏,魏宣妻。年二十三夫亡。子甫三岁,守志,抚孤成立,贞名无玷。至八十三卒。知县阮宗道赍以粟帛。

郭张氏,生员郭佃妻。年十六归于郭。四年,佃死而无子。张以死殉,中夜自缢于灵床,姑救得免,且泣喻之曰:"汝死则得矣,如吾老人何?"张乃从之,躬勤纺绩,以资奉养,而自挑野菜以为食。姑见之,一恸几绝,因劝张改适,嘱邻妇怂恿之。张曰:"此非我所为也。若迫之,第有死耳。"誓志益坚。及姑亡,贫不能殓,乡党哀其志,悉赡给之。守节五十余年卒。万历间旌表。

贾郭氏,贾时雍妻。年二十二夫亡。家贫子幼,力勤茹苦,以抚藐孤。及子游庠,未几而夭。抚两孙又无成立。茕茕孤独,年至八十而卒。万历二十一年旌表,建坊小南街。

史王氏,生员史简①妻。年二十三夫亡。抚②孤成立而早夭,又抚稚孙。俯仰无依,负薪拾穗以自给。年八十余卒。知县田子耕旌其门。

王任氏,武生王大傅妻。夫亡,任年二十三。欲绝粒以殉,念姑老子幼,

---

① 合刊本"民国志""简"后衍一"抚"字。
② 合刊本"民国志""亡"后脱一"抚"字。显见,是合刊本"民国志"将"抚"字排错了位置。

勉襄大事。一夕风雨大作,梦寐中若有呼之起者,比抱儿起,屋即倾坏。事姑生死无憾,教子游庠,冰心苦节,五十年如一日也。天启二年旌表,建坊大南街。

刘李氏,刘之翰妻。年二十二翰死。舅姑已老,仅育一女。养老慈幼,励志不变。氏之父家故世族,弟侄皆显达,赖供薪米以佐苦节。天启三年旌表。

刘李氏,刘可儒妻。年十九夫亡。孝事其姑,樵采自给,以节终。天启四年旌表,建坊北尹村。

张刘氏,张希皋妻,乡民刘儒女也。年十五归皋为继室。历十有二年,皋以疾死。阅月十有五日,妇自经以殉,年甫二十有七。妇生而贞静,娴女则,翁媪素奇之,不轻许字①人。希皋闻其淑媛,遂委禽焉。合卺时妇仅及笄,而缝裳、幂酒、刹麻、考屦,一切女红咸备。孝养舅姑,姻睦昆季,罔不恭谨。翁殁,家中落,皋与兄希稷以治生无策,始谋析箸。妇事姑朝夕益虔,每侍立丙夜②,无跛踦容。姑性虽严,亟贤之。皋得田不盈一顷,复滨于河,多不逢年。妇劳苦自甘,事女工以给,又辄时其物之贵贱而权之,以故数年稍赢,然弗敢私铢缕也。皋于弟兄友爱最笃,凡笔耨砚田、输官延客之费,俱佐缓急焉,而妇可知矣。皋得瘵疾,三月无起色,妇日夜流涕,愿以身代。侍疾既久,骨立不支。及皋死,强起视殓,盖棺毕,一恸而绝。苏复绝者再,水浆不入口。盖皋无遗息,决志相从地下矣。稷密令母日夜守护,尪羸一息,尝顾储偫而叹曰:"此张家资也。"遣家奴输谷数十斛于稷所,筐筥锜釜之器亦俱焉,佯言使善藏之。稷一日展墓归,祭兄以牲醴之具,妇跪而泣谢。思昔雁行今折翼,佳事不再睹,由是五内崩裂。继乃绐母归省其父,一侍婢亦趣之去。是夕,夜将半,束发服缟衣,向皋灵爇香再拜,遂自经枢旁以殉,时天启元年正月十九日。诘旦,姑与邻媪启户解悬,已不可救矣。里人闻之,皆为之泣下。是日也,风

---

① 字:旧时称女子出嫁。
② 丙夜:三更时候,为晚上十一时至翌日凌晨一时。

声萧索,白日黯淡,若助其悲惨者。邑令勒状上闻,旌曰"贞烈之门"。明教谕湖广王从先撰。

张王氏,张震阳妻。年二十三夫亡。子才六龄,家徒四壁,艰苦备尝,始终不二。抚孤补庠生。殁后,按台旌其门。

胡于氏,胡栋妻,儒家女也。二十三而寡,苦志守节,抚子俊方补邑庠。按、学二宪旌其庐。

杨田氏,杨逢盛妻。年二十六夫亡。抚育二子,苦节四十八年,冰霜之操,皭然不淬。子蔚为庠生。奉旨旌表。

葛刘氏,生员葛润妻。素有贤行,夫亡,刘年十九。遗孤仅三月,抱孤日夜号,积哀成疾,不逾年而殒,闻者痛之。

张王氏,张鹏翔妻。年十五适翔,翔业儒未售而早卒,王年才十七。祖姑怜其无子,隐喻改适。王擗踊哀号,誓必守志以报所天①。垂三十年,以节终。

张王氏,张泰阳妻。年十九孀居。贫无儋石,绩麻待炊,课子游庠。未几,子复夭,仅遗两孙。王念两世孤单,清操益励。尝泣语两孙曰:"吾守尔父读书成立而早死,继之者在汝曹耳。"由是奋志力学,俱入邑庠。天之报施,固不爽也。按台汤公题请旌表。

邓刘氏,邓世银妻。夫亡,年二十八。奉姑以孝,教子惟勤。卒年八十,守节五十余年。学按两台给额旌表。

段葛氏,段惟公妻。二十五岁夫亡。以节终。

张王氏,张尧妻。年二十六夫亡。誓志守节。

魏董氏,魏泽珠妻。十五岁于归②,十六岁而夫卒。守节五十年。

马氏、米氏,贡士王嘉宾之妾也。嘉宾殁,无子,二人矢志守节。及家业

---

① 所天:旧称所依靠的人,这里指丈夫。
② 于归:出嫁。

凋落，业针线以自给，始终不二。知县苏兆元申请给额贞节。

于邵氏，于若瀛妻。年二十四夫亡。矢志贞操，以事舅姑。姑性素严厉，氏恭顺无违，得其欢心。未几，邵亦早殒，遂偕同穴。后二子俱游庠序。

邵魏氏，邵豫昭妻。夫亡，魏年二十三，仅一女。侍奉孀姑，不辞艰苦，守节数十年卒。乡邻悉称道之。

孟张氏，孟养善妻。年二十一夫亡。七日不食而死。

刘鲁氏，刘邦治妻。年二十三，无子而夫亡。抚侄为嗣，屡遇荒岁，贫无所依，日挑野菜，拾薪为爨，苦节以终。

施王氏，施金妻。生子光祚尚在襁褓而金亡。王苦志守节，抚子成立，并授之室媳李氏。颇嗣前徽，深慰姑心。及王去世，光祚夫妇竭蹶丧葬，毕而光祚亦死。李两世孀居，虽穷苦无依而此志不改，贞节之操可谓萃于一门矣。

刘于氏，刘孔曜妻。年十九而夫亡。守节抚孤，教子成名。

王福氏，廪膳生王旭妻。夫亡事姑，抚幼子成立，以节终。

张王氏，张郊庚妻。年二十二而寡，生一女一男。姑以妇年少，欲嫁之，氏伏地泣曰："妇早丧所天，命实不由，子女三人，誓死一处，断不能更事二天也。"遂事姑抚幼，以节终。

薛王氏，薛民乐妻。舅姑继丧，夫亦旋殁，王时年二十四。抚两遗孤，生一孙而二子俱夭。伶仃孤苦，以节终。

王孟氏，王良臣妻。年二十六夫亡。上事舅姑，下抚弱息，以节终。

王氏，王守惠妻。夫亡誓不改适。舅姑殁，贫不能殓，鬻女葬焉。见者哀之。

王刘氏，王汉卿妻。年二十四夫亡。事舅姑，抚幼子，以节终。

刘娄氏，刘承基妻。夫亡，抚孤成立。

刘张氏，刘慎妻。明末寇乱，避难郊外，为贼所逼，誓死不屈，遂遇害。子曰启,食饩①上庠。崇祯中,知县王佩弦旌其门。

施荣氏,生员施我经妻。避乱王家庄,猝遇暴兵,抱子投河而死。邑人作歌以哀之。知县旌其门。

清

任孟氏,任义春妻。旗人台六乘义春他出,图奸,以刀胁之,孟力拒不从,遂为所杀。康熙三十二年旌表入祠。

陶张氏,陶子明妻。本贫家妇,以礼自守。旗人七十艳其貌,挟刀而往,欲犯之。张与之抗,大声詈骂,七十惧为邻人所知,遂杀之。康熙三十八年旌表。

骆娥,留犊村人。父早殁,年十七未字人。与母兄处,足迹不履户外。邻人郑逢春窃窥之。一日乘女独处,强欲图奸,女不从,以斧击杀之。康熙五十三年旌表入祠。

解刘氏,生员解万有妻。年二十二岁夫亡。守节四十九年。康熙五十三年旌表。

张窦氏,张玘妻。年十八岁夫亡。守节三十六年。康熙五十九年旌表。

张孙氏,生员张瑞妻。年二十岁夫亡。守节三十六年。康熙六十年旌表。

解宋氏,生员解万瑞妻。年二十五夫亡。守节四十三年。雍正二年旌表。

刘赵氏,刘三妻。杨圣章欲奸之,赵力拒不从,疾呼邻人,杨即遁去。赵曰:"贞白之体,奈何为强暴所逼。"遂自缢而死。雍正五年旌表入祠。

郭邵氏,郭尔俨妻。夫亡,邵年二十七岁。守节四十年。雍正十二年旌表。

王高氏,麻村王纯善妻。夫亡守节。乾隆五年旌表。

---

① 食饩(xì):指明清时经考试取得廪生资格的生员享受廪膳补贴,亦即成为廪生。

王武氏,王天泰妻。年二十六岁夫亡。守节三十二年。乾隆五年旌表。

苑烈妇,适大城孟黑子,侨居邑之里狼城。其姑李氏素无行,会永定河决,卖酒堤上,而欲阴召其妇以为媒。妇归宁不至,比至而别居村堡中。姑怒,屡窘辱之。又尝偕恶少至妇舍饮,妇色益厉不可犯。自念薰莸同器而居,则清浊曷辨,且姑意终未①肯释然也。六月五日晨炊后,伺姑往堤上,密缀上下衣乃自沉于河,时年二十岁。逾四日,得其尸于武清之范瓮口。又四日,始殓,颜色如生。归葬大城县之辛张村南。乾隆五年旌表入祠。李光昭曰:"余莅任东安,更欲表其墓域。因思越境而事非有司职,且烈妇与夫家其义已绝,魂魄有灵,不在孟氏之垄,而在殉节捐躯之所可知。"因遂于狼城道口树一石碣,题曰"苑烈妇殉节处"。书苑氏而削其夫姓,从天津殷贞妇之例也。又置祭田十二亩,择乡民耕获,以其所入每岁六月五日具牲醴之礼,委衙官致祭焉。邑令李光昭撰。

解曹氏,解万通妻。年二十五岁夫亡。守节三十三年。乾隆六年旌表。以下六人同以是年进表。

李解氏,李洁妻。年二十六岁夫亡。守节二十六年。

许景氏,许自永妻。年二十九岁夫亡。守节三十四年。

郭李氏,监生郭九会妻。年二十五岁夫亡。守节二十九年。

孟李氏,孟文举妻。年二十九岁夫亡。守节四十二年。

郭孟氏,监生郭九鼎妻。年二十八岁夫亡。守节三十二年。

胡于氏,胡国永妻。年二十九岁夫亡。守节三十二年。

杨赵氏,杨自利妻。年二十岁夫亡。守节六十六年卒。邑令周道裕旌其门曰"贞心劲节"。

王杨氏,王瑞妻。年二十六岁夫亡。守节三十一年。乾隆七年旌表。

王张氏,王宗台妻。年二十一岁夫亡。守节四十七年。乾隆九年旌表。

---

① "未"合刊本"民国志"误作"末"。

安李氏,安福妻。年二十七岁夫亡。守节三十五年。乾隆九年旌表。

于刘氏,于腾瀚妻。年二十五岁夫亡。守节三十一年。乾隆十二年旌表。

李姚氏,李怀瑛妻。年二十七岁夫亡。守节四十五年。乾隆十二年旌表。

李郭氏,李果植妻。年二十三岁夫亡。守节二十九年。乾隆十二年旌表。

李曹氏,李益妻。年二十九岁夫亡。守节二十四年。乾隆十二年旌表。

王赵氏,生员王弘猷妻。年二十五岁夫亡。守节二十八年。乾隆十二年旌表。

纪张氏,贡生纪溶妻。年二十五岁夫亡。守节四十三年。乾隆十二年旌表。

李胡氏,廪生李坦妻。年二十九岁夫亡。守节二十三年。乾隆十二年旌表。

胡张氏,胡希仲妻。年二十五岁夫亡。守节四十年。乾隆十二年旌表。

马解氏,淘河村解文雄之胞姊,适得胜口马希禹。夫亡守节,抚孤玉书向学,得游胶庠,为名诸生焉。乾隆中旌表。补。

王袁氏,生员王业焕妻。年二十岁夫亡。守节三十四年。已旌表。

孟刘氏,孟端庄妻。年二十二岁夫亡。守节三十八年。乾隆中旌表。

王刘氏,王祚厚妻。年二十四岁夫亡。守节至六十一岁卒。

李施氏,生员李时龙妻。年二十四岁夫亡。守节至六十八岁卒。

窦纪氏,窦葵芳妻。年十九岁夫亡。守节至七十七岁卒。

解张氏,解本秀妻。年二十一夫亡。时亲老家贫,长子绂甫四岁,遗腹生次子济。张养老抚孤,竭尽心力。后为长子绂授室杨氏,四载而绂又夭,止遗一女,杨年方二十。两世孤嫠,饮冰茹蘗,艰苦备尝。张氏守节五十年,至七十二而卒。杨氏继济次子文光为绂后,亦以节终。

李韩氏，李日培妻。年二十一岁夫亡。守节七十五年。寿九十七岁卒。

张胡氏，张子成妻。年二十四岁夫亡。守节六十九岁卒。

李曹氏，生员李希贤妻。年二十九岁夫亡。守节至六十八岁卒。

李阮氏，廪膳生李之发妻。年二十五岁夫亡。守节至七十岁卒。

胡孙氏，胡统虞妻。年二十一岁夫亡。守节五十一年卒。邑令周道裕旌其门曰"节孝流芳"。

李邓氏，李景文妻。年二十五岁夫亡。守节至八十五岁卒。

安李氏，景村安振民之妻，碾子营李桂林之女也。二十岁夫故。抚孤女，矢志守节。至三十一岁卒。

郑孙氏，郑大海妻。年二十六岁夫亡。守节至八十六岁卒。

李孙氏，李起龙妻。年二十二岁夫亡。守节至七十一岁卒。

王赵氏，王思善妻。年十八岁夫亡，生子甫八月。父母见其少寡，欲夺其志。赵峻拒之，不归宁者数载。守节三十六年卒。

杨赵氏，杨士荣妻。年三十岁夫亡。守节七十年，享寿百龄。

侯马氏，侯建玉妻。年二十七岁夫亡。仅一子得志甫九岁，守节三十七年。得志以疾亡，无嗣。马绝粒号呼，旬余而殁。

郝娄氏，郝汧妻。年二十六岁夫亡。汧之弟及妇亦相继而殒，仅遗幼侄倬生未弥月。翁姑老且病，或劝之嫁。娄曰："吾一家兄弟姒娌四人，今独剩一人。妾嫁，翁姑将谁依？且禽兽行吾不忍为也。"于是养老抚孤，孝慈兼至。倬长，获游庠序，皆娄之力也。守节五十一年卒。

刘施氏，刘尔瑁妻。年二十岁夫亡。守节至六十二岁卒。

高阎氏，高子立妻。年十九岁夫亡。守节至六十五岁卒。

刘赵氏，刘主宾妻。年二十六岁夫亡。守节至七十岁卒。

于李氏，于廷佐妻。年二十五岁夫亡。守节至八十一岁卒。

李氏，李彰德妻。年二十六岁夫亡。守节至六十九岁卒。

谢冉氏，谢沄妻。十八岁夫亡。守节五十余年。

邢赵氏，邢天爵妻。年二十八岁夫亡。守节至六十八岁卒。

张赵氏，张世阡妻。年二十二岁夫亡。守节至五十九岁卒。

解郭氏，解冠甲妻。年二十三岁夫亡。守节至七十岁卒。

刘韩氏，刘谋妻。年二十四岁夫亡。守节至七十四岁卒。

孟王氏，孟杰己妻。年二十二岁夫亡。守节至七十岁卒。

刘氏，生员刘之琦妻。年二十九岁夫亡。守节至五十八岁卒。

孙祁氏，江南广德营游击孙天章妾。夫亡时祁年二十八岁。守节三十七年。乾隆中旌表。

曹淑媛，李元理妻也。初伉俪相得，及而元理复有所私，谋娶之。翁李淇阴纵其子多方凌虐，必置淑媛于死然后快。遂薙其鬓发，夜则驱诸牛栏豚栅中，弗与衣食。其父尔珺知之，欲迎女归，不许。遂讼诸邑宰，淑媛不欲白亲之恶，诣讼庭坚讳不言。邑宰谛视其面部伤痕状，黧瘦如饿殍，乃抚案叹曰："李氏父子凌虐之惨，不可掩矣。姑从贤妇之志，以全室家之好，再犯不贷，尚其戒之。"后淑媛竟以抑挫致死。

王吴氏，小营村王君用妻。夫亡守志。乾隆中旌表。

刘张氏，炊庄刘吉妻。夫亡守志。嘉庆五年旌表。

张王氏，仇家庄张均妻。均亡，王年十九岁。上事翁姑，下抚幼子。守节四十一年，嘉庆七年殁。已旌表。

张马氏，年十六岁，适东安庄张翚，生一子。乾隆五十六年，夫殁，马年二十岁。奉姑抚子，守志不渝。家人有劝其再醮者，马剪发自矢。五十八年，姑病革①，马割肱肉和药以进，姑病稍愈。越数日复作，氏祷于神，愿以身代。病卒不起，寻殁。马哀痛逾常，殡葬毕，与夫兄析产，薄田仅三十亩，屡逢荒歉，惟以针黹②自给。教子成立，一以勤俭为本，卒年五十。

---

① 病革：病势危急，病危。

② 黹（zhǐ）：缝纫，刺绣。

孟高氏,孟毓梅之母。年二十二夫殁。家贫,抚孤守志。卒年七十有七。

刘宋氏,第十里武生刘本凝妻。舅奉璋选授平山县教谕,宋与夫俱随之任。嘉庆十一年夫亡,誓以死殉,舅姑力劝乃止。至嘉庆十七年,舅复卒任所。宋扶柩归里,尽礼尽哀。无子,抚嗣子如己①出。殁年七十有一。同治元年旌表。

于李氏,古县村人于兴妻。夫亡守志。道光二十三年旌表。

孟于氏,东沽港孟毓柏之簉室②也。柏官湖北守备数年,殁于任。于年二十有四,有孤子。家贫,嫡使为佣逾三十年,抚孤成立,乡人敬之。

马刘氏,惠元庄人,适得胜口马安基。夫殁守志。道光十一年旌表。

娄傅氏,济南屯娄友棠妻。嘉庆二十二年夫殁,傅年二十二岁。养老抚孤,至同治十年而卒,守节五十余年。

田张氏,城内田树棠妻。同治七年于归,年十九岁。光绪四年夫亡,现年六十六岁。计守节三十七年。巳③旌表。

孙信氏,潘家场孙永清妻,东庄庠生信从善之女也。幼从父读书,明大义。十八岁于归,事翁姑以孝闻。次年其夫寝疾病④。信祷于天,愿以身代夫死。病卒不起。乃矢志靡他,抚嗣子见龙成立,中武庠生。道光十九年旌表。同治四年卒,寿八十有二。

张娄氏,城内人张景行之妻。夫殁守志。道光二十七年旌表。

孟王氏,芒店孟希若妻。夫亡守志。道光二十七年旌表。

冯曹氏,褚河港冯绪昌妻。年二十三夫殁。抚孤守志,事舅姑以孝闻。已而舅姑相继殁,子复殇,绪昌族人无存者,遍访远近得其族叔二,皆老而无子,贫甚,氏皆迎归养之。曹本儒家女,同母兄弟恬、慎、忻、恂,舅玉良,皆列

---

① "己"合刊本"民国志"误作"已"。
② 簉(zào)室:旧时称妾。簉,副的,附属的。
③ "巳"字误,当作"已"。合刊本"民国志"此处作"已"。
④ "寝疾"后之"病"字疑衍。寝疾:卧病。合刊本"民国志"此处亦衍此字。

(民国)安次县志

庠序。痛宗祀将绝,乃抱养异姓子为后。小姑家贫,曹卖田赒恤之,无吝色。至今乡人称颂弗替焉。

黄娄氏,芦①村黄云锦妻。年二十八岁夫殁。守节五十四年。咸丰六年旌表。以下十三人同以是年旌表。

王吕氏,卢村王治国妻。夫故,王年二十五岁。守节五十年。

孟刘氏,孟蔚文妻。夫故,刘年二十八岁。守节三十三年。

段王氏,段秀妻。夫故,王年二十一岁。守节四十八年。

张刘氏,城内张兆麟妻。夫故,刘年三十岁。守节四十四年。

张邵氏,堤上营张怀倬妻。年二十八岁夫故。守节四十七年。

孟张氏,孟绍文妻。年二十六岁夫故。守节三十六年。

张氏,城内张肇埔妻。二十六岁夫故。守节四十八年。

郭焦氏,郭涛妻。夫故,焦年二十八岁。守节五十一年。

邢赵氏,城内邢有德妻。十九岁夫故。守节七十三年。

张朱氏,城内张景明妻。二十六岁夫故。守节五十三年。

余王氏,城内余大光妻。二十七岁夫故。守节三十六年。

张李氏,三间房村李文明女,适南关张铣。嘉庆二十五年夫故,李年二十七岁。抚遗孤永祺成立,殁年六十有三。

曹王氏②,东储村王治盛妻。自道光十九年,守节四十二年。刘赵氏,褚河港村刘凤岐妻。乾隆五十一年夫故,赵年十九岁。抚孤守志,道光二十二年卒。守节五十五年。

孙杨氏,北田庄孙秉孝妻。二十六岁夫故。抚孤守节,咸丰七年卒。守节四十六年。

倪孙氏,齐官屯倪作孚妻。年二十二岁夫亡。守志,抚孤成立,卒年五十

---

① "芦"字误,当作"卢"。合刊本"民国志"此处亦误作"芦"。
② "曹王"字序颠倒,当作"王曹"。合刊本"民国志"此处亦倒。

二岁。咸丰中旌表。

马史氏,得胜口马树柯妻。夫亡,抚女守志。

王刘氏,磨叉港人,适王家堡王芝昌。孝事舅姑,笃于伉俪。道光二年夫殁,刘年十七岁。亲视含①殓毕,谓其家人曰:"妇以夫为天,夫存则与俱存,夫亡则与俱亡,吾其追随泉下矣。"遂绝粒以殉,族党皆伤之。

孟李氏,孔洼村孟纯性之妻。年二十一岁夫故,时道光二年也。李矢志守节,至咸丰中卒。

刘于氏,炊庄刘文玉妻。夫亡守节。

邵杨氏,古县村人邵镕妻。夫亡守节。同治中旌表。

刘周氏,田庄刘福兴妻。道光十一年夫殁,周年二十岁。守志。光绪九年卒,守节五十四年。

张荣氏,霸州堂二里人,适马家口张培元。道光十五年夫殁,荣年二十一岁,遗孤泽,方周岁。矢志守节,抚孤成立。泽娶褚河港郝氏。至咸丰九年,泽殁,荣亦相继而亡,郝时年二十八岁。抚孤守志,于光绪三十年病殁。均已旌表。

马杨氏,文安诸生杨养浩之女,适得胜口马连城。道光十八年夫殁,杨年二十六岁。矢志不渝,光绪二十年卒。即于是年旌表。

张冀氏,赵庄冀成明之女,适南关生员张永祚,生一子云锦。道光十九年夫殁,冀年二十九岁。抚孤守志,卒年五十有九。

李贞女蓉姑,马头村李大纯女也。大纯尝为部吏,年老归,夫妇相继殁,遗二子一女。蓉姑幼聪慧,略能识字,许字都门朱姓。稍长,病痿,其父为买婢侍之。婢陈姓,名春花,东沽港人,事蓉姑殷勤备至,蓉姑以姊妹视之,春花感甚。蓉姑及笄未嫁而朱卒,蓉姑泊如②也。婢会其意,事之愈谨,每背人对

---

① 视含:古人死,以玉含其口中。后因称送终为"视含"。

② 泊如:恬淡无欲貌。

泣。家故贫,二兄析居远游,蓉姑与婢终岁针黹自给,相依为命。其兄不能固穷,归家辄欲鬻婢,婢坚拒之,誓与蓉姑共生死。无何①,李之族姓别欲为蓉姑议字,并欲以春花为媵②,蓉姑拒之曰:"既字朱姓,不问其存与亡,誓当从一而终。至以废疾,故媵婢尤为不可。"自是遂拟与春花择配而自寻死所矣。春花微会其意,固劝,弗能移其志,相对哭皆失声。邻里廉③知其情,朝夕防之,日久稍懈,一日黎明同赴门外塘水。死时道光二十一年闰三月初八日也。蓉姑得年三十二岁,春花二十六岁。县令倪表其墓,一时士大夫多赋诗哀之。永清李九鹏赋《义婢行》中有"主不获死,婢所羞;婢得从死,主所赐"之句,可谓能道其心事矣。文安张云骧著《芙蓉碣传奇》以纪其事。

王郭氏,西务村王存信之妻。年二十四岁夫亡。守节四十四年。同治十一年殁,年六十八岁。

马氏,磨叉港人,得胜口村马大坤之继室也,生年十九适大坤。道光二十四年夫殁,时方二十九岁,遗子女各二。家赤贫,马备尝艰苦,抚之成立。次子升驭,稍长即责其力学,得为县学生。同治十三年以节终,守志三十年。

曹宋氏,文安县宋昭女也,年十五归褚河港村民曹国治。治幼患疯癫,病发辄欲伤人,不能同室,乃依孀姑居焉。家赤贫,其兄代人理家政,赖以养家。姒④多子女,凡针黹操作悉宋任之,昼夜劳苦,从无怨言。宋年二十四,国治卒。姒劝之再嫁,宋以死自誓,年六十七岁以节终。详准旌表。

李陶氏,七堤村人李保灵妻也。年十七于归。甫数月,其姑病疫。时方麦秋,保灵父子俱赴田圃,陶独侍姑疾,姑昏愦中时作呓语,忽思肉羹,家贫无由得。陶乃割左臂胬肉和羹以进,姑食而喜,其病遂愈。越数日,陶归宁。母见其布裹臂,怪而问之,乃以疡对。欲视之不可,强启视之,则刲痕如掌,殷然

---

① 无何:不久。
② 媵:古代嫁女时随嫁或陪嫁的人。
③ 廉:考察,访查。
④ 姒(sì):丈夫的嫂子。

已平复矣。武清黄德澍,保灵师也。尝赋《孝妇行》,以纪其事。

徐崔氏,陈家务徐鹏妻。二十八岁夫故。抚嗣子成立,今七十三岁矣。

杨赵氏,小字紫菱,邑庠生赵伯麟之女也。幼字邑人杨殿卿,殿卿患疯疾,祖姑陈妄谓妇不利于夫,遂恶之。生年十五遂于归焉。每值夫病发,祖姑辄向之辱骂并思出之,赵倍加孝谨。一日,祖姑忽谓之曰:"汝夫之病,惟食人肉可愈耳。"赵从其说,割股烹,进于夫,食之适愈。无何,复发。陈大怒,出之之心遂决。赵哀乞少留,舅姑亦代为乞怜,皆不许,乃跪泣累日不肯去,陈怒犹未解,乃闭置空室中绝其饮食。遂自牖间拜谢舅姑,不食而死,年仅十七岁。时方盛暑,死数日面色如生,惟血斑遍襟袖,谛视之,皆泪痕也。乡里哀之,为之请旌焉。

张孝女者,东栗庄张凤才之女也。性至孝。年十八,其母刘忽得异疾,每食思肉,家贫不能常得也。病既笃,其父携衣饰入城,将质钱市肉。久之不返,母索食不得,腹痛作声,气息奄奄欲绝。女悲惧,遽割臂为羹以进,母喜食之。既而腹中作痛,下细虫无数,其病遂瘥①。迨父市肉归,刘见而恶之,不复食矣。

谢石氏,城内谢锦妻。夫疾革②,石割臂肉和药以进。年二十四岁,夫殁,无子。守志。事舅姑至孝。卒年七十有三。光绪初旌表入祠。

刘张氏,孟村刘之显妻。年二十夫殁,无子。姑病瞽,张事之弥谨,抚嗣子成立。殁年六十有六。

孙氏,响口村武生孙孝妻。年二十四夫殁,无子。守志。事舅姑以孝闻。

刘段氏,调河头村刘梦兰妻。年二十一夫殁,无子。事孀姑能得其欢心。守志十九年,卒年三十有九。

解张氏,淘河村解克栻长子妇也。年二十五夫亡。守志。事舅姑以孝

---

① 瘥(chài):病愈。
② 疾革:病情危急。

闻。卒年七十有二。

孙刘氏,穆家口孙魁妻。年二十三夫殁。守志。事孀姑以孝闻。

解王氏,淘河村解兆楷妻。年二十八夫殁。守志。事姑至孝,以节终。

黄陈氏,民卢村黄云瑞妻。年二十七夫殁。抚孤守志。舅姑皆病卧数载,陈孝养未尝少懈。舅姑病笃,陈焚香祝天,愿损己寿以延其年,绝饮食者六日,以节终。

黄王氏,民卢村黄云魁妻。年十七夫殁,无子。抚嗣子守志。子殁抚孙。事舅姑能得其欢心,以节终。

刘王氏,东庄村刘怀福妻。年二十七夫殁。无子,复无伯叔,而孀姑年六十矣。王祝天,愿姑寿至八十,当岁演剧酬神,后姑至九十乃殁。王酬神十余年,日益贫乏,至衣食艰窘,勤纺绩以供甘旨,怡然无怨色,可谓贤矣。

娄赵氏,济南屯娄培元妻。年二十三夫殁。无子。矢志守节。事舅姑以孝闻。已旌表。

李氏,史庄李玉符妻。年二十一夫殁。无子,抚嗣子守志。已旌表。

于王氏,褚河港村于迪命妻。年二十五岁夫殁。抚孤守志。殁年八十有三。已旌表。

孟曹氏,东沽港孟铸妻。年十七岁夫殁。矢志守节。已旌表。

曹氏,褚河港村曹桢妻。年二十八岁夫殁。抚子光训成立。殁年七十有九,守节五十一年。光绪七年旌表。

孙诸葛氏,穆家口村孙琴妻。年二十七夫殁。抚孤成立。

刘王氏,响口村刘惟妻。年二十七夫殁。抚孤守志。卒年五十有八,守节三十一年。

林徐氏,响口村林强妻。年二十一夫殁。抚孤守志。守节六十一年,殁年八十有二。

张崔氏,西安庄张可言妻。年二十六夫殁。抚孤成立。

信王氏,东庄信源芳妻。年二十四岁夫殁。无子,抚嗣子守志。殁年五十有四,守节三十年。

张沈氏,西安庄张锡妻。年二十四岁夫殁。无子,抚嗣子成立。守节四十七年。光绪十四年旌表。

张高氏,西安庄张尧继室。年二十五夫殁。抚孤守志。卒年六十。

司马王氏,司庄司马亭妻。年三十夫殁。抚子魁守节。

党刘氏,惠家堡党大伦妻。年二十九夫殁。抚孤成立。

崔孟氏,肖庄崔国华妻。年二十六岁夫殁。无子,抚嗣子成立。

黄袁氏,丰盛店黄金榜妻。年二十一夫殁。无子。守志二十余年,卒年四十有六。

解胡氏,淘河村解锡蒲妻。年二十八夫殁。抚孤成立。

孟贾氏,东沽港孟毓基妻。年二十夫殁。抚孤成立。

徐张氏,东沽港徐世昌妻。年二十夫殁。抚孤成立。守节四十五年,殁年六十有五。

安崔氏,东栗庄安朝云妻。年二十七夫殁。孝事舅姑,抚孤成立,以节终。

李王氏,张家庄李国华妻。年二十四岁夫殁。抚孤守志。家贫甚,无以为养,佣于戚家者十有九年。卒年五十有七。

岳王氏,孙皮庄岳良辅妻。年二十夫殁。无子。矢志守节。

娄庐①氏,济南屯娄培田妻。年二十九夫殁。抚孤成立。

穆李氏,东张家庄穆钧妻。年二十六夫殁。抚孤成立。殁年七十有四,守节四十八年。

甄张氏,东张家庄甄达妻。年二十五夫殁。抚孤成立。

李赵氏,东张家庄李成林妻。年二十二夫亡。无子,奉孀姑守志。殁年七十有三。守节五十一年。

---

① "庐"字误,当作"卢"。合刊本"民国志"此处亦误作"庐"。

李彭氏，东张家庄李成芝妻。年十八夫殁。无子。守节四十年,殁年五十有八。

　　李张氏，东张家庄李国士妻。年二十九夫殁。抚孤成立。殁年六十有三,守节三十四年。

　　朱李氏，王庄村朱学礼妻。年二十七夫殁。无子,抚嗣子成立。事舅姑以孝闻。

　　朱张氏，王庄村朱学广妻。年二十四岁夫殁。抚孤成立。

　　刘王氏，王庄村刘文著妻。年十九夫殁。无子,抚嗣子,事孀姑,慈孝兼至。守志二十余年,卒年四十有三。

　　张朱氏，白草洼张亮妻。年二十六夫殁。抚孤守志,居王庄以节终。

　　萧孟氏，沙窝萧企观妻。年二十六夫殁。抚孤守志。

　　赵张氏，郑家楼村赵林妻。年二十七夫殁。抚孤守志。殁年六十有六。

　　吴杜氏，郑家楼村吴继福妻。年二十九夫殁。无嗣子守志。

　　罗张氏，郑家楼村罗祥妻。年三十夫殁。无子,抚养子守志。

　　赵张氏，邑人赵玺妻也。年二十九夫殁。抚孤守志,事舅姑以礼。乡人感其孝,为之请旌焉。

　　王孟氏，南务村王震妻。年二十九夫殁。家贫,孝事舅姑,抚孤成立。

　　张赵氏，浑酒营张均亨妻。年二十四夫殁。矢志守节。家贫,事孀姑,抚幼子,慈孝兼至。

　　周高氏，马枸榴村周殿魁妻。年二十三夫殁。无子,孝事舅姑,抚嗣子成立。子殁抚孙。慈孝兼至,食贫无怨。殁年六十。

　　葛马氏，西储村葛维新妻。年二十四夫殁。无子,守志三十七年,殁年六十有一。

　　孙倪氏，东庄村孙光廉妻。年十九夫殁。矢志守节。已旌表。

　　解刘氏，淘河村解兆芳妻。年二十一夫殁。家贫,抚幼子成立,事病姑能得其欢心。殁年五十有八,守节三十七年。

刘于氏，磨叉港村刘玉树妻。年二十一夫殁。家贫，孝事舅姑，慈爱幼子，里党称贤焉。

韩汪氏，柳林马房村韩廷玉妻。年二十九夫殁。无子，抚庶子福临成立，孝事舅姑，以节终。

解王氏，淘河村解克卜妻。年二十七夫殁。家贫，无子，姑老且病，王衣不解带者三月，抚侄为嗣。以节终。

解吴氏，淘河村解锡缙妻。年二十一夫殁。抚孤守志，孝事舅姑。族党称之，已旌表。

解于氏，淘河村解承翼妻。年二十二夫殁。于绝粒誓以死殉，舅姑力劝止之乃食。无子，娣早殁，遗一女，于抚之如己出。以节终。

马施氏，邑人马德广妻。年二十八夫殁。无子，矢志守节。

解李氏，仇庄解兆仑妻。夫病疫将不起，李割股肉和药以进，夫立愈。夫殁时，李年二十二岁。矢志守节，事舅姑以孝闻。

刘宗氏，邑人刘攀桂母。年二十岁夫殁。抚遗腹子成立。以苦节终。

何钱氏，邑人何勤襄妻。年十九岁夫殁。无子，矢志守节。

陈阎氏，外郎①城陈苍霖妻。年二十一夫殁。矢志守节。卒年五十有二。

边孟氏，邑人边永淳妻。年二十八夫殁。守节六十一年，卒年八十有九。已旌表。

董高氏，罗官屯董楘妻。年二十四夫殁。无子，抚嗣子守志。事舅姑以孝闻。数年子殇，高劝舅纳妾生子，舅旋没。高抚夫弟成立，得延②。

王徐氏，挑河头王德升妻。夫亡，抚孤成立。

董高氏，罗官屯董治妻。年二十九夫殁。抚孤守志。

---

① "郎"字误，当作"狼"。合刊本"民国志"此处亦误作"郎"。

② 合刊本"民国志""得延"后有"夫家宗祀"四字。

王胡氏，罗官屯王廷礼妻。年二十九夫殁。抚孤成立。

高刘氏，罗官屯高洪妻。年二十六夫殁。无子，抚嗣子守志。

李刘氏，邑人李之荣妻。年二十五夫殁。抚孤成立，事姑至孝。殁年六十八，守节四十三年。

孙张氏，胡家庄孙广春妻。年二十三夫殁。无子，抚嗣子成立。事舅姑至孝。卒年五十有六，守节三十三年。

马王氏，文安人，得胜口武庠生马导诚之继室也。夫殁守节，矢志不渝，抚孤成立。

马于氏，得胜口人，适同里马导凝。夫亡无子，守志，备尝艰苦。

李孔氏，响口村李怀友妻也，邑人孔昭立女。年十九夫殁。家贫，抚孤守志，事舅姑以孝闻。

赵程氏，响口赵继云妻。年二十六夫亡。矢志守节，教子有方。孤子彭龄入县学，为邑中善士。年八十二以节终。

王张氏，蔡庄王弼妻。年二十三夫亡。抚孤成立。守节四十七年卒。

徐安氏，北赵庄徐好友妻。夫故时，安年二十七岁。守节四十八年。至七十五岁殁。

王崔氏，小纪庄王守德妻。年二十九夫殁。抚嗣子成立，事舅姑以孝闻。

王氏，小纪庄王万起妻。年二十九夫殁。抚孤守志。殁年七十岁，守节四十一年。

黄李氏，丰盛店生员黄澍妻，武清李如玉女也。同治庚午孟秋，牛大疫，死者相继，人食其肉辄发疗，疗现即死，无能疗者，故食牛者亦相率不复食。澍笑其妄，烹牛肉盈釜，与家人共食之。巳①而家人皆无恙，澍独大病，疗发遍体，喉舌尤甚，已易箦矣。李潜祷于天，割股为羹以进。澍饮讫，遍体汗出，疗紫黑者皆复红，遂得不死。非贤妇救之，殆矣哉！此可为纵口腹者戒也。

---

① "巳"字误，当作"已"。合刊本"民国志"此处作"已"。

王潘氏,丰盛店诸生王福堂妻,武清潘桂女也。夫病疫将不起,潘割臂肉烹以进,夫疾遂瘳。

彭沙氏,史庄彭士贤妻。夫病疫将不起,沙割臂肉烹以进,夫竟愈。

孙郭氏,胡家庄孙庆元妻。夫病革,医药不能愈,郭割臂肉烹以进之,夫病良已。

陈彭氏,罗官①陈祥妻,史家庄诸生彭士宾女也。年二十五夫殁。遗一女,矢志守节。

董朱氏,东李庄董连基妻。年二十八岁夫殁。抚孤守志。殁年六十有三,苦节三十五年。

董刘氏,东李庄董廷基妻。年二十四岁夫殁。无子,家贫,归母家守志。殁年八十有四,守节六十年。

王周氏,沙窝王鸿麟妻,东栗庄周魁女也。年二十九夫殁。无子,倚侄以养,矢志靡他。

董王氏,东李庄董连元妻。年二十四岁夫殁。遗子女各一,抚孤成立,子又逃亡,含辛茹苦。后幸两孙稍长,藉以养焉。

董杨氏,东栗庄董连甲妻。年二十六岁夫殁。母家劝其改适,杨痛哭流涕,啮指出血,矢志守节。殁年六十有八。守节四十二年。已旌表。

杨刘氏,八里桥杨荣恩妻。二十一岁夫殁。无子,矢志守节。

仇李氏,罗官屯仇永恭妻。年二十八岁夫殁。抚孤成立。殁年六十有八,守节四十年。

仇周氏,罗官屯仇永和妻。年二十九岁夫殁。抚孤守志。

韩孟氏,沙窝韩玉德妻。年三十夫殁。抚孤守志。

孙孝女者,大益留屯孙绍文女也。幼聪慧,喜读书。稍长,善属文。许字同里施姓子,以有微嫌遂绝婚。女颇不直之,亦无如何。后复有为女议别字

---

① 此处"官"后脱一"屯"字,当补。合刊本"民国志"此处亦脱此字。

者,女力辞,以亲老无兄弟侍奉为言,遂立志守贞。父母殁,殡葬丧祭皆如礼。孑然一身,志向尤坚。且为父母立主祏①,朝夕拜奠,事之如生焉。婴儿子不得专美于前矣。民国元年旌表。

邓王氏,邓家场邓云台妻。夫殁无子,守节不渝。

马朱氏,褚河港马丕明妻。年二十八夫亡。守志。光绪末卒,年八十余。

李马氏,东张家务李景星妻。夫亡,马年二十五岁。无嗣。守节五十七年,殁年八十有二。

李姜氏,东张家务李景贤妻。夫亡,姜年十九岁。无子,抱异姓子抚以成立。殁年八十有二,守节六十三年。已旌表。

范王氏,范家庄范光明妻,西尤庄王鸣皋女也。夫亡,王年二十八岁,遗孤才数月。王俭约自奉,矢志靡他。光绪十五年,王年七十四岁,身体强健,整理家务不衰。其子范杰魁为之请旌。督学周公给予"节高寿永"扁额,乡里荣之。

张章氏,张受田妻。夫故时章年二十八岁。守节四十六年。光绪十六年旌表。

魏吴氏,城内魏启棻妻。年十七岁归魏,即以贤孝闻。年二十五夫亡。遗孤继殇,抚嗣子成立。寿至八十二岁而终。已旌表。

解萧氏,淘河村解锡熊妻,静海县独流镇人,官甘凉道萧宗干之妹也。年二十四岁夫亡。矢志守节。

陈刘氏,东庄陈有彩妻。年二十九岁夫亡。遗孤尚幼,刘勤俭治家,矢志守节。光绪十五年卒,年七十有三。

张何氏,东栗庄张天佐妻。年二十六夫亡。遗二子,何抚之成立。姑性严厉,每以非礼使何,何顺受之无怨色。勤俭治家,艰苦备尝。光绪八年卒,年六十有七,守节四十余年。

---

① 主祏(zhǔ shí):宗庙中所藏的神主。神主为木制,平时藏于石函中,故称"主祏"。

杨刘氏,杨联珠妻。夫故时刘年二十一岁。守节四十八年。光绪二十四年旌表。

孙周氏,刘各庄周凤鳌女,年十七岁适小营孙某,以贤孝闻。年二十三夫殁。遗一幼子,矢志抚孤守节。家有薄田五亩,凶岁几无以为生。翁姑又相继殁,子稍长出就外傅①,家道窘迫,以针黹供脩金②,艰苦不可言。晚年子若孙皆成立,家道称小康焉。年七十三岁无疾而终,守节五十年。

陈曹氏,武清县曹方维之女,小东庄诸生陈文炳之继室也。咸丰三年夫殁,曹年二十五岁。矢志守节,前室遗子钧,曹抚之如己出。家故贫,以纺绩度日,未尝告贷于人。钧稍长,力田奉母,家境以裕。卒年六十有九,守志四十四年。

郭孟氏,东沽港孟传榕之女,适郭家场村郭继山。年二十八岁而夫殁。遗二子殿甲、殿扬俱幼。孟孝事孀姑,抚子成立。后次子殿扬得入泮为诸生。卒年六十四岁。

雷李氏,磨叉港雷毓芬妻。年二十九夫殁。矢志守节,抚二子成立。

张王氏,茨平村张炳华妻。夫亡守志。已旌表。

刘邵氏,田庄刘钟铭妻。年二十三夫殁。无子,抚嗣子成立。

沈刘氏,沈家庄沈文魁妻。咸丰十年疫大作,魁染疫濒危,思肉食。家贫不得,刘割左股烹以进,魁食之乃愈。

张王氏,东栗庄张琛妻。姑病危,王祷于天,愿减寿以益姑算。夫病,王愿以身代夫。卒不起,誓以死殉,亲族再三劝之乃止。三年服阕,哭奠于墓,遂于夜间饮药,死时年二十有二。光绪二十四年旌表。

李王氏,惠家堡李廷芳妻。年二十六岁夫殁。抚孤成立。

傅张氏,刘七字堤傅万林妻。年二十一夫殁。父母劝之改适,张剪发自

---

① 外傅:古代贵族子弟至一定年龄,出外就学,所从之师称外傅。与内傅相对。

② 脩金:送给教师的酬金。

誓,抚遗腹子成立。以节终。

王袁氏,马神庙王怀玉妻。年二十六夫殁。无子,矢志守节。

王杨氏,马神庙王绍春之继室也。年三十岁夫殁。抚孤成立。

张孙氏,齐家营张国祥妻。幼从父读书,明大义。同治六年夫殁,孙年二十。子欣如方三岁,抚之成立,命其读书,得为县学生。光绪二十八年欣如病故,无子孙,乃以从兄荫桐子为嗣。越三年复亡,遗孤一孙,又抚之成立。艰苦备尝,贫而无怨,今尚存。

秦王氏,北护村壕秦太妻。年二十九岁夫殁。抚孤成立,以节终。

黄龙氏,调河头黄德儒妻。年二十四岁夫殁。无子,抚嗣子成立,艰苦备尝。殁年七十余。同治八年旌表。

刘马氏,调河头刘振方妻。年二十六岁夫殁。抚孤成立。

魏刘氏,西张家务魏明显妻。年十八岁夫殁。矢志守节。

李单氏,李马子庄李光显妻。年三十岁夫殁。矢志守节。

扈李氏,达王庄扈桢妻。年二十六岁夫殁。遗孤才六月,李抚之成立。家贫,以针黹自给。殁年七十,守志四十四年。

王冯氏,王家圈王择善妻。年二十七岁夫亡。无子,抚嗣子成立。殁年七十有二,守节四十五年。

王刘氏,西张家务王发妻。发惰不理生业,王与人佣工以养之。年二十八夫殁。抚孤守志。

谢范氏,里狼城庠生范德先女,适诸生谢振瀛。孝事舅姑,年二十八而夫殁。食贫茹苦,抚孤成立。守节四十五年,殁年七十有三。

谢杨氏,武清人,城内谢振平之继室。年二十五于归,越二岁而夫殁。事舅姑能得其欢心,抚育前室子女无异己出者。守节四十七年卒。

李张氏,中孟各庄李永志妻。二十八岁夫故。守节终身。

刘王氏,得胜口王谏之女也。及笄,适调河头刘梦庚,年二十而夫殁。无子,矢志守节,孝事孀姑。阅二十余载而姑殁,遂仰药以殉。时在光绪十余年。乡人上其事,奉旨旌表。

娄董氏,济南屯娄熤妻。年二十七夫殁。抚孤成立。

杨翟氏,牛房村杨殿奎妻。年二十四岁夫殁。无子,矢志守节,事舅姑以孝闻。

刘魏氏,诸生刘若海妻。年十六于归,甫数月,海病疫。医药罔效,魏割左股为羹以进,得汗而愈。明年海殁,魏自经,以救免。卒年二十九岁。

刘张氏,前所营村人刘琏妻。夫故时张年二十九岁。矢志守节。光绪六年旌表。

信阎氏,静海县诸生阎荫郁之女,邑庠生信承纪继室也。于归年余,夫故。前室邵氏遗子女各一,阎抚之如己出。子书年稍长,令其入塾读书。书年于光绪丁酉领乡荐,官广东潮州盐大使。女幼聆慈训,能识大体,适同邑马格,亦以节闻。其子女得之母教者如此。卒年七十有一,光绪三十一年旌表。

李刘氏,响口李文岐妻。年二十八夫亡。抚孤得永守志。子娶孙氏,未几而夭,孙亦矢志靡他,抚遗孤成立,艰苦备尝。刘卒年八十有二,孙卒年七十有三。洵称一门双节云。

解马氏,诸生马丕显女也。年十七适宋六口解光和。越三载夫殁,遗腹生一女。家苦贫,翁姑逼令再嫁,凌虐备至,妇志坚不能夺。尝于病中自取针刺入胸膈间,强食冷淘数碗,以其不易消融,盖欲托病而死,不欲播其翁姑凌虐之名也。俱得不死,以侄承玺为嗣,自襁褓以至成立,抚育己出。今尚存,年八十一矣。

王马氏,小字春姑,得胜口马升玖之女也。父为人佣,五岁母殁,幼字霸州堂二里王文庆,遂寄养焉。年十三岁成夫妇礼,家贫,无何,翁死。姑王氏性仁慈,隆冬乏被褥,取翁所遗布袍一袭裂为三幅,共子妇覆之以代衾裯。文庆嗜赌成癖,不事生业,其母殁后,家中什业尽入质库,并碎其釜而鬻之,出辄经旬不返。马备罹困苦,抚育弱子,日不再食。子义甫数龄,冬夜襁褓而卧展转,从无怨色。居数载,夫死于野,闻而赴之,慨然泣曰:"夫自病死耳,毋为他人累也。"乃亟归其丧而葬之。是年马方二十九岁,旋徙居得胜口。有悯其贫劝之再醮者,马矢志靡他,不为夺也。终其身未尝告贷于人,食贫居苦,抚子成立。以寿终,年八十有七,守节五十八年。

张李氏,得胜口李茂之女,适老堤头张至广。夫殁,李年二十八岁。抚孤成立。今尚存,年九十余。

张聂氏,葛渔城人,适老堤头张万苍。夫亡聂年二十岁。奉姑守志,以节终。

邵李氏,孙家场李成美之女。年十九岁适送流口邵环。时舅姑衰老,李竭力奉侍,能得欢心。夫殁,家中落,李年二十五岁。遗二女,里人有劝其再醮者,李矢志靡他,不可夺也。晚年家益贫,赖两婿周济之。宣统三年旌表。

王刘氏,西张家务王元成妻。年十九夫殁。无子,家贫,以针黹自给。守节六十年卒。

刘石氏,大旺村人,适田庄刘钟奇。咸丰八年夫殁,石年三十岁。矢志守节,光绪二十七年卒。

侯吕氏,廊坊侯荣妻。年三十岁夫亡。抚孤成立。今尚存,年八十五岁。光绪十九年旌表。

张侯氏,小营村张谦妻。年三十岁夫亡。无子,抚族孙成立。光绪十九年旌表。

王郭氏,小营村王国士妻。年二十岁夫亡。矢志守节。

杨张氏,许各庄村杨殿荣妻。年二十五岁夫亡。矢志守节。

马王氏,文安诸生王僳之女,适得胜口诸生马友桢,生二子。夫故,王年二十七岁。孝事舅姑,抚子成立。宣统三年卒,享年八十有一。

孙王氏,霸州下堡人,适得胜口孙国俊。年二十八而夫殁。抚孤成立。今尚存,年八十三岁。

高董氏,祁家营高鸿儒妻。年二十二夫殁。遗孤尚幼,董抚之成立。有劝其改适者,董矢志不渝,不为夺也。已旌表。

曹孙氏，静海独流镇孙海峰之女，适褚河港曹光宇。年二十六岁夫亡。遗孤国章尚幼，孙抚之成立。光绪十五年卒，年六十有四。守节三十八年。

孙安氏，穆家口安成清之女，咸丰中适同里孙文学。年十七岁于归，越六月夫殁，遗腹生一子。贫无立锥，安躬亲操作，抚孤养亲，备历艰苦。翁姑殁，丧葬如礼。子亦成立。守节五十余年卒。

安殷氏，茨平殷永顺之女，适景村安履祯。年二十夫殁，矢志守节。遗孤成睿，少长令其读书，娶妇周氏。又夭折，周时年三十岁。姑媳艰难度日，之①死靡他，一门苦节，实可风焉。今尚存，殷年八十有一，周年六十有一。

张李氏，西马圈张文禄妻。年三十岁夫殁。茹苦含辛，守节五十二年，卒年八十有二。

王孟氏，东沽港人，适蛤蜊港王璈。年二十五岁夫殁。守节五十七年。

田孙氏，城内田锡禄妻。十五岁于归，光绪二十一年夫故。守志。宣统二年卒，年三十九岁，计守节十六年。已旌表。

王张氏，王德元妻。善事舅姑，年二十而夫殁。守节五十年，卒年七十。

魏张氏，城内魏启梁妻。夫亡，抚孤成立。子娶妇王氏，未几王暴亡，继娶高氏，而子又夭。两世孀居，只抚一孙，嘻其酷哉。

胡孙氏，穆家口孙瑞之女，适御驾堤胡顺增。年十九岁夫殁。抚嗣子守志。卒年七十九岁，守节六十年。

王氏，东辛庄王延龄之妻。年二十夫殁。守节五十一年。

孙胡氏，葛渔城胡继盛之女，适蛤蜊港孙学诗。年二十一岁夫殁。无嗣，抚孤女守志。卒年七十六岁，守节五十五年。

倪朱氏，齐官屯倪连发妻。夫亡，朱年二十二岁。抚孤守志。年五十二卒。已旌表。

李张氏，杨官屯李休林妻。年二十二岁夫亡。励志守节，抚遗腹子成立。

---

① 之：到。

子弱冠又殀，张志益坚。今尚存，年八十五岁。

钱王氏，钱琦妻。夫故时，王年三十岁。守节五十年，殁年八十。

李冯氏，武清冯俊之女，适史家庄李彦林，生一子受福。年二十三岁夫殁。矢志守节，奉姑至孝，教子有方。年五十九以节终。

彭董氏，史家庄彭士珍妻。年二十六岁夫殁。守节四十年，卒年六十有六。

窦刘氏，东张家务村窦万银妻。年十九岁夫殁。矢志守节。

刘氏，落垡村庠生刘之铭之母。年二十一岁夫亡，之铭甫四月。刘上事翁姑，下抚襁褓，矢志靡他，备尝艰苦。光绪十八年旌表。

王高氏，马神庙村王殿玉妻。年二十八岁夫殁。矢志守节。

解高氏，武清县人，适淘河解光绣。年二十二岁夫殁。矢志守节。光绪十六年旌表。

姚张氏，南庄姚文藻妻，张家村张书堂之女。年十九于归，数年而夫亡。孤子光宇方在襁褓，张哀痛欲绝。翁开如司铎阜城，祖翁姑在堂。张遵遗言养亲教子，以承夫志。未几，翁捐馆，祖翁姑亦相继弃养。张益悲不自胜，惟节哀顺变，孝敬孀姑，亲操井臼者四十余年。现年七十二岁，孀姑八十三岁，张视膳问安，无少怠焉。

单姚氏，琥珀营单九如妻，系南庄姚升女。年二十三岁于归，阅八月而夫亡。前室子仑甫数龄，时翁姑在堂，妇代子职，生养死葬，尽礼尽哀，抚孤子如己出。尝归宁，值父升得危疾，姚割左肱，祷天祈寿，疾得愈。光绪三十一年子仑又殁，姚一痛几绝。次年奉旨旌表。

解刘氏，黄葭漕村解克明妻，大郑庄刘大经女也。年十七于归，事亲至孝。克明性刚嗜酒，醉则与人争，刘常婉言沮之，弗悛也。后十年以足疾终。家故贫，刘纺织自给，抚六龄子至于成立，四十余年无怨色，乡人贤之。卒年七十有三。

张氏，南庄村张柱妻。二十五岁夫亡。守节至七十七岁而殁。

李张氏,李玉衔妻。年二十九岁夫亡。矢志守节。

王陈氏,后甫里王克勤继室。年二十八岁夫殁。矢志守节。

王氏,城内人王诉继室。夫殁,王年二十九岁。矢志守节。

王赵氏,马神庙王永发妻。年二十八夫亡。矢志守节,抚孤成立。

张宁氏,惠家铺张济惠妻。年二十八岁夫亡。家贫,抚孤守志,事翁姑以孝闻。

李氏,艾万庄李云亭妻。年少夫亡,无子,抱养子女各一。李上事翁姑,下抚子女,孝慈兼至,乡里贤之。

李孔氏①,邑人孔昭立之女,适响口李怀友。年二十九夫亡。矢志守节,抚孤成立。以下十二名皆响口村人

赵张氏,适赵存厚。年二十六夫亡。矢志守节,事姑至孝,抚子成立。

李夏氏,李云凤妻。年二十六夫亡。无子,矢志守节。

李陈氏,李祥云妻。年二十夫亡。无子,抚嗣子成立。殁年六十岁,守节四十年。

孙杨氏,孙廷珍妻。年十八夫殁。无子,家贫,以针黹自给。殁年七十有三,守节五十五年。

赵杜氏,赵恩琦妻。年二十岁夫亡。无所出,矢志守节。

赵孙氏,赵佐年妻。年二十一夫亡。无子,苦节以终。

孙李氏,孙廷恺妻。年二十五岁夫亡。无子,抚嗣子成立。

徐李氏,徐成起妻。年二十八岁夫殁。无子。守节四十四年,殁年七十有二。

李谷氏,李和年妻。二十六夫亡。抚嗣子守志,食贫居苦以终。

李田氏,李成芝妻。夫亡,田年二十三岁。抚孤成立。守节五十年,卒年七十有三。

---

① 此李孔氏与前文响口李怀友之妻李孔氏为同一人,只是具体叙述语言稍有差异。

李石氏，李文德妻。年二十一夫亡。抚孤成立。守节四十三年，卒年六十有四。

李刘氏，李文敬妻。年二十五岁夫亡。子复殇，伶仃孤苦。守节五十年，卒年七十有五。

苏王氏，苏家庄苏天培之继室也。前室遗一子，王爱若己出。未几，王生一子，以夫弟乏嗣，慨然以己子为之后，族党贤之。年二十六夫殁。食贫居苦。守节四十九年，卒年七十五岁。

苏刘氏，苏家庄苏殿臣妻。十七岁于归，二十四岁夫故，遗孤方四岁，刘矢志守节。舅欲夺其志，刘知之，遂携子避归母家。居数年，子渐长，母子为人佣工，赖以生活。守节四十年，卒年六十四岁。

曹崔氏，南崔庄崔有珍之女，适西尤庄曹大本。年二十九岁夫殁。无子，善事翁姑，矢不再醮。守节四十七年。

孙陶氏，响口孙继元之妻也。年二十四岁夫殁。无子，抚嗣子成立。守志五十余年。

陈张氏，张步蟾女，适邑人陈树勋。同治元年夫殁，张年二十二岁。生一子，抚之成立。光绪二十九年终，守节四十二年。

刘仇氏，适祁家营刘玉珠。舅早亡，事孀姑至孝。同治元年，仇年十八，夫与姑相继而殁。无子，生遗腹女。夫兄玉珍老而鳏，夫弟玉玺尚幼，家赤贫，度日全资十指。岁饥挑野菜和糠粃而食，人不能堪，仇不以为苦。同里有劝其改适者，仇泣告之曰："妇人从一而终，是有命焉。贫非病也，且夫弟尚未成立，必为婚娶以延先嗣。君子爱人以德，请勿为未亡人虑。"言者惭而止。越数年，玉玺婚而生子，仇抚以为嗣，家计日有起色，乡党称之。光绪三十三年旌表。

孟卢氏，孔洼村孟永麟妻。年二十八岁夫故，时同治元年也。至光绪二十七年殁，守节四十年。

王孙氏，霸州孙禄之女，适王家堡王汝谟。夫亡，矢不再醮，以节终。

张杨氏,里郎①城人,适同里张冠勇。年二十八夫亡,遗二子。家故贫,行佣养姑,抚子成立。卒年六十有六。

崔杨氏,文安县杨永鳌之女,适王家堡崔体耀。同治六年夫故,杨年十九岁。矢志守节。

朱孟氏,王家堡朱有贵妻。同治六年夫殁,孟年二十四岁。矢志守节。

于阎氏,里郎②城人,适同里于廷良。夫殁,阎年二十八岁。矢志不渝。卒年七十五。光绪三十一年旌表。

张于氏,里郎③城人,适霍家场张立堂。夫殁,于年二十三岁。抚孤守节。卒年五十有五。光绪三十二年旌表。

于董氏,永清信安人,适里郎④城于献朝。夫亡,董年二十三岁。矢志守节。卒年六十有七。光绪三十二年旌表。

于宋氏,霸州堂二里人,适里郎⑤城于贡金。夫亡,宋年十九岁。矢志不渝,抚孤成立。卒年八十有六,守节六十七年。

于郭氏,永清信安人,适里郎⑥城于廷选。夫亡,郭年二十六岁。矢志守节。卒年七十有二。

张氏,葛渔城张耀宗之女,适祁家营张奎文。夫殁,无子,事孀姑以孝闻。姑殁,含殓毕,仰药以殉。年三十岁。

张于氏,里郎⑦城人,适同里张琮。夫殁,于年二十四岁。矢志守节。卒年七十有九。光绪三十一年旌表。

---

① "郎"字误,当作"狼"。合刊本"民国志"此处亦误作"郎"。
② "郎"字误,当作"狼"。合刊本"民国志"此处亦误作"郎"。
③ "郎"字误,当作"狼"。合刊本"民国志"此处亦误作"郎"。
④ "郎"字误,当作"狼"。合刊本"民国志"此处亦误作"郎"。
⑤ "郎"字误,当作"狼"。合刊本"民国志"此处亦误作"郎"。
⑥ "郎"字误,当作"狼"。合刊本"民国志"此处亦误作"郎"。
⑦ "郎"字误,当作"狼"。合刊本"民国志"此处亦误作"郎"。

曹张氏,仇庄张荣之女,适西尤庄曹大山。同治初夫病殁,张年二十七岁。止一子,六岁而殇。矢志靡他,奉翁姑至孝。守节四十七年。

王安氏,孙皮庄人,适罗官屯王廷贵。年二十八夫殁。仅一子,家贫,以针黹度日。守节四十余年。

王祁氏,得胜口人,适同里王健。夫亡祁年二十七岁。抚孤守志,家贫,以针黹自给。守节三十余年卒。

李扈氏,达王庄李春霖妻。二十三岁守节,卒年七十二岁。

邓许氏,孙坨村邓万顺妻。二十岁夫亡。守节四十余年。

曹陈氏,霸州疙疸村陈效先之女,适褚河港曹光焕,生一子国琳。夫殁,陈年二十七岁。矢志守节,抚孤成立。光绪三十三年旌表。

王张氏,永清诸生张浚源之女,适王家堡王镒。同治八年正月于归,张年十五岁。是年九月,夫殁。矢志守节。宣统元年旌表。

马赵氏,灰城人马玺之妻。夫故守节。光绪二十九年旌表。下三人同

孙靳氏,胡家庄孙学襜之妻。夫故,靳年十九岁。

冯雷氏,韩各庄冯廷玉之妻。夫故,雷年二十四岁。

马刘氏,永清举人刘崿之女,适得胜口马楫。夫亡,守志终身。

王杨氏,葛渔城王殿甲之妻。夫故时,杨年二十七岁。光绪三十三年旌表。

陈周氏,朱村陈九畴之妻。年二十四岁夫故。守节三十二年。光绪二十四年旌表。

张李氏,城内张兰芳之妻。年十五岁于归。二十九岁夫殁。矢志守节。卒年七十一岁。

马杨氏,文安胜芳杨肇初女也,适得胜口马志钧。同治九年志钧殁,杨年二十三岁。誓志守节。宣统二年旌表。

陈孟氏,胡其营陈凤福之妻。同治十一年夫亡,孟年十八岁。遗腹生一子玉岚,孟抚之成立。

庐①聂氏，葛渔城人，适送流口卢邦彦。年二十四岁夫殁。邻人有劝其再醮者，聂矢志不渝。卒年五十有八。

王张氏，马家口人，适同里王桂林。年二十七岁夫亡。抚孤守志。

巩解氏，送流口人，适同里巩庆连。年二十岁夫亡。守志，抚孤成立。

张氏，武清县双庙村人，适南关张鉴。年二十三岁夫殁。抚二子成立，食贫居苦，守志不渝。以节终。

张贾氏，南关贾树本之女，适大纪庄张殿凯。年二十四岁夫殁。无所出，奉姑至孝。以节终。

郭王氏，小纪庄王宝儒之女，适司庄郭璞，生一子。夫殁，王年二十七岁。抚孤守志。

王李氏，西张家务王德立妻。年二十三夫殁。家贫，纺织自给，抚遗孤成立。以节终。

李高氏，葛渔城李振新妻。年二十九岁夫病革，高②刲股和药以进，病卒不痊。越数日，夫殁。矢志守节。

陈曹氏，静海县扬芬港人，诸生曹永文之女，适小东庄陈文佩。年二十七岁夫亡，遗一女。矢志守节，艰苦备尝，事孀姑以孝闻。

王李氏，得胜口李叙典之女，适磨叉港王书廉。夫殁，李年二十五岁。矢志守节。

孟李氏，东沽港人，适同里孟继涟。夫殁，李年十九岁。矢志守节。

李史氏，武清范口村人，适东沽港李锡椿。年二十二夫殁。矢不再醮，含辛茹苦，以节终。

陈荣氏，霸州堂二里人，适外郎③城陈绍基。夫殁荣年二十四岁。抚孤

---

① "庐"字误，当作"卢"。合刊本"民国志"此处作"卢"。
② "革高"合刊本"民国志"误作"高革"，字序颠倒。
③ "郎"字误，当作"狼"。合刊本"民国志"此处亦误作"郎"。

守志。

陈秦氏，五道口人，适外狼城陈绍先。年二十九岁夫亡。矢志守节。

岳解氏，桃园解光锦女，适十二号村岳临。年二十九岁夫殁。抚嗣子守志。姑年老多疾，解亲侍汤药，未尝稍怠，乡里称之。

解吴氏，淘河解光琴妻，武清吴经臣女。夫得疯疾而殁，吴年方二十。抚子承元守志。承元娶岳氏，未及一月复夭亡，岳亦哀恸而死。吴孑然一身，艰苦备尝。宣统三年旌表。

王郭氏，麻各庄王振岭妻。年二十八岁夫殁。矢志守节，抚孤成立。

赵王氏，落垡赵秉直妻。年二十七夫殁。无子，抚嗣子玉书成立，得为武庠生。光绪三十三年旌表。

李刘氏，响口人，适同里李玉兰。夫亡，刘年二十四岁。矢志不渝，抚孤成立。卒年六十八岁，守节四十四年。

高刘氏，东辛庄高广和之妻。年十九岁夫殁。子甫六月，矢志靡他。卒年六十三岁，守节四十四年。

阎黄氏，白草洼黄殿元之女，适邑人阎荫杰。年十七夫殁。矢志守节。

刘臧氏，响口村刘国钧之妻。年十九夫殁。无子，抚嗣子守志。

林王氏，响口人林福堂之妻也。年二十二夫殁。矢志不渝，抚嗣子成立。守节三十九年。

杨曹氏，褚河港曹际生之女，适邑人杨裕。夫殁，曹以身殉。

曹王氏，祝马房人。青年守志，以节终。已旌表。

于纪氏，东张家务于廷桂之妻。夫亡，纪年十八岁。无子，抚嗣子成立。守节四十二年。

王陈氏，淘河村王继先妻。同治十一年夫殁，陈年二十七岁。矢志守节。

马李氏，得胜口马志铭妻。夫亡即欲身殉，有数月女，勉留抚之。后女又夭，遂仰药死。

仇于氏，东张家务仇成山之妻。夫亡，于年二十六岁。矢志守节，抚孤成立。

赵刘氏,艾万庄赵永来妻。夫亡,刘年二十六岁。抚嗣子成立。卒年七十,守节四十四年。

孟李氏,淘河孟继崐妻。同治中夫殁,李年二十一岁。矢志守节。宣统二年旌表。

冯王氏,麻子屯冯永太妻。年二十岁夫故。矢志守节。

王孔氏,穆家口村王化堂妻。夫故,孔年二十四岁。矢志守节。宣统中旌表。

王马氏,得胜口诸生马丕显女也。生三岁而父卒,稍长能明大义,年十七归同里王景春。时舅既殁,姑胡氏治家政,尚俭德。家故贫,岁获悉囷①集之,惟焙糠粃与诸妇食。娣姒苦之,马怡然曰:"姑年老尚食此,吾辈何敢怨?"迨姑病笃,思肉食,马造母家索之以进。姑食之,叹曰:"自汝为王家妇,食贫居苦,从无怨色,吾何幸而得佳子妇也!"盖得亲欢如此。姑殁,历十数载,家计渐康,景春竟遘②酒疾卒。遗二子一女,马俱抚之成立,备殚劳苦。光绪癸巳,次子耀成补县学生。兄弟甚友爱,人谓其教子有方。宣统元年奉旨旌表。

卢陈氏,落垡村卢万选之妻。年二十八岁夫亡。守节四十一年卒。

刘高氏,落垡村武庠生刘廷官之妻。年二十八岁夫故。抚子涤源成立,入武庠。守节四十二年。

路周氏,路家营路振廷妻。年少夫亡。矢志守节。

解张氏,淘河村解光顺妻。夫亡守志。苦节四十余年。

武刘氏,五大龙武文元妻。年十九岁夫故。矢志守节。光绪三十一年旌表。

---

① 囷(qūn):圆形的谷仓。
② 遘(gòu):相遇,遭遇。

王姚氏，王庄王仲之妻。夫故时，姚年二十二岁。矢志守节。光绪三十一年旌表。

　　王杨氏，王宝印之妻。同治初夫故，杨年二十五岁。矢志守节。已旌表。

　　张玉姑，张家村张宗耀之女。年二十一岁，母黄氏病故，仰药以殉。光绪二十一年奉旨旌表。

　　解李氏，马头镇李攀林之女，适淘河村庠生解兆岱。年二十二岁夫殁。矢志守节，卒年五十有三。巳①旌表。

　　臧李氏，翟各庄臧广廷妻。夫亡，李年二十六岁。家贫，矢志守节。

　　陈金氏，芒甸村陈邦泰妻。十九岁夫亡。守节终身。

　　高李氏，小刘各庄高鹏九妻。年十九岁夫殁。无子，矢志守节，抚嗣子成立。

　　周黄氏，落垡周恩荣妻。年二十五岁夫殁。矢志守节，抚孤成立。

　　曹刘氏，祝马房人曹万元之妻。年二十二夫殁。无子，抚嗣子守志。

　　周张氏，落垡周长治妻。年二十七夫殁。无子，抚嗣子守志。

　　刘蔡氏，第什里武庠生刘岱妻。同治元年夫故，蔡年二十八岁。矢志守节，抚孤成立。光绪二十五年旌表。

　　黄王氏，举人黄宝琛之妻。夫殁，矢志守节。光绪二十四年旌表。

　　黄石氏，调河头黄宝忠之妻。夫殁，矢志守节。光绪二十四年旌表。

　　赵王氏，第什里村人赵淮清之妻，邑人王津发之女也。同治八年夫病革，王昼夜奉侍无稍怠，常焚香祝天，愿以身代夫死，而疾卒不起，王年二十八岁。矢志守节，抚二孤成立，艰苦备尝。后次子得奎得为武庠生。光绪二十九年礼部员外郎李浚嘉其节孝，代为请旌，并书"松筠节操"四字表其门，乡里荣之。

　　刘郭氏，马头镇郭柱之女，适第什里村人刘炆。光绪壬辰年夫故，郭年二

---

① "巳"字误，当作"已"。合刊本"民国志"此处作"已"。

十五岁。誓以身殉,不食者三日,戚族劝以代夫养亲教子,乃止。矢志守节,抚孤成立,事孀姑至孝,里党称之。

刘李氏,第什里村人刘毓柯妻。光绪丁丑年夫殁,李年十九岁。矢志守节,无子,事孀姑以孝闻。

邸于氏,孙坨邸上达之妻。夫殁,于年二十七岁。矢志守节。卒年八十岁,守节五十三年。

于李氏,东尖塔村于永祥之妻。同治十一年夫殁,守节。民国二年卒,享年八十。

孙王氏,东尖塔村孙永芳之妻。同治九年夫殁,王年二十岁。矢志守节。

谢冉氏①,城内谢沄妻。年二十二岁夫殁。家贫无子,矢志守节。

段熊氏,路营段兴之妻。夫殁,熊年二十八岁。抚孤守志。

路聂氏,黄道务人路殿枫之妻也。夫死三日即仰药以殉。巳②旌表。

刘信氏,大王家务刘霖溥妻。年十九岁夫殁。矢志守节。

于纪氏,东张家务于廷俊妻。夫故时,纪年十八岁。矢志守节,抚孤成立。

谢张氏,城内谢浩妻。年二十二夫殁。家贫,矢志守节。

聂李氏,裴家务人聂万和妻。年少夫亡。矢志守节。

张姜氏,张廷珍妻。夫亡,抚孤守志。子授室后未几殁,其妻边氏生遗腹子,得延宗绪。两世孀居,之死靡他,里党称焉。

刘路氏,西马圈刘凤洲妻。夫殁,抚孤守志。

蒋张氏,蒋永兴妻。夫亡守志。抚孤成立。

路李氏,马圈路崑妻,落堡李宝珊之女。夫殁,李年二十二岁。幸生遗腹子连元,得延其绪。事姑抚子,慈孝兼至。宣统三年,黄殿撰《思永》,代请旌

---

① 此谢冉氏与前文谢沄妻重复,唯叙述语言稍有差异。
② "巳"字误,当作"已"。合刊本"民国志"此处作"已"。

表,并书匾额,人皆荣之。

李解氏,榆树园村人李文灿之妻也。年三十而夫殁。矢志守节,抚孤成立。

何杨氏,文安县杨祝之妹,适王家堡何立贤。同治十三年夫殁,杨年二十二岁。青年守志,艰苦备尝。宣统元年卒,年五十有七。

张侯氏,西马圈诸生张廷勋妻。廷勋故,遗三子一女,家道中落,侯辛苦备至。三子授室,后相继殁,侯竟恸子失明。两世三孀,矢志靡他,闻者哀之。

信陈氏,霸州人,东庄信松年妻。年二十一夫殁。誓志守节。光绪三十年旌表。

姚赵氏,南庄村姚开太之妻,武清赵士官之女也。年二十六岁夫亡。矢志守节。

邵张氏,古县邵如玉妻,浑酒营张振海之女也。十七岁于归,越五年而夫亡。张上事孀姑,下抚幼子。姑年迈,动履维艰,张侍奉弥谨,日夜不相离者几四年。姑殁,丧葬尽礼。其子祖述欲为请旌,张止之曰:"是为名也,无善可述,请旌奚为?"呜呼卓矣!

马舒氏,任邱县诸生舒少彭之女,适得胜口马沈清。光绪四年夫亡,舒年二十七岁。矢志守节。光绪三十四年旌表。

马黄氏,挑河头举人黄宝琛之女。幼从父读书,能明大义,长适得胜口增广生马鸿勋。光绪四年舅病殁,鸿勋哀毁而卒,黄年二十九岁。无所出,意欲殉夫,巳①仰药。姑孟氏泣谓之曰:"妇殉夫,烈也。然汝死,吾谁依?岂不有妨于孝?盍留以奉姑乎?"黄曰:"妇一时昏瞀②,亦情不自禁也。姑老无依,敢不从命?"乃服药解免。事孀姑以孝闻,以侄为嗣,爱之无异己出。光绪三十四年旌表。

---

① "巳"字误,当作"已"。合刊本"民国志"此处亦误作"巳"。

② 瞀(mào):目眩,眼花。

李张氏,济南屯李铭妻。光绪四年夫殁,张年二十六岁。矢志守节。民国元年旌表。

张范氏,金宜屯张永贵之妻。光绪五年夫殁,范年二十二岁。至光绪二十八年病故,守节二十四年。

陈马氏,得胜口马志镕之女也,年十六适景尔头村陈璋。及二十一岁而璋没,马抚孤守志。子稍长即令向学,光绪中,得入县学为诸生。

张庄氏,淘河张宝珠妻。光绪五年夫亡。庄矢志守节。

王张氏,霸州策城人,适磨叉港王祖训。光绪六年夫殁。张矢志守节,抚孤成立。宣统二年旌表。

马吴氏,霸州东关人,适得胜口马友梁。夫殁,矢志守节。

马王氏,大城县诸生王玉珏之女,适得胜口马绍虞。光绪六年夫殁,王年二十五岁。抚孤守志。

王曹氏,武清县曹书俞之女,适王家堡王汝典。光绪七年夫故,曹年二十岁。矢志守节。

孟张氏,淘河村孟溥妻。夫殁守志。宣统二年旌表。

王刘氏,川心河人刘朋之女,适得胜口王寿春。夫贫而嗜赌,会年数歉,田庐典鬻且尽。光绪七年夫亡,妇年二十八岁,遗一子耀义,甫周岁。同姑陈氏及夫弟万春迁居马家口,事姑抚子,艰苦备尝,乡人贤之。

田解氏,九家堡田兆义妻,淘河解光春之女。年二十九岁夫殁。矢志守节。

曹娄氏,济南屯娄锡安之女,适西尤庄曹福德。光绪初夫故,娄年二十五岁。生一子,甫八岁。上事孀姑,下抚幼子,为人佣作,艰苦备尝。守节三十余年。

刘杨氏,胡其营刘成旺之女。光绪七年夫亡,杨年十七岁。矢志靡他,奉孀姑以孝闻。

李解氏,淘河村李之瑶妻。夫亡,解年二十七岁。矢志守节。

孟杨氏，淘河村孟广德妻。光绪八年夫殁，杨年十八岁。矢志守节。

解萧氏，淘河解光杰妻。光绪九年夫殁。无子，矢志守节。

陈俞氏，邑老儒俞生女也。幼从父读书，知大义，长适军卢村陈才。家道小康而夫好博，有县署某差役兄弟皆强悍，诱与之赌，役故善博且多方朦胧，遂至负资甚巨。役逼令自书借券，并以田产作抵，同赌为中保①，署名焉。年余不能偿债，遽夺其田。夫与理论，为役所殴，因控于官，役重赂邑宰，出其券以为借债之证。宰薄责役以泄其忿，仍令照数偿之。乃上讼于南路厅，同知周之辰受役重贿，才毙于杖下。俞年方二十四岁，痛夫惨死，欲以身殉焉。继念无人为夫伸冤，又以姑年近六旬奉养需人，乃誓志为夫复仇。适值慈禧太后谒东陵，俞冒死鸣冤，得旨交刑部严审，役如律抵偿。讼结归，姑巳②殁。俞曰："吾事毕矣。"遂绝粒而死。事在光绪十四年。二十一年冬奉旨旌表，赞曰："唐谢小娥为夫复仇，论者谓为巾帼英雄。斯人不再，不意千百年后更见之也。当其叩阍上诉，虽威武不能屈，覆盆之冤一旦而白，非精贯天人，何以至此？呜呼！以当谢娥无愧色矣！"

解马氏，淘河解光成妻。夫殁，守节。

娄赵氏，本邑拔贡生赵廷桂女，幼字邑人娄锡柏。光绪八年，赵年十八岁于归。是年十月，夫殁。无子，孀姑董氏抚之若女，形影相依，朝夕不离左右。至二十一年二月，孀姑疾病，每日焚香祝天，愿以身代。延至四月逝世，赵呼天抢地，不食者累日，竟以身殉。巳③旌表。

强贡氏，庠生强桂森妻。光绪乙酉年夫殁，贡年方二十岁。无子，矢志守节，抚嗣子成立，事孀姑以孝闻。

耿张氏，翟各庄耿士云妻。年十八岁于归。逾年夫故，氏以身殉。

---

① 中保：居中作保之人。
② "巳"字误，当作"已"。合刊本"民国志"此处亦误作"巳"。
③ "巳"字误，当作"已"。合刊本"民国志"此处亦误作"巳"。

王宋氏，王庆坨人，适得胜口王耀焜。光绪十五年夫故。矢志守节。

杨李氏，许各庄杨子培妻。夫亡，李年二十四岁。矢志守节，抚嗣子成立。

祖李氏，碾子营李佐翘之女，庠生李文林胞妹，适祖各庄祖荣。夫亡，李年二十五岁。矢志守节。

孙节妇，贞女也，得胜口人，诸生马志果女。幼从母受书，能明大义，许字胡家庄孙家郁。未及嫁而家郁殁，女年二十九岁。凶问至，毁妆哀泣不止，家人解之曰："从一而终者，指已①嫁者言之。"女曰："不然，今已②许字孙氏，夫妇名分固已定矣，乌得不为夫守乎？"父母知其志不能夺，遂舆送夫家。临丧一痛几绝，见者皆为感泣。时光绪七年三月也。姑病，尝割股疗疾。光绪二十九年旌表。

陈董氏，外狼城陈绍德妻。年二十八岁夫殁。矢志守节。

解马氏，淘河解锡绂妻，得胜口马丕志女。夫殁，马年二十四岁。矢志守节。

周王氏，东栗庄周纯妻。夫亡，王年三十岁。矢志守节，抚孤成立。

刘张氏，落垡村刘沛源之母。年二十九岁夫殁。守节。

刘杨氏，落垡村刘澄源之母。年二十七岁夫殁。守节。

张谢氏，张家庄张炳之妻。年二十五岁夫殁。守节。卒年五十有二。

王潘氏，军卢村人，佚其夫之名。年十九岁夫殁。矢志守节，抚孤成立。子不孝，不事生产，潘备尝艰苦，年逾六旬病卒。

杨郭氏，军卢村人杨□妻。年二十二岁夫殁。无子，抚嗣子如己出。含辛茹苦四十余年，以节终。

杨氏，佚其夫之名，葛渔城杨樵之女。夫病，杨割股以进，疾得愈。后夫

---

① "巳"字误，当作"已"。合刊本"民国志"此处亦误作"巳"。
② "巳"字误，当作"已"。合刊本"民国志"此处亦误作"巳"。

(民国)安次县志

殁,杨矢志守节,含辛茹苦数十年如一日,乡人称之。

黄刘氏,白草洼黄殿甲之妻。年三十岁夫殁。守节。

黄王氏,白草洼黄宝瀛之妻。年十九岁夫殁。守节。

曹徐氏,丈房河曹行才之妻。年二十八夫殁。矢志守节,抚孤成立。

张于氏,里狼城人,适同里张德裕。夫亡,于年二十七岁。矢志守节。

杨赵氏,适同里杨玉林。夫亡,赵年二十八岁。矢志守节。

张岳氏,武清范口村人,适霍家场张立功。夫殁,岳年十九岁。奉姑守志,含辛茹苦终其年。

杨孙氏,里狼城人,适同里杨崐山。夫殁,孙年二十六岁。矢志守节。

范王氏,九家堡人,适里狼城范德勋。夫亡,王年二十五岁。矢志守节。

马陈氏,文安太学生陈懋官之女,适得胜口马鸿羲。光绪七年夫亡,陈年二十九岁。矢志守节。宣统元年旌表。

马信氏,东庄信承纪之女,适得胜口马格。光绪乙酉夫殁。信上事舅姑,下抚子女,孝慈兼至,人无间言。光绪三十三年旌表。

郑谢氏,里郎①城郑修学妻。天性贞洁,十七岁于归。姑无行,导以乱,谢不从,屡受鞭棰,不堪其苦,仰药而死。

贞女谢氏,城内谢洪女也。幼读书,知大义,许字大兴县胡姓。胡子年十四未婚溺水而亡。讣音至,女闻之即衣素服,数日不食,誓以身殉,母泣劝始稍进食。延至月余,乃乘间仰药死。时年十六岁,时光绪十六年正月十日也。遂择吉与胡子合葬。上宪廉得其实,奏请旌表。

金张氏,城内金之昱妻。自咸丰三年守志,今八十四岁。

马王氏,大城县王立元之女,适得胜口马树檀。夫殁王年二十五岁。无子,仅一女,矢志靡他。民国二年旌表。

马黄氏,白草洼人,适得胜口马树权。年二十五岁夫殁。抚孤守志。

---

① "郎"字误,当作"狼"。合刊本"民国志"此处亦误作"郎"。

马张氏,文安胜芳镇张涟之女,适得胜口马本。夫亡,抚孤守志。光绪二十九年旌表。

马王氏,磨叉港武庠生王松林之女,适得胜口马驯。夫殁,王年二十七岁。抚孤守志。宣统元年旌表。

马王氏,孙家坨人,适得胜口马荣云。年二十四夫殁。无子,抚嗣子守志,事孀姑以孝闻。

马孙氏,胡家庄人,理藩院主事孙明芳之女。少时读书,能明大义,长适得胜口马骔。夫殁,孙年二十四岁。无子,抚孤女守志。宣统三年卒,即于是年旌表。

马邵氏,城内人邑庠生邵范伦之女,适得胜口马驭。夫亡,邵年二十三岁。无子,抚孤女守志。宣统三年旌表。

马陈氏,文安人陈景昌之女也,适得胜口马志泰。年二十八而夫殁。抚孤成立,以节终。

马陈氏,霸州疸疙村人,适得胜口马树楷。年二十七岁夫殁。遗腹生一子,抚之成立。

孙倪氏,齐官屯人,怀家庄武庠生孙学韬妻。事翁姑甚孝,年二十岁夫殁。遗孤甫周岁,倪抚之成立。民国初以节终。

杨张氏,许各庄杨葆元之妻。夫故,张仰药以殉,时年二十九岁。光绪三十三年旌表。

张曹氏,葛渔城张钟林之妻,诸生曹克让之女也。年十六岁于归,生子女各二。越十年而夫亡,曹矢志守节,抚孤成立。姑病,割肱肉以进,疾得愈。乡里称其节孝焉。

王张氏,举人张廷钰女,适邑人王钟儒。事孀姑至孝。年十九夫病殁,张痛不欲生,姑泣劝之,乃止哀。矢志守节,抚嗣子成立,年三十五卒。

倪于氏,宁河县于向斋女,倪赞清之继室也。事翁姑能得其欢心,抚前室赵遗女,爱如己出,一家之中称贤孝焉。庚子秋,闻夫遇害,欲以身殉。家人

（民国）安次县志

劝之曰："夫柩未归，不可死，一也；翁姑年迈无人奉养，不可死，二也；女未笄，不可死，三也。"于颔之，遂不复言死矣。迨辛丑冬，葬夫毕，归家即仰药死，时年三十岁。光绪二十八年旌表。

徐陈氏，陈家务村徐凤妻。二十三岁守志。宣统三年卒，年七十二岁。

马强氏，丈方河诸生强潭之女，适得胜口马昌煜。夫亡守志。宣统元年旌表。

孙王氏，霸州诸生王鹏翼之女，胡家庄孙明芳主事之三子妇也。事翁姑最孝，姑曹氏病笃，奉侍汤药，曲尽妇道，又刲右股和药进之，其孝行如此。

曹黄氏，民卢村黄德馨之女，适西尤庄曹铭如。年二十三岁夫殁。矢志守节。

王阎氏，得胜口人，适同里王耀贵。家故贫，翁早殁，事孀姑至孝。夫殁，阎年二十九岁。矢志守节。

张甄氏，武清县诸生甄伯陶之妹，适葛渔城庠生张钟仪。仪佐武卫军戎幕，驻札①南苑，以积劳致疾，甄躬侍汤药，衣不解带者数月。病益笃，宣统元年三月夫故，甄亲视含殓，送柩旋里。将葬之前一日，忽偃卧不起，人以为疾作而不知其仰药也。临终谓家人曰："夫殁，无子可抚，吾其追随泉下，从此长辞矣。"语毕而僵，家人合葬之。邑宰上闻，得旌如律。

赵林氏，响口村林桐之女，同里赵存恕之继室也。奉姑至孝，抚前室子如己出。宣统末夫病，割臂肉以进，疾卒不愈，夫殁，绝粒七日以殉。宣统三年旌表。

烈妇王氏，惠家场孙德之妻也。其翁孙平鸟兽行，欲通之。王誓死不从，卒以非刑毙命。时民国三年元月事也，一时诗人多赋诗哀之。

李烈妇，小字婷姑，辛张马寿昌女。幼随父侨居得胜口，适王庆坨李氏子。孀姑有疯疾，马孝事之。夫病革，无子，拟从死焉。夫止之曰："姑将无以

---

① "札"字误，当作"扎"。合刊本"民国志"此处亦误作"札"。

为养也。"妇从夫言,逮姑殁,乃以身殉。事在同治时,恐其湮没,特附于此。

杨烈妇,得胜口武庠生马鸿恩次女也,天津宜兴埠杨恩荣继室,寄居杨柳青。庚子春,夫患病,妇侍汤药,久不愈。六月,联军陷天津,避兵大城黄岔村。十月,议和成,夫归即卒。妇与前室女从容言曰:"上无舅姑,下无子嗣,吾将从夫泉下矣。"遂仰药以殉,年二十九岁。大城刘芷衫钟英明经为赋《烈妇行》。诗曰:"鸳鸯共命生,芙蓉并蒂死。只期见黄泉,岂企书青史。扶风有彼姝①,继配宏农氏。为炊歌庣廖②,谋生藉针黹。来嫔过丙申,大乱逢庚子。奔逃兵火中,夫殁因痰痞。幸矣狐首丘,伤哉鱼失水。舅姑封马鬣,膝下无麟趾。万箭攒一心,仰药归蒿里。妇以夫为天,夫亡复何倚?就义耻偷生,文山正如此。青松挺劲姿,雪埋终不靡。湘竹摧为薪,泪痕依旧紫。谁能表其人,首向金门稽。"

以下十五人事迹、年月无考:

周来芳妻梁氏

孙赋藻妻李氏

孙复兴妻董氏

田王氏

张景行妻娄氏

周彦妻梁氏

边锌妻孟氏 以上俱城内人。

房金继妻刘氏

王建功妻郭氏 以上俱芦③村人。

---

① "姝"合刊本"民国志"误作"妹"。
② 庣廖(yǎn yí):门闩。
③ "芦"字误,当作"卢"。合刊本"民国志"此处作"卢"。

（民国）安次县志

吴廷章妻刘氏落垡村人。

金虚中子妇，某氏年十七夫殁。矢志靡他，越十年卒。

倪作孚妻孙氏齐官屯人。

李永祥妻郝氏粟庄人。

高士拔妻冯氏杨税务人。

刘连妻张氏前所营人。

郭凝安之妻王氏

裴庆丰妻刘氏

郭天仁妻卢氏

雷荣魁妻高氏

胡大起妻邵氏宋流口邵珩女，年十七于归惠家堡胡大起。逾岁，夫没①。守节四十余年。

王际亨妻高氏石何营人，道光二十九年守节。同治元年旌表。

范杨氏范庄范士魁之妻。

范冯氏范庄范九思之妻。

王解氏得胜口王金铎之妻。年二十六夫殁。守节三十年。

① 没：死亡。

安次县志卷八　艺文志内编文

往昔志艺文者,非附会无稽之作,必恶滥八景之诗,陈陈相因,由来旧矣。欧风东渐,鄙弃旧学,举国若狂,文物荡然。保存国粹,顾可缓哉？不有掇拾,文献曷征？兹乃变通先例,勤事搜求,甄录邑人撰著。凡历六代,仅五十余家,目曰《艺文内编》,以贻来者。文以载道,诗以言志,先文后诗,厘为二卷。作者次其先后,文则不复类别,嗜古之士,或有取焉。

扈载
大周故银青光禄大夫中书侍郎同中书门下平章事上柱国
晋阳县开国伯食邑三百户赠侍中景公神道碑铭并序

帝轩辕乘土德之运,其臣曰豢龙、祝融,能辨方域,以制区夏。帝妫氏禅陶唐之基,其臣曰伯夷、后夔,能典礼乐,以和人神。上古佐命之道,缺五字焉。三政嗣兴,图史寖盛,弥纶辅翊,代有其人。皆金册丹书,绚绘功业。垂其训聚而为坟典①,形其美流而为歌颂。陋篆籀之质略,我则润之以缺五字之沦朽,我则镂之以贞珉。铭以纪功,碑以志行,千载之下,灿然可观者,其惟神道之表乎！

故中书侍郎平章事景公讳范,缺四字皇朝元佐,显德二祀,冬十一月,薨于淄川郡之私第。天子废视朝,轸②殄夺③之令,制赠侍中,遣使赠奠,饰终④

---

① 坟典:三坟、五典的并称,后转为古代典籍的通称。
② 轸(zhěn):伤痛。
③ 殄夺:使丧亡。
④ 饰终:谓人死时给予尊荣。

之典优而厚。诏词臣□文，琬琰盛矣。缺三字孔悝彝鼎，不出庙门；杜预丰碑，空沉汉水。姑自矜于名氏，诚未显于家邦，与夫辉煌帝恩，导扬休烈，缺八字者，可同日而语也。缺六字纶言直而叙之，用丕显我大君之命。

臣闻景氏之先，出于芊姓。从楚王于梦泽，差□侍臣；画汉□于云台，丹推名将。济美垂缺六字生伟人，惟周之辅。长山之下，淄济为川，地胜气清，惟公故里。夫嘉遁绝世，高卧于是者，足以□颢气而为缺七字生于是者，足以缺三字而为世杰。故公之先，由烈考太仆府君，之上曰王父宾、大王父闱①，皆贞晦不仕，介享天爵，而巢许缺十四字仲曰篆，公缺四字世□□聿登相位，而申甫之祥者矣！

昔者圣人之教天下也，本之以仁义，制之以经籍，是谓人文，是谓人缺六字以□开物成务者，缺四字所于此□□。以公辅之位，必由稽古升；廊庙之才，必以经术显。而公以明经擢第于春官氏，则贤哲之缺六字为吏于青阳缺十一字掾于高密郡，秩满而□授范县令。大鹏之翼，铩北溟以未舒；蛰雷之声，殷南山而不起。然则缺七字于之缺十五字通人之才变而顺，则方圆之量不能局，故公之佐县政也，谓其勤且洁矣；典刑书也，人谓其缺八字邑恪□以缺八字使□政□而从之者，则人谓其贤且能矣。

粤若日月之彩，得天而大明；风云之期，遇屯而勃起。缺十字磻溪□璜缺七字。我大周圣神恭肃文武孝皇帝，建大功于汉室，为北藩于魏邦。初筵既开，得贤斯盛。于是我公缺九字而君臣之缺九字龙飞在天，躬载曜灵，至于霄极之□。皇业肇建，制以公为秋曹郎，进阶至朝散大夫，而缺九字万缺十二字之枢。惟圣人执左契，临万邦，经久制大命，日政之机，国之大柄，总于枢务者，可谓众矣！而公缺九字忠而贤缺十一字公为左司郎中、充枢密直学士，寻转谏议大夫充职。

今皇帝嗣位之始，登用旧臣。而并人乘我大丧，拥众南寇。亲征之举，迅

---

① "闱"合刊本"民国志"误作"闾"。

若奔雷,分命大臣保厘缺七字于公仍拜贰卿,缺九字振帝伐张,黄钺白旄,殪群凶而皆尽;参旗河鼓,导清跸以言旋。大祲既巳①平,九服又巳②定,缺四字时惟辅臣,而公昌言,可缺十一字圣谟硕望,可以镇流俗。爰立之命,帝心允孚。六府肇修兵赋,充大邦之调用,缺五字公自立不回,信而有守,缺十字哉。大运逢时,洪钧在手,资忠孝于君父,享富贵之崇高,而尽瘁之劳,因成恚疢,封章累上,优诏褒称,听解利权。□专缺七字以列卿归第,悬车故乡。嗟风树之忽惊,诉昊天兮何及！见星而往,夕露方多,泣血以居,晨浆屡绝。哀与性尽,卧疾而终,享年五十有二。缺七字观。夫公之行事,则其道也淳而粹,充充焉无能称;其言也直而肆,謇謇焉无所忌。耿介以自安,劲直以自□。故其仕也,□一命之卑□三缺六字无悔吝,古人之操何以尚也！秉笔者得无愧于词矣！

许国夫人李氏,嗣子太庙斋郎俨、信等,缺三字灵□光□□烝尝翼翼贤人缺九字子事终之礼。

佳城闭日,长楸簪云,勒铭垂休,以示千古。其词曰:长山苍苍,淄水汤汤,哲人之生,逢时会昌,哲人之逝,魂游旧乡。高山兮峨峨,逝水兮惊波。□而□死缺十九字。山有颓坂,水有高岸,人何世而弗新,善有名兮独远。猗欤公兮,时用丕显。

扈蒙

请修日历书

昔唐文宗每召大臣论事,必命起居郎、起居舍人执笔立于殿侧,以纪时政,故《文宗实录》稍为详备。至后唐明宗,亦命端明殿学士及枢密直学士轮修《日历》,送史官。近来,此事都废。每季虽有内殿《日历》,枢密院录送史

---

① "巳"字误,当作"已"。合刊本"民国志"此处作"已"。
② "巳"字误,当作"已"。合刊本"民国志"此处作"已"。

（民国）安次县志

馆，然所记者，不过臣下对见辞谢而巳①，帝王言动，莫得而书。缘宰相以漏泄为虞，昧于宣播；史官疏远，何得与闻！望自今凡有裁制之官，优恤之言，发自宸衷，可书简策者，并委宰臣及参知政事每月轮知钞录，以备史官撰集。

吕端

请缓诛李继迁母议

昔项羽得太公，欲烹之，高祖曰："愿分我一杯羹。"夫举大事者，不顾其亲，况继迁悖逆之人乎？且今日杀继迁之母，继迁可擒乎？徒结怨雠，愈坚其叛心耳。以臣之愚，宜置于延州，使善养视之，以招来继迁。虽不能即降，终可系其心，而母死生之命在我矣。

吕诲

请蚤建皇嗣疏

窃闻中外臣僚，以圣嗣未立，屡有密疏，请择宗人。惟陛下思忠言，奋独断，以遏未然之乱。又闻太史彗躔心宿，请备西北。按《天文志》：心为天王正位，前星为太子，直则失势，明则见祥。今既直且暗，而妖彗乘之，臣恐咎证不独在西北也。自夏及秋，雨淫地震，阴盛之沴，固有冥符。近者宗室之中，讹言事露，流传四方，人心骇惑，窥觊之志，可不防其渐哉！愿为社稷宗庙计，审择亲贤，稽合天意，宸谋巳②定，当使天下共知。万一有奸臣附会其间，阳为忠实，以缓上心，此为患最大，不可不察也。③

---

① "巳"字误，当作"已"。合刊本"民国志"此处作"已"。
② "巳"字误，当作"已"。合刊本"民国志"此处作"已"。
③ 合刊本"民国志"中，在此文之下增录了李守成《大元故翰林学士承旨荣禄大夫知制诰兼修国史楚国李公圹志》一文。详见书末《附录一·四种合刊本所增补之艺文志》。

李延兴

祭王守敬先生文

岁维丁卯,春二月十有六日,秦邮王疏斋先生以病死于雄邑,越二十有四日,槁葬邑城之东。其友王宗嗣榜第三甲进士、东安李延兴,谨具酒馔,为文以祭之。

其词曰:先生禀淮海俊逸之气,而才华挺拔乎十丈;抱伊洛醇正之学,而识趣杰出乎凡壤;攻汉魏高古之诗,而音节郁乎其悲壮;塞仪秦纵横之口,而议论之越乎其慷慨。温粹如玉璧,而骁腾如骏驵。炯焕如木难之珠,而密丽如珊瑚之网。走于先生识之恨晚,其始往拜逆旅之家,燕府之左,破席衡门,飞雪虚幌;其后相值①交衢之间,蓟门之曲,秋风布袂,夕阳筇杖。又其后岁暮,南辕②过小斋而揖让,樽俎风流,襟期豪宕,写宫商于瑶琴,联珠玉于编简,登眺之余,以寄遐想。界河之渺茫,丘山之高爽,三关之盘纡,九原之浩荡。□奇概以峥嵘,逐雄词而奔放,已而携离。阅岁凡两,将以谢尘坌之烦嚣,而放眺乎江海之上。去冬之杪,倏理归桨,乃复过我,中心惓惓。未几卧疴,神情惚恍,药物甚良,病孽滋长,竟于不起。闻者惨怆,吊者感伤,识者沮丧,友道为之澌沦,斯文由是绝响,纷难孰与解排?骨肉无所倚仗,至道欲扣而无门,正声欲和而谁唱?虽然先生以六十翁而抱道以死,而身后文章复有贤嗣以昭述于既往。执绋③多故人之相从,卜地得佳城而寓葬,宜其瞑目泉壤之中,而吐气星辰之上。金台荒寒,易水滉漾,阴风怒号,愁云莽苍,撰芜词以写心,慨音容于佛仿。於是呼④哀哉!尚飨。

---

① 相值:犹相遇。
② 南辕:车辕向南。谓车向南行。
③ 执绋(fú):送葬时帮助牵扯引灵柩。绋:引柩的绳索。
④ "於是呼"之"是"当为衍字。於呼,同"呜呼"。合刊本"民国志"此处亦衍。

(民国)安次县志

东安县邵家庄乡学记

乡学,古也。四代之制,家有塾,州有序,以教其子弟。材成则宾兴,其贤能而官之。于是内之辅相,外之岳牧,与凡小大臣工胥①此焉出②。则乡之有学,所系盖不细矣。《记》曰:"良冶之子,必学为裘。良弓之子,必学为箕。"况齐民之子,其可以不学乎?学之则德萃于躬,道著于时,故三纲叙,九法彰,而陶斯世于熙皞③。苟以学为末务,而驰心任意以妄为之,是之谓不学无术。譬之群御乎莽苍之野,疾驱而逐禽,御非其道,则禽不可获。借④曰获之,则亦诡遇耳。东安,古名邑,风气浑厚,民俗质直,治得其道,则妥顺以安;非其道,亦强忍慴服而不敢肆。非如他邑之民,宽则驯,急则扰,若犬豕之未易绥柔也。邑之北乡曰邵家庄,邑长王侯建学于其地,延李宗昭为之师。宗昭,前代衣冠家,而能遵教条、严训诲,蔼然有邹鲁文学之风。余草堂去学馆不数里,举武⑤即至。尝于躬耕之隙,闻伊吾声,辄心喜之,谓吾乡自兵燹⑥后久亡弦诵声,孰意振绝响于大雅寥落之余,宗昭其足嘉者乎!夫师之于弟,教之以正,自童蒙始,盖所以谨。夫始入之途,而不为他岐所惑,此朱子所以补订《小学》一书也。小学既成,由是而进于大学,则内体外用,税⑦驾乎高明光大之域,而可以兼善一世矣。宗昭有志于古学者,其亦以此义语诸高弟子。

---

① 胥:全,都。
② 正常语序为"胥出此焉",意为都出自这里。
③ 熙皞:和乐;怡然自得。
④ 借:假托,假设。
⑤ 举武:举足;举步。武:步武。
⑥ 兵燹(xiǎn):因战乱而造成的焚烧破坏等灾害。燹:野火。多指兵乱中纵火焚烧。
⑦ 税:通"脱",脱去、脱掉。税驾:解下驾车的马,停车,即休息或归宿之意。

陈琏

明赠嘉议大夫刑部右侍郎施公墓志铭

刑部尚书施公礼,述其先公行实①来请曰:"痛先父早弃藐孤,冢上之木已②拱。荷蒙恩诰,追赠奎章③,贲④于泉壤⑤,恩荣极矣。更丐一言,文诸墓门,以昭示子孙于永世,则存没知感也。"

予按状,公讳伯诚,南徐丹徒人。生而岐嶷⑥,夙昭美誉。父翁祖有文武才略,元季以武功历官至镇江帅府万户,勋绩甚著。以曾大父亨、大父延宗潜德未耀,欲上请诰赠。公时年十九,毅然请行,万户公遂给资装,遣从者与偕。既至都,适青徐兵起,梗不能归,流寓都下,自念去家数千里,无以自给,惟医者人已⑦俱可有济,遂从名医学。性颖悟,博通轩岐以来诸家方论,切脉按症知疾病之源,遇奇疾辄著神效。后又侨居宣抚,赖医以济。洪武初始南徙,暂寓东安常伯乡益留里。数年,以耕获,家渐裕。后遇岁歉,多疫疠,求医者踵门相望,受剂即愈,未尝责报,至贫乏不能自存,或孤独无倚,及朋友死丧之不能举者,无不周给,前后赖济者无算。生平见善则扬,见恶则隐。虽饶于资而自奉甚约,以故乡邑有长者名。是时海宇已定,流寓者咸归故里。公以家遭兵燹,靡有孑遗,且占籍东安,置有田里,竟不果还。每念先人邱⑧陇,不能自安,岁时享祀,未尝不泫然出涕也。洪武九年八月初一日,以疾终,享年六十有七,葬去所居二里许。

---

① 行实:犹行状。记述死者生平事迹的文章。
② "巳"字误,当作"已"。合刊本"民国志"此处作"已"。
③ 奎章:帝王的书法诗文。
④ 贲(bì):文饰,修饰。
⑤ 合刊本"民国志""于"后脱一"泉"字。
⑥ 岐嶷(qí nì):形容幼年聪慧。
⑦ "巳"字误,当作"己"。合刊本"民国志"此处亦误作"已"。
⑧ "邱"为"丘"的避讳字,避孔子之讳。

初寓都下，娶景州张氏，无嗣。在宣抚娶李氏，生二子：长震，次礼，即尚书公也。公卒，震十有三岁，礼甫四岁。自公捐馆后，二母同心，黾勉①抚教二子，俾克策名天府。张之卒年七十有三，李之卒年登八十，俱与翁合葬。礼由丁丑进士，历行人司副，河内参政，淮南知府，改山东监察御史，升大理寺卿至今官，历事五朝，劳绩丕著。公由子贵，受封初赠奉政大夫，二配俱赠宜人。及礼升刑部尚书，追崇三代。公与父翁祖俱赠嘉议大夫、刑部右侍郎，妣萧氏与二配俱赠淑人。孙男七人：纲、维、纶、缙、绅、纨、纯。绅中乙卯举人。孙女七人。曾孙男七人，曾孙女八人。

呜呼！公始流离道路，转徙靡常，定居东安时，微于一缕之续，乃能延蔓，以至硕茂，荐②荷③褒荣，非阴德之厚，奚以致此？《易》曰："积善之家必有余庆。"其公之谓欤！

铭曰：京口名家，宦门之胤。甫及弱龄，已有令闻。为亲请诰，奋往弗辞。值时扰攘，播迁流离。穷途逆旅，业医自给。后寓宣抚，备尝艰棘。圣明御宇，万姓咸欢。偕家南徙，乃侨东安。爰治室庐，爰艺黍稷。克殷其家，亦周人急。值岁荒歉，灾沴又丁。以医以济，大振仁声。南望乡关，欲归弗果。言念厥先，涕泪交堕。阴德既厚，麟趾振振。笃生英嗣，为时名臣。朝有锡典，恩追罔靳。名号显赫，归美所亲。佳城孔固，碑碣长存。惟贤惟德，昭示子孙。④

李侃

灾异陈事疏

臣侃谨题：为陈言事。该钦天监奏土星犯上、相星逆行紫微垣等因。奉

---

① 黾勉（mǐn miǎn）：勉力，尽力。
② 荐：再次，接连。
③ 荷（hè）：肩负，担负。
④ 合刊本"民国志"中，在此文之下增录了李伸《经济文集序》一文。详见书末《附录一》。

圣旨：上天仁爱，垂象警戒，朕当省悟。五府六部都察院计议宽恤条例，看此。钦此。

臣有以知皇上敬天修德之诚，犹成汤以六事自责之心也。臣闻汉儒董仲舒曰："国家将有失道之败，天乃先出灾害，以谴告之。不知自省，又出怪异以警戒之。尚不知变，而伤败乃至。此见天心仁爱人君，而欲止其乱也。"故自古圣明之君遇灾异之兴皆悔过自责，避殿减膳，恤物安民，而灾异自灭，转祸为福焉。

当正统之末，奸臣擅柄，流毒四海，军民嗟怨，以致上天垂戒，灾异迭兴，不知警戒，卒致大变，其监不远。幸赖上龙飞九五，敬天勤民，诛权奸而扫除弊政，任贤俊以辅佐中兴，天下始安，人民交庆。故即位以来，四时顺序，阴阳调和，灾异不兴，人民安堵，实皇上励精图治之所致也。迩来灾异忽作，雷雨振塔，星象垂戒，原其所自，必有繇①然，岂非政事有所未平，臣职有所未尽欤？今年朝觐官吏失职，令运粮边城以济饥饿。虽皇上忧民之诚，但山东、河南、山西官吏假就道运粮，俱回原任，必指此为由，横加科敛，以虐其下。其京运者，又加倍揭借，亦欲回任科敛，以偿所负。天下之民，其何能堪！边储虽充，而下受害，是犹割股体以啖口腹，虽饱而肢体竭矣！不惟变廉以为贪，其实害民而敝政。天之垂戒，宁不有在于此乎？

近蒙敕礼部度僧三万，窃以四方未宁，边陲多事，正宜广积士卒以攘寇盗，减省无益以裕民食。苟耕者众而食者寡，则民食足而邦本固矣。今奉命广度僧牒，使逃军逃民必避重以投轻，游手游食必易服以逃税。唐韩愈所谓："农之家一，而食粟之家六……奈之何民不穷且盗也！"昨因雷雨之戒，少保兵部尚书于谦意欲暂停僧牒，未蒙许允。天之垂戒，又宁不有在于此乎？昔唐太宗谓侍臣曰："比有上书，条敷甚多。朕总粘之屋壁，出入观省，所以孜孜不倦，欲尽臣下情也。"近吏部文选司李贤上《兴政本十事》，皆欲上端本澄

---

① 繇：由，从，自。

心,绝去嗜欲,德同尧舜,仁迈三王。皇上宜留奏章于内,时赐睿览,诚有补圣躬。今未蒙留览,恐无以尽臣下之情,开谏诤之路,以回上天之变也。然天之垂戒,虽由行政之未平,实由臣职之未尽。昔唐太宗发卒修治洛阳宫,给事中张元素上章极谏而止。今臣叨为谏官,职当言路,不能效古人尽言极谏,拾遗补阙,以致上天垂戒,合当有罪。乞将臣罢黜为民,以为言官之戒。

伏望皇上敬天勤民,用贤纳谏。敕各处巡抚、巡按官员禁约巡察,朝觐官吏回任时不许科敛财物,以虐下民。暂停僧牒,省无益之费,以纾农力。凡臣下谏章,有匡救切直之言者,乞留于内,时时观览,以补圣德。如此则可以弥灾异、回天心,而措斯民于雍熙太和之世矣。

灾异陈事疏

臣侃谨题:为陈言事。窃惟自古圣帝明王致天下之太平者,未有不顺天心、顺人心而为治者也。夫人心即天心也。《书》曰:"天视自我民视,天听自我民听。"人心悦则和气上行,四时顺序,雨旸时若,祯祥迭见,灾异不兴,而天心顺矣;人心怨则乖气上行,四时失序,水旱相仍,妖孽屡见,祸乱并起,而天心违矣。顺则天眷必隆,违则天命必厌。故圣王为治,必以顺天心、顺人心为先务焉。顺之何如?在于审察群情,同其欲恶。亲贤臣,勤政务,戒逸游,此人心之所同欲也,圣王必顺人心以行之;亲佞臣,怠政事,好逸乐,此人心之所同恶也,圣王必顺人心以去之。是以亿兆归心,天下其有不安者乎?

昔我太祖高皇帝、太宗文皇帝之应天顺人,以致天下之太平者,未有不本于此也。迨我上皇帝之在位也,信任王振,恩宠太过,以致窃弄大权,擅作威福。朝廷不得亲近贤臣以询下情;大臣不得密侍左右以论治道,早晚二朝只应故事,蒙蔽聪明,假传诏旨,上泽缺于下布,下情壅于上闻。天下嗟怨,乖气上行,皇天震怒,怪异迭见,伤败之兆已昭昭矣。王振犹不知悟,专权自恃,乃逼驾亲征,强敌突来,遂致失陷。九庙震惊,万方摇动,军民怨其贪暴,皆欲啖其肉而食其心;朝廷恨其专权,已籍其家而灭其族,诚足以谢天人之怒矣。使王振感恩知报,竭忠守分,非惟令终令闻,而子姓宗族亦得永享太平之福矣。人言王振之奸无与敌,臣观王振之愚无与比。上烛其奸,已付诛锄,今日之治,不可不以前日为鉴也。恭逢圣明,御治之初,天下臣民莫不企竦观听,以为必更前日之失,以顺天人之心。不意上即位以来,仍习前日故事,君臣道隔,下情不通,何以建维新之业,慰四海之望?

伏愿皇上奋扬英武,总揽大权,躬勤政务,愍敕万几。亲儒臣以识古今之兴衰,延大臣以议政事之得失,则否消而泰至矣。盖上下交则谓之泰,上下不交则谓之否。臣观易象列卦,天在下而地处上,于位乖矣。谓之泰者,上下交故也。君在上而臣处下,于意顺矣,谓之否者,上下不交故也。君泽下流,臣诚上达,然后理道立而治道泰矣。上诚能俯延群臣以通下情,则天下之人莫不心悦诚服。智者尽其谋,勇者效其力,文臣武士谁不竭忠图报?如此则天下易定,社稷易安,上皇可归,而国耻可雪矣!

臣职当言路,宁敢保全身家,缄默不言,以上负朝廷,下负民望?谨陈愚直,伏待采择,臣不胜战栗之至。

许复礼

信诏旨以正国法疏

顷者,锦衣卫左等所、銮舆等司旗校王邦奇等奉本到科,为恳乞天恩比例查功复职等情①。臣等披阅奏词,不胜惊愕。不意陛下维新之日,辄敢有此顽梗作奸之徒,以惑乱圣听。此事关理乱之机,臣等不容缄默。照得皇上登极,节奉诏旨:正德元年以后,各衙门官军旗校人等缉捕妖言奸细,并不系临阵对敌强贼。一应升授职役者,通行查革。钦此钦遵。

今王邦奇等系先年厂卫缉捕妖言奸细。近奉诏旨查革人数,先该兵部题:为开读事。请差科道部属等官遵照诏旨内事理查革,题奉钦依。选得兵

---

① 等情:解释旧时公文、文契用语。常用于叙述下级机关等来文终了时。

（民国）安次县志

科给事中夏言，四川道监察御史郑本公，兵部武选清吏司主事汪文盛，锦衣卫千户陈澍、李经，公同会勘，各据本卫所关造文册、兵部选官堂稿、各人亲供，逐一清查磨对，扣算停当，备造文册会本。题请钦依：是。这冒滥人员，既会同清查明白，并其余事情该部都看了来说。钦此钦遵。随该兵部题覆：节奉旨：是。各该官员旗校都依拟查革，中间系职官革尽职级的，还与他冠带闲住，被革人员有朦胧奏辨的，你部里及该科参奏重治。钦此钦遵。

先因锦衣卫旗校费宏等及王邦奇等六次抗违诏书，奏辨复职，已经臣等六次参出，兵部立案，未经究治。今又妄引敕谕，摭拾①勘官，大为欺罔之词，巧肆朦胧之语，惟欲蛊惑乎圣听，不顾有违诏书。其间至毁勘官为奸邪，指查革为欺罔，是非倒置，变白为黑，大肆狂悖之言，无复忌惮之意，则是狐鼠得其依凭，而目中巳②无法度矣。此辈若犹纵而不治，将何所纪极乎！且奏内首以遵敕旨为言，乃为近者节奉修省之敕谕也。夫罢冗员、裁冒滥，乃为修省敬天之实，未闻冗滥复职而反谓之修德动天也。查得弘治二年七月内，该礼科都给事中等官韩重等题：为修省弭灾事。内称：武职非军功得升，旗校因行事升职，甚非祖宗旧制，合通行查革，具题③。节奉孝宗皇帝圣旨：是。拿妖言的，只照成化年例给赏不升。拿强盗的应捕人员，照旧不升。定为例。钦此。大哉圣训，万世当遵！以此观之，先朝修省弭灾，正欲禁革冒滥。而邦奇等乃引此以为查革复职之媒，不亦谬乎？知敕谕之当遵，则必知诏书之不可违，今未遵敕谕而先违诏旨，亦独何哉！

盖在先朝，权奸用事，纳贿卖官，中官弟侄滥叨封爵，权门厮役骤得美官，金紫杂沓于班行，车马喧填于道路。至于厂卫升迁，尤为骤易，倚仗权奸之势，窃弄威福之权，串通番子，诬捉平民，不由法司，炼成大罪，或一年而两次

---

① 摭拾：收取、采集。
② "巳"字误，当作"已"。合刊本"民国志"此处作"已"。
③ 具题：谓申报朝廷的题本。

类奉，或乘便而陈乞升官。神人共怒，道路兴嗟。幸赖上飞龙九五①，开国承家，数年冒滥贪缘，奉诏尽行裁革，或追夺诰券为民，或削除职级归伍。事出至公，裁之圣断，臣民恪守，孰敢愆违？今邦奇等屡恃顽冥，肆行抗奏，自非依凭城社、倚任钱神②，何敢乃尔？盍不思嘉靖乃正德之改元，幸门③不容再辟，诏旨又中兴之命脉，新政岂可阻挠！倘堤防一决，溃突滔天，末流难治，典守者安得不预遏其邪心哉？其奏内称见在食粮者止百十余人，似欲以少自恕，而幸其或可见容也。然一人破例，千百随之，容一人是容千百人矣，况百余人乎！况中兴一诏，挽人心于既去之余，图治化于更新之始，昭如日星，天下共见。朝廷纪纲法度率由此立，理乱攸关，谁得冒犯？今必违之，是坏乱纪纲法度，欲转嘉靖之治而为正德之年矣。且正德元年，治道未始不善。而二年之后，竟尔变之，非遽变也。亦由小人潜通佞幸之门，而执法者因循不守，始以徇情示私，卒至极乱大坏，几危社稷。殷监不远，岂宜复蹈？故孔子赞《易》"乾则致谨于几，坤则致戒于渐"，良有以也。况前日查革之余，邦奇等尚有旗校之籍，若果奉公效劳，自有荣进之途，何苦悁悁不舍，为非分无益之求，自罹于罪戾耶！又况圣恩浩荡，不追既往，与物自新。邦奇辈自合安分，怀刑④以观太平之盛可也，乃敢屡逞狂悖之词，甘蹈充发之罪。盖由迩来法令不行，事尚姑息，以致人情玩忽，养成奸宄之风，上下相安而不自觉矣。

　　臣等伏望皇上大奋乾刚，痛惩往事，守惟新之诏旨，使群小不得以抗违；申涣汗⑤之纶音，俾奸宄不得以拂戾。乞敕法司将王邦奇一干人犯收捕下狱，从重问拟⑥，遵照圣旨押发边卫充军，以为小人欺罔之戒，庶法令昭明，幸

---

① 飞龙九五：指即天子位。"飞龙"或"龙飞"喻指帝王的兴起或即位。九五代指我国古代的皇帝之位。
② 钱神：贬称，万能的金钱。
③ 幸门：奸邪小人或佞幸者进身的门户。
④ 怀刑：指畏刑律而守法。
⑤ 涣汗(huàn hàn)：喻帝王的圣旨、号令。
⑥ 问拟：审问罪犯，拟定罪刑。

进者知所止矣。

慎名器以惬公论疏

顷者,该兵部具题:为钦奉事。据通政使司送据萧龭等各告受荫前来,本部欲便遵照节奉敕旨,将萧龭等荫授指挥、千百户,俱照后开①注定锦衣卫各所司带俸等因②,题奉圣旨:这各官都照原降敕旨与世袭萧龭等着堂上带俸,张润等各依拟铨注③管事,内府衙门该禄米的着户部查照敕旨行。钦此。随该兵部覆题前事内开:萧龭、张润等不系军功,概与世袭,不由考选,俱令管事,上轻国家之名器,下贻织等之罪愆等因,题奉圣旨:巳④有旨了。钦此。

臣等窃惟恩赏一事,前日群臣交章谏止,情巳⑤罄矣,词巳⑥竭矣,未蒙俞允。近日吏、兵二部及各衙门及南京六科、十三道等官亦皆交章奏请,未蒙准信。臣等仰承圣意,迟延月日,不用连章数谏者,以俟圣心开悟,洞见舆情,不以改易为难,而以从善为贵,且使要于至当而后巳⑦。迄今阅日之久,大臣累疏辞免而尚未得处,戚畹近习,宴然冒受而酝酿益深。夫爵赏本为劝功也,众悦而后赏之,理之常也。今陛下延赏群臣,而使物议沸腾如此,则亦何贵于赏哉?况锦衣系近侍衙门,所关者重,若不待选择而概以荫叙,私及其人,则将来戚畹近习比例夤缘⑧,充斥卫所,耗廪禄而窃威权,又将复蹈正德年间之辙矣。况世袭必由军功,见任必待考选,此祖宗之成法,累朝之事例。若一旦废

---

① 后开:犹下列,谓下面所开列的。

② 等因:旧时公文用语。常用于叙述上级官署的令文结束时。但叙述平行机关及地位在上的不相隶属机关的来文,为表示尊敬,也间有使用。

③ 铨注:对官吏的考选登录。

④ "巳"字误,当作"已"。合刊本"民国志"此处亦误作"巳"。

⑤ "巳"字误,当作"已"。合刊本"民国志"此处作"已"。

⑥ "巳"字误,当作"已"。合刊本"民国志"此处亦误作"巳"。

⑦ "巳"字误,当作"已"。合刊本"民国志"此处作"已"。

⑧ 夤(yín)缘:通过关系进行钻营。

之,何以定内外武臣之法守,而服天下后世之心哉？臣等职司言路,今虽循默顺旨,天下后世必将以今日为滥赏,且责臣等不言之罪。臣等与其受天下万世之责且陷上于有过,孰若披沥肝胆尽言于上,以待斧钺之诛也。且此举未善,若一人言之而与论未协,未足信也；小臣言之而远臣未言,未足信也。今大小臣工合词奏请,远迩臣庶不约而同,陛下独可执之而自信乎！圣王本人情以为治,苟违公议,恐非与众图成之道也。陛下试于便殿燕闲之时,悉取前后诸臣所上章奏,遍阅而详察之,其意可以自见矣。密勿①大臣,功在社稷,诚有如圣谕谆复慰勉者,陛下尚且准辞伯爵,况近习之荫授,顾敢居然冒受乎！前日南御史陶俨等奏称,中外臣民,咸谓陛下偏厚戚属,欲徇其苟得之情,故连击内阁,以息其私赏之议。今若此,则是果如人言矣。纷纷物议,何时而能解息乎？且封荫过制,在诸臣则受贪冒之名,在陛下则蒙滥与之失。本以广仁恩,反以亏圣治,臣等窃为陛下不取也。

然戚畹骤进,巳②不厌众心,而都尉封侯,则难开事例。从龙超擢,巳③为过望,司礼旧任,自足酹④勤。今又世袭不由军功,见任不由考选,何以示法于天下？况加禄升俸,縻耗军国之需；银两铢毫,各有岁额之数。苏轼云:"与其平时耗于不急之用,曷若留贮以待乏绝之供？"见今凶荒屡告,四方靡宁,群小窥测,投间抵隙,人心未定,治乱攸分,胡安国所谓"举动人君之大,贤哲量之以行藏其道,奸邪窥之以作止其恶,四邻望之以厚薄其情",正此之谓也。况人臣之义与国休戚,天下安则人民荣,天下危则人臣辱。若惟贪图荣利而不顾国事之成败,前日正德年间之事可以鉴矣。是岂远而难见、晦而难知者哉！且维新快睹之际,史册必书,四方必觇,天下诸藩亦必拭目而具瞻者。若本源一差,末流难制,其何以慰天下之望而成太平之业？臣等伏望陛

---

① 密勿:指机要之职。
② "巳"字误,当作"已"。合刊本"民国志"此处作"已"。
③ "巳"字误,当作"已"。合刊本"民国志"此处作"已"。
④ "酹"字误,当作"酬"。合刊本"民国志"此处亦误作"酹"。

(民国)安次县志

下思之,若果无关于治乱,不伤于国体,臣等何为不知将顺德意为美,而且好招戚畹近习之怨恫耶!

臣等言论及此,抚心自讼,深惭精诚不足以感悟,而言意不善于开陈,愧古人遇巷之诚,旷琐垣谏诤之职,臣等罪实难逃。伏望陛下大奋乾刚,开张圣德,收回累次之命,姑惜封荫之恩。于有功者,则加议处,务使赏当其功而不处非其义;于无功者,断之以义,使赏不滥授而绝侥幸之萌。庶乎祖宗成法守而不坠,朝廷名器重而不亵。可以服天下之心,可以消觊觎之念,可以弭四方之变,可以节糜费之供。成中兴之治,此其一大节目也!可不慎哉!可不慎哉!①

邵鸣岐

东安县志序

上御极之十年,阮侯竹江公绾章为东安令。政事之暇,与予辈坐而言曰:"东安故号名区,而邑志未成,无以察政治而考古今。所关甚巨,未宜缺而不举。"予乃振衣而对曰:"敝邑附在畿南,为国家腹心内地。今虽民残才谢,在昔盛时,庶几比于大国之侯,而一切先典多所缺失,不胜惭愧。嘉靖中,邑人张公文举极力搜罗,条其纲纪,尚未就梓。后辄举辄废,迄无成功。"公曰:"果若是,则文献何征?而沿革奚究乎?"悒怏者久之。今年春,公托魏君楠、李君应期洎②鸣岐等共付以纂辑之任。又令庠弟子员刘子伯先辈,分任其劳而经纪焉。公乃捐俸资,备什用,给廪庖,刻期③待竣以垂示将来。余感公德意,馨心竭志,不敢以老惫辞。因据文举遗藁④及事迹之散见于他书者,略为

---

① 合刊本"民国志"中,在此文之下增录了张文举《东安县志约》一文。详见书末《附录一》。
② 洎(jì):及。
③ 刻期:限定日期。刻:通"克",严格限定。
④ 藁:同"稿"。

采掇，而又征之老成文学之士，分析而厘订焉。繁者删，略者补，不藻思以斗丽，不隐僻以眩奇，不虚美以失真，不妄削以没善。庶几哉！一邑之实录矣！

夫邑自汉唐以前，远无可考。五代、宋、元，略存其概。至明奠鼎燕京，吾邑逼近辇毂，向化尤迩。其间风景人物、忠孝节义，炳炳朗朗，烜赫简编。生其后者，不可不知其故也。然而昔之生齿繁衍者，今凋敝流离矣！昔之土壤肥腴者，今冲决沙瘠矣！昔之名贤继踵，甲第连云，今冠盖寂寥而士风不振矣！昔之文物繁华，楼台烟火，今穷居陋巷而柴扉星落矣！人事代迁，古今辽异，论世变者，当为一怃然也。今邑志告成，则千百年之风景人物、忠孝节义，皆得炳如日星，不至澌灭而不传。俾后之观感于此者，士知廉耻而女励名节，为臣思忠，为子思孝。是役也，公之功不甚伟哉？至于今昔隆替之感，虽天时气运，适然相值，而更化善俗，救敝扶偏，固司牧者所当详求而审处①也。

聊述梗概以应公命，大惧率略贻讥，姑以俟后之作者云尔。

刘体乾

请抑冒滥以慎名器疏

近该御马监等衙门太监等官李庆等题称：本官司礼监太监鲍忠病故，乞要将遗下侄男鲍恩等八名升级。奉旨：鲍恩等准各升一级，兵部知道。钦此。又一本：乞将鲍璇等五十名准收勇士。奉旨：鲍璇等准收御马监勇士，该衙门知道。钦此。

臣思国家所以奔走天下激励人心者，惟爵与禄，惟予与夺也。予夺公，则人无渎志；爵禄慎，斯国无滥官。故我太祖之令，武职非有军功不轻升授，此其良法至意②，符合尧舜者也。而乞升官职，尽行裁革。我皇上见之，登极一诏则又符合太祖者也。圣圣相继，如出一辙，宗社灵长之福，端有系于此者。

---

① 审处：审慎处理。

② 至意：含义极深远的用意。

（民国）安次县志

夫何庆等狡猾由性，贪冒成风，辄以鲍恩等五十八名妄行奏乞，彼岂不知祖宗世守之法昭如日月，而今赫然中兴之令典，有非前朝之故事所可同者，乃敢恣肆如此！臣待罪该科，义激于中，实有不容巳①于言者。且恩等官至指挥佥事，名号不为不崇贵矣，又且卫属锦衣，地方不为不清切矣。律之旧章，宜在深惩而痛黜之者，幸赖天慈矜宥，不失故物。为李庆者，固当晓恩等以王法之不可故违，圣恩之不容幸得，使之矢心图报，思感激于无穷者也。顾乃觊觎非分，遽躐崇阶，畔援无涯，罔知宪典。于此不禁，则章服如之何而不僭越？名分如之何而不凌替？府库仓廪如之何而不耗竭也哉？

臣尝考之《大明会典》：指挥使九级，从军临敌立献馘②功九次。正千户六级，立献馘功六次。实授。百户四级，立献馘功四次。总旗二级，立献馘功二次。若等寄身戈矛，命争一掷，甘心矢石，功求半资，犹复官司勘验，赏止数人。文移往来，动经五载，军功之难得如此！恩等何人，可以希图此爵耶！臣查指挥使正三品月支俸三十五石，正千户五品月支一石五斗，勇士每名又月支一石。合五十八人而计之，共支一百五十二石五斗；合一年而计之，共支一千八百三十石。是虽粮米不敷，多有折色，而银绢所给亦是民脂，岂可容恩等无功而坐食也哉？臣窃料庆等之意，不过谓忠，逮事累朝，积有劳勚③。顾生前蟒玉之荣，金帛之赐，兹者茔域之建，谕祭之加，天地父母之恩不可谓不至矣！膺是殊典，巳④足酹功，又何至上干国家亿万世之纲纪，下朘国家亿万人之膏血，以求为彼之后人作富贵耶！是何庆等之不知足也。

昨自鲍忠初故之后，京城内外众言喧腾，共谓忠家财约有九十六万。虽事出人传，未委虚的，而言以物致，必有根因，推之其他，房屋、田土、车马、衣

---

① "巳"字误，当作"已"。合刊本"民国志"此处作"已"。
② 献馘：古时出战杀敌，割取左耳，以献上计数论功。
③ 勚（yì）：劳苦。
④ "巳"字误，当作"已"。合刊本"民国志"此处作"已"。

服、器玩称是,则资蓄不下几百万也。观其囊橐之私富盛如此,则其席怗①之恶索行可知矣。虽自今落恩等之职而摈斥之,天下后世当亦不谓陛下待忠之薄也。纵忠有可嘉尚之功劳,朝廷亦自有优恤之恩典。当今圣明在上,功罪莫逃,赏罚不渝,倘有可录,必赐追崇。是则"惟辟作福②"之大义,而何须庆等纷纭奏渎耶!且官其忠之子侄亦已③足矣,而概成刘铎等五十人异姓别宗与鲍门支派又全不相及者,何乃混以名籍,一概请乞?凭城附社,既欲盗朝廷之器以济私;引类呼朋,又欲市朝廷之恩以通贿。遂使胥徒杂沓乎青紫,厮隶混淆于冠裳,不谓清朝之名器,而庆等敢轻亵如此耶!且又径列职衔,自定名数,意气专恣,事若己出。不谓雷霆之下,而庆等之无忌惮一至是哉!今遐方作梗,饥馑频仍,策勋者日广而职事不胜其用,遣戍④者岁增而粮饷不副其需。孜孜睿衷,固尝厪陛下之宵旰矣!此亦庆之所亲见者。而区区为恩等一念徇庇之私,遂不知有天下之大、君父之忧为所当急也。

臣愚伏望陛下轸念多事之际,重惜国体,收回成命,将鲍恩等官严加裁革,鲍璇等勇士速赐停罢,仍令以后内府各官有故。若果著有勤劳,该在优恤,一听上裁,以见恩威出自朝廷,不许名下之人辄得冒叙功勋,侥求官职。则员无冗授,足以服西北捍御之心;俸不虚縻,足以纾东南漕挽之力。内治既修,外患斯弭矣。

请节省以足国裕民疏

近日遐域不庭,肆为不逞,陛下赫然震怒,爰集义师,将大举而挞伐之。一时国计所需,往往告乏。建议诸臣或欲征历年之欠户,或欲加数省之赋额,

---

① "怗"字误,当作"怙"。席怙:凭借,倚仗。合刊本"康熙志"此处亦误作"怗"。
② 辟:君主。作福:赐福。
③ "巳"字误,当作"已"。合刊本"民国志"此处作"已"。
④ "戌"字误,当作"戍"。合刊本"民国志"亦误作"戌"。

（民国）安次县志

无非以供亿既繁，调度莫继，遂为是不得巳①之计，姑以纾困急、佐经费也。臣愚不知生财大计，但闻之宋臣苏轼有曰："方今之计，莫如丰财。然所谓丰财者，非求财而益之也。去事之所以害财者而已。"由轼之言观之，则今日之事不在于征敛之纷纷，而革冗吏、清冗费乃当今理财之第一义也。

臣尝见原任礼部尚书霍韬之奏，有曰："我朝自成化五年，武职巳②逾八万，合文职计之，盖已逾十万矣。"至于今，则历年功劳之升授，勋贵之传请，不知其几，是武职又不止于八万矣；各衙门之添设，大臣之恩荫，不知其几，是文职又不止于十万矣。臣以是推之，成化五年之吏视洪武初年之吏为冗，今之吏视成化五年之吏为尤冗也。远而拟之，宋制止二万四千余员；唐制止一万八千余员；汉制止七千五百余员；与唐虞之建官惟百，夏商之官倍用，又奚啻③倍蓰④焉！

不但此也，他如内官阉宦之收入者渐广，锦衣卫官校之奏备选充者渐多，中书等衙门之乞恩带俸者渐滥。极⑤之礼部之译字生，鸿胪寺之通事序班，光禄寺之厨役，神乐观之乐舞生，内而各监局之勇士、匠人及以大工升除者，其间狐引猿攀，途辙不一，蝇营狗窃，窾曰日多，臣不能悉举，盖巳⑥万万于祖宗时矣。是皆张口待哺以仰给于陛下者也。且如勇士、匠人，至贱者也。勇士每月则有月粮二石、马料豆九斗、谷草三十束，匠人每月则有月粮一石、直米三斗五升，所费固已不赀。至于一官，则有舆隶廪禄之给，所费又不止此也。其所以靡烂其财赋者，岂少少哉？

臣又思之，土地犹夫祖宗之土地也，户口犹夫祖宗之户口也，赋税犹夫祖

---

① "巳"字误，当作"已"。合刊本"民国志"此处作"已"。
② "巳"字误，当作"已"。合刊本"民国志"此处亦误作"巳"。
③ 奚啻：何止。
④ 倍蓰（xǐ）：谓数倍。倍，一倍；蓰，五倍。
⑤ 极：表示最高程度。
⑥ "巳"字误，当作"已"。合刊本"民国志"此处作"已"。

宗之赋税也，独至于用度乃百倍之。是其所入者少，所出者多。譬之富室生理犹前，而宾客之资、厮仆之费视前反侈，则千金之产有不索然而罄者哉？此其蠹国耗财之源，所宜痛惩而亟罢之者也。不此之求，乃于憔悴之民而屑屑取盈焉，此臣之所未喻也。

臣愚伏望陛下敕下各该衙门，除见今听政官员并在营军士不查外，其余内外大小衙门一应冒滥食粮及前项人数逐一查议，何人应存，何人应革，扣算定拟停当，备造文册奏缴。仍乞明诏，务从简约，庶见为国节省之意，此臣所谓革冗吏者一也。

臣近又查得光禄卿高澄等题称：本寺所费钱粮，自嘉靖元年至十五年积剩银不下七八十万两，又多拖欠以致①不足等情。臣又近查得本寺进御果品等项，原无定额，临期止凭内官小票数目交纳。及果品既进，明日内官又以昨日所进者卖与行户，以备上纳。臣固知圣明节俭之德终始如一，而所以有前后多寡之异者，固内官之渗漏干没②于其间也。盖其经制之初，概有品度，则供应之际，不难稽察。乃今本寺诸臣不敢问其真伪，不敢辩其是非，而贪冒之徒得以自便而自取矣。臣不意尧舜在上，忧时惜费，日有孜孜，而若等之嗜利行私无所忌惮者一至于此也。然此但就光禄寺一处言之，其他供应衙门中间转移侵盗，尚有未易悉数者。臣尝读《周礼》，见周公所制，凡王之饔③膳酒浆之物，次舍④、丧服之用，一一为之度数。而又于岁终，太宰以九式节用，盖亦圣人防奸之微意也。

臣愚伏望陛下仿成周之典，敕下礼部，将内外各该供应衙门所用品物钱粮再三酌议，如某衙门合用品物若干，通计一年合用钱粮若干，开具明白，上请裁定，著为令典。每遇年终，选差科道一员逐一查盘奏缴，以防冒破。如此

---

① "致"合刊本"民国志"误作"政"。
② 干没：侵吞他人财物。
③ 饔（yōng）：熟肉。
④ 次舍：止息之所。

（民国）安次县志

则丰约有正数，取之者不得而妄取；盈缩有定规，供之者不得而妄供。而纠察会计之事又得以行于其中，则沉匿掩蔽之患自无所容，而帑藏将沛然其有余矣。此臣所谓清冗费者一也。

二冗既除，则事之害财者去。害财者既去，丰财者自至，而征欠加赋之事可无讲也。说者谓臣等所见或非极溺救焚之策。臣则谓二冗之除，虑在奉行者之未得其人耳。若果当事大臣真能仰承德意，悉力奉行，则所省当不下数十万金。能省数十万金之费，即得数十万金之蓄，见效甚速。为力固易，民既不扰，国亦不乏，月计不足，岁计有余。一月既有数十万金之蓄，一岁当有数百万金之蓄，是所谓"耕九余三"①，如之何而不可行耶？况今天下府州县百姓资产荡析，邑里萧条，嗷嗷之情大非前日可比。虽所在官司急于督并，然棰楚②不胜之际，固不可谓全无欲办之心；而死亡不赡③之余，亦难保其必有可完之理，则亦徒挂簿书加刑罚而巳④。是节用爱人之道，臣固不敢谬为迂谈，而目前干办之图，臣亦不敢尽以为得也。即使将欠户勒征，尽如诸臣之议，而冗吏之聚而食之者如故，冗费侵而盗之者如故，则亦无异乎扬汤止沸者。如薪不抽，沸终不止，扬之何益？臣固知于耗虚匮乏之患无补也。且此辈皆贪饕无厌之徒，幸门既开，必至浸淫未巳⑤。将来之吏能无更冗于今日者乎？溪壑未遂，必至泛滥无极。将来之费能无更冗于今日者乎？而百姓之欠者，从而益欠加者，难以复加。虽有百刘晏者出，何以为措手之地耶！故臣敢谓冗吏既革，冗费既清，虽不征欠户，不加赋额，贫可使富也；不革冗吏，不清冗

---

① 耕九余三：语出《礼记·王制》，意为耕种九年，必须累积可食三年的余粮，反映了早期农业社会人们对储备的高度重视，是低生产力水平下防备灾荒丧乱的经验总结，也是旧时量入为出和谋求常年财政平衡的重要原则，被奉为古代中国理财思想的经典。
② 棰：木棍。楚：荆杖。棰楚：古代打人用具，因以为杖刑的通称。
③ "赡"合刊本"民国志"误作"瞻"。
④ "巳"字误，当作"已"。合刊本"民国志"此处作"已"。
⑤ "巳"字误，当作"已"。合刊本"民国志"此处亦误作"巳"。

费,虽欠户日征赋额日加,富可使贫也。

臣望陛下念时事之多艰,悯民生之未遂,节省一事,断在必行。申饬各衙门当事大臣务要着实举行,毋得阴为庇护,曲示包容,使此辈夤缘侥幸,以图苟免。如有此等情弊,及应革应清,相于①衙门人役敢有推调抗违并鼓动浮言阴为阻坏者,许臣等科道访知指实,参奏治罪。仍遍谕京城内外诸司,除系关紧要军务,其余一切不急之需并从裁减。如是则国丰而裕,无功不成;士饱而敌,有战则克。蠢彼顽梗,宥之则为舜格有苗,不宥则为殷之克鬼方。进退伸缩,无不在我。业隆汤武,功光祖宗,顾不足以示天下、垂后世也哉!使失今不图,悔将无及。臣恐奸人无岁而不有,则防备无岁而不严。防备无岁而不严,则钱谷无岁而不费。府库已②竭,调度方殷,根本已③空,而蠹耗不止。如不幸而加以连年之歉,则财尽而计穷,敌至而力屈,始有不能不重烦朝廷之忧者矣。是岂容臣等拱默坐视之时乎?

臣是以不辞固陋,条例上陈。伏惟陛下怜其迫切之情,赦其冒昧之罪,留神采纳,俯赐施行。天下幸甚!臣愚幸甚!

李应期

东安庙学置地记

学之南有泮池,池之东南有高垒,俗以为笔架山。学之西北有塔,耸然而起,俗以塔为文笔峰,乾巽相应而灵气钟焉,是以名臣俊彦后先辉映。畿辅左右称名邦者,必以吾邑为首。是垒之有关于庠序,岂浅鲜哉?但是垒原为民地,非学所有也。成化间,上下殷富百十年无转售者,其在他人,犹其在吾学也。迄今三十年,余地遭兵燹,庐舍废为町疃,果木毁为薪炭,世守之产数易

---

① "于"字误,当作"干"。合刊本"民国志"此处亦误作"于"。
② "巳"字误,当作"已"。合刊本"民国志"此处作"已"。
③ "巳"字误,当作"已"。合刊本"民国志"此处作"已"。

其主。万一此垒转售他姓，或任其为污池坎窖而莫之禁，则学宫之形势毁于一旦，所伤实多。广文吕北川、陈漳鹿与庠生刘子伯光、史子亨、杨子绍英、王子应门共相议曰："是垒之废兴，乃吾学仕进者废兴所由关也。盍捐资置地于学，更为之继长而增高焉？则形势益壮，科第之蝉联讵有艾乎！"于是各陈于邑侯韩公。公曰："善。"首捐俸金若干，并乡大夫邵公鸣岐、魏君柟辈暨阖学士人皆踊跃助成其事，而泮南高垒始为学有矣。其地之长短、广狭、亩数、四至，另有《小石开记》。又恐其世远难稽，而忘始事诸君培植学校之意，属某为文勒石以垂久远。从此地效其灵，人修其业，汇征鸿渐①，光于前而振于后，皆韩公与二广文之所造也。某不揣鄙陋，遂承命而为之记。

张惟一

明奉政大夫山东济南府同知黄公墓志铭

公讳宗周，字郁文，东安人。曾高而上，潜德发光，纯懿世济，嗣以儒显者。若滨州公以廉惠俎豆于鲁，巩昌公以贤科通守于秦，伯祖芦庄公用宾于王，为贤郡倅②，其裒然③史册，于赫④科名者，又彰明较著⑤也。公大父家温德茂，誉协乡评。父庵泉公克承先业，蕃衍后昆，率皆翱翔黉序，廪食上庠，号称华族。公弱冠即蜚英腾茂，台使监司以飞黄神骏期之。万历庚子，高捷畿闱，癸丑谒选，除卫之汲县令。汲故附郭冲邑，舟车孔道。公治邑审视利病，举疮痏而抚摩之，均徭赋，清置邮，保善类，芟豪奸，戴星视事，栉雨省民，五年如一日也。

会福藩封河南，供亿百出，猝难应办。太守知公才足办乃事，一切属公经

---

① 鸿渐：谓鸿雁从水中进到岸上。后用来比喻仕宦的升迁。
② 郡倅：郡佐。郡守的副职。
③ 裒(póu)然：聚集的样子。
④ 于赫(wū hè)：叹美之词。
⑤ 彰明较著：指事情或道理极其明显，很容易看清。

纪之。王之阉人卫士皆倚王势,出都门南指时即横索不赀,当事者罔不悸心短气。公以强项之性,驾御而摧折之。怗然就理,不敢嚣张,反投刺相亲就。以故凡百供帐无所挠,竟以致令旨注存①,王厨宴赍奖藉有加。由公之廉明夙著,足以詟服其不逞之心也。寻升济南司马,备倭东州。是时戎马充郊,全省震惧。当道知公才,特任转饷之寄。公千里挽输,冒风沙,蒙霜露,二载之中,备尝艰楚。因是多病,屡乞骸骨。当路格,不为达,特以寻常规避例公,漫视为全身远害者流也。公自知不起,力疾而行至东州兰若,犹以好语慰其后人。及疾革,二子相视而泣。公曰:"吾以驰驱王事,不能生还,此臣子职分所当然。古人远域勤王,裹尸马革,胜于死床笫②者多矣。复何恨?"言竟而瞑,无一语及家事。

公体度冲凝,言辞和畅,发为文词,自成一家,绝不落帖括溪径。髫年失怙,事伯兄礼斋公如严父,久而弥笃,晋接亲戚朋友始终蔼如,未尝疾言遽色。盖其得于天者全也。

公生于嘉靖丙寅之三月四日,卒于泰昌改元之十一月六日,寿五十有五。庵泉公以公任,赠文林郎卫辉府汲县知县。母房氏、王氏俱赠孺人,元配刘氏封孺人。子三人:长行可,县学生,娶邑庠生孙衍庆女;次适可,京卫武学生,娶永清儒官王宗颜女;又次鼎铉,府庠生,娶邑贡生魏邦才女,继娶清平知县武清王溥女。女一,适崔九思。孙男三:长筌、次蘅、次灏。孙女四。公生于邑南之挑河头,公父庵泉公以硕德重望,化乎一乡,伯兄礼斋克绍先猷,为乡善士。邑之明府颜其门为"世德"云。因为之铭曰:木之茂者必其根固,流之长者由其源深。公世积其德而光犹未尽显者,其殆将发越于后人。

---

① 注存:关注问候。旧时书信用语。
② "笫"合刊本"民国志"误作"第"。床笫(zǐ):床和垫在床上的竹席,泛指床铺。

清

孙承泽

退谷记

退谷在水源头傍,退翁记云:京西之山为太行第八陉,自西南蜿蜒而来,近京列为香山诸峰,乃层层东北转至水源头,一涧最深,退谷在焉。后有高岭障之,而卧佛寺及黑门诸刹环蔽其前,冈阜回合,竹树深蔚,幽人之宫也。

水源头两山相夹,小径如线,乱水淙淙,深入数里,有石洞三,傍凿龙头,水喷其口。又前数十武,土台突兀,石兽甚巨,蹲踞台下,相传为金章宗清水院。章宗有八院,此其一也。水分二支,一至退谷之傍,伏流地中,至玉泉山复出。昔有人注油水中,玉泉水面皆油也。一支至退谷亭前,引灌谷前花竹。

谷口甚狭,乔木荫之,有碣曰:退谷。谷中小亭翼然,曰退翁亭。亭前水可流觞。东上则石门巍然,曰烟霞窟。入则平台南望,万木森森,小房数楹,则为退翁书屋,一榻、一炉、一罂樽,书数十卷,萧然行脚也。

谷之后高岭峨峨,摄衣而上,为古茔。茔垣之外,有台可憩,茂松蔽之,不见其下。

谷之东则隆教寺。寺前旧在退谷上,移置石门之东,殿供大士像,岁久漫漶。寺僧秋月募善知识缮饰之。境地深邃,可供①跏趺②。

谷之前为莳植花竹之圃,中有僧家别院,养牡丹数百本,石数孤峙,面面皆花。北望退谷,掩映翠樾中,如悬董巨妙画在阁之壁。

谷口外沿泉东行,皆石壁也,大石一方,上建观音阁。再东则卧佛寺,傍

---

① "供"合刊本"民国志"误作"谷"。

② "趺"字误,当作"跌"。合刊本"民国志"此处亦误作"跌"。跏趺(jiā fū):"结跏趺坐"的略称。佛教中修禅者的坐法:两足交叉置于左右股上,称"全跏坐"。或单以左足押在右股上,或单以右足押在左股上,叫"半跏坐"。据佛经说,跏趺可以减少妄念,集中思想。

扉入扉,娑罗古树大可数围,柯干参天,瞿昙酣卧殿上。乱后,寺废,香灯久断矣。寺门白塔高矗,大松两行拥之,香翠扑人衣裾。

谷西南里许为广应寺,寺有白松如雪,门外深涧,石桥横之。桥傍乔松数十株,箕踞其下。看碧云香山诸寺,丹甍碧瓦,如蜃楼,如绛阙,又惝恍如梦际。

谷西越涧而过,则长岭横拖,岭半为金章宗看花台。古松一株,夭矫磅礴,拾级而登,此则佳主人也。

谷后逾岭数重,则见汤峪画眉诸山。东北烟树迷蒙,巩华城也。又天半摇摇,万马腾空而下,天寿元宫也。广应寺之西为木兰陀。由寺前鸟径西指,过小桥三四,径渐峻,盘旋而上,始至玉皇殿。殿南别院有轩有室,小楼三层踞山之巅,俯视弘光寺松盘香山来青轩诸胜。殿北深涧悬崖,水出洞中,傍为鱼池、为药栏、为篁丛。殿侧有满井,水可手掬,西山山顶之井,广皇寺与此为二,甘洌似中泠①,谷中瀹②茗,取给二井。退谷逸叟记。

庚子销夏记序

庚子四月之朔,天气渐炎。晨起,坐东篱书屋,注《易》数行,闭目少坐,令此中湛然无一物。再随意读陶韦李杜诗,韩欧王曾诸家文,及重订所著《梦余录》《人物志》诸书。倦则取古柴窑小枕,偃卧南窗下,自烹所蓄茗,连啜数小盂。或入书阁整顿架上书,或坐藤下抚摩双石,或登小台望郊坛烟树。徜徉少许,复入书舍,取法书名画一二种,反复详玩,尽其致,然后仍置原处,闭扉屏息而坐。家居巳③久,人鲜过者,然亦不欲晤人。老人畏热,或免蒸灼之苦矣。退谷逸叟记。

---

① "泠"合刊本"民国志"误作"冷"。中泠:泉名,在今江苏镇江市西北金山下的长江中。相传其水烹茶最佳,有"天下第一泉"之称。

② 瀹(yuè):煮。

③ "巳"字误,当作"已"。合刊本"民国志"此处作"已"。

马龙麒

马氏族谱序

夫祠堂之建也,祖宗有所依;而家谱之修也,后世有所据。吾族先世微有公储,伯叔昆弟积累数十年,至今岁始有倡修家祠族谱之举。任其事者勤勤恳恳,阅初秋而新堂告成,族谱亦相继蒇事①焉。余幼时,尝闻先人云:"远祖系出建业,所谓马图城者,其旧居也。自明初,北迁东安,世居得胜口村,迄今越四百余载矣。"世次既远,遂分为西北东南四门。苟无世谱以纪之,而代远年湮之后,又乌从而辨之哉?今则祠堂、族谱相继告成,余老而无闻,幸得及身而见。凡我族人,咸得各承先祀,岁时烝尝,设几奠爵,拜跪于其间。所以明支派之亲疏,详其世系,以抒水木之思,斯亦快矣!辄叙其事,书诸卷端。若其传之又久,繁衍弥多,则俟后裔之补缀云。乾隆乙酉九月。

邵占鳌

《读易录》叙

文安陈易庵先生深于《易》,积数十年之功,著《读易录》一书,至道光乙酉甫脱稿,即逝世。今岁,其门下陈君盛符欲梓以行世,持是书见示。披而读之,书凡十八卷,前数卷阐发图书精蕴与诸卦位次先后之所以然,具有心得,发前人所未发。后数卷就原书注释,每卦有分注、有总论,皆与前贤之意合,间参以己见。盖于此道三折肱矣。夫注《易》者,不下百余家,皆主数;《程子大传》《朱子本义》则主理。盖理可赅数,数不能外理也。余于《易》夙未究心,且性钝不能澈悟。闻之古人绪论,前圣作《易》,后圣系《易》,要旨惟在示人寡过,居则观象参消息之几,动则观变识进退之道。由履卦之非礼弗履,驯而至于系辞之乐天知命。周子《易通》一篇,深微精粹,而终之以君子修之

---

① 蒇(chǎn):完成。

吉,小人悖之凶,修悖为理,而吉凶则数。故曰:"理可赅数也。"此录发挥生成参两①之旨,言数详矣。而理即此寓读者当领会于笔墨之外,即爻象之微返身体认实验之,日用之间,禁其行险妄取之心,以归于《易》之非礼弗履。庶无负是书之苦心。不然纵七八九六,分析精详,皆末也。吁!经学之荒久矣!终日记诵皆为弋取功名。计求如此,书之涵咏圣涯,？绎妙蕴,盖鲜见焉。然则学者观《读易录》一书,可以愧厉而兴起矣。同治甲子秋日

郭为霖

《古文比》序

《记》曰:"独学而无友,则孤陋而寡闻。"以其无所比也。读古文,亦学者事,何独不然？霖喜读古文,随所遇而摹仿之,如比翼之鹣、比目之鲽。及三年大比,扬于王廷。时以八比取士,不比不行,遂铩羽与刘蕡比。乃仰天叹曰:"时文虽寡合,吾独不能求诸古文乎？"左氏曰:"择善而从。"曰:"比韩婴。"曰:"高比所以广德也。"同邑戚友马君朋卿援桐城方氏《古事比》之例,辑《古文比》一编,上下千古,先得我心。凡世运否泰之循环,国家治术之升降,人品心术之淑慝,事物辨论之异同,同此一题,机杼各异,触类引伸,反覆驳辩。以言观人,则见微知著也;以言论事,则穷源竟委也。政治则各见其利弊,训诫则各裨于身心,即一名一物亦各有寄托。推论以相规讽,互镜参观,洵足以开拓心胸、增长识见,诚为选家所未有。盖其师平舒刘紫山先生,桐城吴太常高足弟子,学有渊源,故汲古而得修绠也。余方幸有同志为古文者以为比,又得读此一编,益幸未有论比者,将以益治其文学,庶乎义之与比矣。遂比辅而为之序。

---

① 参两:指参天与地。

曹克祗

李中丞墓记

前明乡先生李公伸以理学著,其弟都御史侃以直谏闻,一为名儒,一为名臣。其祖茔在凤河之阳,后人他徙。至清初有自宁夏来者,询其先垅,已归旗圈,乡人不敢言,遂不得其处,痛哭而去。乾隆间,县令李光昭访问得实,树碑茔前,严禁樵采。余友汪芸圃汝芬住张各庄,李墓在其村东,久入汪氏园中。光绪甲辰,余访芸圃,同至李氏坟,登临凭吊。惟见累累数塚,李公碑记亦亡,为之怅然者久之。今阅《孙夏峰集》,有题《李氏先德录》,言:"李伸,号希直先生,绍静修之传。其弟侃,志其先世河南新野人,后徙安次,又以母家容城,遂归老焉。"按县志谓:"李伸为容城儒学,遂家焉。"与此稍异。然志载其祖延兴为《半壁店义学记》云:"与所居相去数里。"以今考之,为张各庄人与否虽不可知,而其里居邻近则无可疑也。世有伟人,每旷百世而相感。况乡贤之生于其地者,实足动人兴起之思。李氏守墓无人,与汪氏结隔世缘,固李氏之幸也,亦未始非汪氏之幸也。故书此以贻芸圃,嘱其子若孙培马鬣①之封为甘棠之爱,并仰其高风兴起于数百年之后,其所得不更大乎?

信书年

《古文比》序

著书所以启后学也,而益人神智者,必编辑善本。自梁《昭明文选》出,几于家弦户诵,后之最著者,如唐之《文馆词林》、宋之《文苑英华》、明之《汉魏六朝一百三家集》、近人桐城姚氏之《古文辞类纂》,均足以模楷艺林。然诸书体例,或人以时代分,或文以词类选,从未有两两相比而辑成一集者也,有之自吾表弟马君鹏卿始。鹏卿博览群书,以为天地之间物必有耦。爰穷搜

---

① 马鬣(liè):坟墓封土的一种形状,亦指坟墓。

古集，取其题目相同者，仿桐山方氏《古事比》体，著《古文比》一书。其前七卷，则一人数篇或数人一题。后三卷，则反正相生，摹拟相效，问答相辨。披读而参观之，开眼界而拓心胸，俾辁①材浅夫无得此遗。彼之虞有触类引伸之妙，其嘉惠后学，岂浅鲜哉！吾因之有感矣。孔子见贤思齐，善于比者也；文王望道未见，善于比者也；重华执两用中，善于比者也。由是求之，于以②入道，不难矧文艺之末云尔哉。然即文而论之，巳③绝妙，未有伦比矣。

马鸿翱

《古文比》序

光绪丁酉，从平舒刘紫山师游，尝示余曰："桐山方依岩先生《古事比》一书穷搜典籍，比类而记。诚类书之创体，文苑之异闻也。余窃仿斯体，编为《古文比》一集，取其命题虽同，持论各异。俾学者益神智而广见闻，不亦乐乎？"余闻而悦之，亟欲是书之成也。是岁三月，值平舒重修邑乘，延吾师主其稿，至十月告成，而适丁外艰，家居读《礼》，是以有志未逮也。余不揣孤陋，编成七卷，又集古人反古、拟古之作及一问一答之书为附录三卷。编成，未敢自信，质诸函丈④。师曰："是吾志也。亟付梓，人以为启蒙之助，庶不负我初心矣。"余乃序其缘起，曰："事以对鉴而益切，理以互勘而益明。水中之月不得谓非天上之月也，而水月弥见其虚灵；镜中之花不得谓非目前之花也，而镜花愈形其明媚。学者能以此类推，灵机触发，妙绪环生，有闻一知二之乐焉，岂不胜于独学无耦哉？嗣有所得，当荟为二集、三集不止也。"⑤

---

① 辁(quán)：浅薄。

② 于以：在何处。

③ "巳"字误，当作"已"。合刊本"民国志"此处作"已"。

④ 函丈：原意是指讲学者与听讲者的坐席相距一丈。后用以指讲学的坐席。又指对前辈学者或老师的敬称。

⑤ 合刊本"民国志"中，在此文之下增录了马鸿翱《族叔祖颉云公家传》一文。详见书末《附录一》。

马钟琇

《一山集》序①

李希直原编乃祖《一山先生集》九卷,购求多年未获,每以为憾。辛亥入都,闻贵阳陈给谏田家藏是书,亟拟假钞以延乡邦文献。旋值革命,陈君携书南归,天欲秘之,事不谐矣。今岁家居,爰据诸选家之所甄录,裒②为一卷,凡得文四首,诗七十三首。暑假多暇,乃属族侄子久伟卿为之钞写,杀青斯竟,仍以"一山"名集,存所自也。间尝考求吾邑《乡贤》,如扈氏兄弟,以文学名,扈日用之《鳌山集》今巳③不传矣;吕正惠公立朝以正直显,奏章谠论惜无成书,今亦莫由考索矣。言念及此,感慨系之。李彦闻父子虽有集行世,然流传甚鲜,不绝如缕。发潜德之幽光,讵非后学之责哉?鲰生赋性拙直,与古为徒,不能取悦于时,无所可用于世。惟搜辑先民遗著,则深愿引为己任。惟日孜孜,永矢弗谖。茫茫尘世,其亦有以见许者乎?然而非所计也,翰墨情亲,世缘自远。沈攸之曰:"早知穷达有命,悔不十年读书。"三复斯言,弥觉味之不尽也巳④。癸丑秋日后学马钟琇撰。

《古燕诗纪》序

予尝登金台遗址而四顾焉,前不见古人,后不见来者。西涉乎易水,其流呜咽,犹有慷慨悲歌之声。士生于百世之下,而欲考先民之流风余韵,非裒其歌诗不为功。粤稽选家,类多详于南而略于北,《畿辅明诗》及《畿辅诗传》虽录燕诗,然只限于明清二代。前乎此者既鲜专书,后于彼者易归散佚,此《古

---

① 合刊本"民国志"中将此文删去未录。
② 裒(póu):聚。
③ "巳"字误,当作"已"。
④ "巳"字误,当作"已"。

燕诗纪》所由作也。琇，燕南下士，少嗜声诗，弱冠病狂，无迹于场屋①。前朝末叶，入资为郎，观政秋曹，吟咏不废。簿书余暇，惟事收书，诸子百家，颇有所蓄。沧桑变后，还我闲身，天放自由，适偿厥志。乃就所见，随手辑之，或录自本集总集，或采自地志山经，或据朋好之所贻，或承师友所钞示，日就月将，集腋成裘。顾一人之耳目网罗实有未周，而数载于兹用力亦云勤苦。自黄帝而下，迄于近人，凡三百余家，编为十卷，并叙次作者爵里，略如诗话各著本诗之前，诵其诗知其人，恍与先民晤对乎一室之内，岂曰小补之哉！昔人云："寿莫寿于使②人知我为古人。"又曰："三代而下，惟恐不好名。"窃仿斯义，录拙诗于卷末，以就正有道焉。所望同志者，共矢维桑之义，匡其不逮，搜遗访逸，汇为巨编，以彰乡邦文献，则先民有幸，吾人与荣。拭目待之，馨香祝之，先出此编以为嚆矢云尔。

中华民国三年，甲寅夏日，安次马钟琇箸羲甫叙于味古堂。

竹村布衣小传

姚国华，字竹村，武清汊沽港人。尝客东安，天性孤峭，娴绘事，心抚力追希古作者。花鸟猫蝶，尤为擅场。当其得意，虽名流无以过也。生平义命自安，不慕荣利。所居绳床棐几，潇洒出尘，啸傲其间。尝经旬不出户，客至则相与论画。俗士造门多避去，或相对默无一语，或痴立移时，僵若木石，时人多病其狂焉。嗜酒而不能饮，引杯微嗅，久之辄作醉状。又好为搏蒱之戏，兴之所至，虽佣夫牧竖③，亦所乐伍。挥手金尽，殊无吝色，其风趣如此。中岁后，家益衰落，晨炊或不给，处之怡然。持金索画者，非旨同趣合，往往见拒，于富商巨室尤甚。尝拟营别业一区，种植花木为娱老之计，力不从心，每一念

---

① 场屋：科举考试的地方，又称科场。
② "使"合刊本"民国志"误作"后"。
③ 牧竖：牧童。

之,辄绘林亭以寄兴。壬子冬日卒于家,年六十有七。赞曰:颠似米老逊其名,迂继云林比其清,非狂非狷得其平,今则往矣,吁嗟乎先生!

《重辑晏元献公遗文》序

晏元献,当北宋极盛之日,为文典重高华①,全变五季②纤靡之态。其诗清丽博赡,泂泂乎治世之音。盖才华富而学力深,雄长乎当代作家,非偶然也。原集二百四十卷,诗过万篇,后自删为《临川集》三十卷、《二府集》二十五卷,屡经兵燹,今皆不传。康熙中,慈溪胡二斋氏尝有遗文之辑,其诗与文仅各六篇,以及小词三十余阕,即四库著录本也。厥后仁和劳季言氏亦有裒辑之本,闻得诗多至百余首。惜乎!传本罕见。余生也晚而蓄志与两先生同,第以见闻有限,宏愿难酬,网罗数年,仅得古文十篇、诗六十首以及《珠玉词》③,合录于后,厘为三卷④,付梓以行世焉。较之劳氏虽不足,以视胡氏则过之。鼎尝一脔,知难餍阅者之心,而汨没越数百载,残膏剩馥,犹足沾丐后世也,谓非文章有神乎哉!⑤

王耀成

南村看花记

由南村看花回,颇劳惫。日甫暝,颓然就寝,鼻余酒香,目留花影,依稀恍忽间,梦有人谓余曰:"南村之游乐乎?慨自共和肇造,立宪萌芽,谋固其本,未发其华,强枝伤干,蒙藏蠢动,有莠乱苗,奸慝方兴,财源告竭,涤涤枯渎,毒卉未绝,灿灿莺粟。吾子岂未之知耶?何于彼则熟视无睹,而偷闲旷日,为蒙

---

① 高华:典雅,华美。
② 五季:即后梁、后唐、后晋、后汉、后周五代。
③ "仅得古文十篇、诗六十首以及《珠玉词》"合刊本"民国志"作"仅得古文诗若干首并毛刻《珠玉词》"。
④ "三卷"合刊本"民国志"作"四卷"。
⑤ 合刊本"民国志"中此文末增录了一句文内注:"乙未岁得劳氏本,始知余此本较劳本为多也。"

窃惑之。"仆叶拱①对曰:"樗栎散材,无所可用,于世乃复靳其放浪耶? 值兹宿雨新霁,风日清美,时鸟变声,劝客提壶,杨柳弄色,迓人于道,皆喜动颜色矣。况复休暇,朋侪相召,其又安能自巳②? 乃着我春服,偕彼童冠,方曾点舞雩之游,访刘阮天台之迹。斯时也,杏花红褪,桃萼初绽,梨花千树,白雪压枝。徘徊往复,顾而乐之。于是少长杂坐,举酒花下,箕踞纵谈,兀然而醉,相与读刘伯伦《酒德颂》,鼓掌称善。若斯志意,上与天游。以视夫部长议士,心营营于枯菀,日耽耽于高枝,挥氓庶之膏脂,佐花天之酒席者,其得失何如也?"因复狂笑,豁然而寤,乌踆③出海,花影半窗矣。于是起而记之。时癸丑三月既望,而游之翌日也。

---

① 叶拱:把两手贴在胸前行礼。
② "巳"字误,当作"已"。合刊本"民国志"此处误作"己"。
③ 乌踆:即踆乌,古代传说中太阳里的三足乌。

安次县志卷九　艺文志内编诗

唐

扈载

芳草

幽芳无处无,幽处恨何如？倦客伤归思,春风满旧居。
晚烟迷杳霭,朝露健扶疏。省傍灵光看,残阳少睥区。

宋

扈蒙

桐庐员外出勋德之门,以儒素为业。洎来仪于京阙,久飞誉于缙绅。今则膺凤诏于朝端,奏牛刀于江表。会承旨尚书赋琼章于丹地,饯兰棹于清流。愚虽不才,敢继其作。

王谢高名江鲍才,东游何用更裴回。弦歌好就吴乡拜,簪组初从魏阙来。
清酒一尊携潋滟,旧诗千首贮琼瑰。健帆轻棹须行乐,莫效当时庾信哀。

赵文度

赠梦英大师

携筇①何日别长沙,凤篆功夫世所嘉。秦岭夜吟残海月,章台春讲雨天花。
净瓶远贮湘潭水,片衲晴披岳面霞。圣主有恩酬绝艺,帘前师号紫袈裟。

---

① 筇:竹名,可做杖。引申为竹杖。

吕端

赠李昉

忆昔偰居明德坊,官资俱是校书郎。青衫共直昭文馆,白首同登政事堂。佐国庙谟君已展,避贤荣路我犹妨。主恩至重何时报,老眼相看泪两行。

送英公大师归终南

衡岳烟萝紫阁云,名高湖外晚游秦。清词古学儒生业,圆笠方袍释子身。竹杖拄归山里寺,篆书留与世间人。我疑簪组成为缚,空仰吾师去路尘。

吕诲

和邵尧夫见寄时知邓州

冥冥鸿羽在云天,邈阻风音已十年。
不谓圣朝求治理,尚容遗逸卧林泉。
羡君自有随时乐,顾我官闲饱昼眠。
应笑无成三黜后,病衰方始赋归田。

辽

韩资让

玉石观音像诗和沙门智化元韵

贞珉未用似湮埋,选造观音众快哉。募匠俄镌大士相,成形不自凡夫胎。琳琅光彩院内满,冰雪威仪天上来。珍重吾师能鉴物,从今免屈非常材。

元

李士瞻

楚门述怀

我昔放船日,乃在孟冬初。此时风寒竞,雨雪纷载涂。
是行死生别,妻子不得俱。江南地偏下,况复在海隅。
严冬如初秋,天气恒多殊。草木未摇落,布褐被体肤。
纲工此邦人,室家念居诸。系舟楚门湾,一住十日余。
我心如锋攒,从行念踟蹰。虽沐主家顾,志愿良未舒。
情虽公私牵,轻重亦异趋。君家素忠义,所望同吾徒。
王程已愆期,日夜畏简书。苟重君父忧,内省还何如?
愿君竟兹意,早发勿趑趄①。

赠贡泰甫先生牙笏诗 并序

牙笏一张,长劲且阔,古所谓记事之笏也。聊为从者之赠诗以志怀,不胜增感。

象简霜凝重,苍髯雪色新。转输劳算用,报答费经纶。
扶病朝明主,临轩问老臣。此时江海上,人巳②厌风尘。

坏舵歌

南溟之鱼头尾黑,身长竟船头似铁。浮游偃蹇气欲吞,斜日昏冥映旗鬣。
煦沫成烟浪花起,逐我船头趁船尾。恐是昔年未死之孽龙,一经遣斥偕厉鬼。
舟中健儿眼尽白,弯弓拟之三复止。明日疾飙驱长云,巨帆高张万马奔。舟

---

① 趑趄(zī jū):欲行又止,犹豫不前。
② "巳"字误,当作"已"。合刊本"民国志"此处亦误作"巳"。

卒思家穷力使,瞬息千里若不闻。捩舵①逆指冲怒涛,欻如生马当春骄。又如惊□直上干云霄,万里一息非为遥。须臾有声如裂帛,三百余人同失色。铁梨之木世莫比,今作舵根为水啮。是木之产非雷同,来自桂林日本东。当时不惜千金置,便欲云仍传勿替。箕裘相绍近百年,甑已堕矣奚容言。眼前生死尚未保,惟有号泣呼苍天。高高若不闻②,稽颡③齐念天妃神。我知天命固有定,以诚感神岂无因。少时风驯浪亦止,以舵易舵得不死。我今幸尔同更生,开辟以来无此比。女娲氏,天妃神,补天护国相等伦。世代虽异功则均,我皇开国同乾坤。一年四百万斛运,麾叱雷电役五丁。片艘粒米皆风泛,财成本是神之功,直与天地传无穷。愧无如椽五色笔,磨崖刻颂惊愚蒙。

送泰甫贡先生还朝便先往浙东访妻子

圣主中兴忆旧臣,白头自分老无闻。伤心转在朝天日,经乱才存报主身。

去国十年浑似梦,到家一饭忍忘君。太平政尔烦经济,宣室非干问鬼神。

  始予发京师时,已闻河南平章公克复济南,渠魁就擒,计益都之寇可不烦余力而下矣。夫大将系国家安危,行当慎重,为宗社计。舟中有怀,援笔为赋,是又不能不留情也。大将名察罕帖睦尔,字廷瑞云。

久闻大将下山东,一战名成破竹中。调度敢烦廊庙计,畴咨仍藉④相臣功。

宣光接武扬先烈,方虎联勋振古风。宗社有灵须慎重,毋劳亲手定雌雄。

---

① 捩舵:转动船舵。
② 据文意及韵脚,此处似当作"苍天高高若不闻"。
③ 稽颡:古代的一种跪拜礼。两膝跪地,两手拱至地,头亦至地。
④ "藉"合刊本"民国志"作"籍"。籍:通"藉",借助。

(民国)安次县志

纪事

风送轻帆浪送船,神游万里水中天。鱼龙吹雨三更后,星月怜人午夜前。梦涉关山犹惴惴,起看烟水尚绵绵。贤劳讵敢言王事,虎穴频探巳①数年。

原注:十月十八日夜,睡间纪事,并怀尚书彻,通理张自南,侍郎吕伯益、韩汝舟,皆一时烟波羁旅之人也。明年相会,遂得抵掌一笑。

舟中听雨

雁荡山前船夜湾,雨声篷外响②潺潺。半生萍梗何时定?万里冥鸿与梦还。

南海有珠输上国,自议必往,往泉州希输上意,盖阿述鲁丁回纥冀在此处也。

江东无警报杉关。近有人传建宁官兵已复邵武,江西贼人已过杉关,衢、婺二路复奉正朔。

五更赋看潮生后,亲见祥风起舵间。

甲午岁题江汉王粲数和答石蛮彦修韵

大江西下思漫漫,憔悴王郎旧倚阑。貔虎昼嗥沙草白,辘轳夜转井梧寒。帛书喜托云中雁,锦字羞题梦里鸾。魏国山河刘社稷,可怜无地望长安。

春日陪宴③道山亭口④占

二月春明花乍残,道山亭上翠如鬟。天开图画峰攒戟,地接蓬莱雪满关。双凤巢云朝贝阙,六鳌驾海上人寰。薇垣官从多时彦,听取山人半日闲。

---

① "巳"字误,当作"已"。合刊本"民国志"此处作"已"。
② "响"合刊本"民国志"误作"飨"。
③ 陪宴:谓陪同参加宴会。
④ "口"合刊本"民国志"误作为缺字提示的符号"□"。

松林午憩

松林坐久午风清,溪水潺潺树有声。何处小舟撑柳外,来迎潮落去潮生。

纪见

榕树根垂荔叶齐,绕檐宿雾绿初迷。鹧鸪啼彻山头雨,午梦醒时日正西。

李延兴

松下鼓琴图

幽崖何苍苍,长松在高岑。月出屋东头,微云生夕阴。
道人眉宇静,松间调素琴。商声泛林莽,流水为知音。
我欲往听之,青山白云深。

访东安令

青霜下庭柯,野日笼簿①蔼。官舍故人逢,樽酒两相对。
感此惜凋落,抚事兴慷慨。俯仰此踟蹰,令名不朽在。

渔阳客邸

城外云山浓似绮,屋里琴书静如水。石垆添火试松香,袅袅篆云飞不起。
天涯倦客此停骖,茶灶烟消犹隐几。奚奴呼觉日平西,一片秋声响窗纸。

题画

山翠浮空初过雨,山麓晴云散芳渚。雾合长林生晓寒,人家更在林深处。

---

① 簿,通"薄"。

(民国)安次县志

涧泉六月翻松根,石洞千年隐仙侣。有谁共奕①橘中来,无人问路桃源去。
白烟遮尽青林花,野簌②嫩香应可茹。清幽不减山之阴,只欠兰亭列觞俎。
谁乎写此怪而奇,莽莽云山入毫楮③。细看犹有遗恨处,胡不著我山之墅。
我生本是丘壑姿,误落京尘几寒暑。小时耕牧岘山阳,闲从野人学种树。
门前鱼浦啼竹禽,屋上鹤巢走松鼠。独行采药日暮归,才得芝术一斗许。
纵令服食不得仙,何若长年艺禾黍。小村秋晚鸡正肥,大瓮春浮酒新煮。
老翁醉舞儿子歌,笑语喧哗忘宾主。此乐不见十许年,兵火煌煌照南楚。
思归见画万感生,怅望风帆横浦溆④。时清即好谢官归,全家移向山中住。

壁间杂画

山中之人气奕奕,爱画云山与水石。远山近山恣一挥,顷刻生绡数十尺。
今代只数高尚书,妙处不减米家笔。后之善画者为谁,青山白云久萧瑟。
忽惊座上烟霭生,漠漠平林翠如织。平生梦想不可到,乃在君家雪色壁。
花发穷林破晓红,水合长天荡晴碧。芦边雁影落回汀,沙上渔蓑晒斜日。
白发苍颜四老人,棋罢松间坐争席。笋皮笠子大如伞,归去不愁山雨湿。
炉经九转炼丹成,杖挂百钱沽酒吃。眼看此景不可亲,况复憧憧事尘役。
会须结屋山之阿,更求好田水之侧。野人生理日有余,耕归牛角悬书帙。
茅檐夜火促寒机,古甸秋风收晚栗。安车若便下丘樊,为劝先生不可出。

松雪翁画马

西海之西,天地翕合敷灵氛,天产矢骨超昆仑。月窟而东而北几万里,是

---

① 奕,通"弈"。
② "簌"字误,当作"蔌"。合刊本"民国志"此处亦误作"簌"。
③ 毫楮:指毛笔和纸。
④ 浦溆:水边。

马乃能笍①星辰、逾渤澥②,扫空冀北凡马群。曹将军是开元以来善画者,盖以绝艺动紫宸。不问骊黄与牝牡,笔力到处春无垠。往时尝见一二本,世之画者徒纷纷。吴兴学士昔在词林馆,画人画马咄咄能逼真。玉堂朝日射碧瓦,琐窗晴雪吹青春。文章之暇奉③诏写龙种,冰绡万幅清无尘。此图神采更飘逸,妙处不减曹将军。飞云满空散灵雨,五花凌乱晓湿苍龙文。人言此是明皇御爱者,天香渝郁④飘满身。瑶池渴饮雪滉漾⑤,霜蹄回踏云嶙峋。黄须圉官似是太仆张景顺,自幼调马马亦驯。想当牵来赤墀⑥下,皎如飞龙下天门。山斋看画白书静,丹粉如沐清心魂。龙媒一逝九霄隔,龙沙泱漭霜风昏。纵令有马无善画,谁与写之传世人。吴兴自有古作者,高风远韵不可闻。九京安得起公死,请公为我放笔电扫层空云。陈君爱画不啻南金与西玉,百回展玩当炉熏。南金西玉可力致,嗟此神物敻然⑦独立而无邻。乌乎⑧!神物为物固有神,直恐变化为龙,飞上清都紫微之帝阍。

黄崖寺

黄崖秀绝不可画,山际飞云如走马。东来无此好云林,况逢野衲同清话。茶烟侵午客题诗,松籁吹凉僧结夏。人间尘土诚污人,何时息影禅林下。

度居庸

岁暮矣,风凄凄,车中行客胡不归? 一车南,一车北,南来北去何时息?

---

① 笍(niè):通"蹑",踏。
② 渤澥(xiè):即渤海。
③ "奉"合刊本"民国志"误作"秦"。
④ 渝郁:云烟弥漫。
⑤ 滉漾(huàng yàng):浮动的样子。
⑥ 赤墀:殿前台阶上的空地,台阶。
⑦ 敻然(xiòng rán):辽远貌;久远貌。
⑧ 乌乎:叹词。表示感慨。也作"乌嚱""乌虖""乌呼"。

(民国)安次县志

车行欲近关上头,鞭牛不前吁可愁。须臾推挽在平地,车中儿女欢且讴。
短褐萧萧风雪里,山径荒寒多虎兕①。呼儿取火供晚炊,瓦铛黍米和沙煮。
黄昏露宿官道旁,茅店鸡鸣载行李。殷勤起谢车中人,万岭千山多辛苦。
严风吹霜皮肉死,一身只有筋骨存。安得筋骨化为山下土?
填却千山万山无险阻,尽使行人免愁苦。

丙申岁咏怀

白首殊方客,奔驰戎马间。时危忧母老,岁晚寄书还。
冻雪连荒野,寒云出乱山。苍茫西日外,痛哭倚柴关。

辛苦怜吾弟,荒山久避兵。素书连月断,白发满头生。
雪翳②窗灯影,风沉戍③鼓声。寸心忧百结,寂寞度残更。

妻子何时见,凄凉病转侵。虚传千里信,已负百年心。
茅屋飞霜满,空阶落叶深。白头吟正苦,回首泪沾襟。

和睦公九日韵

秋声横笛外,晓色画屏中。黄菊双头小,青山四面同。
船冲官渡雨,木落市桥风。十日燕台路,途穷兴不穷。

窗灯

窗灯摇影细,城柝报更遥。白发愁偏重,丹心老未销。
云阴笼月薄,秋气挟霜骄。归思如江水,滔滔逐逝潮。

---

① 虎兕(hǔ sì):虎与犀牛。比喻凶恶残暴的人。
② 翳(yì):遮蔽。
③ "戍"字误,当作"戍"。合刊本"民国志"此处作"戍"。

春日郊行

岸柳含烟碧,山桃喷火红。长松落殣①雪,薄袂受暄风②。
伐木随樵子,携钱觅酒翁。犹胜狂阮籍,白首哭途穷。

读贾谊王粲传

白发悲王粲,青春羡贾生。万言词慷慨,一赋气峥嵘。
吊屈心犹壮,依刘恨未平。怀贤坐长夜,斜月半窗明。

夕次同川

鸦噪晚凉天,新晴景豁然。柳桥通水市,荷港入湖田。
鹭影沙头月,人烟渡口船。相过又相别,书到是明年。

庞村

野旷烟花白,林深露草香。雷声送雨过,山气入云长。
远水鸥边静,薰风马上凉。长亭无限好,暂此解行装。

秋日山行

林路郁迢遥,村行野兴饶。两山青入屋,一水白平桥。
扫石收松子,耕烟种药苗。仙人王质辈,应向此中樵。

---

① 殣(shēng):复活。
② 暄风:春风。

(民国)安次县志

宿嘉秘寺

寂寂青山寺,千峰翠欲薰。禅林黄叶落,僧饭白猿分。
松磴①吹晴雪,柴扉锁暮云。悟穷清净理,莫遣世人闻。

山中值雨

风雨连天黑,关河入望遥。青山怀故国,白首恋中朝。
小市河鱼上,残城野火烧。寄身岩壑里,生意日萧条。

赠时中

白首相逢寥落中,失声一哭莫途穷。霏霏江草愁边绿,寂寂宫花梦里红。
海徼②归心悬夜月,柴扉病骨卧秋风。人情任逐东流水,烂熳③金樽莫放空。

题万松金阙图

衮冕曾迎凤驾来,烟沉金阙半蒿莱。霞蒸日气红初上,云压松阴黑半开。
玉井霆轰龙起蛰,虚窗笙响鹤飞回。前朝事往云无迹,愁听江声入夜哀。

挽张及民老先生

寂寞城南一亩宫,百年遗响寄孤桐。巢由杖屦云山外,陶阮生涯酒榼④中。
祠壁鬼灯然夜雨,墓门翁仲啸秋风。招魂不隔芦沟水,泪洒霜林万叶红。

---

① 磴(dèng):石级。
② 海徼:谓近海地区。
③ 烂熳:亦作"烂漫",形容光彩四射。
④ 榼(kē):古代盛酒或贮水的器具。

和梅知府寄来诗韵

坐想亲朋摧肺肝,寄来尺素百回看。虚窗琴册尘埃乱,匹马关山雨雪寒。避地十年头欲白,去家千里泪难干。酒壶烂熳堪谋醉,强拨羁愁一尽欢。

和周尹韵

雨余秋水绕新轩,心迹双清好莫言。松寺寻僧陪鹤侣,茆①阴对客数鸡孙。年光荏苒惊残梦,生事萧条忆故园。兵后故人知好在,那堪白首卧衡门。

自述

八口凄凉生事微,中原羽骑日骓骓②。天寒岁晚归难定,水远山长信转稀。青眼故人频送米,白头慈母尚缝衣。萧萧汉渚蒹葭老,好向儿时旧钓矶。

京口夜泊

醉客满船歌月明,隔江灯影逐人行。帆冲雨脚回京口,钟送潮头打石城。南渡衣冠愁北望,东皋③箫鼓报西成。桑田海水依然在,不管人间有变更。

别易水诸公

一家远隔万重山,古道人稀独自还。夜月屡倾燕市酒,春风又度雁门关。晴天雨散千峰外,野屋云生半席间。兄弟何时重会面,灯前相对话时艰。

---

① 茆:通"茅"。茅草。
② 骓骓:马行走不停的样子。
③ "皋"合刊本"民国志"误作"臬"。皋:水田。

(民国)安次县志

雪

开门飞雪叠阶除,宛宛溪山画不如。野火远明喧猎骑,茶烟半湿认僧居。云深空谷难寻路,风急虚窗乱打书。坐待春阳回宇宙,无边生意满茅庐①。

寄思温尹诗

长松过雨碧萧森,凉籁吹香满素襟。泉落空潭秋洒洒,云生虚室昼阴阴。尘埃书剑千秋路,风雨江湖万里心。客散衡门更清绝,月明谁听紫琼琴。

咏雪效时体诗

隔屋狂飙怒击撞,一庭皓彩翳寒缸。星妃夜翦银河水,云气朝横玉女窗。梁苑赋成谁第一,灞桥人去更无双。到门疑是洛阳令,有客寻诗惊吠厖②。

登雅宜山

鸡犬柴扉竹里开,仙人别住好楼台。松声忽向琴心起,云气遥从涧口来。六代衣冠随水去,百年天地逐轮回。兴亡总付登临外,烂醉春风卧碧苔。

朱长史致仕还里

委佩声遥转禁池,每依朝彩认龙旗。白头强健追班早,青琐从容侍讲迟。天上宸章优老日,里中孙子望归时。多情好是长淮月,时逐心旌照玉墀。

咏保定尹祈雨

忧心太守视民禧,紫雾涵香护锦衣。潭底双龙驱雨出,庙前五马踏云归。

---

① "庐"合刊本"民国志"误作"卢"。
② 厖(máng):通"龙"。长毛狗,泛指狗。

银潢水满通丹井,石室烟深湿翠微。斜日金台情景好,酒旗风里麦禽飞。

和梅知府寄来诗韵二首

束装晓发雪满路,云起荒山万里阴。菽水久违慈母养,绨袍还见故人心。
哭怜阮籍穷途晚,赋写江淹别恨深。春满故园芳草绿,东风门外听车音。

离筵酒尽暮烟微,儿子牵衣泣草扉。万里风尘诸弟散,十年江海故人稀。
少陵苦恨无家别,季子羞夸衣锦归。漫忆山窗啸吟处,湘帘花影叠朝晖。①

山行

村村寺寺竹好,水水山山路遥。林鸟催人唤酒,野色随车过桥。

题垂虹亭壁

金樽绿酒荡晴空,花压双鬟舞袖红。莫唱何戡渭城曲,银筝呜咽怨秋风。

明

施礼

挽黄宣公福

五朝开济老儒宗,磊落襟怀孰与同?生有忠谋应大用,死邀恩眷得褒封。
书名东观声华重,遗惠南交事业隆。昨夜秋香亭下过,思君不觉泪沾胸。

---

① 合刊本"民国志"中,在此文之下增录了李延兴《卖花》一诗。详见书末《附录一·四种合刊本所增补之艺文志》。

赵宽①

题卢沟晓月图

银河半落长庚明,城高万户皆鸡声。长桥卧波鳌背耸,上有车马萧萧行。苍烟淡接平芜迥,沙际朦胧见人影。举头一望天宇高,残月苍苍在西岭。

行台日暮偶成

何处萧萧暝色侵,海云将雨过寒林。间关旅雁天涯路,寂历啼蛩岁暮心。槁木嗒然聊隐几,飞蓬搔尽不胜簪。松垣深掩黄昏静,惟有炉熏对苦吟。

题画

细雨入林深,孤云映山薄。何处是归舟,临风倚江阁。

刘兆东

吊刘烈妇 张希皋妻

嘻吁何为者?哀彼刘妹子。百身赎夫生,一意从夫死。
夫死上有兄,妾身下无子。有兄姑不忧,无子妾何倚?
心思急走丸,微命激穷矢。凄风入素帏,严霜裂芳芷。
肝肠金石同,志节丘山②拟。金石匪精纯,丘山亦倾圮。
惟有誓死心,兀突乾坤里。清声环③巨马,芳名溢闾里。
卓哉闺中侠,钦佩乌能已。

---

① 合刊本"民国志"中将赵宽《题卢沟晓月图》《行台日暮偶成》《题画》三诗删去未录。
② 丘山:山丘,山岳。
③ "声环"合刊本"民国志"误作"环声",字序颠倒。

清

孙承泽

崇祯壬午元旦颂圣诗

辟门元旦感咨畴,五色荣光动冕旒。一自丹书临北面,更无龙衮揖东头。天支大厦思隆栋,帝念长川重济舟。泰运只凭新礼乐,良臣何以答端求?

刘宗奭

王贞妇诗

丝萝乔木两相附,契阔迢遥百岁期。一夜狂风撼乔木,丝萝摇落将安归。九原何处迷泉路,膝下孤儿方学步。鸳鸯飞散墓堂云,芙蓉泣老秋江露。儿读书,母纺棉,促织声悲机杼边。何事青天辜苦节,不令白发长高年。月色凄凄风袅袅,夜台望子成名早。子若成名衣锦衣,墓前枯草回春姿。

黄道吉

施烈妇 诸生施我经妻荣氏明末避乱遇寇抱儿赴河死

殉难一时明节义,维风千古振纲常。芳魂肯逐流波逝,烈骨须垂汗简香。绣褓有儿宁不恤,清门无玷益生光。家亡国破身俱尽,精卫填波怨夕阳。

张墀

赵明府诗 有序

公韩世亮,山东掖县岁贡。明崇祯十六年官东安知县,厘剔弊政,抚字心勤。及流寇陷都城,痛哭流涕,留题于壁,有"千古难消亡国恨,声声杜宇月明中"之句。即日挂冠,惟羸马一乘,清风两袖而已。谨赋数绝,以纪其事。

比户嗷嗷仰宰官,心勤抚宇①起凋残。慈良欲效彭州牧,每向哀鸿问急难。

寇贼凭陵闯汉关,急开仓庾②济民艰。当年遗泽犹如昨,清泪潸然堕岘山。

未酬定国安邦略,肯作开门揖盗人。一自投簪归去后,千秋墨绶拜香尘。

黄钺

送徐明府世彬署满赴省

谁似江西夫子贤?居官德政不胜镌。三称自昔闻蒲邑,四长于今继颍川。
草满讼庭驯野鹤,风清画阁听鸣弦。他时惠爱重相忆,几树棠花大道边。

高其伟

夕阳晚眺

西岭参差落照开,残虹欲敛晚霞催。依稀江令怀中锦,割取天边数尺来。

俞明菘

二士楼

南宋江山半壁休,平生志业竟无由。也知炼石天难补,强欲挥戈日再留。
明月清风高士里,颓垣蔓草读书楼。兴亡转眼俱陈迹,怀古无端起百忧。

荣体仁

飞虹桥怀古

汉元狩二年,建南跨界河川,刘琨曾饮于此。今无考。

长桥天外驾飞虹,极目三川指掌中。慷慨雄心灰一旦,将军大树起悲风。

---

① "抚宇"误,当作"抚字"。合刊本"民国志"此处亦误作"抚宇"。
② "庾"合刊本"民国志"误作"廋"。

杨冲斗

园中

白板双扉镇日闲,园丁出入一开关。蒹葭淅沥疑藏水,城堞倾颓可学山。
得句未安吟树下,挥毫略倦卧亭间。忘机野鸟都相熟,任意飞鸣自往还。

秋日至北隐村

荒村名北隐,端合老农居。矮屋偏藏树,秋园亦有蔬。
迥①离城市远,不觉世情疏。他日移家住,潜夫好著书。

雨后园中散步

霁色收残雨,园中倚杖行。霜前菘有味,秋后树多声。
驱犊耕闲地,呼禽下野城。最怜黄菊好,相傍草亭生。

春晴闲步

日暖泥融快雪晴,一经弹指又春耕。柳梢②初变轻黄色,莺舌新调细碎声。
路熟村西扶杖去,眼空林外逐云行。烟霞久恋真成癖,开岁何曾入县城。

信中立

秋夜

独夜不能眠,散步挹清爽。仰视天无云,俯听虫微响。
明月自东来,满院桐阴长。相对澹忘言,谁与共心赏?

---

① 迥(jiǒng):远。
② "梢"合刊本"民国志"误作"捎"。

(民国)安次县志

信联芳

和王肇修石梁怀古元韵

燕云遗迹巳①茫茫,浩劫犹存古石梁。北去文山悲宋室,南来越石认沙场。于今战垒多荒草,终古潮声送夕阳。欲向天台寻瀑布,银河倒泻洗诗肠。

与友人夜话

月下理残编,愁来难卒读。载酒觅同心,一洗胸中蓄。
墨子泣路歧,阮生时恸哭。坎坷几时平?吾何此穷蹙?
客闻拍手笑,人苦不知足。丈夫在雄飞,不尔当雌伏。
假尔十万师,岂能无败衄?假尔三公位,岂能无覆𫗦②?
与其梦黄粱,不如居白屋。听君话一巡,解我愁千斛。
自审是鹪鹩,何须羡鸿鹄。已矣勿复言,守拙全高躅。

五更

虑淡物自轻,尘缘何从至。愿将百年身,存此平旦气。

哭何拙斋先生 原籍江南,寄居东安

投箸惊相问,传闻信果真?九泉留笔冢先生工书,当代失诗人。
《论语》堪为殁,风尘老此身。江南哀庾信,涕泪一沾巾。

邵占鳌

秋怀

一官匏系感如何?半载京华转瞬过。但觉光阴忙里速,无端风雨客中多。

---

① "巳"字误,当作"已"。合刊本"民国志"此处亦误作"巳"。

② 覆𫗦:鼎中食物倾出外面,比喻不胜其任而败其事。

新霜影逼重阳节,落叶寒飘太液波。秋气渐深清兴发,闭门重复试吟哦。

闻向军门凶信

一发千钧重,斯人系属深。共瞻坚壁立,忽见大星沉。

百粤山河续,三江父老心。

忠忱兼义愤,含痛读纶音。谕旨中有忠忱义愤、公而忘①私之语。

忆昔官军溃,烽烟八桂惊。只身趋间道,百战护危城。

重使岩疆固,难为孤掌鸣。湖湘传警报,束②甲又长征。

送郭廉夫比部③渝东

大海回澜拥万山,无边雄秀入行间。始知工部奇文字,都在夔州与剑关。

夜坐

雨过空庭叶似秋,疏帘斜闪一灯幽。闲阶久立沉沉院,报到天街第九筹。

偶成

始知城市有山林,百尺高楼下暮阴。连日风声空雁影,五更霜气入笳音。

金银台幻游仙梦,燕赵歌传壮士心。闻道江湘来捷报,滇南消息总沉沉。

感事

远连闽粤控莱青,第一雄关拥帝京。锁钥久曾夸险要,楼船何至任纵横。

---

① "忘"合刊本"民国志"误作"妄"。
② "束"合刊本"民国志"误作"束"。
③ 比部:官名。起于魏晋,金元以后废。明清以比部为刑部司官的一般称呼。

(民国)安次县志

澶渊未许轻孤注,吐谷由来易劫盟。为语诸公慎操纵,上关国体下舆情。

晚秋

晓寒天气清,四面浮云扫。空际净于揩,时有炊烟袅。
幽燕近边关,霜色来何早。高阁豁吟眸,飒爽开怀抱。
枫叶未全飘,余音无限好。

长安游冶地,处处红①尘生。三秋候巳②尽,不闻过雁声。
出郭拟一眺,我马瘏③难行。幽居地近僻,亭馆有余清。
谈诗来故人,促膝坐深更。

秋夜

秋气本虚清,秋宵愈静邃。万籁阒④无声,一灯摇短穗。⑤

张国士

勖宪甫读书

学求进步莫侵寻,志贵精坚气贵沉。况有聪明真绝顶,何虞规矩不从心。
山高须自微尘积,源远方能到海深。明岁亲师宜勉力,春风得意宴琼林。

---

① "红"合刊本"民国志"误作"肛"。
② "巳"字误,当作"已"。合刊本"民国志"此处作"已"。
③ 瘏(tú):病,疲极致病。
④ 阒(qù):寂静。
⑤ 邵占鳌《秋夜》以下至张国士《勖宪甫读书》,其间合刊本"民国志"增录了许多诗作。包括:刘湘森的《癸亥冬湖北大关署夜不成寐》《毛公祠》《癸亥十月中旬赴湖北黎明过十二连桥》《癸亥客于荆宜施道署中有感而作》《在湖北大正关夜闻风雪作》《甲子正月十三日风雨极寒感作》《戊辰十一月过山海关》《在广宁登医巫闾山句》,马庆恩的《晚眺》,马溪清《题赵英三清彦画寒月梅花团扇》,吴承业的《题宝坻李朴园》,马湘清的《题赵英三画寒月梅花团扇》。详见书末《附录一·四种合刊本所增补之艺文志》。

郭毓秀

书斋闲咏

瘦影如梅老不枯,寒花长伴月轮孤。忽闻碧华清钟起,顿觉人间世虑无。

郭为霖

将赴湖北留别同人

云霞交契意难忘,廿载兰情互信芳。千里远游趋汉渚,五言相送上河梁。
聊将捧檄同毛义,敢诩登车似范滂。惭愧故人多厚望,勉教南国树甘棠。

新郑道中

乘舆曾说济人行,何故无人使路平。想为后贤留治法,不经曲折不分明。

马深清

题秋海棠瘦石画册

生成娇态梦疑春,香逐西风欲袭人。石不能言花有意,一番点缀绝传神。

信承绪

和刘痴翁仲麓寄怀原韵

闲云栖不出,惯与鹤鸥盟。元白经年别,垂青阅世情。
者番忻面晤,蚤岁巳①心倾。促膝团圝②坐,连床话到明。

---

① "巳"字误,当作"已"。合刊本"民国志"此处作"已"。
② 团圝(luán):团聚。

(民国)安次县志

马丕箴

题风雨归舟图

雨细风斜小艇孤,柴门云树影模糊。此时烟景归来好,未识襄阳画得无。

马骧

渔家乐

泛宅浮家乐若何,妻孥一艇逐烟波。渔樵奴婢休相拟,不羡神仙张志和。

荷珠

风漾池荷翠盖偏,明珠颗颗喜匀圆。露盘耀彩三更后,泽国招凉六月天。
动宕有光鱼莫混,玲珑无孔蚁难穿。藕花此际汀洲满,一样真堪媚万川。

信书年

吊高丽烈士安重根

强邻耽耽矜虎视,国弱安可持公理。男儿本自重横行,一柱擎天有如此。
志士胸怀握寸丹,久思雪耻报三韩。诸雄供帐欢迎际,霹雳一声辽水寒。
伊藤干略真雄伟,鲸吞虎噬无穷巳①。大星一陨震五洲,专诸而后能有几。
奇烈传闻天地间,强如日本亦惭颜。英灵直欲吞三岛,撼动扶桑海上山。

马鸿翊

荷珠

清晓新荷带露开,小珠万颗却轻埃。风前共讶挥鲛泪,月下还疑出蚌胎。

---

① "巳"字误,当作"已"。合刊本"民国志"此处作"已"。

溪叠青钱难买去,盖擎白雨乱跳来。纳凉如得招凉宝,销夏于斯亦快哉。

解锡桂

向常侍用颜延年五君咏原韵

常侍烟霞侣,稽吕结交素。谈论析元言,注庄标奇句。
贳①酒见高风,灌园亦豪举。河内与山阳,半归思旧赋。

马元熙

柬潘亦南

萤囊冰案竟何如?爆竹惊心又岁除。鱼铗有谁容食客?驽材端合老盐车。
只怜家计同悬磬,到此男儿悔读书。处士虚声朝士党,斯文无怪鬼揶揄。

春闱报罢留别恒阶平明府

亲老家贫几自伤,为谋菽水事担囊。石田凿砚收常歉,铅汞充刀割不良。
老我穷途尝疢疾②,笑人憎命怨文章。渑池奋翼诚非晚,只是桑榆已夕阳。

未脱号寒效凤吟,依然铩羽返空林。飘萍特地蒙青眼,战栗何能报赤心?
竹便凌霄尝折节,桐将入爨③幸成琴。穷途知遇弥深感,季布游扬鲍叔金。

赠恒阶平明府

光绪庚子,明府摄新乐县篆,德人窥固关,索车马弗应,被执濒危者屡,卒不肯扰及民间,德人义之,旋得释。

---

① 贳(shì):赊欠,赊买。
② 疢(chèn)疾:疾病。疢:热病,亦泛指疾病。
③ 爨(cuàn):灶。

供亿艰危任一身,忍教膏血罄斯民。

百牢征会临强敌,两国交关到小臣。

绅笏班中清白吏,剑锋丛里过来人。

疾风劲草非虚誉,曾见恩纶降紫宸。事闻,传旨嘉奖。

和刘子年荫椿回禄余生吟原韵

先灵力佑祷频频,元倡有"夺门力借先灵佑"之句。身脱灾殃易感神。

差幸劫灰余故纸,最奇天火应同人。

三年爨灶埋幽响,在汴抚张幕三年。一炬绵山起隐沦。次年选保定教授。

终喜冰心能自沃,兰膏象齿岂同伦。

马鸿翱
汴梁二曾祠

昆季古名贤,历历可指数。玠璘既无文,轼辙复不武。

伟哉湘乡公,兄弟畴与伍。粤军据金陵,天下望旗鼓。

洪杨俨豺狼,诸葛真龙虎。扫穴并歼魁,缺胈与破斧。

妖氛既殄灭,捻匪仍鸠聚。竞①爽拥雄师,谈笑平强虏。

豫省祀元勋,同堂卫与鲁。我今来展谒,再拜瞻廊庑。

邻近僧王祠,大名各千古。

明英宗

一样蒙尘去,归来独惬心。远堪薄怀愍,近足傲徽钦。

---

① "竞"合刊本"民国志"误作"兢"。

陈桥驿怀古

陈桥当日驻元戎,帝业旋成一夕中。寡妇孤儿良可痛,伟哉石勒是英雄。

马氏春姑行并序

　　春姑者,余族叔祖升玖公之女,里人王文庆之妻也。五龄失恃,寄养夫家,十三于归。克尽妇职,安贫守义,茹苦含辛。翁姑见背,曾无儋石之储①;夫婿不良,酷好摴蒱②之戏。破釜尚鬻诸人,家资荡尽,绝粒而亡于野。噩耗喧传,博徒已矣,饿殍宜哉。姑也往视,知其为正命,讵能累及他人?舁③归安葬于先茔。幸有所遗幼子。子恒饥而日不再食,菜色凄凉;母耐寒而身着单衣,冰天瑟缩。怀中呱泣音,如酸鼻之醯④;襟上痕斑泪,是伤心之血。度日则仅资针黹,不受人怜;教子则尽力耘耔,差堪自给。青年矢志,白首全贞。宣统庚戌寿终,盖守节五十六年矣。如斯潜德未获荣旌,譬比松筠节操,我恸其人,苟非铁石心肠,谁能处此?谨纪长句,以阐幽光。

燕北天寒风栗烈,哀鸣黄鹄声呜咽。哺养孤雏得数飞,那堪半世凌霜雪。
春姑生小即食贫,寄养夫家度几春。年仅十三遽成礼,家徒四壁甑生尘。
伤哉薄命无伦比,舅姑相继归蒿里。良人喜与博徒游,终日呼卢兼唤雉。
浪游不返忽经旬,化作中途饿殍身。往视亡夫知正命,肯因一死累他人?
幸有孤儿在襁褓,此时丧葬殊草草。度日全资十指功,频年劳瘁心如捣。
一生绝不受人怜,苦节坚持数十年。盼得遗孤方食力,八旬七帙忽升仙。
命也如斯类阳九,未获生前旌节妇。只余耄耋享遐龄,权当上苍酬寿母。

---

① 儋石之储:犹言少量的财富。
② 摴蒱(chū pú):也作"摴蒲"。古代博戏名。类似后代的掷色子。后泛指赌博。
③ 舁(yú):抬。
④ 醯(xī):醋。

(民国)安次县志

苦雨

一春甘澍足,农夫意颇称。佥曰今年秋,丰穰可预定。
岂知三伏后,久雨天常瞑。下隰没田禾,高原半泥泞。
檐溜日连绵,点点流花径。滴尽望岁心,凄凉不忍听。
炊烟断卓午,起视尘生甑。惟闻庚癸呼,彼此声相应。

浚县纪胜

大伾①禹庙祀何年?端木于今故里传。更有纯阳祠并建,一贤一圣一神仙。

秋夜闻蝉

金风夜半响飕飗,送到蝉声与耳谋。哀咽三生齐女怨,长吟一夕《汉宫秋》。
青山驿路云为幕,黄叶人家月满楼。四壁寒虫同和汝,繁音不断五更头。

读北齐斛律光传书后

盲人一入国事败,齐有长城自倾坏。飞鸟未尽良弓藏,功臣枉杀凉风堂。
慨自北周战事起,将军所向皆披靡。筑城十三所拓地,五百里反间突来。
韦孝宽谣传,明月照长安。彼谮人者亦太甚,提婆母子韩长鸾。
何物刘桃枝②,一朝戕国士。血迹划不灭,奇冤固如是。
斯人不被谗,权臣岂至贵有三?斯人不遇害,敌国岂能日以大?
呜呼!忠良竟以非命死,暴君残忍多类此。
君不见当年一曲《白符鸠》,宋文曾杀檀江州。

---

① 大伾:山名。
② 刘桃枝:生卒年不详,南北朝东魏、北齐人士,曾侍奉高欢等北齐历代君王,被誉为"齐第一御用杀手"。

寇准

如斯良弼谪雷州,曾念澶渊伟绩不?倘效子房权辟谷,免教丁谓视如仇。纵蒸羊脯酬奸佞,岂及鸱夷隐钓游。惟有成林相公竹,流传佳话重千秋。

孙家彦

壬子孟冬初谒刘芷衫师,蒙赐诗二章,感赋二十韵

生平多坎轲①,乐在图书府。传经几汉儒,薰沐瞻邹鲁。

得师一何奇,先后竟同谱。武清刘义亭师讳相宜,光绪壬午科副贡。

昔登义师门,始得发矇瞽。文章牖性灵,议论有坛宇。

执经十四年,沉瀣餐法乳。函丈惊山颓,兀然无与伍。

过也予谁规,仁也予谁辅。华屋七年空,一朝得重睹。

孺慕动欢欣,足蹈手且舞。新诗赐训词,沾丐如时雨。

振笔走龙蛇,文阵驱貔虎。志气久零落,顿觉精神聚。

期许在千秋,先民绳步武。训诲犹当年,瞻顾殊堂庑。

感此一伤怀,忘情惭太古。凄恻袖诗归,字字流肺腑。

搔首仰天叹,寒云依远浦。感慨何处来,泪下忽如缕。

悲喜集一时,仰质风骚主。

王耀成

癸丑端午沙屿泛舟歌

上巳②看花南村南,端午泛舟北溪北。人生得意须尽欢,不争千金争一刻。

---

① 坎轲:坎坷。

② "巳"合刊本"民国志"误作"已"。上巳:古代节日名。汉以前以农历三月上旬巳日为"上巳",魏晋以后定为三月三日,不必取巳日。

（民国）安次县志

雨余溪水碧连天，垂杨夹岸横苍烟。扶醉信步出村外，翠色来迎人上船。
生平未识龙舟戏，兴酣且有夺标志。鼓棹①高歌渔父词，聊与灵均同此意。
吁嗟乎！汨罗水畔娥江滨，忠孝芳躅皆成尘。
蛙声向晚鸣阁阁，助我欷歔吊古人。

登石景山绝顶

石景山登绝顶间②，浑疑跨鹤出尘寰。横空危峡衔红日，拔地群峰耸翠鬟。
寺古断碑埋草莽，桑干骇浪走潺湲。留题石壁行行去，天末思随倦鸟还。

南村看花偕诗社同人赋

翠霭横飞晓日侵，相携信步到园林。梨花经雨白于雪，柳色迎人绿上襟。
风信几番成画本，春光着意荡诗心。衔杯共醉花深处，卧听黄鹂弄好音。

游戒台寺留题

静听万籁鸣，俯视浮云白。古刹峙山巅，自与尘世隔。
山僧为拂榻，煮茗延野客。人生寄斯世，忽若驹过隙。
愿言老此间，高步追凫舄③。

马钟琦

癸丑上巳，约刘芷衫先生及自在诗社同人南村修禊④。时杏花盛开，王子德修绘

---

① 合刊本"民国志""棹"后衍一"志"字。
② "间"合刊本"民国志"误作"问"。
③ 凫舄（fú xì）：借指县令。据《后汉书·王乔传》记载：王乔有神术，在任县令时，到京城朝见，将鞋子变为双凫乘之。后用作指称县令或地方官。
④ 修禊（xì）：古代民俗，于农历三月上旬的巳日（三国魏以后始固定为三月初三）到水边嬉戏，以祓除不祥。

图,余作歌以纪其事。

永和三日集山阴,晋贤佳话传至今。古人往矣遗迹在,惹得韵客恒追寻。
我逢癸丑增高致,想像一千五百年前事。永和九年至今岁凡一千五百六十年。
群贤列坐竹林边,右军醉撰《兰亭记》。吾侪追踪发清兴,相约诗仙踏芳径。
携酒南村赏杏花,枝头烂熳开无剩。老树低头窥饮酒,似欲入座为诗友。
花神舍笑绕尊前,更欲传神招画手。十里五里绛雪翻,三家两家自成村。
淡黄嫩绿垂杨柳,夹杂花林不见门。皎似梅花共高洁,枝横虬龙屈苍铁。
春意今朝闹晓晴,古干多年饱冰雪。翘首红云涨碧空,春浓独自醉东风。
燕子不来春欲暮,襟上酒痕香气融。君不见石田画品世所无,曾写《杏花书屋图》。
绕屋红杏千万株,中有隐君清而癯。后之视今犹视昔,古人岂曰非吾徒?
人生能过几癸丑,良会欣逢神抖擞。兹图不减石田翁,期与《兰亭》同不朽。

马钟琇

客夜

酒涌羁愁梦不成,短檠①相伴到深更。风穿疏竹秋声和,露滴娇花夜气清。
触我性灵诗有味,照人离别月无情。不缘客子衣衾薄,何事惊闻络纬鸣。

壬子冬月入都作

十年载酒论文地,今日重来似梦中。欲访知交南北隔,足征兴废古今同。
乱余思友情弥切,客邸寻诗句易工。除却西山依旧绿,人间何事不成空。

清明陪刘芷衫先生似园看山桃花

薄暮诗仙觅句来,催花雨过无轻埃。似园触目生感慨,满林桃杏花初胎。
山桃一树开独早,人面春风相映好。嫣然一笑乍相逢,低徊似讶诗人老。

---

① 檠(qíng):灯架。借指灯。

忆昔诗人客此时,赏花韵事耐人思。廿年一梦沧桑改,仍向花前赋好诗。
刘郎矍铄犹如昨,白头正好簪红萼。人世兴衰何足论,有花有酒春长乐。
诗客花前叙旧盟,花不能言却有情。醉咏坡仙清丽句,人生看得几清明。

三月杪同芷衫先生及诗社诸君子南村
看桃花落花满径惆怅成诗

上巳南村赏杏花,花开十里蒸红霞。群贤各有好诗句,王子绘图洵足夸。
月半重来更清绝,千树梨花绽香雪。倚醉共卧梨花云,归途晚踏溶溶月。
此次来游谷雨天,绿肥红瘦草如烟。满林杏子青如豆,叶底桃花绝可怜。
韶华冉冉浑如梦,风风雨雨将春送。枉费东皇一片心,饯春好共倾春瓮。
残英寥落倚斜柯,半面妆成唤奈何。前度刘郎漫惆怅,动人春色不须多。

醉歌

春花无异太古花,今月仍是太古月。所惜不见太古人,世味坐逊太古醇。
欲问青天天无语,欲行古道今谁许。风浩浩兮云冥冥,我欲驱身入酒瓶。
醉乡浑噩殊可喜,恍与天地还厥始。乃知古人嗜酒非偶然,吾人嗜饮亦如此。
世间酒客,天上酒星,有酒不醉,冥顽不灵。愁来莫放酒杯停,知此趣者惟刘伶。

沈子惇先生家本挽诗

昊天胡不吊,华夏失斯人。法理精无匹,清勤政绝伦。
名非缘仕显,家为服官贫。手订文明律,常如日月新。

寄都门旧友

泡影河山梦里身,思量往事独伤神。春风笑煞章台柳,依旧飞花媚远人。

友人别业

爱此翛然适性真,非关鸥鸟诉情亲。池光涵月浑无夜,花气笼云不受尘。
闲读小山招隐士,偶思旧雨赋怀人。诗家每作桃源想,谁识壶天物外春。

杂诗

片云欲为雨,与君清路尘。恰与飙风会,飘荡到天垠。

蓬蓬东复西,舒卷任天真。万汇未苏息,吾道嗟沉沦。

纵然有清阴,止惠行路人。

忆梅

宵来凉意袭重裘,霜入空庭月满楼。驿使不归春信杳,满身疏影梦罗浮。

怀旧诗

老友虬髯不负吾,花时得酒便相呼。

几番共直秋曹夜,冷署联吟兴不孤。云南简员外允中

湖海归来眼底空,微官鲍系感穷通。

年来重九增惆怅,记取谈诗古寺中。任丘边户部履泰

老来宦况冷于僧,品学应居最上乘。

独向诸天参妙谛,凉宵过我话传灯。东光王推事景浚

沧南旧侣失斯人,一度思量一怆神。

记取承平多乐事,花时同醉帝城春。沧州董太守翊清

（民国）安次县志

旧雨颇思孙可之，相逢秘籍慨相贻。初识君面即以《四朝诗史》见贶①
分来鹤俸浑无用，多事能传故旧诗。昭文孙吏部雄

洱海畸人是谪仙，诗情画意满南滇。君工画
不缘献赋名心在，万里何由到日边。呈贡胡推事裕培

十年旧事耐人思，坐感沧桑忆昔时。
凉雨丝丝清漏永，一灯相对读苏诗。武清曹户部葆琦

山行

不尽登临兴，青山落酒杯。虹明延晚照，滩急转晴雷。
樵径水边尽，钟声云外来。夙耽岩壑趣，欲去重徘徊。

醉吟

独挈一瓢酒②，长啸入林樾。醉来凌白云，扪天弄明月。

古别离

懊恼薄幸郎，孤负多情妾。别候桃始华，书来枫落叶。
楚水复吴山，不抵愁千叠。夜夜卜灯花，朝朝泪盈睫。
迢递隔远天，有梦飞难涉。莫言青天远，犹得与目接。
悄然步空阶，羡煞双飞蝶。

编辑《马氏文录》告成欣题长律

数载勤搜辑，今秋幸告成。鸿篇断自汉，巨什迄于清。

---

① 贶（kuàng）：赐与，赏赐。
② "酒"合刊本"民国志"误作"洒"。

艺苑增新赏,骚坛证古盟。网罗珠玉在,开卷鬼神惊。
赞助推宗族,提携赖友生。敢云工荟萃,尚望早刊行。
风雅斯为盛,文明孰与京。锦囊真事业,铜柱旧家声。
续纂期他日,流传待定评。赋诗聊志喜,同好或欢迎。

自在诗社吟

大自在人,毗邪长者。吟自在诗,结自在社。
诗兴未来,绝不追寻。诗兴既至,口不停吟。
不求人知,自有天知。畅所欲言,若固有之。
不拟古人,不薄今人。大千世界,诗国长春。
得间赋诗,如偿夙债。不限体裁,不立宗派。
社友偕来,自鸣天籁。抛去锦囊,放下布袋。
扬《风》扢①《雅》,此倡彼酬。入无遮会,作逍遥游。
神轻富贵,气藐王侯。名山一卷,自足千秋。

信毓泰

和马箸羲寄怀原韵

惠我佳篇见性真,回环雒诵②胜沽春。直将文字寓规诫,不信今时无古人。
异地犹能神以契,同心何必面相亲。只惭宏济难酬愿,暂学龙蛇蛰此身。

---

① 扢(qì):张扬。
② 雒(luò)诵:反复诵读。

马树龢

古燕野史亭

史笔勤勤记阙文,才高冀北自空群。咏歌胜彼谢康乐,著述精于扬子云。闲与诗仙谈夜月,喜同佳士读《丘》《坟》。燕山从此增声价,附骥从游愧寡闻。

霁月

拨去微云月在天,冰壶玉镜自高悬。嫦娥不解纤毫媚,独放空明遍大千。

马丕敬

秋夜

夜半虫声切,西风落叶频。拥衾愁不寐,窗破月窥人。

楼台锁翠水涵天,垂柳丝丝拂画船。白发老僧谈往事,宫花宫草泪潸然。

珠源寺外踏青莎,百亩红莲映碧波。七十二泉遗泽远,桥头还唱采菱歌。

邑人著述存目

《扈载集》十卷　唐扈载撰。巳①佚

《鳌山集》二十卷　《六家谥法》一卷　《周世宗宝录》四十卷　《周恭帝日历》三卷　宋扈蒙撰。巳②佚。

《观光集》　宋赵文度撰。巳③佚。

---

① "巳"字误,当作"已"。合刊本"民国志"此处亦误作"巳"。
② "巳"合刊本"民国志"误作"巳"。
③ "巳"字误,当作"已"。合刊本"民国志"此处亦误作"巳"。

《吕献可奏章》二十卷　宋吕诲撰。巳①佚。

《经济文集》六卷　元李士瞻撰。是集筹画时事之书札,几居全集之半,凡朝政之姑息、兵略之乖方、藩臣之跋扈,无不蒿目疲心,谋所以匡救弥缝之术。老臣忧国,至今犹仿佛见之。其曾孙申,编录此集,以经济为名,殆取于此。罕见传本。存。

《一山文集》九卷　元李延兴撰。诗文皆俊伟明畅,歌行尤多逸气。朱彝尊评曰"一山,北方之学者,其诗文颇拔俗,长歌尤擅场②"云。罕见传本。存。

《一山小集》二卷　元李延兴撰,邑人马钟琇编。以原本罕传,爰据各总集掇辑。凡得文四首、诗七十三首,付梓以行世焉。

《半江集》　明赵宽撰,罕见传本。③

《尚书集解》二十二卷　《九州山水考》三卷　《诗经朱传翼》三十卷　《春秋程传补》二十卷　《五经翼》二十卷　《元朝典故编年考》十卷　《春明梦余录》七十卷　《庚子销夏记》八卷　《畿辅人物志》二十卷　清孙承泽撰。

《读书随笔》四卷　清徐淳撰。读经时随手札记而成,发挥义理颇有可采。未刊。

《东野草堂诗草》一卷　清信中立撰。未刊。④

《退谷山房诗草》一卷　清信联芳撰。未刊。⑤

《瓠石宦诗稿》一卷　清邵占鳌撰。未刊。⑥

《四书辑评》二卷　清马庆恩撰。未刊。

《韵字音义辨》二卷　清马丕箴撰。未刊。

《鸿雪集》一卷　清郭为霖撰。未刊。

---

① "巳"字误,当作"已"。合刊本"民国志"此处亦误作"巳"。
② 擅场:压倒全场,超出众人。
③ "《半江集》明赵宽撰,罕见传本"之语,在合刊本"民国志"中删去未载。
④ 合刊本"民国志"此处无"未刊"二字。
⑤ 合刊本"民国志"此处无"未刊"二字。
⑥ 合刊本"民国志"此处无"未刊"二字。

（民国）安次县志

《古文比》十卷　马鸿翱编。

《桑梓纪闻》二卷①《云鹤山房集》四卷　马鸿翱撰。

《国耻记》一卷　王耀成撰。是书叙述有清一代外交失败之原因。纪事详明，足资考证。

《芸书阁诗草》一卷　王耀成撰。

《古燕诗纪》十卷　马钟琇编。是编搜辑历代燕人之诗，自黄帝以下，迄于近人，凡三百余家，并以作者爵里冠于本诗之前，间附诗话以资参考。古燕诗家略具于是编矣。

《马氏文录》十二卷　马钟琇编。是编辑历代马氏诗文，自东汉迄于近人，作者约八百家。并录诗余于末卷。

《重辑晏元献遗文》四卷　宋晏殊撰，马钟琇编。《四库全书》著录者仅文六首、诗六首及小词而已②。是本据诸家选本裒辑而成，得文十五首，诗六十余首，《珠玉词》一卷③，而以《元献遗事》附录成卷。较之四库本完备多矣。④

《名章类捃》一卷　马钟琇编。是书辑录名篇，自赵倚楼、郑鹧鸪以下凡得五⑤十余家。各著本事于爵里下，以明所自焉。

《味古堂集》四卷　马钟琇撰。⑥

---

① 合刊本"民国志"此处无"《桑梓纪闻》二卷"之记载。

② "巳"字误，当作"已"。合刊本"民国志"此处作"已"。

③ 原文"得文十五首，诗六十余首，《珠玉词》一卷"，在合刊本"民国志"中的表述变更为："诗文较胡劳两本为多，并《珠玉词》一卷"。

④ 原文"而以《元献遗事》附录成卷。较之四库本完备多矣"，在合刊本"民国志"中的表述变更为："而以《元献遗事》附录卷末"。

⑤ "五"合刊本"民国志"此处作"百"。

⑥ 《味古堂集》之下，在合刊本"民国志"中又补充了两部著述存目，云："《清诗征》马钟琇编。选清人诗前集、后集，凡三百家，每家自为一卷，冠以传略轶事及诸家评论。其存诗无多者，编入余集云。《畿辅诗传前编》马钟琇编。自汉迄明，补陶氏书也。"

安次县志卷十　艺文志外编文

化成天下,必以人文,非特采风,亦堪华国。邑人著述巳①入内编,兹编辑录有关安次之作,订为外编,亦得二卷。

张恒唐成均擢第进士,垂拱中,官安次县尉。

大唐幽州安次县隆福寺长明灯楼颂②

释氏之开宗也,大矣哉！自波郡诞灵,超城降迹,天子入梦,中郎访道。悠然莫测,裹天地而为仁;曜乎不穷,包日月而居烛。津梁庶物,既何有而何无;拔脱群迷,亦不生而不死。岂灵仙步骤之能？□在应供。天人之谓乎？国家七百,开元五千,疏教车同轨、书同文。祥符杂遝③于川陆,辙迹骈阗于国土。万机无事,金牒④于是乎游心;四海晏如,宝台于是乎周览。雁塔龙宫之不日,则枯树生花;禅域雪岭之顺风,则干溪出水。

有佛法师者,隆福寺之高僧也。俗姓艾,皇朝弘济府折冲之幼子。高辛贵胄,微子灵苗。幼履玄门,长参缁服。东山、北山之部,几极研精;五字、六字之文,时探秘奥。致菩萨思亲之供,想温靖而冬夏倾心;阅如来追福之经,履霜露而春秋变色。以为死生有命,空怀一去之悲;造化无端,须植未来之果。既而深性妙界,大启福田,爰疏一柱之楼,备起千灯之焰。饰丹青而焕

---

① "巳"字误,当作"已"。合刊本"民国志"此处作"已"。

② 廊坊市博物馆所藏国家一级文物长明灯楼石柱及颂文、经文、偈文、石刻佛像等,是盛唐时期的宝贵遗物,原来长期立在廊坊市安次区古县村隆福寺内。其所刻颂文为武则天时期垂拱四年(688)撰刻,具有极高的历史文化价值。

③ 杂遝(tà):众多纷乱的样子。

④ 金牒:指佛道经典。

烂，远控烟霞；错金石以矜胧，傍流日月。毒龙醉象，既输善迹之威；怖鸽逃鹰，还蒙舍利之影。即鸠杖、龟槃之微物，犹且疏铭；况莲花、贝叶之真宗，可无称颂？从吾所好，既不隔于浮提；属咏自娱，岂有疲于翰墨。

其词曰："诞灵波郡，降迹超城。千猴愧色，百鸟悲鸣。既溢西夏，爰被东京。天中天外，自许尊名。大哉神力，湛乎不测。配地称仁，侔天表德。其法可象，其仪不忒。耳目一切，舟车万域。伟哉大唐，神妙无方。两仪再造，二曜重光。于嗟大德，早谢明扬。志崇因果，遂启津梁。中唐之甋，他山之石。既雕既镂，且重且积。薰馥氛氲，丹青赫奕。嘉福胙虔，晬容咫尺。庶慧炬之长然，俾有尊而无斁①。"垂拱四年四月八日建。

司马光

右谏议大夫吕君墓志铭

君讳诲，字献可。其先幽州安次人。曾祖父讳琦，晋兵部侍郎，赠太师中书令、尚书令。祖讳端，相太宗、真宗，以太子太保薨，谥正惠，赠太师、中书令。伯祖讳余庆，太祖时参知知事②，赠镇南军节度使。各有功烈，记于史官。父讳荀，国子博士，赠兵部侍郎。母张氏，追封清河郡太君。

献可幼孤，自力为学，家于洛阳，性沉厚，不妄交游，洛阳士人往往不之识。登进士第，调浮梁尉，不之官。历旌德、扶风主簿，迁云阳令，改著作佐郎，知翼城县。徙签书定国军节度判官，通判梓州事。未至官，遭母丧。服除，知大通监，知交城县。召入为殿中侍御史，弹劾无所避。兖国公主，仁宗之爱女，下嫁李玮，薄其夫家，尝因忿恚，夜开禁门，入诉于上。献可奏宿卫不可不严，公主夜叩禁门，门者不当听入。并劾奏公主阍宦者梁怀古、梁全一，

---

① 斁(yì)：厌弃。
② "参知知事"误，当作"参知政事"。合刊本"民国志"此处亦误作"参知知事"。查《宋史·卷二百六十三·列传第二十二》作"参知政事"。

窜逐之。会有新除枢密副使者,当时人有议论,献可与其僚直以众言陈上前,谓必不可留。章十七上,卒与之俱罢。献可得知江州,久之复召还台。英宗即位,改起居舍人、同知谏院。时上有疾,太后权同听政,内侍都知任守忠久用事于中。上之立非守忠意,乘此与其徒间构两宫,造播恶言,中外恟惧。献可连上两宫疏,开陈大义,情辞切至。由是慈孝益笃,谗言不得行。上疾久未平,献可请蚤建东宫,以安人心。既而上小瘳,谦默①未可视事,献可屡乞亲万几、揽威福、延近臣、通下情,又请太后间数日一御东殿,渐远庶务,自谋安佚。会小旱,因请上亲出祷雨,使外疑释然。太后既归政,献可复言于上:"今虽专听,太后辅佐先帝久,多阅天下事。事之大者,犹宜关白②咨访然后行。示不敢专,以报盛德。"任守忠谋不售而惧,乃更巧为谄谀,求自入于上。献可曰:"是不可使久处左右。"亟言上,数其前后巨恶,并其党史昭锡窜于南方,因上言大奸巳③去,其余向日凭恃无礼者,宜一切纵舍勿念,以安反侧。顷之,以兵部员外郎兼侍御史知杂事。执政建言,欲如汉氏故事,推尊濮安懿王。献可率僚属极陈其不可,且请治执政之罪。积十余章,不听。仍求自贬,又十余章。怀知杂御史敕告纳上前,曰:"臣言不效,不敢居其位。"上重违④大臣,又嘉台官敢直言,章留中,不下还其敕告。屡诏令就职,献可与僚属具录所上奏草纳中书,称不敢奉诏,固请即罪。上不得巳⑤,听以本官出知蕲州,巳⑥而徙知晋州。今上即位,加集贤殿修撰,知河中府。未几,召为刑部郎中,充盐铁副使。上素闻其强直,擢为天章阁待制,复知谏院,迁谏议大夫,权御史中丞。是时,有侍臣弃官家居者,朝野称其材,以为古今少伦。天子引

---

① 谦默:谦抑静默。
② 关白:禀告,通告。
③ "巳"字误,当作"已"。合刊本"民国志"此处亦误作"巳"。
④ 重违:难违。
⑤ "巳"字误,当作"已"。合刊本"民国志"此处亦误作"巳"。
⑥ "巳"字误,当作"已"。合刊本"民国志"此处亦误作"巳"。

（民国）安次县志

参大政,众皆喜于得人。献可独以为不然,众莫不怪之。居无何,新为政者恃其材,弃众任巳①,厌常为奇,多变更祖宗法,专汲汲敛民财。所爱信引拔,时或非其人,天下大失望。献可屡争不能得,乃抗章悉条其过失,且曰:"误天下苍生,必此人。如久居庙堂,必无安静之理。"又曰:"天下本无事,但庸人扰之。"上遣使谕解,献可执之愈坚,乃罢中丞,出知邓州。献可虽在外,遇朝廷有大得失犹言之不置。会有疾,奏乞闲官归乡里,朝旨未许,乃乞致仕。诏提举西京崇福宫。到官,又乞致仕,许之。以熙宁四年五月甲午终于家,年五十有八。

初正惠公薨,其家日益贫,献可既仕,常分俸之半以给宗族之孤嫠者,室无余资,所以自奉养之俭薄。其治民主于惠利而疾奸暴,大抵概以公平,故所至人安之。屡为言职,其奏草存可见者,凡二百八十有九。历观古人有能得一二,巳②可载之列传垂示后世,在献可曾何足道。今特举其事系安危者书之,至于进对③、口陈之语,不可得而闻也。前后三逐,皆以连犯大臣,所与敌者,莫非秉大权,天子所信向,气势轧天下。献可视之,若无所睹,正色直辞,指数其非,不去不巳④。旁侧为之股栗,而献可处之自如。平居容貌语言,恂恂和易。使之不得位于朝,人不过以谨厚长者名之而巳⑤矣。及遇事,苟义所当为,疾趋径前,如救焚溺。所不当为,畏避远去,如顾陷阱,惟恐坠焉。晚年病卧洛阳,犹旦夕愤叹,以天下事为忧,过于在位。任其责者,曾不念其身之病、子孙之贫也。呜呼!今之世,爱君忧民发于诚心,无所为而为之,可

---

① "巳"字误,当作"已"。合刊本"民国志"此处亦误作"巳"。
② "巳"字误,当作"已"。合刊本"民国志"此处亦误作"巳"。
③ 进:进谏。对:臣下奉诏陈述政见,对策。
④ "巳"字误,当作"已"。合刊本"民国志"此处作"已"。
⑤ "巳"字误,当作"已"。合刊本"民国志"此处作"已"。

巳①而不巳②，始终不变，有如献可者能几人邪！故其没之日，天下识不识皆咨嗟痛惜，彼其心岂独私于献可哉！

献可始娶张氏③，故丞相邓公之孙。后娶时氏，故侍御史旦之孙，封同安县君。四男：长曰由庚，金水主簿；次曰由圣，将作监主簿；次曰由礼、由诚，皆未仕。六女：长适罗山令鞠承之，次适光禄寺丞吴安诗，次适进士姚辉，次早卒，处者二人。以其年八月某日，葬于伊阙县神阴乡中费里先茔。献可病，亟为手书，命光为埋文，光往省之，至则目且瞑，光伏呼曰："更有以见属乎？"张目强视曰："无。"光出门而献可没。噫！如光者，乌足以副献可之所待邪！顾义不得辞，哭而铭。

铭曰：有宋名臣，吕正惠公之孙。以忠直敢言，克绍其门。位则不究，道则不负。年则不寿，名则不朽。呜呼！为人臣，为人嗣，始终无愧，能底于是，可谓备矣。

□□上人坟塔记④ 天庆十年

师讳崇昱，俗姓李氏，安次县崇福里人也。岁近龆龀，有异常童，□⑤进止施为，皆出家相。始年廿一⑥，礼当县缺三字义隆法师为师。勤奉左右缺九字遇恩具□⑦大尸罗。尔后□亲妙理僧缺七字⑧登涉海岳，授□说金论于燕

---

① "巳"字误，当作"已"。合刊本"民国志"此处作"已"。
② "巳"字误，当作"已"。合刊本"民国志"此处作"已"。
③ "氏"合刊本"民国志"误作"民"。
④ 本文又见于《辽代石刻文编》，但是两文文字上存在一些差异，大致《文编》缺字较少，行文更加流畅。县志题目为《□□上人坟塔记》，《辽代石刻文编》中题为《崇昱大师坟塔记》。
⑤ 县志作此处缺一字，《文编》作不缺。
⑥ 县志作"廿一"，《文编》则作"二十一"。
⑦ 县志作缺一字，《文编》则作不缺。
⑧ 县志直书"缺七字"，《文编》则作"□□州□□□□"，多存一"州"字。

（民国）安次县志

台。永泰寺疏全①臻师，年二十四，于本寺启唯识瑜伽论②，穷于缺四字始末。次岁，回相归性，充杨令公大王讲主。阁开华严□经，月满三遍③，玄谈七十席，《摩诃衍论》《菩萨戒》《金刚般若》等经，联绵不绝。历方度化，踵普贤之先踪；遍境涝笼，蹑圣人之后迹。万类含灵，一心垂济，师之愿也。大安初，豁然大悟曰："市朝名利，水月空花，究之非真，在人成累。"遂罄舍衣盂，赈贫施乏，无复遗余。遐访孤征，首抵王家岛。先有通理策师，住止于此，□④授以达摩传心之要，一见情通，事无重告。至八年，结心相与，返诣西峰，驻锡于石经山云居寺，与师同办石经，复更数祠。□⑤又迁往佛岩山，丈室寂居，门绝宾友。暨天庆四年秋八月，因还本刹，拜先师塔。至十二月十一日夜，诲门人曰："日中有昃，月满有亏，物盛有衰，人生有藏缺三字省⑥，□⑦易吾言。"时在寅初，□⑧常睡眠，恬然而逝。数龄七十有六，僧夏六十。至十三⑨日，荼毗于寺西北隅。是时日惨天昏，道俗号恸，焚无异气，舌不变灰。至九年二月建石塔于先师茔穴之乾位。祥等⑩念师解行之绝伦，性相之该博，诱物之夤缘，讲传之独步，恐陵移海变，□□⑪嘉声，谨募殊工，刻石成记。

---

① 县志作"全"，《文编》作"主"。
② 县志作"唯识瑜伽论"，《文编》则作"唯识论瑜伽论"。
③ 县志作"阁开华严□经，月满三遍"，《文编》则作"开花严大经，周满三遍"。
④ 县志作缺一字，《文编》则作"师"。
⑤ 县志作缺一字，《文编》则作"次"。
⑥ 县志作"人生有藏缺三字省"，《文编》则作"人生有灭，□宜自省"。
⑦ 县志作缺一字，《文编》作"勿"。
⑧ 县志作缺一字，《文编》作"如"。
⑨ 县志作"十三"，《文编》作"十二"。
⑩ 县志作"祥等"，《文编》作"祥谨等"。
⑪ 县志作缺二字，《文编》作"泯落"。

志恒辽僧

宝胜寺僧妙行记①

呜呼！不有盛德，何以垂无穷之休？不有美行，焉能昭不坠之烈？且如来示灭之后，承袭其圆满功德者，非师而孰？师讳玄照，本长寿乡王马里人也，俗姓出陇西李氏，生而神用隽远，宇量昭融，诚专白业，志乐空门。于是削发染衣，遂礼在县宝胜寺讲经沙门奉缄为师，奉养之礼诚如夙习。十有五岁，遇恩受具，一旦听读《大华严经》，玄谈方固，六载未曾有辍。诵得观音品般若经，梵行品大准提陀罗尼、灭罪陀罗尼、佛顶心陀罗尼、一字顶轮王陀罗尼等，系时诵时②，恒以为预请娑婆，实幻躯之托，指极乐为诸果之方，将期升莲花之台，不意报双林之兆。良由急于善道，积成今疾。乾统六年五月十二日，不幸殂逝，气绝而神色若生，怛化而馨香尚郁，享龄二十，僧夏六年。遂命哲匠，俄琢贞珉，特建石塔一所，上刻粹容，旁刊秘印，所愿承此影覆尘沾之塔，转超圣位，以师俗父乎。愚忝乡党之交，固以相托，辞避实难，强搜鄙才，直而不文，聊纪美德者也。乾统七年

李检

宝胜寺前监寺大德遗行记③

夫去来无定，真常也；死生无愠，贞胜也。善哉④！达人能了斯理者，其此监寺大德之谓欤！大德讳玄枢，俗姓梁氏，代为安次县人也。幼而敏悟，具

---

① 此文在《辽代石刻文编》和《全辽文》中有收录，但是题为《宝胜寺僧玄照坟塔记》，与县志题目不同。《全辽文》在此段文字后有"拓本，参民国《安次县志》卷十"的附注。

② 县志作"系时诵时"，而《全辽文》作"系时诵持"。《全辽文》为拓本，较为可信，且根据文义，此处当为"系时诵持"。

③ 此文在《辽代石刻文编》与《全辽文》中均有收录。

④ 《全辽文》在"善哉"之前有缺二字标记，县志和《文编》作不缺。

（民国）安次县志

释子相。九岁出家，礼圣利寺讲《法华经》义隆上人为亲教，拳拳及□而检迹于无过之地。清宁二年，依法受具，尔后学大小乘教。凡□法席，终坛①其场，举缄默而诚服焉。非勉力而至此，信绝世天完之人也。宝胜寺大众，知师之戒定慧学，杰出人表，共持状请提点寺事。太康②二年，始启唯识论纲经大讲。寻声得器，沿流讨源，开蒙破惑，□□皆应。琅琅然犹洪钟之受扣，当世以大德为如来之木铎也。太康七年，诸寺院尊宿义学，共请任僧首③。于是鉴察情伪，剖析是非，如权衡轻重，绳墨曲直而④无私枉。佥曰："斯人缁门之龚黄也。"四众□⑤仰，莫不称善。暨大安初，俗年四十有二，遂斋心禁足，以日系⑥时，召集徒众，发菩提心，诵观音弥陁梵行大悲心密多心等经。历数十年间，各不啻万卷，由是闻达鞍山传戒大师。知师以精进慈悲喜舍为务，乃相谓而言曰："苟岁不登稔，如何济世？"遂同建义仓，凡不足者，随众而惠之。兼与当寺演妙大师，同办讫千部大华⑦严经，及馨衣盍□望法师□影□□则主一会等坛于经藏、三圣殿、舍利塔三处，绘画三宝大师华严七处九会，弥陁释迦八相成道等悬壁并诸幡盖。供具□完备，皆严丽而可观者，率由师之积行累功之所致也。其余兴私利益之事，难尽敷述。乾统四年，因遘厉其疾，以日者卜之，言天禄尽。师乃发上善心，请诸师德，转读藏教，设无遮会，翼日乃瘳，复延数稔，信不虚矣！乾统十年春，再染宿疾。旬日间，俄然风号天黯，有大树忽摧。门人叹曰："梁木其坏，予将安仰？"至季春二十七日昏时，会集众徒，称念诸佛。将至昧爽，令止。乃曰："我见幡花来迎。"遂合掌顶礼，"吾归

---

① 1914年印"民国志"与合刊本"民国志"此处均作"壇"，《文编》与《全辽文》均作"擅"，县志误。
② 《文编》与《全辽文》作"大康"，县志作"太康"，古"大"与"太"通。
③ 《全辽文》"请"字后作缺一字，《文编》与县志作不缺。
④ "而"合刊本"民国志"误作"面"。
⑤ 县志作缺一字，《文编》与《全辽文》作"瞻"。
⑥ "系"合刊本"民国志"误作"击"。
⑦ 县志作"华"，《文编》与《全辽文》作"花"，古"华"与"花"同。

矣！吾归矣！吾归本寺矣！"泊收遗槱,惟舌具存,白而不烬,以表师缺八字功课不可胜数。僧夏五十有七,世寿六十有九。门人裕准缺八字令名垂于不朽,乃建法幢纪其功行。庶使将来见闻缺八字铭并书佛顶尊胜陀罗尼于右,期尘沾影覆之利,□被含生;纵陵迁谷变之时,长留遗迹。检因而见托,乃授□直述其事。乾统十年。

张景运

为先亡祖翁考妣建经幢记① 太康②七祀二月十九日

夫人子之奉父母,生则礼而恭,没则享而敬。□礼然□□有过,各不利于长往。呜呼类何③！盖闻佛顶尊胜陀罗尼,能与众生除一切恶道罪障等□。若非先灵以佑逝者,则是其不孝矣！即有景运等常深不匮之怀,永念无穷之报。况我亡考前摄洛安王府文学士张,名德邻,字闻善,世代本安次县留马人也。自佩觿之岁,□然不群。深□慕道之心,迥有去尘之见。造善事以无厌,抱慈心而不退。时时懿诵缺三字,日日缺六字我□④妣,幼承⑤姆教,长习闺仪。在室禀曹家之训,适□延陶氏之宾。且善礼慈氏,崇敬三宝。以日系时,恒念诸佛,是为常课。伤二亲缺四字为缺三字久沉所以□况属□族,颇盛产藉之丰,不事速荣之切缺九字君考妣墓侧,建是尊胜幢□时秘即缺三字⑥影□□日得而彼福田复而生。一变苦恶之逢,永作清凉之地。更愿五服之内,大小先亡,并承资荐之因,俱遂解脱之理。景运欲报垂念,难益于昊天;不待缠哀,

---

① 此文在《辽代石刻文编》与《全辽文》中均有收录。《文编》题为《张景运为亡祖造陀罗尼经幢记》,《全辽文》与县志题目相同。
② 县志作"太康",《文编》作"大康"。
③ "何"合刊本"民国志"误作"可"。
④ 县志作缺一字,《文编》与《全辽文》均作"亡"。
⑤ 《文编》与县志作"承",《全辽文》作"从"。
⑥ 《全辽文》与县志作缺三字,《文编》作"□□日",多一"日"字。

空悲于净树。遂乃善舍净财,遐求翠琰,将成胜事,必藉良工。敢辄馨于荒异,故特凭于刊勒。诚谓斯幢既立,庶有兼于溥天率土①,动植飞沈②。凡有照临,尽同休庆。余强抽鄙思,聊纪先德。

吴澄

大元昭勇将军河南诸翼征行万户赠宣忠秉义功臣资善大夫湖广等处行中书省左丞上护军齐国张武定公墓表

公燕人,世居东安。祖考仁义,管军元帅,赠推忠守义功臣、中奉大夫、河南河北等处行中书省参知政事、护军,追封齐郡公,谥武毅。祖妣李氏,追封齐郡夫人。考禧,镇国上将军、日本行中书省参知政事③,赠推诚著节功臣、荣禄大夫、湖广等处行中书省平章政事、柱国,追封齐国公,谥忠烈。妣国氏,追封齐国夫人。公讳宏纲,字宪臣,膂力伎④艺冠绝部伍。自少从军,先登陷阵,平地超跃,上马足不履镫,射虎辄殪,视若狐兔,攻城被二甲,野战则被一甲。从元帅阿术往来襄汉两营间十余年,每与宋骑兵遇,左臂揽革圆牌周旋护卫,矢不及身。惟元帅及公二人能用此,他人不能也。湖州寇数万,行省命公率数千兵往捕,公距贼巢十里而营。或曰:"贼近知我虚实,倘率众围我,坐视危困,不若急攻乘其未备。"公曰:"吾有万全计,尔姑俟。"诱致山中老人数辈,谕之曰:"汝等各有妻子产业,弃安乐,趋死亡,何耶?汝能遍告若俦,及今改图,犹可生也。如其不然,金鼓一震,悔之无及。"老人皆叩头头⑤曰:"实非好乱,为贼所逼,今日生死惟在将军。"公命数吏不持弓矢从老人至贼所,约

---

① 《文编》与《全辽文》均作"土",县志作"士",县志误。《全辽文》将"率土"断于后句,《文编》则断于前句,从《文编》。

② 飞沈:亦作"飞沉",飞升和沉落。

③ 此官职不见于《元史》,疑有误,待考。

④ 伎:通"技"。

⑤ "头"后衍一"头"字,当删。合刊本"民国志"此处亦衍此字。

以三日内释兵还家为良民。众悉如约,无或后期。给安慰檄文,揭之于门,令诸军勿得惊扰复业之家。乃分道入山,余寇仅赢百数,一一就擒。诸军贺曰："今日见公万全之计矣。"公曰："贼众我寡,林密山深,弓马不便。若不示以生路,数万之众致死向我,我何以当？先散其党,则擒之易尔。"行省又命捕建德盗,遄亦平定。公初镇暨阳,移镇京口,又移镇通州。禁止掳掠,出巡乡村,自赍粮食,民诉军卒攘鸡豚、夺衣服,听其随行,前至阻水有桥处,立马集众搜检各卒行橐,俾诉者识证？去,量物轻重受笞。谓："再犯,必加重刑。"竟无复有敢犯者。由是乡民安居,深感公德。其后公去不复,莫不兴哀流涕。

公孝于事亲,少时巳①能脱父母于难。尝逢参政公怒挞之流血,略无疾怨。人问②之,隐其事,曰："隅尔触物而伤。"奔参政公丧,年巳③六十。昼夜兼行,多下马步走。通州抵都城之南二千里,不半月而达。望柩恸哀,几至陨灭。教子甚严,然未尝厉声色。家法整肃,内外截截。女子无大故,不出中门。友兄弟,睦姻戚,见贫乏者,必周其急。接人恭谨,馔客丰盛而自俭约,虽爱妾无绮服。晚年好读书,暇日尝就馆宾讲论。历官管军把总,升总管招讨副使,升正使,终河南诸翼征行万户府万户。初以忠显校尉佩银符,继以昭信校尉佩金符,进广威将军、定远大将军以至昭勇将军,佩三珠虎符。公之卒,有行状、有墓志、有神道碑。殁后二十四年,赠宣宗④秉义功臣、资善大夫、湖广等处行中书省左丞、上护军,追封齐郡公,谥武定。先配左氏追封齐郡夫人,继室杨氏封郡大夫人。

公之子廉访副使汉,将立石以纪恩命之隆,征文于予。予惟公孝义忠勇出自天性,平宋立战功,征蛮著死节。其勋名赫赫,在人耳目,状志碑已具载,兹不再录,摭公遗事一二,以表于墓云。

---

① "巳"字误,当作"已"。合刊本"民国志"此处作"已"。
② "问"合刊本"民国志"误作"间"。
③ "巳"字误,当作"已"。合刊本"民国志"此处作"已"。
④ "宣宗"误,当作"宣忠"。其墓表标题里即为"宣忠"。合刊本"民国志"此处亦误作"宣宗"。

孔克坚元人

东安庙学记

东安监郡卜侯暨太守世侯，具事状请于予，曰："敝邑有程式者，好义之士也。"至正乙酉间，出资创义学一区，赠地一顷一十亩，延师教其乡人，洎四方之来学者，岁给廪饩弗替。一日，慨然而兴曰："学者诵诗读书，皆以宣圣为师法，今义学建而圣庙未建，是溯流而忘其原也。"壬辰岁，复捐资若干，立庙塑像，并笾豆祭器咸备，春秋二祀无缺。州故有庙学，地为浑河所冲，而程君所建者，迄无恙，众以为有神灵焉。至正癸卯秋，学正张天麟典教是州，与二州侯躬诣程居，暂假义学，以为弦诵地。式慨然曰："某立学置产，已①为公物，岂尚有吝心耶？嗣后悉捐之，惟二贤侯是命。"二侯蹶然曰："真义士也！"于是倡寮寀，捐俸金，砻石于清庙之西偏，乞为记之。余曰："噫！夫士苟存心利物于人，必有所济。式居乡以善称，既以淑诸己，立学以义名，又以淑诸人，其人洵足嘉矣！夫燕蓟之俗，悲歌慷慨，自古则然。而近代狃于时习，往往建立僧舍神祠，以邀冥福。如式之设义学而尚儒风者，盖鲜矣！昔范文正公贵为参政，舍宅为学，割义田以恤贫族。而式布衣耳，其所施设，亦能如是，又其难焉者。今我圣元，以六事选守令，学校兴举居其首。二侯膺命来牧是郡，能以兴学校为先务，适丁国家多事之秋，百费繁剧，民不胜劳。式于此举，岂惟益于官？又能不劳其民。于虖！可以遂二侯之志。是宜书其事，以劝吾闻。式之行不止此。亲丧，筑庐墓侧，朝夕泣奠。翰林承旨康里公扁曰"慕亲"。时有慈乌百余，巢于冢树，浑河为之回澜。人咸异之，谓为孝感所致。又分田以给姻族婚丧之贫乏者。前太守牛德裕闻于朝，旌其门曰"孝义"。复之无所与，诸贤士大夫编次诗什，已采于王官。先太守赵士敏及今太守世侯荐于上，除本州文学。东郡密迩京畿，所隔仅三舍地。吾知孝义之迹达于史馆者，

---

① "巳"字误，当作"已"。合刊本"民国志"此处作"已"。

彰彰矣!

系以辞曰:"峨峨黉宫①义士创兮,美哉轮奂②为民望兮,鼎峙岱③嵩④屹相向兮。延聘硕儒⑤俨函丈兮,佩衿⑥来游岁且久兮。奄昌⑦桑榆畴⑧克守兮,我侯戾止⑨德施溥⑩兮。爰念学校重修举兮,来假⑪来询慨然与兮。千载会遇亶⑫非偶兮,镌此颂词传不朽兮。"

陈敬宗字光世,慈溪人,明永乐甲申进士。选庶吉士,授刑部主事,改翰林侍读,转南京国子司业,升⑬祭酒。卒赠礼部右侍郎,谥文定。有《澹然居士集》。

明刑部尚书施公墓表

施公讳礼,字仲节,其先镇江丹徒县人。元时,祖翁祖公任镇江帅府万户。父伯诚公承父命,赴都请给告身。适徐颖兵起,路梗不得归,爱东安风土淳厚,遂定居焉。公伟躯广颡,自幼才识过人,读书为文不烦师资。父伯诚公早逝,公孝事二母,定省靡间。年逾弱冠,为邑庠弟子员,以《诗经》领洪武丙子乡荐,登丁丑进士,授行人司副。奉使交趾,万里不辱,以功升河南参议。是时成祖初承大统,布方张之德化,收始附之人心。远近亲戴,吏民怀服。在

---

① 黉(hóng)宫:学宫。
② 轮奂:形容屋宇高大众多。
③ 岱:泰山的别称。亦称"岱宗""岱岳"。
④ 嵩:嵩山。
⑤ 硕儒:大儒。
⑥ 佩衿:语出《诗·郑风·子衿》,后因称士子为"佩衿"。
⑦ 奄昌:疾速。
⑧ 畴:田地。
⑨ 戾止:来到。戾,来;止,至也。
⑩ 溥:广大。
⑪ 来假:来到。
⑫ 亶(dǎn):实在,诚然。
⑬ "升"合刊本"民国志"误作"陛"。

(民国)安次县志

官七载,丁嫡母张氏忧,奔丧还乡,哀号擗踊,不进饮食者数日。逾月,奉母柩合葬于先茔。后起任淮南知府,整躬率属,一郡称治。未几,以罣误谪遣。公配宜人冯氏与之偕,所居行橐萧然,课僮耕获以自给。

永乐间,除山东道监察御史。公德性宽和,而莅事执法于贪残者未尝少贷,吏民怀服。复命日升大理寺右丞。洪熙元年,升正卿,前后治狱详明,多所平反。载①进秩刑部侍郎。宣宗尝谕之曰:"刑法,天下民命所关,卿理狱事,可谓于民不冤矣!"公愈加详慎,德望日隆,特进刑部尚书。生平历事五朝,扬历中外。公忠体国,慎仪止,寡言笑,始终不愆于度。尝闻为御史时,每自言曰:"吾于此职,不敢以讦为直,以察为明,惟言其所当言而巳②。"识者早知其有大臣体。

及卒,天子痛悼,遣官致祭者三,赐金以葬礼也。配冯氏封夫人,有贤行,先卒。侧室郑氏、马氏亦踵芳躅。男五:纶、缙、绅、纨、纯。绅,领宣德十年乡荐第一,除授户部主事。孙六:志、惠、愚、愈、宪、态。女七,俱幼。祖万户公、父伯诚公,当官少司寇时巳③追封加爵。公靖共尔位,为一代重臣,上荣祖父,下启后昆。《诗》咏素丝,《易》称蹇蹇,诚无愧矣!庸述其概,表墓以垂不朽云。

王英字时彦,金溪人。明永乐甲申进士。选庶吉士,历翰林修撰、侍讲,累官南京礼部尚书。卒谥文安,改文忠。有《泉坡集》。

明故中奉大夫山西布政使纪公墓表

公讳谆,字克诚。幼端敏,不与群儿为伍。七岁从师受学,昼夜不懈,乡老奇之曰:"此子颖悟嗜学,当立大名于时。"及入县庠补弟子员,益肆力于

---

① "载"前脱一字。查清刻"乾隆志","载"前有一"九"字。
② "巳"字误,当作"已"。合刊本"民国志"此处作"已"。
③ "巳"字误,当作"已"。合刊本"民国志"此处作"已"。

学,日有所进,同门咸推让之。洪武乙亥贡礼部,升于大学。以才识著名,选署都察院事。寻晋山西道监察御史,纠击贪邪,辨理冤抑,风纪振肃。时言官以天下县令任非其才,无惠政,诏选京职任之,遂以公为睢宁令。民有讼其子毁父者,公得其实,谕其父子曰:"父之于子,当以身教,能正其身则能正家,闻尔暴厉多乖,得非子有谏诤之言,遂以为毁己乎?吾为县令不贪不酷,民其有毁之者耶?尔但正己,无患尔子不孝。"讼者惭服。

永乐改元,擢湖广道监察御史,风纪益振。后迁山东按察使司,政尚清肃。与御史吴共谳郡县重狱,无不原情察理,委曲辨论,平反者多。吴不悦,曰:"我奉命理狱,自有体统,尔喋喋多言,视若僚属,何耶?"公曰:"刑狱重事,一失其平则致人于死,所以言者,欲刑得其当,岂敢口舌相渎哉?"及吴秩满,授山东属郡,颇不自安,公待之益厚。无何,公以事左迁浙江道监察御史,扈从远征。及还,以功宠赐银币,升交趾按察使。交民初附,推诚恤下,禁吏侵扰,民德之。迁交趾左布政使。仁庙嗣位,公朝京师,改山西布政使。政事修举,吏民怀服,丁外艰还乡,以哀毁成疾。正统九年二月十六日卒,年七十有六。

公孝友于谅,识度弘远,勤于职事,薄于自奉。在交趾时,侍郎张公、郎中王公以罪谪为从事,公礼待之。王死,为治棺殓,且抚其妻子。公来朝,载王之榇以归。渡海,暴风将覆舟,众以为朽骨故。公仰天祝曰:"人死远方,归其骸骨,天其悯之。"风乃止。

公之曾祖讳清,祖讳仲祥,父讳延年,世以长厚称。配张氏,子一,名安,能世其家;女四,俱适名族。侧室唐氏,女二。孙男二,曰俊、曰杰。孙女二。以卒之年三月庚午,葬邑南先陇之次。安奉进士李侃之状征文于余,请表诸墓。

呜呼!公以才德跻显要,历年既久,闻望遂隆,卓然为一时名卿。而其终也,以居丧致疾,孝行尤笃。公之始终,夫何憾哉!予与公同朝,久知公之贤,乃序其实迹,勒石表墓以垂休于无穷。

张瑄①

明故中宪大夫右佥都御史李公合葬墓志铭

公讳偘，字希正，号归庵。先世自河南新野徙湖广荆门，后宦游东安，遂家焉。高祖讳寿椿。曾祖讳士瞻，翰林学士承旨，封楚国公，出理福建盐政，有平海寇功。祖讳继本，元翰林检讨，通五经。父东，洪熙初行人司副，后赠太仆寺少卿。母陈氏，封恭人。公正统戊午举人，壬戌科刘俨榜进士，拜给事中。是时，阉人王振擅权致巳巳②土木之变，车驾被遮，景帝以郕王摄政，公与今致仕尚书王公竑请诛奸党以伏其辜，并一时扈从死节之臣皆宜录用其子。复上疏以为死节者既蒙恤典，凡偷生苟活之徒宜加严谴，以励臣节。当时言虽不行，人皆惮之。后也先悔过，奉车驾还京，议迎复礼，弗称，公上章极言："太上皇为社稷生灵而出，今日迎复礼宜从厚。"颇逆旨。命廷臣议，佥曰："偘所言无他，无非欲皇上笃亲亲之义，尽友爱之情。"由是礼仪有加。

三年，天象示变，诏来直言。公上章请依兵部尚书于谦所奏罢度僧道，及吏部郎中李贤所上《中兴政本十事》留内，时赐睿览。且自劾不职，优诏③慰答。时户部尚书金濂违诏征敛，廷无敢言，公面纠其罪，上曲宥之，公复膝行至前，厉声劾其难宥状，遂下濂狱。是年，边防告警，公又上疏，言事大要在内修外攘，振纪纲、收人心、节浮费而巳④。时广西指挥苗竑犯辟⑤，上请易储，冀脱其罪。下廷议，公执以为不可，曰："东宫无失德，易储非盛事。"有顷，中官出，以危言动，公执议如初，遂改詹事府丞，以解言职。公居谏垣十年，知无不言，言无不尽，排奸斥佞，面折廷诤，公卿严惮之。在詹事府雠校宋元史，深

---

① 合刊本"民国志"中对张瑄增补了一句附注："江浦人，明南京刑部尚书。"
② "巳巳"误，当作"己巳"。合刊本"民国志"此处误作"已巳"。
③ 优诏：褒美嘉奖的诏书。
④ "巳"字误，当作"已"。合刊本"民国志"此处作"已"。
⑤ 犯辟：犯法。

得体裁。每谓他史官曰："李先生纂修，文而不失其实，宜以为式。"英宗复辟，亦知给事中。有不从易储之命者，时无左右为之先容①，事遂寝。改太常寺丞。

丁父忧，哀毁成疾。服除，改太仆寺丞，进少卿。马政修举，复累陈时政，大要在除宿弊、择守令、劝贤才、厚风俗、修武备，其议多见施行。畿内岁荒民困，又陈时政十余条。寻升都察院右佥都御史，出抚山右兼提督雁门等关，乃筑橐莲台为宁武关，修边墙，练兵马，举廉戮贪，不惮大吏。

尝夜提兵巡偏头关，寒甚，边将密以貂裘进，不受。榆林官军生擒小石爱子，贼备驼马告赎，公上言请归俘以结其心，亦安边至计，不报。诸王府官校多骄横，悉绳以法，众私相告曰："幸勿犯李都宪。"时修撰罗伦言事落职，上章力为之解。榆林乏粮草，户部遣官督征，公惧民逃窜，檄下停止，然后奉闻。晋阳童稚皆知，感公德，绘像以祀。

后丁母忧，去任，军民拥留不得行。服阕，力陈致仕，诚恳动主，特赐俞允。

公天性至孝，当景帝监国时，乜先逼京师，时二亲在容城，晓夜悲泣，乞假冒险迎之。及太恭人晚年丧明，朝退，讲史传以悦其意。比终，哀毁如丧父。时公自奉甚薄，居官四十余年，橐衣之外无余物。平生忠义见于草疏，文章著于诗赋，道德则见于《小学摘易诗图》，及《续崇正辨晦庵言行录》。

公生于永乐丁亥九月九日午时，卒于成化巳巳②九月二日未时，享年七十有九。讣闻，遣官谕祭，加赐，盖特恩也。配张氏，瑄之姊，累封恭人。有妇德，治家严肃。事舅姑以孝闻，通《孝经》《列女》诸书，诸子幼时皆亲自口授。与公相敬如宾，年九十五卒，葬京城西之钓鱼台，少宰昆山叶公盛志其墓。生四子。长德裕，任训导，娶杨知县女，继娶成指挥女；次德宪，青州府通判，娶

---

① 先容：本谓先加修饰，后引申为事先为人介绍、推荐或关说。
② "巳巳"误，当作"己巳"。合刊本"民国志"此处误作"已巳"。

（民国）安次县志

潘院使女；德恢大理寺正，娶盐运使女；德仁中书舍人，娶董布政女。皆恭人出。女一，适张缙。媵姚氏出。孙男五：旻、时、旦、宴、昊；孙女五。以卒之岁十一月十三日葬于县之张家庄凤河之阳，启恭人之墓而合窆焉。

公殁之再旬，瑄以秩满哭于柩前，诸甥以瑄与公谊同昆仲，且同学同年，闻见最悉，奉翰林修撰林先生瀚所为状，以志表请，遂忍泪执笔序其实而为之铭。

铭曰：于赫李宗显自元，始来新野迁荆门。再徙安次官益尊，承旨学士职讨论。出戡祸乱功孰伦，国史有传谱牒存。都宪于曾四世孙，孝奉二亲暨友昆。职当言路司谏垣，忠义炳烺昭乾坤。雠校两史宋与元，用别朱紫删浮言。朝廷重寄在抚循，令如秋肃兼春温。振拔淹滞苏烦冤，诛锄墨吏如刈萮①。忽闻亲葬戴星奔，军民号泣争攀辕。至今三晋官与民，不敢玩易矧敢谖。未老谢事归田园，穰穰福履来便繁。世守礼义浚庆源，四子先后登青云。优哉游哉将八旬，溘然归去游天阊。吾姊作配妇道敦，养备涤溉祭采蘩。龙门庄南凤河村，相与同穴封高原。碑表郁郁蛟螭蟠，千秋万岁宅尔魂。

徐阶字子升，华亭人。明嘉靖癸②未赐进士第三。累官少师、吏部尚书，赠太师，谥文贞。

明米脂教谕赠南京兵部尚书刘公墓志铭

先生姓刘氏，名景，字仰之，东安人也。余昔读诸郡邑志，怪其人物尚多阙遗，思欲奉职之余，补所未备。数喜从士大夫访求遗逸并仕于其地之贤者，盖于东安得先生之乡行云：先生故农家，至先生始好读书，通记载，补邑博士弟子，遂廪于庠，晚以贡上春官，授庐州府学训导。直躬坦怀，不能饰词貌以干进取。久之，迁陕西米脂县教谕。居一年，致仕归，逾年而卒。

---

① 萮（jiān）：兰草。
② "癸"合刊本"民国志"误作"祭"。

初,先生为博士弟子时,亲老而贫,竭力以养。每进饮食,必伺察颜色,意适则喜,否即跼蹐不自宁。兄出自前母,事之甚恭,抚兄子如己出,及长,为之娶妇立业。继母杨有女,嫁于贫家,每阴有所予,先生觉之,更分以粟帛,杨大悦,而父亦益安其养。若先生者,孝友人也,予闻谨识之。

又于庐得先生之宦迹,自守清白,所居无完毡,然闻诸士婚丧失期,辄捐俸以助,有称贷者,不责其偿。郡尝岁歉,民饥且疫,太守作粥,遣属吏分食之。诸属吏率避,不肯行,公曰:"人生有命,奚必疫疠能死人哉?"日至其地,等差其老少强弱与病之浅深,以上下其食,民甚德之。及致仕归,橐金才足舟车费。若先生者,校官之廉且惠者也。予闻又谨识之。

顾其时,先生巳①捐馆舍②,予每念先生仕不违守,贫约以终其身,未尝不喟然也。庚戌③,予以《礼》《书》知贡举,是榜,进士者多知名士,而先生之季子体乾与焉,即今南京兵部尚书也。予谓所知曰:"古称为德之报,不于其身,必于其子孙,于刘先生观之,岂不信哉!"尚书自进士历给事中,以至显秩,刚正廉直,著声朝右,继忤时宰罢归。天子即位,登用老成,首召起用。盖先生有蕴未施,所以发于子孙者甚厚,而天之报德于是乎益彰矣。

先生生景泰丙子十一月十六日,卒于嘉靖庚寅四月十七日,寿七十四。元配马氏先卒,无子。继配万氏亦先卒,子曰:体道、体直。侧室高氏,生于成化丙午十月十九日,卒于嘉靖庚申七月二十五日,则尚书母也,侍先生最久,奉舅姑能婉曲致孝。先生归自秦,家益落,尽鬻簪珥衣服以佐不逮。及先生卒,教尚书力学,迄底于成,姻党称其贤,无异辞者。孙三人:侃,国子生;浦,官生;瀚,县学生。万历癸酉岁,因上两宫徽号,覃恩赠祖旺与先生如其官,妣

---

① "巳"字误,当作"已"。合刊本"民国志"此处亦误作"巳"。
② 捐馆舍:捐弃所居之舍。死的讳语。
③ "戌"合刊本"民国志"误作"戍"。

(民国)安次县志

皆夫人,高亦赠夫人。先生故,祔葬①于先茔,地湫隘②不能具仪物,乃卜吉壤北门之外,以某月日改葬先生,合二配及尚书生母祔焉。

先是,以宗伯义兴万公征予铭,凡状所云与予所访闻合。因念今虽老病,不能缀缉,以补志乘之未备。然幸辱与尚书游,宁忍使先生之美德湮没而弗传耶!遂序而铭之。

铭曰:学足以显其身,而位则卑,其遇也;奇德足以昌其后,而发则迟,其大也。宜新邱③窿。然具物与仪,屹屹穹碑,煌煌制词,岂惟子孙,本源是思,过而式者,尚其师之。

陶栋山东历城举人,明嘉靖四十三年官东安知县。

东安县题名记

东安为畿辅近邑,朝廷设令一、丞一、簿一、尉一,以共襄牧事。今丞、簿省之,余如故焉。余自罗山调任兹土,甫视事,即进都人士问以前令姓名并一切行事可为师法者。都人士曰:"东安邑志久缺,历任姓名不堪记忆。特其卓卓可传者,虽历久而名不灭,千百年如旦暮也。其他或不尽传。若其无传,必其人之无可传焉者也。"余曰:"然。顾吏之有小善者,未必皆传,而为恶断无不著。善固可法,恶亦当戒!"因取迩年来姓名可考者,共得若干人,列名于左,以时观览。其为廉吏欤?循良之选,玺书之荣,必是人也,至今有余慕焉;其为贪吏欤?指摘之加,呵斥之辱,必是人也,至今有余憎焉。将为其可慕者乎?抑其可憎者乎?为其可慕,则前事之师不④远也;为其可憎,则覆车之辙相仍也。即或廉吏难为而负薪,贪吏得时而富贵,苟逃人祸,必有天殃。因书

---

① 祔葬(fù zàng):合葬。
② 湫隘(jiǎo ài):低下、狭小。
③ 邱:"丘"的避讳字。避孔子之讳。
④ "不"合刊本"民国志"误作"贫"。

以自警,并告后之为吏者焉。

阮宗道山西大同选贡,明万历十年官东安知县,累官太仆寺卿。

东安县志序

夫志者,识也,所以识古今之事也。邑而无志,事奚以核？矧①东安为三辅大邑,讵可贻讥夸鄙②,阙略而不备乎？壬午夏,余承乏③是邑。簿书少暇,求邑志而考之。因得张公文举手辑旧本,略有成业,特未加厘订,剖厥成书。于是商之博学杨君,延乡先生邵公辈暨庠弟子员编摩补辑,再阅月④而告成。诸君前而请曰:"是编草就,虽未敢妄拟作者之林,庶几可以志一邑之事矣。惟明府笔削而删定之,付诸梓人,以永其传。于后则邑人之幸福也。"

余唯唯受而读之,见其直而不俚,详而有条,卓然纪事之书也。镂而传之,夫复何待！夫天下事,亦在为之而巳⑤矣。东安自宋辽金元以来,绝无纪载,即国家定鼎燕京,先后传百十年而志乘之缺然者如故也。兹以乡大夫诸士之力,不惮广搜博采,编次成书。俾后之考古征今者,得以有所依据,而其间风土人物盛衰升降之故,俱可一览而知矣。若夫因革损益,随时利导,又赖后之君子更化善俗于无穷焉耳。

陆燧上海县人,进士,明万历四十五年官东安知县,内迁兵部主事。

东安县创建名卿科第两坊记

余丁巳夏捧符安次,出春明门,经天子上林迤南。甫抵境,上见黄沙赤地

---

① 矧(shěn):况且。
② 夸鄙:夸陋,浅薄。
③ 承乏:在任官吏常用谦词。言所任职位一时无适当人选,暂由自己充数。
④ 阅月:经一月。
⑤ "巳"字误,当作"已"。合刊本"民国志"此处亦误作"巳"。

(民国)安次县志

中忽有蓊①然茂翳者,问之,此留犊里也。夫留犊为汉寿春时候故事,一过而千载系思,则邑人之厚也,心窃景之。阅邑乘②,见名公巨卿、簪缨科第之蝉联也,则又心窃伟之。入邑治,而见人文凋谢,景色萧条,无前贤棹楔③昭垂④不磨⑤,以兴起后者,则余又嗛⑥然心伤之矣。

　　夫汉距今不啻三千年,其间为州为县凡经三徙,何代无贤?何日无令?何令之名不可传?必借才异代异地,仅托于寿春令以传。而吏是土者,既弗克自为,可传踵寿春之芳躅⑦,又弗能使传一方盛媺,令湮没无闻,将间表墓⑧封之,谓何⑨不亦轻朝廷、羞当世乎?爰⑩视事稍暇,进荐绅先生博学弟子员讯之。佥⑪曰:"此缺典也,某辈之冀幸而未敢请者也。"议于邑左右建坊二座。左曰"昭代明卿",左之外曰"前代明卿";右曰"明时科甲",右之外曰"明时俊彦",各以次定。维时黄掾率先之两学博倡助之,一时缙绅贤士共协成之。是举也,不醵⑫金钱,不委吏胥,凡石者、木者、埴⑬者、锻者、畚⑭者、斫且垩者,惟力是视,子来乐输。不三月,而两坊巍然夹峙矣。使它年乘传拥幰

---

① 蓊(wěng):草木茂盛。
② 乘:春秋时晋国史书名,后用以称一般的史书。
③ 棹楔(zhào xiē):门旁表宅树坊的木柱。
④ 昭垂:昭示,垂示。
⑤ 不磨:不可磨灭。
⑥ 嗛(qiàn):不满足。
⑦ 芳躅(zhú):指前贤的踪迹。躅:足迹。
⑧ 表墓:在死者墓前刻石,以彰其善,谓之表墓。
⑨ 谓何:何。
⑩ 爰(yuán):于是。
⑪ 佥:全,都。
⑫ 醵(jù):凑,集。
⑬ 埴(zhí):制作陶器的黏土。
⑭ 畚(běn):用蒲草编织的盛物器具。

过而式①之曰："此某名卿某贤士大夫故里也"，生景仰心；其哲胤②秀士则而象之曰："此某先达名卿贤士大夫之所留也"，生兴起心。兹坊所造良多，孰与借才异代异地以为重乎！若曰："子不能自为重，徒托都人士以为重，将无为寿春令所揶揄耶？"余何以解？

役既竣，巳③浃岁矣。会余有遵阳之移，诸绅士请识之，余为之次其年月，登好义之名如左。

郑之城湖广辰州平溪卫人，选贡生，明天启四年官东安知县。

东安县志序

先王体国经野，棋置郡邑。邑之有志，盖所以昭典则，示劝惩，考古今，辨得失，即古者列国之史也。东安密迩京师，披拂于皇风者久，宜其声华物采彬彬与京邑相辉映矣。甲子秋，余承乏是邦，见凋瘵④满前，而士风醇朴，犹为近古。因索邑志而读之，乃邑故无志，万历癸未，云中阮公始取邑绅张文举所辑稿本而刻之。其中，不无详所宜略、略所宜详，于体有弗称也；掇拾猥琐，言之不文，于义有未洽也。不觉掩卷窃叹曰："志而如是，何以信今传后，备观风者之采择乎！"函⑤欲删定，勒成一书。会初政碌碌，未遑顾见。民俗趋戆，余以不扰驯之；民情趋华，余以不烦静之。相恬以愉，不三四月，邑渐无事。退休之余，爰取旧志而卒业焉。然考之宪章，质诸故老，两皆无征，余其如邑乘何哉？惟是⑥余实有长民之责，风俗民情必昭之典则、式之轨物，始足以鼓励而劝化之。因与涿鹿卫幕冯君、儒学边君、训导陈君，并邑之博士弟子员，加

---

① 式：以……为榜样。
② 胤：后代。
③ "巳"字误，当作"已"。合刊本"民国志"此处作"已"。
④ 凋瘵：衰败、困乏之象。
⑤ "函"字误，当作"亟"。合刊本"民国志"此处不误。
⑥ 惟是：只是。

(民国)安次县志

意搜①辑,新旧毕陈,缀于各款②之下,又从而诠次之。断以万历癸未年为始,续前令阮公之后,迄今天启乙丑而止。极知详略无当,鄙俚③贻讥,无改前志之旧,然使四十余年文教政事不致散佚失坠,是则余之苦心也。若夫立义修词、审制定式,尚有待于邑之硕彦与后来之具大手笔者。志成,因书岁月于简首。

沈应时

重修东安县城记

东安去都门百四十里,盖畿南首邑也。邑近浑河,数遭水患,凡三徙而始得定居,且逾年始创土城,又逾年始券城门,至嘉靖庚戌,都门遭警,始议陶甓④成城,城盖如此之难也。夫王公设险以守国,东安郊圻近邑,迁延若是,大抵向来因循不振,前人之事听之后人,后人之事诿之前人,直待大坏极弊,始起而更张之。诿之者徒知利己,更之者仍自劳民,倘肯各身其事,未雨绸缪,安所事于劳费若此?此徙薪之功反居焦烂之后,天下事可忍言哉?

今东安城又历有年所矣,风雨浸淫,外之陶甓泐啮⑤,内之土日倾圮,城削至不能措趾,脱⑥更悠悠泛泛不亟为料理,非惟有警一无所恃,即至崩塌而更为之,其劳费更可知矣。

甲子秋八月,楚辰平溪郑公来守是邦。下车问民疾苦,首阅城垣,见其碌

---

① "搜(蒐)"合刊本"民国志"误作"蒐"。
② "款"合刊本"民国志"误作"欸"。
③ 鄙俚:粗俗,缺少文采。
④ 陶甓:陶砖。
⑤ 泐啮(lè niè):裂开,侵蚀。
⑥ 脱:倘若。

礧砢①单②薄,实疚于心,顾以初至未遑。受事半载,百度③具兴,上下倚信,于是计城围之广袤、修筑之工费,又计邑之幅员若干里、里之居民若干村,随村大小出夫均役,督理委之幕属,分任责之,省祭④其先事,而筹者盖裕如矣。

翼岁仲春,当风和土融,农有暇日,乃白之当道,诹吉兴工,檄村民由近而远,定五日番休,周而复始,不久重役,民皆欢然趋事,版筑之声登登凭凭。阅四月,成城二千四百余丈,复按城甓之残者补其缺,腐者易以新。形势整,雉堞固,从此可称完城,消窥伺而资防守,屹然郊圻之屏翰矣。向非神明茂宰,力为仔肩,纤筹尽善,安能不急不徐而聿观厥成乎?故知悠悠泛泛者不足以任天下事,而投艰遗大,惟精敏明干者方可胜任而愉快。是郑公大有造于东安矣。

余更有说焉。城以居民,有形之险也,民心维系,无形之险也,略有形而重无形,则圣人何云"重门击柝,以御暴客?"毖有形而忽无形,则孟轲氏何云"地利不如人和?"二者盖交相重也。今郑公既联之以善政,又维之以坚城,内外巩固,人心蟠结,东安之为三辅称首也宜哉!

郑公名之城,由乡荐起家,其勋猷懿绩不具论,论其修城之硕画如此,而他可知矣。

冯铨涿州人,万历四十一年进士。入清,累官至大学士加少师,兼太子太师。

云间渭源陆公生祠去思碑记

惟兹弹壤,实号天邑,滨河襟海,北拱神京,固甸服之咽喉,而左辅之股肱郡也。圣天子诞敷文德,被化最先,而吏非其人,则梗化亦易,武健⑤严酷,既

---

① 礧砢(léi luǒ):树木多节疤的样子。此处借以形容城墙的破败。
② 合刊本"民国志""砢"后脱一"单"字。
③ "度"字误,当作"废"。合刊本"民国志"此字亦误作"度"。
④ 省:察看,考察,审察。祭:祭祀。
⑤ 武建:勇武刚健。

（民国）安次县志

难胜任。一切阘茸①软媚者，亦旷职而无所表见。云间陆侯以词苑蜚声魁海内，其绾绶而来也，戴星冲泥，不遑启处，及调剂于水火燥湿之宜者。甫二稔，吏惮民怀，上计称最，治且成矣。乃廉能异状，岳荐帝简，交口而贤之。属遵阳处纪纲之司，斥堠②不宁，忧劳捍御③，以牧伯而兼干城，日讨军实而纾筹之，岂斤斤智效一官者卒办此哉？于是急推侯往，侯亦跃然奋曰："疆场败衄，主忧国辱，匪惟武臣效命，亦樽俎折冲④之是赖。"安父老子弟闻檄下，悉奔走号呼，请于当路，不获借寇⑤。归乃聚族而谋之曰："天其无意于安邑之民乎？彼民何幸我何辜！乃夺此以与彼耶！虽然，若之何？矢勿谖⑥也。邑自明兴二百余祀，循吏不乏，然畏垒⑦之社稷与岘首⑧之堕泪，蔑有闻也。创之，请自今日为侯始。"因即城南数百步，陆侯祀河祷雨之所，建祠而碑之。典曰："以劳定国则祀之，能捍大患则祀之。"安人藉侯德以脱死亡，登衽席。一旦迁去，免婴儿于怀而夺之乳哺，有不有号咷终日者乎？侯下车之时，何时也？城不没者数版耳，撮土殚为河矣，鱼蛙之民自分无生理矣。侯斋戒而与河盟，有斩蛟沉马之壮，河亦杀其怒以就侯之威令。

河既平，遂别。其谷土、庶土之缓急，汙邪⑨、瓯窭⑩之丰啬，分六限以佐官输，惟正之外不索一钱，而民乃安堵如故。已⑪而祷霁、祷雪、祷旱，诚可格

---

① 阘茸（tà róng）：卑贱，卑贱之人。阘：小门，引申为卑下。
② 斥堠：又作"斥候"，侦查，候望。
③ 捍御：防卫，抵御。
④ 樽俎折冲：在会盟的筵席上通过谈判制胜对方。后泛称外交谈判。
⑤ 借寇：典故名，寇，指汉朝寇恂，典出《后汉书》。后以"借寇"表示地方上挽留官吏，含有对政绩的称美之意。
⑥ 谖（xuān）：忘记。矢勿谖：发誓不忘。矢：通"誓"。
⑦ 畏垒：山名。也作"嵔垒"。
⑧ 岘首：山名。即湖北襄阳县南的岘山。
⑨ "汙邪"疑为"污邪"之误。"污邪"意为地势低洼的田地。1914年印"民国志"此处作"汙邪"，亦误。
⑩ 瓯窭：狭小的高地。
⑪ "巳"字误，当作"已"。合刊本"民国志"此处作"已"。

天,莫不胀蚃①,辄应如责券而取之,安人啧啧呼"神君""慈母"矣。其听决务在平恕,尝念荒民愚昧,苟拘文法以为钳网,自新之路谓何? 积岁以来,雨卧桁杨,讼庭莎绿,酿化不既多乎? 且清影射之弊,则豪猾不敢侵牟;立平准之法,则驵侩②不敢低昂。马政举而骈牝三千矣,醝政举而农末兼资矣。诸如学田义田之设,首捐清俸,义仓储谷七百石,以备荒赈。侯为安人计,不既殚厥心欤?

至于陶铸人才,振兴学校,则陈说经史,辨论古今,俨然风雨集而江波深也。或引才而就法,或引法以绳才。自闱中所抡③士与宇下之执经而问字者,无不人自标奇,云蒸霞蔚,足以腾骧天路,当异日朝廷之用者。盖和宝砥于良工,干将锻自欧冶,其所从来不偶耳。人亦有言:"县者,悬也,民命所悬也。"倘其如封豕豺狼,则亦乌用此令为?

侯胸中不立城府,不设崖岸,而守正以行,亦不为脂韦之习。以故其操冰壶也,其心慈航也,其摘发④照胆镜⑤而辟邪珠也。安人虽积遭厉岁,村突不黔,而犹不至颠踣载道,兴哀于苌楚⑥,鸣怨于硕鼠⑦者,伊谁之赐哉? 昔文翁之祠于蜀也,栾布之社于燕也,朱公之祠于桐乡也,何武之思于兖也。慕其义,怀其泽,数十世不替,所谓思人爱树棠,犹且勿伐,非以德泽之入人者深,民虽欲忘之而不能耶!

周命毕公保厘⑧东郊,亦曰:"泽润生民,海隅日出,罔不咸赖。"侯今东

---

① 胀蚃(xī xiǎng):指所谓神灵感应。
② 驵侩:牲畜交易中的经纪人。也作"驵会"。
③ 抡(lún):挑选,选择。
④ 摘发:揭发。
⑤ 照胆镜:又作"炤胆镜",相传能照见人胆察知病患或邪念的宝镜。
⑥ 苌楚:植物名。又名羊桃、狝猴桃。
⑦ 硕鼠:比喻横征暴敛的贪婪官吏。
⑧ 保厘:治理百姓,保护扶持,使之安定。

矣,亦①取其泽安者以泽遵②,区区小侮,何足致我绸缪？是廷论推侯以往之意也。烽火静而甘泉无警,侯且树麟阁之业,安之庇荫尤不浅矣。是役也,测景度地,鸠工庀材③,成以不日,为堂三楹,供像其中,岁时伏腊,侯俨然莅焉。乡人咸得拜手而祝曰:"乐只君子,邦家之光；乐只君子,遐不黄耇④。"则又安人建祠立碑之意也。

侯讳燧,别号渭源,起家庚戌进士,松江上海人。其经纪祠事者,则施生大雅等董之,爰丽牲斧石以志岁月云。

王梦明安肃人,岁贡生,清顺治十八年官东安县教谕。

重修安次县学碑记

安次学宫,唐开元间在耿就桥行市南。元时,移于朝正坊。至明洪武二年,浑河为灾,随县改迁于常伯乡之张李店,立庙城北西南隅。当时民丰物阜,鸠工庀材,不劳而竣厥事。自此人文蔚起。嘉隆年间,科第蝉联,往往甲他郡邑。既遭兵燹,兼受浑河冲决之患,未免摧残,致伤地脉。迄今文运少衰,而仕进者鲜矣。余以遂城儒素⑤分训安庠,窃见大成殿、明伦堂为秉教孟君讳陈王者重经修治。其余两庑及戟门、棂星门皆零落摧败,未克完整。朔望行礼,甚非所以肃拜献而壮观瞻也。梦明首捐金一百三十两,倡率士子随力乐输。而贾生庆云等亲督土木,以左右阙事,不半载而告成功焉。具文本道张转详学宪萧,蒙批:"学宫各处残废,今安庠倡率重修,诚可嘉纳。"夫梦

---

① "亦"合刊本"民国志"误作"其"。
② 遵:指遵阳。
③ 鸠工庀材:召集工匠,准备材料。庀(pǐ):具备。
④ 黄耇(gǒu):老人。此指长寿。
⑤ 儒素:名儒,宿儒。

明与共事诸生特以昭崇祀至圣之意,讵①能增辉泮②璧以夸示将来?然而前之创建者既已零落摧败,亟有待于今日,则继今以往,不更有待于后人哉?余以改铨,顷将就道,因纠合庠士子郝来宾、扈运开等订社出资,以为历年修葺费。庶几无俟残毁而后更张之,则财省而事举,力半而功倍。庙貌常新,笾豆③有恪,菁莪④棫朴⑤之士;云龙冈凤,悉邀福于宣圣之灵,宁有穷极也欤?谨勒诸石,以告后之秉铎者。

王斌如浙江萧山人,清康熙四十八年官东安典史。

三柳轩记

昔隋高颎家有柳一株,高百尺。里中父老曰:"此家当出贵人!"巳⑥而果验。晋陶潜解彭泽令,归门栽五柳,自号五柳先生。余以不材为东安尉,甫至之日,见败屋数椽,仅具墙壁。为修治,构小轩以延宾客之辱临于此者,又恐颓败腐朽之余,风雨摇落,植三柳以为援,乃得土。未几,萌蘖渐生,始而为芽,继而为缕,又继而为荫,越四年而成林矣。因念余非高颎,既无三公之想;亦非陶潜,敢拟处士之名,而袅袅垂条可以补藩篱之疏,可以盖草堂之缺。余无日不啸咏于轩中,而三柳亦无日不拖蓝送翠于轩窗之下,当晴烟暮霭凉月清风之际,尤可怀也。遂名其轩为"三柳"。独是鹡鸰一枝。官廨传舍,余乌知他日者不更摧以为薪?而爱惜而封殖之者,果何人也?

---

① 讵(jù):岂,怎。
② 泮(pàn):泮宫。汉代称诸侯的学宫为"泮宫";明清时代,州县的学校也称"泮宫",生员入学称为"入泮"。
③ 笾豆:古代祭祀及宴会时常用的两种礼器。竹制为笾,木制为豆。笾豆借指祭仪。
④ 菁莪(Jīng é):喻教育人才。
⑤ 棫朴:《诗·大雅》中的篇名。棫:白桵。朴:枹木。意思是棫朴丛生,根枝茂密,共同附着。比喻贤人众多,国家兴盛。
⑥ "巳"字误,当作"已"。合刊本"民国志"此处作"已"。

(民国)安次县志

马元调 元调,顺德任县人,岁贡生,康熙十一年官东安训导。

东安县志序

东安北拱燕台,东环潞水,映西山之嵯峨,分津门之澎湃。涵灵毓秀,酝酿人文,以至城市村墟,星罗棋置,烟火万家,固彬彬乎名区也。迄今时移物换,规为制度,踵旧增新,而邑志久未续修,致令芳徽懿迹沦落不传者多矣。余以渚阳儒素叨训安庠,每阅旧志,窃以为憾。恭遇今上覃心①风土,诏直省郡县纂辑志乘,上呈御览。时邑侯颖山王公谬推余首任其事,余受命不敢固辞,遂偕邑之扈、张、邵、刘诸君子,公同采辑,共为厘订。如分野疆域,考之灵台舆志及见诸经传者,始引为据。坛庙典礼,悉遵定制,不与缁黄②寺庙同祀。赋役户土,今昔不同,悉照全书开载。名宦乡贤,凡有功德者,皆志之。儒学厅尉,一节足录者,亦取之。选举人文,先甲榜乙榜,明经次之,例贡、杂职又次之。至如忠臣孝子、义士节妇,夙行昭著,足为国人所矜式③,虽未经旌表者,亦必阐扬之。诗文撰记,择其攸关风教者编入之。凡中间有巳④定不续者,则首尾相衔;有方来待续者,则各相诠次。一切采访真确,必与邑之绅士以及编氓共知共见,所以昭公典也。

书成授梓,庶几朴不炫华,文不没实,称一邑之信史也欤!

---

① 覃心:潜心。谓深入钻研。
② 缁(zī)黄:指僧道。僧人缁服,道士黄冠,故称。
③ 矜式:敬重和效法。
④ "巳"字误,当作"已"。合刊本"民国志"此处作"已"。

赵之符字尔合，武清人。顺治己亥进士。迁庶吉士，授①户科给事中，掌吏科，迁左佥都御史。

陈剥船苦累疏

窃惟国家创制立法，取其便民也，尤期不病于国，未有上下交受其弊，而狃于成法相沿而莫思变计者。如今日近畿州县之运漕剥船，诚有可议焉。查近畿通州、武清、宝坻、香河、东安、永清，计一州五县，额设剥船六百余只，悉隶直隶总督仓场衙门。每船一只给地十顷，免纳正项钱粮，以应船差。名曰"按船给地"，实则照地佥船，立法未尝不善，但奉行既久，种种未便，以致民累滋深。臣请为我皇上悉陈之。

念小民应船，既给以地，则凡造船有费、驾撑有费、水手工食有费、蓬桅席片有费，凡一船日用之需，皆取给于地亩之中，则三时力作，势不能分身河干以应公家之务。即欲一意驱公，又不能竭力田间以办终岁之需。此其不便于民者一也。

至各州县距河甚远，势不得不于河下雇觅民船代为应役。计一船之费，一年约用价银五六十两。揆之原地，纳粮顿增一倍，而河下游闲之徒尝藉之以邀利。及至接运漕粮，往往有盗卖搀和之弊，甚有盗卖将尽，故为倾覆其船者。迨经运官查明，而领船人役逃散一空，仍坐地方赔偿，以致倾家荡产、卖男鬻女，苦无可控。此其不便于民者二也。

且南漕告剥虽在仓场衙门，而领船船户实在天津钞关部差统辖之。每岁河冰未泮之日，部差催提如雨，以致船户往返千里，匍匐赴津汇齐过堂查点。因而差提有费、过堂有费、守候有费……种种苦累难以罄举。此其不便于民者三也。

尤可悯者，连年水旱灾荒，凡纳粮之地，例得邀恩诏被灾分数捐免。至一应船差，即被灾甚重、颗粒无存，不敢不竭蹶以供一年之役。同属朝廷赤子，

---

① "授"合刊本"民国志"误作"援"。

同一被灾地亩,而应船者遂不得与纳粮者一例沾恩。此其不便于民者四也。

更有小民之本业巳①圈,拨补于他州县,远者千余里,近亦七八百里,往来征取地租,行旅已自告艰,乃尚有征租不起,逐岁淹留异乡,流离可不②胜计。而州县按县按名解船,访无正户,以致株累亲族破产赔垫,代为应役。此其不便于民者五也。

况剥船之设,原以备河道浅阻之用,时而河道顺利,则船虽设而不用。而领船人役犹全勒地户一年之雇价,是以朝廷正项之赋税,小民终岁之勤劬,徒供河下游闲者之坐食。此其不便于民而兼病于国者六也。

查见在照地应船,有数家共应一只者,有数十家共应一只者,以地多者为应船正头,而地少者朋当之。往往穷民不能应役,弃地而逃。一户逃亡,众户为之赔累;数户逃亡,则赔累更自无穷。窃恐穷民赔累愈深,相率而逃,则田地多致抛弃,而船差亦无着落,是欲以速漕而反以误漕。此其不便于民而兼病于国者七也。

且每船一只,蒙皇上轸念苦役,每岁仍给水脚银十余两,计船六百余只,约费库银五六千金。查每船剥运仅可容载百石,即遇河道浅阻之日,以河下见雇民船剥运,计时价估之,远者不过五六两而止。况遇河道顺利之日,又不烦剥运乎!何竟以国家正项之额税,又重费帑银之颁给,而留此或用或不用之剥船,以重为民累耶?此其不便于民而兼病于国者八也。

种种滋累,上下交弊,不图变计,害将安底?以臣愚计之各州县剥船六百余只,计地不下六千余顷,按亩定赋,照原额每亩二分五厘起科,约可征银一万五六千金,较之河下见雇民船运价抵支有余。伏请敕下该部,行查各州县应船地亩若干,合无③令各州县悉照额粮催征,汇解仓场衙门,贮以备用。如

---

① "巳"字误,当作"已"。合刊本"民国志"此处作"已"。

② "可不"两字顺序颠倒,当作"不可"。合刊本"民国志"此处亦倒。

③ 合无:何不。

遇河道浅阻、南漕告剥之日,即动此项银两,按河下雇船时价给发,领运各官按济剥运,无烦重支库银,仍给水脚等项。至如河道顺利,不烦剥运,应以此项银两岁终解部。庶于穷民不致重累,漕务得以速竣,而国赋亦免虚耗之虞矣。康熙九年议格,不行。

周琰字青瑶,浙江萧山人。

东安风土赋

粤若轩辕之古都兮,始安墟而合符。导九河于碣石兮,奠幽冀而宅居。迄召公之分陕①兮,创燕国之雄图。秦瓜分而郡县兮,楚灭秦而私王夫臧荼。汉令绾以灭燕兮,有卢屯之故墟。萧王②略地于河北兮,屡乘胜于安次。邑由汉其得名兮,实渤海之所治。司马迎曹奂而践祚兮,传常道之旧趾。晋与石勒而为仇兮,刘段同盟而雪耻。登虹桥而慷慨兮,眺三川之逶迤。将枕戈以歼寇兮,讵猜嫌之中起。叹忠诚之莫知兮,竟一旦而横死③。寻征北之旧城兮,问楼桑④于蒿里⑤。北魏隋其无称兮,唐构逆于范阳。挟燕犀⑥与胡马兮,逞安史之强梁。辽灭后唐而有其地兮,陷燕云于北荒。宋辽争持于南北兮,割白沟而为疆。戍⑦屯守于狼葛兮,恃河水之泱泱。金灭辽而元代兮,执文山⑧而宋亡。题恨词于旅壁兮,吊越石⑨之墦垠。有杨周⑩之二氏兮,亦慨

---

① 陕:今河南省陕县。相传周公、召公分陕而治。后谓封建王朝官僚出任地方官为"分陕"。
② 萧王:指汉光武帝刘秀。
③ 横死:指非正常死亡。如自杀、被杀或受意外灾祸而死。
④ 楼桑:汉末刘备故里名,在今河北省涿州。
⑤ 蒿里:本为山名,相传在泰山之南,为死者葬所。因以泛指墓地,阴间。
⑥ 犀:泛指坚固的铠甲。这里指披甲的步兵。
⑦ "戍"字误,当作"戍"。合刊本"民国志"此字亦误作"戍"。
⑧ 文山:文天祥自号文山。
⑨ 越石:指晋代名臣刘琨。
⑩ 杨周:指杨存勖、周伯荩。

叹而遁藏。遗故楼于兹土兮,徒见颓垣蔓草而彷徨。历明代而永清兮,仰道德于今皇。赫畿南之巨邑兮,邻长杨与五柞。翠华翩其莅止兮,睹千乘万骑之相错。拂罕竿于云日兮,张平沙之帟幕。诏吏而亲咨其疾苦兮,匪玩游以为乐。繄是邑之洿卤兮,有戚畹侯家之汤沐。富千亩之绵衍兮,画沟塍之重复。地坦漫而无山兮,水沆瀁而多渎。龙骧首其尾伸兮,凤宛颈而翼伏。桑干发源于云中兮,下石径而气粗。色浑浊其不清兮,挟沙石以奔趋。喷红潮于南浦兮,飞赤雪于东沽。倘泛滥其四溢兮,虑吾民之为鱼。搴长茭而塞瓠子兮,殚列圣之勤劬。肇锡名以永定兮,获穰穰之黍稌。戴尧禹之渥泽兮,莫不耕田凿井,相与抃舞乎康衢。俗悲歌而慷慨兮,性质直而慕义。农愿朴而无华兮,士精勤而自励。溯贞臣与列女兮,想流风之所被。扈得君以词赋兮,吕持重而负大臣之器。继本师表于北方兮,宏纲陷阵而身毙。刘直谏以罢官兮,李謇谔而不避。或杀身以御暴兮,或沉水以旌志,或矢节于冰雪兮,阅艰难死生之一致。固难得而具陈兮,聊聊拔尤以表异。览名胜于此都兮,缀八景而标题。考畴曩之遗迹兮,半荒忽而无稽。苟遇赏而心写①兮,何必瑶岛之与蓬池。访叶县之仙令②兮,属平生之旧知。聆弦歌之德化兮,息余驾于轩墀。偶援笔而作赋兮,庶采风之不遗。

李光昭 光昭字潜岩,浙江山阴人,监生,清乾隆八年官东安知县。

二士楼记

二士楼者,杨存勖、周伯苣读书处也。考东安旧志,二人居常③慷慨,有志中原,及元集大统,逃去不知所终。东安当五代时,陷于辽,继入于宋,而又寻入于金,中间相去久远。存勖、伯苣,吾知其为宋之遗民欤!乃祖乃父坟墓

---

① 心写:抒发内心感情。
② 仙令:县令之美称。
③ 居常:平时,经常。

丘墟之所在,是以忍而不能舍也。彼其初盖犹有所冀耳,至元兴而宋亡矣,宋亡而二人乃去。夫含元景阳,各以时代为迁毁,曾何有于兹楼哉!而后之凭吊其地者,想诵读之高风,缅肥遁之逸轨,颓垣蔓草间,隐然有二士在焉。然则楼毁而名固不毁也夫!

水云叟传

水云叟者杨冲斗,澹园之别号也。澹园为大司马某公裔孙,负才不羁,初为陕西渭源令,再为粤东曲江令,以事罢归而非其罪也。寄居安次城西之芦园,园即澹园别业,饮酒赋诗,课农圃于其中,自号为"水云叟"。

叟之言曰:"天地间最大者莫如水,而最奇者莫如云。水也者,通舟楫,资万物,助天地以为功也。云也者,为霖雨,济苍生,从龙以效天地之用也。云不藉乎龙,龙非云则无以附,霖雨何自而施?是龙实藉于云也。水无舟不失其为水,舟得水以济,或远或近无不之焉,是舟不可须臾离水也。大而江湖河海,降而百川细流,皆水也。顺其性,则波平浪静,舟可行焉,人可玩焉。拂其性,则奔流溃决,夷城郭,汩邱陵,而势莫之御,是水固大也。又未尝不奇,至于云之为状也,或象鸟兽,或成楼台,或似山林草莽,变五彩而呈文章,云之奇至此乎!若其时雨将降,布濩①天地,山岳潜形,日月隐曜,云之奇且大又若此。由此观之,天地间之至大而至奇者,莫水云若也。"

或闻是说而问曰:"叟之以水云为号也,殆取诸此乎?"叟曰:"否,否。叟以无才伏处蓬蒿,日就衰颓,讵敢拟此乎?叟尝读左史庄骚,以迄唐宋百家之文,如观海然,茫乎不知其畔岸,浩乎莫测其津涯。其来也,莫穷其始;其去也,莫究其终。又如海云变化,纵横舒卷,形无定质。古人以水云为文章,余即以文章悟水云,读而好之,好而乐之,因以水云为余号焉。若夫通舟楫资万物,为霖雨济苍生,非吾事也。吾则何敢水云叟之说如此?"吾因思澹园,以磊

---

① 布濩(bù hù):散布。

落不世之才,作吏数年而去其职,闭户著书,托迹农圃,兴之所至,或饮酒,或赋诗,举头天外,白眼人间,其视从前宦迹皆作水云观也。逝者如斯,而莫之挽也。忽有忽无者,如彼其幻象于太虚,而不可执者耶!要之,澹园所著之诗若文,其会心于水云者,固巳①远矣。

讲约所记

县治西偏有屋数椽,传为许史二氏之产,其在瓦砾荆榛者有年矣。邑中好事者,醵金购材建前后两楹,前供弥勒,后为僧寮②,效雍伯之行,设浆以饮路人,而名为茶棚庵。顾庵无业产,弗能久给。前令以其逼近县治,非宜,迁佛与僧,暂改为朔望讲读③之地。而其暇日,则射利者或私据为茶酒社,暄填杂遝,居然市肆矣。

许氏后衿诺呈请改为公所,载入志乘,以垂永久。余嘉其请,乃驱除市侩,稍加修葺,榜曰:"讲约所",朔望会僚佐,集衿士,申约读法于其中。过此,扃④锁肃清。而即以其后楹另辟牖户,为寅宾馆⑤焉。夫天下事,何常之有?兹数椽也,始而为颓垣废址,继而为梵宇僧寮,今则扫除廓清尊为象魏,于以肃观瞻而一心志,其孰不惕然起敬,俨天威于咫尺哉!是役虽小,亦以觉世牖民之一端也,不可以不记。

明中丞李公墓碑记

前明之世,东安名贤辈出,如刘、李、施、许诸公,皆勋著当时,名垂史乘。其间,忠孝廉直萃于一身,如李中丞侃尤为卓绝。余莅东安后访诸公后裔,寥

---

① "巳"字误,当作"已"。合刊本"民国志"此处作"已"。
② 僧寮:即僧舍。
③ "讲读"合刊本"民国志"误作"读讲",字序颠倒。
④ 扃(jiōng):关闭。
⑤ 寅宾馆:即客馆。

寥若晨星。而李中丞后则靡有孑遗,求其墓于凤河之阳,亦杳不可得。退食之暇,接见绅士,每一言及,必为扼腕太息,天之报施善人果乃尔耶!

丁卯冬,余命工吏滕国贵查询凤河故道,并嘱密访中丞墓。不数日,国贵偕张家庄老民徐文进至,备言李都院墓在村东半里许,久为镶白旗石姓圈地,今则为堤上营张文宣所租种也。墙屋倾圮巳①久,墓碑亦无复存,惟村东关帝庙前石狮,传为都院墓间物。余闻之喜不自胜,翌日②亲往查勘。墓离张家庄村东北二百二十步,正中一坟,高三尺许,左旁一坟,右旁二坟,高不及二尺,耕犁几及垄矣。细寻墓址,东西约十二丈,南北约八丈,断砖犹有存者。余犹恐其未确,遍询于龙门庄堤上营,诸父老无不知其为察院李公墓也。佥云:"故老相传,康熙初年,李氏后裔有官于西夏者来访先墓,彼时因地系新圈,恐有干碍,均不敢以实告。其人恸哭去,此后遂无问津者。"余徘徊其际,不禁泣数行下,遂委衙官姚尉封殖其墓,严禁地户,毋许再耕,绕墓环植榆柳,以杜侵占,且立石于坟之阳,异狮列于左右,垂之永久云。

昔乙丑之秋,余在旧州与王孝廉培元询东安轶事。孝廉云:"杨辽西墓在兹村西南,今村西关帝殿中柱础,人皆知从杨郡王墓上移来。二十年前,移石之老人尚知其处,今则不可识矣!"嗟乎!旧州城之石础与张家庄之石狮,同一古墓间物也。杨墓不幸而埋没于前,李墓脱失今不考,不数年必尽夷为陇亩。今中丞在天之灵,式凭③于国贵辈,一旦而大彰,自兹以往可与西山凤水同其流峙。天下事有幸有不幸,岂不信哉?抑余更有幸者,国初中丞子孙既宦于西夏,乌知百年以来不更簪缨弗替④寖⑤昌寖炽乎?惜访墓之时,乡人不以实告耳!然今西夏李氏望族,有能知其先世系出东安者,则余今日之记,

---

① "巳"字误,当作"已"。合刊本"民国志"此处作"已"。
② 翌日:第二天。
③ 式凭:依靠。
④ 簪缨:古代官吏的官饰,此处借官的人,多指高官显贵。弗:不。替:衰败,衰落。
⑤ 寖(jìn):逐渐。

(民国)安次县志

又乌知非中丞家异日水木源流之左券①乎？是为记。

陈镇标嘉庆二十四年官东安县知县。

新建安次书院碑记

圣天子劝学修礼，崇化励贤，自京师及直省州县，莫不有学。东安为畿辅属邑，前明万历间，邑令陆燧于东街三官庙西置书院曰"金台"，久废。我朝雍正时，张令拔于小西街别立义学。乾隆十三年，李令光昭重修之，仍名曰"金台书院"，亦寻废。嘉庆己卯夏，余来宰斯邑，访其故址，欲踵而新之，水旱频仍，未逮也。庚辰冬，购民屋数椽。辛巳春，始葺完之。以"金台"旧额与府治书院同，乃易以县之旧名，曰"安次书院"。筹膏火，立课程，延名师，教读其中。

夫观化于起化之地，则士气易奋也。乡里有哲人生其后者，可景仰而效法之也。东安为邑，其前远不可考。唐宋以来，名贤辈出，如吕正惠、李中丞、刘少保诸公，功名事业，振耀古今。他如前之扈氏、韩氏，后之纪氏、施氏、许氏诸族，以诗书起家者，不一而足。士君子捃②文陈编，访典父老，知必临风想望，慨然蕲进于古昔贤哲之林。而况生逢盛代，近依辇毂，视穷乡③僻壤观感尤速，其④可不争自濯磨以求不愧于名教哉？然则学校之设，官斯土者，不可不为之振兴；居斯土者，亦不可不善自树立也。顾今特规模粗就耳，将欲增其式廓，俾多士云集麇至，各得所成就。处则敦行砥节，表式乡间；出则展其学以效大用，勋业媲于前代，声施垂诸无穷。则所厚望于将来者，安有既哉！爰序而勒诸石，且酌定规条，附诸碑阴，以为有志者之嚆矢⑤云。嘉庆二十五年。

---

① 左券：古代契约分为左右两片，左片称左券，由债权人收执，用为索偿的凭证。亦用来比喻充分的把握。

② 捃(jùn)：拾取。引申为采集，搜集。

③ 合刊本"民国志""穷"后脱一"乡"字。

④ "速其"合刊本"民国志"误作"其速"，字序颠倒。

⑤ 嚆矢(hāo shǐ)：响箭。因发射时声先于箭而到，故常用以比喻事物的开端，犹言先声。

潘祖荫字伯寅,吴县人,累官至尚书,谥文勤。

齐孝孙碑

光绪十四年九月二十七日,兼管顺天府尹事务臣潘祖荫府尹、臣高万鹏言:"臣才谢①岳牧②,谬兼上圻,风教罕敦,夙夜惕若。今有东安县留犊村民齐占魁,至性天挺,不学而能。光绪十三年三月,祖母病作,医巫告凶,占魁祷于涿州之北塔,祈以身代。天监③厥衷,祖母果瘳④。占魁乃跻塔之颠,下陨于地,身祖母身,还以委之。时今年三月二十二日也,年二十九。州上其事,礼臣难之。毁伤之戒,前圣所诃之。死则愚,不可以训臣。伏案光绪六年,刑科给事中臣楼誉普言,会稽县附生王继谷母疾,身代自沉鄞之月湖,得旌如律。占魁,所履与王一轨。伏望圣慈孝治宙合⑤,臣今之请,幸荷矜许,光辅鸿化,愧厉⑥元元⑦。谨援事以闻。"制曰:"可。"

夫章志贞教,司土职也。去圣日遐,彝教⑧颓弛,一孔之儒,经术自文⑨,亲而一本⑩,犹秦于越。若占魁者,可以风矣。

铭曰:百行觙觙,惟孝权舆⑪。孝根厥初,不繇诗书。自祢⑫上之,若祖父母。休戚一体,曰厚所厚。昔蜀李密,卷卷报刘。一疏万古,日星匹休。李报

---

① 谢:逊,不如。
② 岳牧:古代传说中的四岳和十二牧的合称。后用来指州府大吏。
③ 监:监察。
④ 瘳(chōu):病愈。
⑤ 宙合:世间,天下。
⑥ 愧厉:使有所愧而自勉之。
⑦ 元元:善良。
⑧ 彝教:常教,永久不变的教化。
⑨ 自文:自为文饰,掩盖过错。
⑩ 一本:同一根本。
⑪ 权舆:草木萌芽。引申为起始。
⑫ 祢(mí):父庙。

以生,齐报以死。后先相辉,为国之纪。伐石树德,邳①张穆风。上烛有昊,下垂无穷。光绪十五年五月五日。碑在涿②州。

刘钟英字紫山,大城人,拔贡,著有《左传辨讹》《庄子辨讹》《全唐诗补遗》《青照草堂诗文集》。

清诰赠奉直大夫候选教谕马公墓表

宣统辛亥,八月既望,门下马比部箸羲顿首乞表其先大父荫轩公之墓。余曰:于戏!此孝子仁人之用心也,何敢以不文辞!昔光绪癸未孟春,谒公里第,亲见其言论丰采,越十有四载,而公卒矣,人往风微,可胜叹哉!公嘉言懿行美不胜书,爰志其大者,勒诸贞珉③,昭示来许④。粤稽⑤东安马氏,金陵人也。前明永乐二年,由马图城迁居得胜口,累经兵燹,旧谱无存。其本支始祖康侯公当有明弘治时,历八叶而至君朝,君朝生慎铭,慎铭生玉瑞,玉瑞公配廉氏,即公之考妣也。公讳庆恩,字荫轩,号竹坡。光绪庚辰恩贡生,考授教谕。幼时家中落,以勤俭起家,躬亲稼穑,有暇则读书,不少休。尝曰:"知读而不知耕,则不能养生;力耕而不力学,则无以进德。"矻矻乎带经而锄,遂入黉宫,食廪饩。厥配荣孺人,协力佐之,家道遂隆隆而起焉。公笃信程朱之学,以主敬为先,幽独中,正襟危坐,如对大宾。平生不喜草书,帐簿亦必端楷。尝手辑《四书评语》一编,胪列先儒之说,而折其衷,往往出人意表,后嗣至今宝藏之。家法尚严,肃门无杂宾,三姑六婆不许入门。平生不喜作佛事,尤不信风水之说,尝曰:"邀福者,徼幸⑥之辈也;滥交者,败家之原也。"家曰

---

① 邳:通"丕",大。
② "在涿"合刊本"民国志"误作"涿在",字序颠倒。
③ 珉(mín):像玉的石头。
④ 来许:后进,后辈。
⑤ 粤稽:查考,考证。
⑥ 徼幸:亦作"侥幸",企求非分。

富,而自奉弥俭,布衣蔬食终其身。至周急,则毫无吝色。乡邻有告贷者,灼知其正用,必周恤之。若无赖子,则面折其过,而后周之,人多感化。遇欠债之无力偿者,多焚其券契;族人无力赴考者,即助以川资。修茔畔孤坟为之致祭,延乡人嗣续助之娶妻。亲故庆吊,必衣冠而赴之;与人有约,虽风雨无阻焉。居处恭,执事敬,与人忠,盖出于自然,非勉强也。每日黎明即起,启闭门户必亲自检点。晚岁左目失明,治家尤谨,尝于窗外听诸孙读书,移时不去,见诸孙勤学,则欣然色喜,偶涉嬉游,即诃责不贷。岁时伏腊,诸孙放学归,必亲为讲书,终日无倦容。尝垂训曰:"事神吾宁敬祖,希贤须先尊师。"又尝慷慨谓友曰:"士君子宜素位而行。得志,当存澄清天下之心;不得志,亦当整饬乡闾以厚风俗。"此器量为何如乎!古所谓三不朽者,公殆兼之矣。

公生于道光丁亥,卒于光绪丁酉,寿七十一。是岁秋九月,葬于村南之石碣。原配荣氏,早卒。继配荣氏,生子骧,光绪丁未岁贡,娶武清曹氏。孙女一,适永清周氏。孙五人,钟琦、钟琇、钟璿、钟瑄、钟璞。钟琇,字箸羲,幼从余游,衣冠朴素,嗜古工诗,官刑部主事,积书数十万卷,葄枕①乎其中,期于古作者,实能光大公门而振其家声,盖方兴而未有艾也。

统观公之为人,其绳趋尺步②也,似朱柏庐;其身体力行也,似李恕谷;其修善积德也,似陈莲窗。其后嗣昌炽若斯者,胥由培植之厚也。公以孙贵,诰赠奉直大夫,天之报施善人,固不爽哉!所愿马氏世世万子孙,绳祖武,诵清芬,长为诗礼名家,世出忠臣孝子,是则余之厚望也夫!

古平舒后学光绪乙酉科选拔贡生刘钟英顿首拜撰。

味古堂藏书记

积财者,天下皆是也。积书者,千不得一焉。财可致富,书可致贵,富贵

---

① 葄枕(zuò zhèn):形容人很勤学。
② 绳趋尺步:形容循规蹈矩,举止合法度。

（民国）安次县志

人之所欲也。乃积财而不积书，何哉？岂贵不敌富欤？盖有钱癖者多，而有书癖者少耳。余门下马君箸羲则不然，富甲于乡，生而朴素，声色狗马之好，漠然无所动于中，惟以书为性命。官比部时，清俸①购书必拔其尤，又有贤父兄乐助之。历年一纪，积书满家，登其堂者，如入琅嬛福地；披其目者，如睹云虹照天，猗与②盛哉！非篓人子所敢望也。今世北方藏书之家，如聊城杨氏、潍徐氏、定州王氏、乐陵史氏、武强贺氏，多宋元旧刻本，其人类能取科第、擅著作、享盛名。箸羲后起，欲与之角，以视崇恺③斗富者，其清浊奚若耶！盖尝论聚财也易，而聚书也难。过眼云烟，少纵即逝，钱氏绛云楼之所藏④，毁于一炬⑤矣，范氏天一阁之所藏⑥，献于天府矣；《永乐大典》，既于盗臣矣。迩来旧家子弟，竟以鬻书为事，否则弃掷逦迤⑦若土苴⑧，然其劬⑨书者又汩没乎其中，文胜⑩质，博溺心，书痴之害，甚于钱癖，左剑右佩，厥失维均。吾意善积书者，当不其然，力能聚夫古今，尤当知所先后。欲为明道计，则六经始焉，而考据非所先也；欲为经世计，则九通首焉，而辞章置诸后矣。私淑古人之道德，时时含咀其英华，器识愈宏，则才力弥大，心与古会，而吾学以成。箸羲勉乎哉！勿穷高而失，勿骛广而荒。义理深培其根本，子孙必卜其蕃昌。伟搜罗之瑰玮，倬云汉之光芒。吾愿假老彭之寿考，日观书于味古之堂。

---

① 清俸：旧称官吏的薪金。
② 猗与：叹词，表示赞美。
③ 崇恺：指西晋时的石崇和王恺。
④ 钱氏：指明末清初的学者钱谦益。绛云楼：为钱谦益藏书楼名。钱谦益得刘凤、钱允治、杨仪、赵琦美四家藏书，又广事搜罗，积有七十三大橱。所收多宋元刻本。
⑤ 毁于一炬：顺治七年(1650)，绛云楼失火，藏书大部分被毁。
⑥ 范氏：明嘉靖间浙江鄞县的范钦。天一阁：为范钦藏书阁名，是中国现存最早的私家藏书楼。
⑦ 逦迤：连绵不断。
⑧ 土苴：渣滓，糟粕，比喻微贱的东西。
⑨ 劬(qú)：过分劳苦，勤劳。
⑩ 文胜：谓尚文过了头。

高赓恩字曦亭,宁河人,官太常寺少卿。

解芗岩传

布衣而名动公卿,乡士而望倾朝野,汉唐宋明之季,盖多有之。国朝则不然,抡才之法密而试士之途广,苟有高材硕彦,无不致身通显。登金门而躐木天,其或一第;蹉跎壮老而嗟不遇者,殆亦鲜矣。东安解子芗岩,弱冠补文学,名噪潞河。光绪初载游京师,闲居乡馆,埋头文字者久之。而国子先生、金台大师、各社文章之宗,佥赏其经艺词赋,拔以冠。其侪历星轺掌文衡者,且把其程作而摩挲焉,欲其出我门下。而书法之精伟,胎息欧颜,片纸零缣,为当时所宝。屏幛碑版照耀金石,而细书殿阁之作,尤与翰林前辈争长。芗岩乃于此时访日下名流,相与师友,而学日进。高曦亭洗马,旧受业师也。联同门数十百人为赉志文社,聚精舍而讲肄之,切劘之,其所成乎人已①者良多。而又北面陈伯潜学士、王可庄殿撰以及刘次方、周蓉阶诸词垣,年将四十矣。孟晋②以前若初鼓箧③也者,识者谓其捷两闱、登上第,可唾手得也。乃九试京兆,皆报罢,芗岩志弥④厉。其间以优行科为学使者所夙识,擢冠明经,癸未廷试第四人,得县令。其友曰:"以君之才,迟次省垣,必膺印绶,立功名。"芗岩曰:"吾求吾志耳。"仍携铅椠⑤、担簦⑥笈⑦如故。

一日,试南学卷二艺,芗岩挥毫若飞,文不加点,日没成三卷。时午月望

---

① "已"字误,当作"己"。合刊本"民国志"此处亦误作"已"。
② 孟晋:努力进取。
③ 鼓箧:指负箧求学。
④ 弥:更加。
⑤ 铅椠:古人书写文字的工具。铅:铅粉笔。椠:木板片。
⑥ 簦(dēng):古代有柄的笠,像现在的雨伞。
⑦ 笈(jí):书箱。

日,天甚暑,路饮冰数钟①,叠②投③温凉,剂④疾加剧。迄二十五日,犹强起祝其师高洗马。归友家,渐不起矣。芴岩厚交游,有金石谊,故曹友为之殡,云殁后有《呆镫馆文集》若干篇。其高第弟子袁梦梧庶常桐⑤,与其嗣伯光、光煜,属余序而行之。

芴岩,名锡桂,淘河村人。先世以农业起家,至其祖青云公、父柱臣公,皆好施与,而不吝脩羊⑥之资,故君弟与子皆有声黉序⑦。女二,孙四人,家声鹊起。士君子不得于身,必有以及于子孙,岂不信欤?

---

① 钟:杯子。

② 叠:重复,累积。合刊本"民国志"将"叠"误作"垒"。

③ 投:投进。

④ 剂:配合,调剂。

⑤ 袁梦梧庶常桐:庶吉士袁桐,字梦梧。庶常是庶吉士的通称。洪武十八年(1385)使进士观政于诸司,练习办事。其在翰林院、承敕监等近衙门者,采《书》"庶常吉士"之义,俱改称为庶吉士。永乐后专属翰林院,选进士文学优等及善书者为之。三年后举行考试,成绩优良者分别授以编修、检讨等职;其余则为给事中、御史,或出为州县官。明代重翰林,天顺后非翰林不入阁,因而庶吉士始进之时,已群目为储相。清沿明制,于翰林院设庶常馆,掌教习庶吉士事。

⑥ 脩羊:即束脩羊,用作束脩的羊,古代入学敬师的礼物。

⑦ 黉序:古代的学校。

安次县志卷十一　艺文志外编诗

燕王旦

歌

归空城兮,狗不吠,鸡不鸣。横术①何广广兮,固知国中之无人!

《寰宇记》:安次县本汉旧县,东枕永济渠。汉武帝以属燕王旦,有罪削,以属渤海郡。

脱脱 元人

过安次

耿就桥南安次县,烟火楼台二万家。自从峡石东西败,只遗衰草伴黄沙。

巎巎 元人

长庆宫留题

岩峣宫殿凌天表,一脉洪涛入槛流。势压晓山千涧落,寒随野水半枫秋。
微才空抱长卿志,滞迹还同王粲游。北望燕台何处是,五云缥缈凤城楼。

吴哲 明人

送刘尚书体乾罢归

都门十里攀辕日,阙下诸艰去国时。四海征输心力竭,一生清节骨毛知。
忧民有疏频焚草,解组归田但食藜。从此御河桥上望,流波出浦听凄其。

---

①　横术:意为大道,大路。

陈经明 卢龙人

骢马篇赠李锡

壮士击玉壶,长歌骢马篇。昔仰李元礼,今称北海贤。

凤凰御下紫泥诏,却辞开封登九天。搴帷仗钺下三川,鸣金伐鼓开华筵。

北去燕山二千里,桂棠之棹木兰船。南风直送金台去,象简乌衣拂瑞烟。

冰清照素心,长剑答知己。相知明月楼,夜夜怀君子。

正是风云激荡时,汗血驰驱鸣帝里。

芮浩 明人

吊刘烈妇 张希皋妻

比目不独游,贞禽不再匹。素质倘受缁,遂为世所黡。

卓哉烈妇心,矫矫强有力。十五事君子,婉娩扬淑德。

承颜奉舅姑,机杼勤纺织。相随十二年,兰阶寡弱息。

良人忽遘闵,吁天竭悃愊。谁知命不辰,剪却双飞翼。

逾月既襄事,奄奄无气色。是夕悲风号,投缳殉君侧。

义重生自轻,玉埋光不蚀。千秋烈节名,垂芳永无极。

冯泰运 明人。始摄邑尉,后官涿鹿经历。

吊刘烈妇 张希皋妻

此生那得更团栾,花巳①凋零月巳②残。红楼有情悲紫燕,黄泉无信寄青鸾。

缳投高阁名偏重,玉碎香奁骨未寒。千载芳名标棹楔,苍松郁郁③耐人看。

---

① "巳"字误,当作"已"。合刊本"民国志"此处作"已"。

② "巳"字误,当作"已"。合刊本"民国志"此处作"已"。

③ 合刊本"民国志""郁"后脱一"郁"字。

吴伟业字骏公,晚号梅村。崇祯辛未进士,官国子监祭酒。

退谷歌赠同年孙公北海

我家乃在莫厘之下,具区之东。洞庭烟鬟七十二,天际杳杳闻霜钟。岂无巢居子,长啸呼赤松,后来高卧不可得,无乃此世非洪濛。元气蒙蒙神鬼凿,黄虞既没巢由穷。逆旅逢孙登,自称北海翁,携手共上徐无峰。仰天四顾指而笑,此下即是宜春宫。若教天子广苑囿,吾地应入甘泉中。丈夫踪迹贵狡狯,何①必万里游崆峒。君不见抱石沉,焚山死,被发佯狂弃妻子;匡庐峰,成都市,欲逃名姓竟谁是。少微无光客星暗,四皓衣冠只如此。使我山不得高,水不得深,鸟不得飞,鱼不得沉。武陵洞口闻野哭,萧斧斫尽桃花林。仙人得道古来宅,劫火到处相追寻。不如三辅内,此地依青门,非朝非市非沉沦。鄠杜岂关萧相请,茂陵不厌相如贫。饮君酒,就君宿,羡君逍遥之退谷。花好须随禁苑开,泉清不让温汤浴。中使敲门为放鹰,羽林下马因寻鹿。我生亦胡为,白头苦碌碌。送君还山识君屋,庭草仿佛江南绿,客心历乱登高目。噫嚱乎归哉!我家乃在莫厘之下,具区之东,侧身长望将安从。

王士禛②字贻上,号阮亭,又号渔洋山人,山东新城人。清顺治乙未进士,官至刑部尚书,谥文简。

晚入退谷却③寄孙北海先生

谷口远烟暝,水石起寒色。西溪有归人,东峰隐余日。

积雪封巉岩,微径雪中出。残冰流复断,暗泉听还失。

不知荒寒中,前峰去安极。稍见觳觫牛,怅望归飞翼。

---

① 合刊本"民国志""必"前脱一"何"字。

② "禛"合刊本"民国志"误作"稹"。

③ "却"合刊本"民国志"误作"郤"。

侍郎昔挂冠,于此散愁疾。画壁沧洲图,结屋云林侧。
溪南万竿竹,岁久渐蒙密。为述净名意,更就支公室。
惭叹解巾非,何年此栖息。

郝惟讷霸州人。清顺治丁亥进士,官至吏部尚书,卒谥恭定。

祝孙北海姻伯八帙

箕颍神仙侣,皋夔社稷身。先生兼出处,吾道富经纶。
若凤同舒卷,犹龙自屈伸。东山高啸咏,南极灿星辰。
绮岁登朝列,匡维表缙绅。忠贞昭补衮,骨鲠效批鳞。
青锁昌言著,丹墀抗疏频。月卿资启沃,海甸荷陶甄。
启事山公重,冰衡裴楷真。姓名留鼎铉,容貌尽麒麟。
专席中丞位,持纲法曜均。公孤思谕道,天子重师宾。
理学千秋盛,吹嘘万象新。勋名伊吕上,道德孟颜醇。
勇退栖岩壑,丹心系紫宸。朝廷咨密勿,后进叩鸿论。
八法银钩贵,五车缥帙珍。伏生授讲日,向子较书晨。
德茂身逾泰,年高气益振。典谟供著作,班①彩乐天伦。
律转初阳月,葭飞地底春。斗枢方建子,岳降正生申。
瑞气调虞琯,仙歌动帝钧。寿随添线永,祉与量筹臻。
山斗联莘契,宫墙托后尘。虚怀常抑抑,善诲益循循。
祝进如渑酒,年齐太古椿。生逢熙皞世,常与赤松邻。

读北海孙姻伯退谷志漫咏

水源头畔日粼粼,一杖纡徐独问津。架竹逶迤随涧脉,结茅错落任山真。

---

① 班彩:斑斓的色彩。班:通"斑"。

留连幽邃如良友,评品嵚崎①似异人。高卧长吟诚自足,不知何计慰枫宸②。

李光昭字潜岩,山阴人。监生,清乾隆八年官东安知县。

北野春望

城北芦③村一带,树木茂密,绵延二十余里。每届春日,桃李争妍,新绿匝地,烟光杳霭中,步步引人入胜,洵如剑南诗云"柳暗花明又一村"也。

真堪名绿野,随处得花村。术著《橐驼传》,人疑庾信园。
轻红酣晓露,新翠上朝暾。试共寻春去,林中好避喧。

永定河恭纪

列圣忧劳告厥成,河流此日地中行。铸犀永镇鲸波险,奠璧能教海若平。
茅屋秋村杨柳月,犊犁春坂杏花耕。万方乐利衢谣遍,永定当年早锡名。

吊陶弘才

官东安典史。顺治五年,土寇刘东坡作乱,弘才率兵御之,为贼所害。

圣朝初定鼎,东南扫余孽。廓清在九垓,未暇诛草窃。
何意虫鼠辈,劫掠犯城堞。壮哉陶弘才,杀贼奋忠烈。
既为贼所擒,自刎血寸铁。官资别崇卑,致身即英杰。
此事垂百年,父老犹能说。敢告采风使,庶以励臣节。

苑烈妇 大城孟黑子妻,侨居里狼城村。

烈妇苑氏者,本为小家女。凛然持大节,食贫甘所处。

---

① 嵚崎(qīn qí):亦作"嵚奇",比喻品格卓异超群。
② 枫宸:宫殿。宸:北辰所居,指帝王殿庭。汉代宫廷多植枫树,故称。
③ "芦"字误,当作"卢"。合刊本"民国志"此处亦误作"芦"。

姑意殊不然,遂以逢其怒。敲朴逮肌肤,詈骂出门户。
妇口不忍言,妇心良独苦。黾勉竭承颜,区区意何补。
自维坚白身,含垢那得吐。誓死出门行,踯躅河之浒。
从容明志节,毕命在清渚。八日始殓藏,时正逢溽暑。
颜色宛如生,髩鬟亦楚楚。是惟贞气完,精灵难朽腐。
远近骇听闻,观者如列堵。谁与白其事?司马王者辅。

吴日刚

吊陶弘才

从来忠义士,秉心常皎洁。陶君少孤贫,坎轲多错节。
读书鄙章句,奉母尽欢悦。初出尉东安,牛刀下班列。
不以官职卑,抚宇①心常切。无端负刍来,贼氛弥落堡。
吐雾作蚩尤,猖狂逼城堞。义勇激群黎,提戈斩妖孽。
贼众尽披靡,君力曾无竭。单骑入重垓,堕术遭蹉跌。
杀贼侍中心,骂贼常山舌。履尾触虎威,一身惨车裂。
头颅贼可悬,肝肠贼可掣。一片忠义心,千古不磨灭。
至今东安民,岁时樽俎设。感激语陶公,涕泗声哽咽。
敬告太史氏,编简勿遗缺。歌成悲风来,霜天正凛烈。

周琰字青瑶,萧山人。

二士楼

楼为宋遗民杨存勖、周伯苤读书处,相传在行市南。

江山如旧几迁流,异代犹传二士楼。尽有悲歌掳草野,恨无奇策奠神州。

---

① "抚宇"误,当作"抚字"。合刊本"民国志"此处亦误作"抚宇"。

逃名肯食西山蕨,蹈义甘从东海游。片土不磨遗趾①在,居然碣石累千秋。

浑河行

安次地卑其土瘠,古城历代多迁易。浑河滚滚驾秋涛,崩沙颓岸相激射。
每逢淫潦助侈张,淹损田禾坏屋宅。明当万历罹此灾,城板不没才数尺。
居民半从树杪栖,晨炊断绝林烟碧。我朝轸念饥溺心,历圣忧劳此中积。
下楗负荄筑堤防,疏凿决排分地脉。委输入淀注之海,监河使者时络绎。
是河迁徙故不常,精卫填波衔木石。数年以来幸不灾,蛟龙偃卧如蜥蜴。
高原下隰皆耕种,秋有黍稌夏有麦。生成共仰圣主恩,惠养亦在贤侯责。
但愿年年庆履丰,河海安澜遵禹迹。

杭必成字艮甫

吊苑烈妇

珠玉沉渊光不灭,椒兰被焚芳不歇。苑家有女秉幽贞,能与古人争奇烈。
十七结发为夫妻,贫贱糟糠心亦怡。蛾眉曼睩②不自炫,高堂日夕承欢愉。
阿姑藉妇居奇货,移家故傍大堤住。杨柳青旗新笒䉕,邀欢遣作当垆妇。
行郎贾客车相牵,姹女何曾工数钱。闭门自勤织纴业,陌上徒回骢马鞭。
春风桃李花开落,生性不寻花里乐。姑意拂然日见凌,那许深闺守帏薄。
深闺惨淡暗伤情,此身皎皎常分明。愿托微波竟谁诉,捐生直比鸿毛轻。
君不见昔时海烈妇,纫衣忍向江涛赴。羞逐行云巫峡阳,甘心汩没桑干渡。
六月狂澜暑雨俱,何人举网出贞姝。沉埋八日菰芦里,犹抱如琼颜色殊。
吾闻匹夫难夺志,况乃精诚动天地。入告九阍冤魄伸,书名彤管垂禋祀。
我来寻渡狼城浒,为吊贞姝沉玉处。读罢邯郸绝妙辞,石若有凭石能语。

---

① 趾:通"址"。
② 曼睩(lù):形容女子的眉目秀美有神。

（民国）安次县志

方策字竹书，桐城人。官县丞，管东安河工。

答李少逸光昭

先生抱奇姿，修髯面如玉。天地同浩然，气象迈流俗。
鸾凤应高骞，暂为枳棘屈。羞我驽钝才，皓首恋微禄。
河上有垂杨，三年共栖宿。避弹忽惊飞，鸣莺出幽谷。
别绪纷且长，前欢难再续。讵意故人情，于我倍肫笃。
高轩复惠顾，留宾祇脱粟。居食两怀惭，无竹兼无肉。
村酒沽茅柴，薄醉还抵足。风雨一灯青，恬然喜睡熟。
身世安足论，梦残话心曲。丈夫志寰瀛，岂被凡物役？
进退各因时，藩篱嗤羝触。晨星映片帆，归棹何迅速。
自怜萧寺中，月明空古屋。蛙吹杂蚊雷，喧填乱耳目。
清音未可期，欣见方回仆。津门来朵云，殷勤盥手读。
读罢自长吟，暮天江树绿。①

崔宜枚字咏斋，霸州诸生。

石梁双烈行为李蓉姑、陈春花作

野塘积潦凝寒雾，双雁哀鸣若相诉。荒草迷离土一杯②，知是李家贞女墓。
李家有女字蓉姑，清心玉映绝代无。凛如冰霜艳桃李，神情自是倾城姝。
偶因小疾翻憔悴，药炉茗碗谁频侍。春闺购得一枝花，有婢偏能解人意。
调护殷勤胜自怜，相依相爱情寄相③。昔曾占凤④向清门，病后姻盟不复论。

---

① 合刊本"民国志"中，在此文之下增录了梁右偓《两烈女行》一文。详见书末《附录一·四种合刊本所增补之艺文志》。

② "杯"字误，当作"抔"。合刊本"民国志"此处亦误作"杯"。

③ 据1914年印"民国志"，"寄相"二字顺序颠倒，当作"相寄"。

④ 占凤：择婿。

祇为有心抛小玉,却①云无力聘天孙。迁延犹恐重谘访,恶耗传来拼绝望。
壶内红冰镜里潮,忍使妆台泣相向。从此沉绵又几春,椿萱凋谢倍伤神。
可怜贫病终相伴,犹是牵萝补屋人。纵教弃置同秋扇,双飞不羡梁间燕。
忽闻别与缔丝萝,掩袂悲啼泪如霰。援琴弹出女贞辞,惟有同心侍女知。
莫向灯前频慰藉,柔肠欲断巳②多时。门前一片清溪水,渺渺贞魂呼不起。
由来为义兼为恩,遂共红颜此中死。谁将冢畔断碑留,我亦低回发短讴。
翠羽明珰空想像,一天风露藕花秋。

刘钟英字紫山,大城人。拔贡。

俞淑媛歌 为卢村陈俞氏作

债主猛于虎,殴夫死于赌。妾赴公堂控奸胥,官庇③奸胥,仍执借券追亡逋④。叩阍⑤哭向东陵走,哀诉谒陵皇太后。奸胥兄弟斩复流,夫仇既报,妾即入地从夫游。淑媛遇人何不淑,哀感三灵同一哭。是时光绪之初元,询诸东安一邑无间言。

游福泉寺有感 寺在得胜口

清净宗风不可追,佛知换劫久低眉。只余弘治槐龙古,曾见皇纲张四维。

癸丑三月偕诗社诸子赴南村看梨花醉歌

驱车南陌赏桃花,要看远近蒸红霞。那知红霞变白雪,梨花千树尤奇绝。
桃花未放梨花开,繁于山杏兼江梅。同人布席花下坐,皎如月下登瑶台。

---

① "却"合刊本"民国志"误作"邵"。
② "巳"字误,当作"已"。合刊本"民国志"此处作"已"。
③ "庇"合刊本"民国志"误作"屁"。
④ 亡逋:逃亡的人。
⑤ 叩阍:有冤屈向皇帝申诉叫叩阍。阍,宫门。

(民国)安次县志

群仙按舞霓裳队,缟袂玉容真绝代。日照蓬莱雪不销,风摇琪树云皆碎。
少长联吟把玉卮,洗妆正是送春时。惊看蜂①蝶团香阵,恨少边鸾画折枝。
垂杨绿映天无缝,落蕊缤纷浮酒瓮。醉踏溶溶月色归,大家同作梨云梦。

癸丑上巳东安马氏园修禊诗时杏花盛开

杏林修禊集群贤,较比兰亭景更妍。三月看花逾十里,一朝行乐抵千年。
柳摇翠浪来添酒,村拥红云远接天。莫叹永和人不见,樽前癸丑尚依然。

游马氏似园赠石癯昆仲

名园万绿满,乔木近千株。躞屧诗人有,看花俗客无。
畿南众香国,海上小蓬壶。窃比王摩诘,吟诗当画图。

园主甚风雅,弟兄皆异才。书储三代秘,思逐万花开。
霞月深邀客,金银肯筑台。老夫如野鹤,不厌百回来。

马箸羲比部辑②《晏元献公集》成喜赋题词

元献遗编劫火焚,白眉搜辑意殷勤。前贤酷爱西昆体,后进能传北宋文。
志欲求珠先倒海,词原戛玉更凌云。钵传相业欧兼范,笔录英华我共君。
四库书亡增秘笈,万花谷艳吐奇芬。搜锦绣万花谷,又得逸诗数首。
印成应有鸡林购,不独全唐广见闻。仆辑《全唐诗补遗》卅卷。

王节妇马春姑诗

春姑,得胜口人,马升玖之女也。适王文庆。夫死于赌,春姑抚孤守节,坚于金

---

① "蜂"合刊本"民国志"误作"峰"。
② 合刊本"民国志"辑后补一"诗"字。

石。宣统二年卒,寿八十有七。

列女姜与姬,姆教读《书》《诗》。春姑小家女,懿德出秉彝。
夫家贫彻骨,仰赖翁姑慈。二亲相继殁,良人荒于嬉。
家以卢雉①毁,身似贪狼驰。碎釜鬻其铁,遑计妇断炊。
严冬攫襦去,春姑哭且追。妾死不足惜,谁哺怀中儿?
夫惭弃襦遁,负债难支持。一旦死于野,赌鬼余枯骴。
官吏若有闻,挟尸可居奇。田主遭此变,所费应不赀。
春姑谓众曰,病死无可疑。领尸归藁葬,不索棺殓资。
事主脱无累,村人笑其痴。黄鹄摩苍天,燕雀从嘲嗤。
徙居母氏里,抚孤守穷嫠。冻死不号寒,饿死不啼饥。
亲戚留一饭,摇手辄固辞。度命资十指,羁孤栖一枝。
姑年方廿九,容华犹未衰。或劝其再醮,欲将冰玉缁。
之死矢靡它,万苦甘如饴。每述平生事,闻者皆涕洟。
寿将开九帙,始返西瑶池。无人为旌表,心有天公知。
哀哉自由党,闺人变于夷。长女效鹡鸰,少妇为鸤鸠。
倘闻春始风,乱俗庶可医。匹妇志不夺,乾坤可转移。
诗传万人口,何异书之碑。

题门下马箸羲比部《古燕诗纪》

晋割中华十六州,燕云文献付东流。喜看《诗纪》开生面,多少才人聚上头。
不独采风光太史,兼令近日壮皇猷。老夫亦藉良朋力,慷慨悲歌万古留。

燕山易水郁云雷,畿辅原多冠古才。诗列召南王化始,群空冀北选楼开。
广搜赤县千家稿,胜筑黄金百尺台。词客有灵当下拜,祝君福禄自天来。

---

① 卢雉:卢、雉是掷色子时的两种采名,合用泛指博戏。

(民国)安次县志

古燕野史亭醉歌赠诗癯箸羲昆仲

人生天地间,岂可同蜉蝣?试看《兰亭序》,一会人千秋。子云亭重蜀郡,醉翁亭重滁州。自古大名垂宇宙,不是酒中仙,即是诗家流。扶风有奇士,古燕谁与俦?伯兮癖书画,胸贮倪黄文沈兼唐仇①。仲子作《诗纪》,欲把燕山易水才人一网收。筑亭西园号野史,希古欲与遗山②俦。遗山争及马三代,缔造飞甍逼斗牛。落成七夕会宾客,北海开樽相献酬。我不效新亭对泣③如楚囚,我不学考亭④讲道无时休。喜与主人论书画,高谈雄辩销百忧。吴生⑤大同殿,青莲黄鹤楼⑥,挥斥八极⑦等一沤⑧。安知浊世扰扰寻戈矛,不用登金台,吊瀛洲。瀛洲亭在翰林院,为联军所焚。请以斯亭为我糟丘⑨。风骚有主,花月长留,醉写燕歌亭上头。三千年后鞭鸾笞凤⑩,仍来同作逍遥游。

魏乃勤德州人。进士,掌江南道御史。

坠塔吟

为齐孝孙作也。孝孙名占魁,东安农家子。至性过人,以祖母年老病笃,乃祷于神,祈以身代。及祖母病愈,而孝孙走百里,至涿州坠塔以死,时光绪十四年三月二十三日也。

---

① 倪黄文沈兼唐仇:即元代的倪瓒、黄公望与明代的文征明、沈周、唐寅及仇英,皆为当时绘画代表人物。

② 遗山:指元好问,元好问号遗山。

③ 新亭对泣:指怀念故国或忧国伤时的悲愤心情。

④ 考亭:在今福建建阳西南,南宋朱熹晚年居此,宋理宗赐名考亭书院,此后因以"考亭"称朱熹。

⑤ 吴生:指唐代著名画家吴道子。

⑥ 青莲黄鹤楼:青莲指唐代诗人李白。李白,字太白,号青莲居士,曾写有《望黄鹤楼》。

⑦ 挥斥八极:形容人的气概非凡,能力巨大。挥斥:奔放。八极:八方,极远之处。

⑧ 一沤:一个水泡。佛教用以喻无常生灭。

⑨ 糟丘:积糟成丘。极言酿酒之多,沉湎之甚。

⑩ 鞭鸾笞凤:形容仙人鞭策凤鸾乘之以行。比喻闲逸、高雅的生活。

百尺塔,七尺身。广川传孝女,景州牧彭公女,以同治末坠塔殉母。涿鹿见孝孙。孝女出华胄,孝孙为细民。民何知有至性?一生惟忧祖母病。民何能有卓行?一死可延祖母命。浮图对起督亢城,涿鹿有浮图二相,去不数武,南曰智度,北曰云居。春来乌鸟肠断声。满腔血洒作花落,黯然涂地红光生。吁嗟乎!文人侈口谈伦理,乡曲之民乃尔尔。我方据案讲《孝经》,废书一叹泪如水。

俞佳钟乌程举人,官知县。

孝孙吟为齐占魁作也。

王母疾,孝孙泣。王母起,孝孙喜。孝孙喜,孝孙死。一解
昔祷神代以身,今遂志长辞世。王母勿心酸,儿死而心安。二解
西去涿州有浮图,孝孙视之如坦途。奋身一踊,天为倾,地为动。三解
迂拙儿性,短折儿命,儿之命不足惜,但愿王母之寿永永无极。四解
孝孙身服袯襫①,孝孙腹无典籍。孝孙能如此,儒衣儒冠俱愧死。五解

张浚源永清诸生。

吊孙烈妇孙德妻王氏

百②璧无瑕不可侵,苑家烈妇是知音。乃翁枉作新台想,此女常怀古井心。彤史留名情稍慰,黄泉埋骨恨犹深。恰逢邑乘重修日,采入瑶编耀古今。

刘霈森字润卿,大城诸生。

题古燕诗纪

诗国宏开选佛场,悲歌奇士费评章。群英笔萃燕山秀,一卷名留易水香。

---

① 袯襫(bó shì):防雨的蓑衣。又比喻粗糙的衣服。
② "百"字误,当作"白"。合刊本"民国志"此处作"白"。

(民国)安次县志

昭代词宗愁日尽,骚坛新史采风忙。骏才冷笑千金市,文献争教寿世长。

刘秉琳官天津道。著有《朔风吟略》。

留犊村

归装两袖只风清,一犊何容累此行。欲买定同刀议价,将骑可待笛吹声。青山送我溪边去,绿野随人雨后耕。尚有田夫谈往事,口碑到处是廉名。①

---

① 合刊本"民国志"中,在此文之下增录了郑孝胥《马仲莹比部晏元献公遗集题后》、严修《和马仲莹比部见赠元韵》两篇诗文。详见书末《附录一·四种合刊本所增补之艺文志》。

安次县志卷十二　杂记

志既毕矣，其事关本邑而无类可归者，胥入此门。若《西湖志余》《东城杂记》之流，搜逸事、广见闻，如听乐然忽闻别调，如游山然忽入异境，亦移情悦性之一助也。

旧志载，汉鲁孝王子疆封东安孝侯；后魏刁雍封东安伯，刘尼封东安公；北齐高叡封东安王。按《通考》《通志》，自汉置安次县，属渤海郡。至元魏改安城。迄元，始改东安。汉、魏、北齐封爵，乃徐州东海郡之东安，非安次也。

征北小城，后汉公孙瓒所筑。晋置征北将军府。建武初，刘琨与段匹䃅期讨石勒，而琨别屯故征北小城，即其地也。《通志》云："征北小城在大兴县东。"余考《晋书·地理志》，燕国统县十，有安次而无大兴。大兴之名，自金始，至清朝。燕郡统二十七州县，与晋时所置大小悬绝。《通志》所云在大兴县东，就安次割入大兴以后而言，非就未割以前而言之也。又考旧志云："琨与匹䃅屯兵三川，以拒石勒。"今安次之大石桥为南川，西浮桥为西川，八里桥迤西为东川，此尤确凿可据者。以此度之，征北小城今之采育是也。采育即安次之采魏里，前明本属县境，今并割入大兴云。

余读《晋史》，建武初，刘琨与段匹䃅谋讨石勒，屯兵固安。及匹䃅从弟末柸受勒厚赂，乃沮其计而退，后琨别屯故征北小城，为匹䃅所疑忌，被拘经月，遂缢杀之。志载琨墓在安次县东二十里之楼桑村，访之故老，杳不知所为楼桑村者。惟征北小城，《通志》云在大兴县，东晋时实安次地。夫自晋以

（民国）安次县志

来，沧桑屡变，加以辽金南北割据，地名存而坵垄巳①平，致令忠骨埋没于黄沙野草间。悲夫！昔文文山北行经琨墓下，作诗以摅其悲愤之气。宋末时，琨墓犹在，不意文山凭吊后，竟无踪迹。殆后人不甚郑重，无封石以表识其处，故久而失传也。然而太尉之名自足千古，征北何必有城，楼桑何必有村，后之吊古者，亦可以慨然而兴，泫然而泣矣。

孙居凑，明怀宁伯孙林十世孙，其先本大同东胜州人。父名承计，袭世爵，入清授銮仪卫南堂。承计卒，居凑以荫补管理左翼街道员外郎，寻转刑部郎中。及卒，葬东安县西南乡之胡家庄，今子孙入籍文成里。孙居相亦承计之子，授太平县令。及卒，葬东安县之蛤蜊港，今子孙入籍河南里。

按《明史》，崇祯十七年，贼陷都城，惠安伯张庆臻召亲党，尽散资财，阖家自燔死。又《通志》云："庆臻将殉节，谓其子曰：'吾世受国恩，惟有一死而巳②，尔可远去，以全宗祀'。其子曰：'大人死忠，儿当死孝，义不独生。'于是皆焚死。"余政事之暇，访其轶事，父老谓余曰："邑之小惠家庄有惠安伯子孙，今相传巳③四世矣。"余曰："史言庆臻阖宅自燔，今子若孙顾安据耶？"父老曰："惠安殉节时，有妾闵氏携二幼子潜逃城外，乞食村落中，人无知者。及清定鼎，闵氏无家可归，惟东安惠家庄乃伯食采地，遂归之。庄人未之信，及出怀中墓表世系以为据，而知其真惠安后也。于是氏始设主，易衰服，率二子哭奠，终三年丧。具衣冠招魂，葬于庄之西北村。二子，长承祐，无后；次承基，生二子，其曾元辈补博士员者凡五人。"余曰："果若是，则闵氏之流离困苦，保二孤于万死一生中，真巾帼之程婴杵臼也。善人固当有后，况节烈如惠

---

① "巳"字误，当作"已"。合刊本"民国志"此处作"已"。
② "巳"字误，当作"已"。合刊本"民国志"此处亦误作"巳"。
③ "巳"字误，当作"已"。合刊本"民国志"此处作"已"。

安者乎？"因即父老所告者，书之传后云。或曰："闵氏当避难时，念国破家亡，实堪悲悯，故讳其氏为闵。"是亦未可知也。以上《李光昭笔记》

王二者，奇女子也。顺天东安人，年十八父母携之入京，易男子衣冠，鬻于厢白旗德住。甲寅黔滇乱，德住南征挈之往，尽瘁服劳，周旋戎马之间凡七载，德住①爱其勤。辛酉滇南平，大师凯旋，次江黄而王二病，延医弗瘳，一夕气垂绝。主人办棺具，易其衣，乃知为处子也。众皆色然，骇相与嗟泣。比鸡鸣复苏，调治之，病愈。王知迹已②露，请为尼，主人许之。满兵在楚者数万，传为美谈，醵金共作佛事，祝发之日送者如云。《桑门王二传》见《寄园寄所寄》

不鲁罕皇后出居东安州日，其地多蛙，朝夕喧噪不巳③，苦其烦聒，乃遣人喻旨，令止之，众蛙为之屏息。迄今蛙不鸣，亦异事也。《山居新话》

穆氏，不知何许人。光绪中，侨居东沽港，行乞以养其夫，亦一奇女子也。大城刘芷衫明经尝赋《嗟哉穆氏行》以纪其事，其诗曰：

齐人骄妻妾，见笑孟夫子。

我作《嗟哉穆氏行》，孟子闻之应亦喜。

穆氏不知何许人，有夫瞽目无生理。

光绪年中乞食来，东沽港中作居阯。

瞽子不能乞墦间，翻其白眼，但能啼饥号向天。

妇乞干糇④让夫食，身虽万苦心怡然。

又恐嗣续不能接，亟为瞽夫纳瞽妾。

---

① "往"字误，根据上下文，当作"住"。合刊本"民国志"此处亦误作"往"。
② "巳"字误，当作"已"。合刊本"民国志"此处作"已"。
③ "巳"字误，当作"已"。合刊本"民国志"此处作"已"。
④ 糇(hóu)：干粮。

(民国)安次县志

连举双男衍毑①瓜,何须一棹迎桃叶。
妇有才干身甚长,能为富家护麦场。
小贼不敢窃,妇女遵令拾穗不乱行。
村人争致馈,一家得小康。
瞽夫鱼比目,爱子嬉其旁。
百事不复理,乐于南面王。
日非肉不饱,妇为拾来猪肠马肾盈顷筐。
嗟哉!此妇天下无对。
敬夫如天,抚妾如妹。
螽斯继先人,燕翼教儿辈。
俯仰天地间,使我长叹喟。
君不见买臣妻嫌其夫贫竟生离,
又不见齐人妻讪其良人尝涕洟。
近来大僚更出奇,大王雄风忽变雌。
双眸炯炯皆不瞽,珠围翠绕胭脂虎。
绝其后嗣不许纳小,星日向妆台叩首如鸣鼓。
穆氏之夫几生修?娶妇能得第一流。
功成归故里,东安百世芳名留。
我劝闺人敬夫毋怨尤,嗟哉穆氏谁与俦?

文信国过刘琨墓,题诗云:
中原荡分崩,壮哉刘越石。
孤迹起幽州,双手扶晋室。
福厄天意乖,匹碑生鬼蜮。

---

① 毑(dié):小瓜。

公死百世芳,天下分南北。

乾隆中,东安令山阴李光昭《寻刘太尉墓》诗云:
晋朝太尉刘越石,相传墓在楼桑村。
我来安次寻旧迹,封碑华表皆无存。
想当匹碑施毒手,尔时藁葬埋荒原。
更历千年陵谷变,询之父老谁能言?
离离野草藏碧血,耿耿白日扬忠魂。
天荒地老肯磨灭,吊古踯躅声俱吞。

张庆臻,彭城伯骐之后,世袭惠安伯。甲申之变,散财亲党,阖宅燔死。今东安犹传惠安伯。庄田即采地也。李卫郊浚原《吊庆臻》诗云:
与国同休三百年,国亡何忍独生全。
倾资脱手酬亲党,阖宅捐躯付烈烟。
伪命投诚真可耻,非刑搒掠竟谁怜?
惠安忠烈千秋在,东邑犹传食采田。

郯城李骥,洪武丙子以太学生选授户科给事中,坐累免官,后用荐起,知东安。县多狼,尝噬寡妇子。妇诉于骥,骥反躬自责,而白妇冤于城隍神。翌旦,狼死于噬人之所。东安施公礼时为刑部尚书,异之,为纪其事。《应庵随录》

安次县东南百里十六乡本汉旧县,县东枕永济渠,汉武帝以属燕国,王旦有罪削,以属渤海郡。《续汉书·郡国志》:"安次属渔阳郡。"唐武德四年,移于城东南五十里石梁城置。贞观八年,又自石梁城移治于今县西五里魏常道

（民国）安次县志

城置。开元二十三年，又自常道城东移就耿桥①行市南置，今县治是也。○楼桑村，《郡国志》云："安次县楼桑村，即蜀先主刘备宅于此村，今有庙存。"《太平寰宇记》。

安次废县，在今县西北，汉旧县也。光武初，追破尤来大枪诸贼于安次，即此城。○易水在县南，旧易水过安次县界，为固安河。今与拒马河同为一川矣。又县境有白祠沟水。《水经注》："白祀沟，出广阳县之娄城店，东南经常道城，西去良乡城四十里。"今堙。《读史方舆纪要》。

旧志云："留犊村，在县西北五十里。魏时，巨鹿人时苗为寿春令，及得代，留犊于寿春。归经此地，里人闻其事，以为贤令，因名其里为留犊村，立祠祀之。"

顺治八年冬十月，清世祖驻跸大堡，赐知县涂应旗红蟒袍一件，腰带一围。康熙六年冬十月，清圣祖驻跸县城东北。康熙八年春二月，驾幸县城，入北门，见城内积潦未干，随出驻跸尤家庄，诏知县王业隆问民疾苦。次日至武清，即日午后幸围，复至刘哥庄。冬十月，驻跸旧州。二十四年春二月，驻跸东安。三十五年夏五月，阅视永定河，驻跸东安。三十八年春二月，南巡阅河，驻跸东安。三十九年春二月，阅视河道，驻跸东安。四十一年春正月，南巡，驻跸东安。四十三年冬十月，阅视新河，驻跸东安。四十五年春二月，阅视新河入海，驻跸东安。四十八年夏五月，南巡回銮，驻跸东安。五十年春二月，行幸霸州水围回銮，驻跸东安张家营。五十一年春，行幸水围，驻跸东安寺堡。五十六年春三月，阅视北运河，驻跸东安。旧志。

---

① "就耿桥"误，当作"耿就桥"。合刊本"民国志"此处作"耿就桥"。

康熙三十九年，仓场侍郎石文桂奏革红剥船，将办船地亩应征钱粮自康熙四十年为始，着地方官征解。户部预将此项数目行文，总漕照数动支正项钱粮，散给运丁，令其各带剥船一只，以便应用。其河北募夫剥浅之处，不得勒雇民船。如所请行，而剥船始废。其疏曰："臣窃照漕粮事务法久弊生，非因时制宜，不能济益。臣蒙皇上特恩委任，敢不仰体爱民之意，以期尽善？窃见每岁粮船转卫，恐遇浅阻，额设红剥船六百只，轮流剥卸，续运至京。查此项船只，每地十顷免其征科，办船一只起剥淤浅。近来其地或卖与当户，或售之宦室，皆雇募船户当差。所雇之人，大率无赖之徒，船既有名无实，甚至破坏不堪，而沿途搀和偷取，以漕致粮亏折，旗丁反受其害。虽严行申饬，奈比比皆然，陋弊难改。臣思红剥一项，利少弊多，尽可革除。但粮船浅阻必须起剥，临期雇募，又恐时有时无，即有贸易民船，势难强雇。据臣愚见，南方船只尽多，若许运丁各带剥船一只，沿途剥运，实为甚便。莫若议革红剥船只，将办船之地亩，通计六千顷，请敕部议作计亩征科之法。于康熙四十年起征，地方官起解，户部预将此项数目行文，总漕照数动支正项钱粮，均分散给运丁，以为各带剥船及北河募夫剥浅之用，不得勒雇民船。其分结数目，总漕造册报部，岁终即以前项抵销，则民不办差，丁自雇募。既无沿途窃取之弊，亦无破船湿米之虞，如此而军民均受其益矣。伏乞皇上敕部议覆施行。"旧志。

《姓氏录》：明万历年间邑人张文举，邑令阮宗道，教谕杨环，邑人邵鸣岐。天启间重修者为邑令郑之城，教谕边仑，训导陈瑾、冯翊卿，邑人邵鸣岐、魏楠、李应期、刘伯光。清康熙十六年续修者邑令王士美、侯应封、李大章，训导马元调，典史徐同、邵观，邑人张墀、扈运阊、刘宗夷、扈运开、邵庆延。乾隆十四年重修者邑令李光昭、萧山、周琰，邑人俞明菘、荣体仁、陈之纪、唐文运、王培元、觲尔敬、孟宗、孟边勋、黄陆、李墈，绘图者邑人范暹，协修者县丞张景衡，教谕尹士奇、杨昑，训导苏文辉、张伸，主簿顾之岑、刘思忠，典史姚廷会。

(民国)安次县志

乾隆十四年续修县志,捐资姓氏:

陈之纪　邑人,官杨村通判。

张君珂、郭仁化　诸生。

吴生麟、申茂牛　长洲布衣。

杨诏　大兴诸生。

赵世伟、刘芳举、王君宠、洪文、杨文奇　耆老。

邑令李光昭曰:"东邑修志之举,余首捐俸五十金创始焉。阖邑衿士一时慕义者颇众,余甚乐之。厥后克践其言者,几不及半,尚不敷剞劂之用。余复捐俸百念①余金,始克竣事。其捐资八两以上者,屈指得十一人,不忍湮没,录于书尾,余则不能悉载也。其间一时踊跃,继而沮悔者有之,身与其事收捐归私囊者有之,姑置之不议不论之列,扬善隐恶,修志之例宜然也。"

谯门钟。相传前明农妇饷耕早起,闻地下钟声隐隐,乃掘得之,悬于谯楼之上。嘉靖间,不击自鸣,邑令怪其不祥而弃之,其鸣如故。后令复建楼以悬之,迄今数百年来未尝复鸣。每日司阍者掌之,暮击晨撞,其声清越而不杀,顺风可闻二十余里,盖器之精良者也。款镌"太安二年造",考北魏文成帝与辽道宗时,俱有太安年号,玩其形制色泽亦不甚古,疑为辽时物。《潜岩笔记》。

太宗时宋白、贾黄中、李至、吕蒙正、苏易简五人同时拜翰林学士承旨。扈蒙赠之以诗云:"五凤齐飞入翰林。"其后,吕蒙正为宰相,贾黄中、李至、苏易简皆至参知政事,宋白官至尚书,老于承旨,皆为名臣。《归田录》。

扈蒙应制后苑诗云:"微臣自愧头如雪,也向钧天侍玉皇。"上和以赐。《玉壶清话》

---

①　念:"廿"的大写。

"柳苑春深百草芳",扈蒙句。见《后村千家诗》,全首不可得矣。

赵寿三茂才彭龄,光绪初尝拟续修邑志,惜未成书,求其遗稿,仅存《列女续志》。据以入志,约得百人。当时采访者,为邑庠生黄澍,附贡生解兆章,附贡生马庆连,邑庠生李纯懦,邑庠生赵琛、信承铨、党凤翔、黄德①树,武清诸生李继绪也,不敢没人之长,附志于此。

顺天府东安县,河水暴涨,居人见水中有物,如蚊龙而目赤色,后有白马随之,目亦赤,随涨徐去。《池北偶谈》

乾隆癸巳六月,金川木果木之难,文臣死事者二十有六人。北人孙勖堂外,为常理斋纪②,承德人,丁丑进士,官四川崇庆州知州;倪鹏,临榆人,官布政司照磨;罗载堂,宛平人,官合州吏目;周国衡,宁河人,官秀山县主簿;许济,东安人,官纳溪县典史③。同遇害,而勖堂、暨常君死尤惨烈。见王兰泉司寇慰忠祠碑。《红豆树馆诗话》

京师收藏之富,清初无逾孙退谷者。盖大内之物经乱皆散逸民间,退谷家京师,又善赏鉴,故奇迹秘玩咸归焉。有客诣之,退谷必示数种。留坐竟日,肴④蔬不过五簋,酒不过三四巡,所用皆前代器皿,颇有古人真率之风。《云自在堪笔记》

退谷园居在前门琉璃厂之南,有研山堂、万卷楼,于西山水源头有岁寒

---

① "德"合刊本"民国志"误作"得"。
② 常理斋纪:常纪,字理斋。
③ "史"合刊本"民国志"误作"吏"。
④ "肴"合刊本"民国志"误作"淆"。

堂,入冬则居之,其中杨补之画竹,赵子固水仙,王元章墨梅,吴仲圭松泉图,以八十之老婆娑其间,名曰:"岁寒五友"。《云自在堪笔记》

盐山刘芙裳明经庆集,官东安训导。日尝欲为士子建筑公寓,以为诸生讲约读法之地,阖邑诸生多乐成之,捐资者甚众。乃卜地于城内南街,拟订规则,并商请邑宰,云:"将来诸生如有民事讼诉,拟由学署转传到案,以示尊重士子之意。"杨令柄谦赞成其说,惜不久调任。继其后者为石赓臣。石,铁岭人,目不识丁之猾吏也。莅任后,专以摧抑士气为能事,反对前议,乃诬构虚词上之京兆尹,其事遂不果行。时在光绪戊子岁也。

独携一壶酒,不问路遐迩。
信步入南村,行傍碧溪水。
春风吹我衣,春泥着我履。
红杏开满林,引我醉芳醴。
独酌杏花前,醉倚杏花眠。
庄周化蝴蝶,梦中栩栩然。
酒醒不知身何托,起来直欲簪红萼。
收拾布袋归去来,杏花片片随风落。马志恒《南村看杏花歌》。
志恒年少嗜古,此次修志钞写多出其手。

唐韦处厚《翰林学士壁记》言:"禁林之材用备矣。"迄朱梁而下,以大材登大用者比比而去,此不能录。今略纪数公事迹,以表世不乏贤也。谨厚则窦仪、李怿、徐台符、吴承范,典丽则李瀚、陶谷、张沆、商鹏、鱼崇谅、扈蒙。蒙以仲弟载先直禁署,未几即世①,蒙继入焉。泪居两制,出处仅三十年。尝预

---

① 即世:去世。

修五代史，至于衰耄，颇倦直形于词色。后以工部尚书解职，不数月而逝。《翰苑群书·续翰林志》。

《地形志》：安次县有故苌乡城。苌，即常字之转。○《方舆纪要》：常道城在旧州头西五里。郦道元曰："故乡亭也。"三国魏燕王①宇之子璜，封常道乡公。甘露五年，司马昭迎立之。又晋司空刘琨尝守此以据②石勒，北魏主宏封字③文英为常道乡公，皆此地。《新书·地理志》：昌平，贞观二年，以松漠府部落置，侨治营州之静蕃戍。七年，徙于三合镇，后治安次之故常道城。○《旧书·地理志》：昌州，贞观二年置，领契丹松漠部落，隶营州都督府。万岁通天二年，迁于青州安置。神龙初，迁隶幽州，领县一龙山。

清学部图书馆方志目天启《东安志》存二至六，五卷一册，知县邱民仰修，天启刊本。康熙《东安志》十卷四册，知县李大章修，康熙十六年刊本，自序。乾隆《东安志》二十二卷六册，知县李光昭修，乾隆十四年刊本，自序。

前明庄田有古采地之遗意，自王侯驸马、勋戚大臣皆有之。英、宪、武、熹以来，管庄官役肆行吞噬。凡民田之邻近者，悉强占以去，而额粮未尝减也。其后侍御俞胡诸公相继丈勘，略为清厘，民困稍苏。今考庄田之在东安者，计十七顷④。未央宫田三百一十九顷八十七亩八分九厘，又指挥李伟田八十五顷三十五亩六分，永清公主田八十七顷四十九亩，永安公主田九十七顷三亩，后改仁孝恭圣夫人田五十五顷八十七亩五分，英国公田一十三顷六十七亩，镇远侯田二顷四十亩，太宁侯田一十一顷，安平伯田二十七顷一十六亩四分，

---

① "魏燕王"合刊本"民国志"误作"燕魏王"，字序颠倒。
② "据"字误，当作"拒"。合刊本"民国志"此处亦误作"据"。
③ "字"疑为"宇"之误。合刊本"民国志"此处亦误作"字"。
④ "顷"疑为"项"之误。合刊本"民国志"此处亦误作"顷"。

（民国）安次县志

惠安伯田六十二顷一亩，嘉祥公主田二百二十一顷三十亩二分二厘，顺义府仪宾田五十八顷三十六亩，锦衣卫指挥田六顷，隆善护国寺田一顷八十四亩四分八厘，坝大马房地二百三十三顷一十八亩九分九厘，坝北马房地一十五顷四十六亩三厘八毫，收马草场地田十一顷四十四亩一分。旧志。

朱明时代有里马法，孳生马，辄派养里民，计数二千四百三十八匹。自永乐间始，至景泰改为寄养，养马一匹，免粮六十亩。每里置群长、兽医各一人。倒失一匹，征银二十两。夫马有死亡，岁有丰歉，歉年徒有免粮之名，马价实受追赔之累。嗟乎！此即宋王安石所行之保马法也。积日累年，欠项积至巨万，追呼鞭扑之状痛甚剥肤。至嘉靖间，上亦悯之，始行豁免。其后御史吴奏除马六百零八匹，又御史顾奏除马九百九十匹，其未除者尚养民间。直至清初，此弊始革。旧志。

考旧志，名列《乡贤传》者，凡二十六人，今录于此。五代吕琦、扈载，宋扈蒙、吕余庆、吕端，辽韩延徽、杨晳、韩绍芳，金刘徽柔，元李士瞻、李延兴，明施礼、纪谆、李侃、施纯、周尚文、孟旭、吴栋、张文举、刘体乾、李锡、邵鸣岐、施为霖、黄宗周、福文明、许复礼。

《东安县图志》佚，卷数、撰人无考，见《文渊阁书目》。

张文举《东安志》佚。文举，嘉靖辛卯举人，官至郑州知州，创修县志，未及刊行。《辽史拾遗》卷十四引之。

赵玉《顺天府志·乡贤表》作大兴人，《大清一统志》作幽州安次人，今据以入志。

李蓉姑,邑之马头村人。今村北里许,其墓在焉。光绪《顺天府志》作文安人。盖沿《蝶阶外史》之误也。

胡谅,字允夫,腾骧左卫籍。成化戊戌进士,官工部侍郎。见《顺天选举志》。今其墓在县境马圈村西南里许。

中华民国三年安次县新修县志助款姓名录

计开

安次县知事贵州熊济熙助银洋贰拾元。
前安次县知事四川周如镄助银洋肆元。
大城县刘钟英助银元捌元。
霸县冯复光助银洋贰元。
永清县王天民助银洋贰元。

安次县

前议事会参事会助银洋叁百元。
马骧助银洋贰拾元。
张培纪助银洋贰拾元。
张恩波助银洋拾肆元。
解锡樾助银洋拾元。
解光爔助银洋拾元。
耕心堂何助银洋拾元。
马骍、马钟岱助银洋陆元。
杨毓棻助银洋伍元。

黄万荣助银洋伍元。

倪鹤清助银洋伍元。

马元熙煦助银洋肆元。

马鸿翔翰助银洋肆元。

阎学忠助银洋肆元。

李振权助银洋肆元。

邵蓝玉助银洋肆元。

孙家秀助银洋肆元。

王郁斋助银洋肆元。

张雅轩助银洋肆元。

赵得魁助银洋肆元。

孙学彦助银洋叁元。

信书年助银洋叁元。

以上共银洋肆百捌拾叁元。

王其晶	段俊臣	魏华麟	王绍文	谢振镛	凌瑞祺	张之铭
王梦樵	王廷祥	王理臣	张文熙	曹惠轩	刘恩溥	邵仁任
曹万邦	路国璋	魏昭明	张耀章	邵和林	周 京	赵秉芝
赵秉贤	张楚翘	赵秉兴	谢荣翰	陈毓琦	李树铭	王瑞麟
周绳武	刘广绪	信承宪	许宅三	倪瑞清	倪玉璞	孟文源
赵廷桂	张德元	陈廷俊	韩玉明	孟景云	孟景芳	孟景山
绪 文	国宝三	汪存信	宋国桢	孙德全	周向辰	高振基
叶书田	靳国忠	王怀春	赵福发	王守清	李怀邺	张云龙
曹秉珍	崔步瀛	李福堂	宝刘氏	刘 铳	尤汝翼	强一清
马有安	周恩敷	庞吉廷	刘秀岩	张学易	扈天锡	郑芳兰

张秉玉	田少卿	马 岐	王振荣	冯锡光	王德华	仇德修
仇德辉	张 琳	张作霖	王文元	高振声	张有明	郭连玉
董 维	董振纲	张廓如	娄辅延	郭辅臣	马春亭	张绍陵
魏少峰	李锡三	刘国南	张绍河	冯广玉	赵宝贤	冯 俊
郭清芬	李万荣	杜 荣	冯作民	郭从龙	孙家荫	赵 禄
孙家彦	孟连捷	赵 祥	杨受衔	庄恩荣	张兆熊	姚文艺
侯玉田	寇占雄	陈鸿慈	姚文蔚	王鹤鸣	姚文敬	陈殿雄
陈连仲	姚文荫	王 臣	周天福	萧 荫	韩国祥	曹克祇
焦荫清	李文林	侯明诚	韩树椿	王连科	李士英	李长庚
曹克俭	祖鸿宾	李文鳌	康绍绪	周英俊	王进臣	金宝善
郭为章	张钟鑫	黄有珍	赵汝枏	徐广仁	赵德恩	孙德元
韩广武	韩长泰	刘树德	张耀洪	王文焕	孙嘉祚	岳云龙
王广居	杨同楫	张培绅	高善和	赵允岐	刘海清	张殿伦
崔振铎	李文镜	王致堂	张文郁	郭鸿藻	马振三	邢奉璋
窦占元	沈 锜	赵秉清	龙凤岐	林振基	刘体贞	陈玉田
崔傅礼	王振勋	郝文明	张子滨	朱朋年	萧文彬	王志武
李云章	武仲全	冯连升	南兴焕	王宪德	侯德庆	王克勤
王 镜	陈景舜	赵廷班	马立群	王景春	单鸿文	张凤山
刘庆邦	张玉琨	王国恒	刘庆恩	崔云汉	单连茹	刘 昇
张桂山	何绍齐	陈宝贤	陈 珂	孟 湘	孟广居	解锡田
赵善成	张海于	刘玉树	陈宝忠	孟继昌	孟广照	吴橘昌
解锡祚	安毓槐	张宝顺	解光伯	赵怀珠	庞警轩	张殿元
齐占鳌	张子华	李振铎	田宝兰	王国选	李廷栋	马树椅
马 械	马庆选	马树枏	马鸿钟	马树桢	马元煋	马 榘
马元焕	刘树柏	陈 钧	陈振昌	王 绅	于宪章	于家训

(民国)安次县志

李殿鳌　王振军　卢永棣　仇绍先　郑殿魁　曹国霖　马丕补
孟继武　王　鉁　何同杰　王汝淮　张缉熙　张国珍　王祖植
王炜曾　张瑞亭　江树珊　汪树珍　田凤怡　王汉臣　姜振雛
崔　坦　孙复龄　张书绅　汪树圩　刘振常　赵连城　田继兴
孙克让　王永庆　吴继善　刘桂麟　王立纲　石玉田　张毓秀
赵　彤　李逢春　田凤岐　孙志清　徐廷兰　吴进才　张揆杰
姬元和　张广田　丁耀武　张景堂　张立纲　赵秉桂

马圈合村　前所营合村　东张务合村　南史务合村

桃园合村　宗史务合村　扈史务合村　村合村

宋王务合村　左奕合村　景村合村　西得胜合祠

王庄西牌　王庄中牌　王庄东牌　后罗屯公中

响口刘公中　响口福音堂　于隄公中　邵庄合村

得胜口合村　得胜口王氏合族　里狼城合村　外狼城合村

送流口合村　九家堡合村　下官村合村　东沽港合村

王家堡合村　磨叉港合村　十二号合村　邓家场邓氏合族

堤上营宝德堂　辛店合村

西马圈初小学校　民庐村初小学校　史庄初小学校

高家庄初小学校　大郑庄初小学校　马头镇初小学校

大益屯初小学校　葛渔城初小学校　甄庄村初小学校

淘河解氏族立初小学校　白家务村初小学校　萧家务初小学校

以上各助银洋贰元,共银洋陆百柒拾捌元正。

倪廷彦　谢　藻　韩成荣　李成秀　于明哲　仇连科　胡玉玲
于宝璋　刘济川　刘　钊　李成名　徐开甲　王　增　姚光宇
邵祖诰　齐文龄　徐成恺　赵汝梅　侯玉德　林福全　王廷献

马树龢　马丕典　刘光鑫　马　棐　马光伦　王彦宗　王耀兴成

陈绍武棠　解承玺　尹国霖　张庆祥　王　金　张廷襄

东庄窠合村　小营合村　王家圈合村　马道口合村

褚河港合村　黄家堤合村　徐家民地合村　榆树园合村

霍家场合村

以上各助银洋壹元，共银洋肆拾叁元正。

孟继效、曹金楹、李树桐合助银洋贰元。

冯希铭助银洋伍角。

范德奎助铜元伍拾枚。

张濬源助铜元伍拾枚。

以上共助银元贰元伍角，铜元壹百枚。

以上统计共助银洋壹千贰百元零陆元伍角，铜元壹百枚。

安次县旧志四种合刊缘起

民国二十三年冬，东光王崑璞明府来摄县篆，召开县行政会议。未几，成立筹印旧志委员会，推毓琦等十人为委员，共策进行。事关吾邑文献，谊不容辞，遂相与黾勉从事。时历岁余，先后开议若干次。乙亥冬初，始获次第，付诸剞劂焉。其天启、康熙两志，系据北平图书馆本，清学部旧藏书也。而天启志巳[①]非完本，只存卷二至卷六，康熙志卷十亦首尾残缺，且两书并有漫漶处，苦无他本藉资校补，只可抱残守阙耳。乾隆志则据马氏味古堂藏本。民

---

① "巳"字误，当作"已"。合刊本"民国志"此处亦误作"巳"。

国《安次志》复经本志总纂马仲莹氏校补数十事，盖视原编略增矣。爰志合刊四志筹备始末，愿为来者告云。

中华民国二十四年十二月，陈毓琦行之、张文熙敬伯、崔传礼立斋、侯玉田子蓝、解汝霖恩溥、黄端景吕、曹乃康子安、郭鸿群幼芝、曹乃疆扩封、马敦文质民同识。

跋

有明嘉靖中，乡先辈张公文举尝创修邑志。至万历癸未，邑侯云中阮竹江明府始取其稿本，略事厘订，付诸剞劂，是为吾安次有志书之始。顾是书，今不可得。清代惟厉樊榭《辽史拾遗》卷十四曾引用之。余近考公私各家书目，亦未见著录。或当日印书不多，殆已散佚欤！天启志残本存卷二至卷六，天启甲子刊。康熙志十卷，康熙十六年刊。二书乃借钞于北平图书馆者，旧为清学部图书馆物，即内阁大库移藏本也。虽有漫漶缺卷而孤本仅存，亦亟需刊播者也。乾隆志即据余家藏本，并余主编安次志，经余重加校订汇而刊之。计《艺文志》内外编，补文五首、补诗十五首。赵宽诗系同名吴江人所作，当日误收，今删去。余如地理、职官、选举、人物各表，志中悉有增补订正处，凡得四十六事云。余昔年修志时，亦有重印旧志之拟议，兹诸君子，考献征文，卒偿宏愿。余幸观厥成，其欣慰为何如乎！蒙尝病前志于历代人物不无挂漏，曾补传多篇，皆钩稽群籍而成，惟当时未及逐条一一注明出处，至今引为憾事。又旧志人物往往不详里居何村，窃不谓然。凡余所确知者，罔不补入传中，特附及之。

时中华民国二十五年乙亥祀灶夕　仲莹马钟琇　时年五十有五

附录一

四种合刊本所增补之选举志①

明

马继文　由制敕房,累官太仆寺卿,加工部右侍郎,兼司经局正字,侍经筵,修国史玉牒。

马　键　由制敕房,任礼部仪制司员外郎。继文之孙。

徐可成　由神乐观道士,累官礼部侍郎。

黄　铎　钦天监天文生,升五官灵台郎。

潘一元　钦天监承德郎。

潘一中　钦天监监丞,升南京钦天监监正。

清

陈之纪　由监生,任杨村通判。

段　扶　由监生,捐职任四川吏目。升云南照磨。

邵世球　由附监,捐职授主簿,直隶河工效力。

陈　铎　由监生,捐授州同,直隶河工效力。之纪之子。

以上诸人"乾隆志"列入"文宦",仍据录之。

明

刘应元　万历间授侍御将军。

清

高承业　由若②总,升文安县守备。

---

① 1914年印"民国志"未录以下诸人,系合刊本"民国志"依清刻"乾隆志"所增补。详见合刊本"民国志"卷四《选举志》卷末。

② "若"字误,当作"千"。

(民国)安次县志

贾守志　由行伍,任大兴县马驹桥千总。

以上诸人"乾隆志"列入"武选",今照录之。

四种合刊本所增补之艺文志

李守成改名延兴

大元故翰林学士承旨荣禄大夫
知制诰兼修国史楚国李公圹志①

公讳士瞻,字彦闻,世居河南荆南。曾祖讳之敬,赠荆湖北道宣慰使都元帅。祖讳文亮,赠太常礼仪院使,俱追封楚郡公。父讳寿椿,赠河南行中书平章政事,追封楚国公。曾祖妣陈氏、祖妣张氏俱追封楚郡夫人,妣郑氏追封楚国夫人。公幼英敏好学,应度支卿柳嘉辟为知印,非其志也。尝中大都路进士第,为万亿广源知事,中书举为椽,历刑部主事,升员外郎、枢密院经历,出佥山南宪,入为吏部侍郎,迁户部,行永平总管府事,升本部尚书,出督福建海漕,以功就拜福建行中书左丞,召入参议中书事,进参知政事,一年,入翰林为学士,阶升荣禄大夫,迁辽阳行中书左丞,再入为中书参政,改枢密副使,拜翰林学士承旨,进封楚国公。公生皇庆二年二月一日,至正二十七年十一月二十七日以疾终于京师明照里第之②,正寝春秋五十有五。十二月三日,葬大兴县。腊八之原娶何氏,武略将军、提举何斛之女,封楚国夫人。子男四人守成、守恒、守岘、守岷。守成登进士第,户部司计官。守恒辽阳等处行枢密院断事府经历。守岘太尉府椽。守岷国子生。孙男一人,尚幼。孤子守成等泣血谨志。荣禄大夫、太常礼仪院使陈祖仁填讳。

---

① 1914 年印"民国志"无此文,系合刊本"民国志"所新增。详见合刊本"民国志"卷八《艺文志内编文》。

② "第之"字序颠倒,当作"之第"。

李伸

经济文集序①

家君旧传先曾祖翰林承旨楚国公所著文集,题曰《经济》。盖当时大夫称美,其才德足以经邦而济世也,故以之而名其文焉。然其平生所为诗文、所上章奏,至为不一。烽火之余,仅存什一于千百中耳。今去先曾祖之没垂百年矣,家君收其遗文,于家不异万金之重也。顷者,伸取而读之,其简间为蠹朽,其字多致缺。惴惴焉,以不能久传是惧。辄用誊其旧本而重为新帙,各分其类。于以昭先世之德业,于以俾后人之继承也。曾祖之姓名载于《元史》,述于行状,兹故不赘。

正统九年,岁次甲子后七月之吉,曾孙伸顿首百拜,谨书。

张文举

东安县志约②

东安县志无成书,非无能成,亦非无可成也。自昔之英贤词翰,光焰炳焕,至今尤盛。至于天地融结之气,无时无处无之,而万事万物出焉。但人情每以首事为嫌,孰肯以自用自专自处也哉?夫天下之事固有为之不可,推之不可,君子知义不容已,深以宣朗人文、昭明训典为念,崛起冒不韪之名,而肆力其间,则夫閧③气高声,欣然称快,自天理人心所当发者。况吾侪生而相遇于一时,遇而相聚于一方,此百年不偶之期,能以士儒自名,必当以文献自任,尚欲谁之诿耶?凡有考证于书史,闻见于父老,自得于精神心术之运者,送稿到日,少缀进修,争先济美,各勒于分门析类之下。如纸短事多,重粘飞帖于

---

① 1914年印"民国志"无此文,系合刊本"民国志"所新增。详见合刊本"民国志"卷八《艺文志内编文》。
② 1914年印"民国志"无此文,系合刊本"民国志"所新增。详见合刊本"民国志"卷八《艺文志内编文》。
③ 閧(hòng):喧闹。

上,填注发回,以速诸家传致遹观厥成,庶不虚延时日。或不拘迟蚤任意添送,亦无不可。前后序跋,尤拳拳以俟高明君子,然采之不可不博,约之不可不精,取正大方家直笔之下,必有至当归之之说也。夫志以藁名,他日作者幸摘取一二,勿深弃焉,是望云尔。

马鸿翱

族叔祖颉云公家传①

公讳骧,字子龙,号颉云,安次马氏。明永乐中,迁九省大姓实畿辅,先世始自金陵,徙居安次县之得胜口村。曾祖慎铭。祖玉瑞。父庆恩,岁贡生,候选教谕,笃守程朱义理,著有《四书辑评》《畿辅书征》,有传。公家素封②,乐施与,赋性聪慧,为文如素构③。清光绪三年丁丑,童试冠军,科岁试屡取优等,廪于学官。己卯、壬午两试秋闱不售,乙巳贡成均④,例得州判,不求仕进,以次子钟琇官比部,晋封中宪大夫。壮岁豪于饮,因酒致疾,遂弃帖括,独居一室,犹手不释卷,吟哦其中,著有《竹荫斋集》。公热心公益,培植后生不遗余力。辛丑,国家变法,丙午岁自立乐群学校,不收学费,不藉公家补助二十余年,卒业者众。京兆尹王公以"嘉惠士林"匾额奖之。民国六年,清河决口,邑南褚河港村地势卑下,一村多不举火者,公出资赈之。十三年,霪雨为灾,吾乡一带都成泽国,公又捐助银币千元周给之。附近廿余村公送"救灾恤怜"匾额以彰义行。十九年二月十二日,以疾卒于里第,春秋七十有七。公中岁后,笃志佛学,写经造像,遍于一堂,素衣蔬食,以药饵自卫。接待乡里后辈,屈己下人,卑以自牧,人皆以长者称之。配曹恭人,先公九年卒。子五,钟

---

① 1914年印"民国志"无此文,系合刊本"民国志"所新增。详见合刊本"民国志"卷八《艺文志内编文》。
② 素封:没有官爵封邑的富豪。
③ 素构:犹宿构。谓预先构思、草拟。
④ 成均:西周的大学。唐高宗时,曾改国子监曰成均监,故后人亦有称国子监为成均者。

琦贡生；次钟琇仲莹北洋法政学生，前清法部主事，民国众议院议员，公府顾问，叙简任职；钟璞嗜元曲学。

李延兴

卖花①

风送卖花声，花香扑珠酒。买尽担头春，半是青楼妇。

刘滙森字莲舫，明尚书刘体乾后裔也。受业于永清诗人李九鹏。以优贡生历任河间县训导，井陉、东光、任丘等县教谕，滦州学正，湖北大正关监督，瀛洲书院及毛公书院提调。光绪九年，官终河间府教授，年五十七。其门下士前总统冯国璋曰："先生之秉铎也。"诸生因公趋谒者，必为设馔樽酒，论文娓娓不倦，晚则设榻以留之。于诸生之寒素者，时分清俸以恤之。及卒于任所，郡中人士为服心丧，至归葬日，有奔走数十里相送者。又河间门人马瀚文曰："光绪初，唐河水患历七载，先生为郡邑民查户口、放赈粮，分送各邑耕牛、织器途阻，舟车行泥淖中，不惮劳瘁也。"

癸亥冬湖北大关署夜不成寐②

晚卧江干上，湖声入耳清。渔灯排两岸，光照夜波明。

毛公祠河间三十里铺③

《诗经》笺注尚毛亨，庙祀千秋俎豆荣。佳话至今传海内，瀛洲私淑重先生。

---

① 1914年印"民国志"无此文，系合刊本"民国志"所新增。详见合刊本"民国志"卷九《艺文志内编诗》。
② 1914印"民国志"无此文，系合刊本"民国志"所新增。详见合刊本"民国志"卷九《艺文志内编诗》。
③ 1914印"民国志"无此文，系合刊本"民国志"所新增。详见合刊本"民国志"卷九《艺文志内编诗》。

癸亥十月中旬赴湖北黎明过十二连桥①

十二桥边客路忙,虹腰迤逦着新霜。一弯残月西风里,为照行人助晓装。

癸亥客于荆宜施道署中有感而作②

呢喃紫燕莫云微,抱信年年待社归。愿得主人有王谢,依依常傍画梁飞。

在湖北大正关夜闻风雪作③

鹳鸣霜雪打窗栏,卧听萧萧五夜寒。起视渔灯犹未息,湖声人语杂江干。

甲子正月十三日风雨极寒感作④

未及灯风试,先闻宿雨潜。一身栖楚地,两眼望燕山。

白日谁能返?青阳听自闲。嗟哉兰在谷,骚客不相关。

戊辰十一月过山海关⑤

单车万里赴辽中,峻岭崎岖度几重。

自古莺花边地少,可怜惟见数株松。关东有可怜松在石上生。

在广宁登医巫间山句⑥

医巫高耸白云环,旅道崎岖策杖艰。

---

① 1914 年印"民国志"无此文,系合刊本"民国志"所新增。详见合刊本"民国志"卷九《艺文志内编诗》。
② 1914 年印"民国志"无此文,系合刊本"民国志"所新增。详见合刊本"民国志"卷九《艺文志内编诗》。
③ 1914 年印"民国志"无此文,系合刊本"民国志"所新增。详见合刊本"民国志"卷九《艺文志内编诗》。
④ 1914 年印"民国志"无此文,系合刊本"民国志"所新增。详见合刊本"民国志"卷九《艺文志内编诗》。
⑤ 1914 年印"民国志"无此文,系合刊本"民国志"所新增。详见合刊本"民国志"卷九《艺文志内编诗》。
⑥ 1914 年印"民国志"无此文,系合刊本"民国志"所新增。详见合刊本"民国志"卷九《艺文志内编诗》。

虎啸崖头奇石卧,龙吟谷口老松闲。山上有石虎又有万年松。

天门已过疑无路,古庙行经又一弯。山上有石天门,过去即上关帝庙。

更有石棚泉上泻,令人那复忆尘寰。山上有洞如棚,俗名为石棚,上边有泉,泉自棚上下注。

马庆恩

晚眺①

特欲问仙源,苍茫接晚村。数家通行里,暝色护柴门。

马溪清

题赵英三清彦画寒月梅花团扇 同治甲子溽暑为楚江四弟作②

溶溶清梦幻罗浮,点逗新妆着色幽。烘出一轮明月影,美人常在镜中游。

吴承业 字述之

题宝坻李朴园③光庭《吉金志存》④

昔曾梦古佛,前列多古物。醒来半遗忘,中情时勿勿。谪仙沽酒适开筵,醉余示我《吉金编》。依稀所见符宿景,虚监眼神名之福岂偶然。更知宝此亦非偶,前有永叔今朴叟。欧阳集古能避疟,先生集古成独乐。独乐何如与众同,形形色色纷呈容。数之不胜数,名之难骤名。文字离奇不可辨,但觉栩栩十指烟云生。吁嗟乎!先生之寿未满百,零星古癖谁偿得?少昊迄今数千载,

---

① 1914年印"民国志"无此文,系合刊本"民国志"所新增。详见合刊本"民国志"卷九《艺文志内编诗》。
② 1914年印"民国志"无此文,系合刊本"民国志"所新增。详见合刊本"民国志"卷九《艺文志内编诗》。
③ 此诗为东安吴承业为李光庭《吉金志存》所作的题句。1914年印"民国志"无此文,系合刊本"民国志"所新增。详见合刊本"民国志"卷九《艺文志内编诗》。
④ 《吉金志存》:一部介绍古钱币、青铜器礼器、车马器、古印、砖砚等的金石类著作。凡所收录古器物皆摹刻图形、铭文,每器附有考订文字及释文。清李光庭辑,共四卷。

（民国）安次县志

盛衰几度成沧海。留此浮沉石铁铜，风霜剥蚀将无乃。酒之筹，诗之料，鼎食盘餐从所好。只愁蚨去不飞来，犹虞膺者将真冒。还将此意质先生，先生掀髯一长啸，何人能解其中妙？

吉金罗列数家藏，有夏商周秦汉唐。品定呼儿好摹拓，他时梨枣不虚偿。

金去珠捐费几何，知君古癖尚多多。用南山先生赠公诗意
飞蚨惯引方兄友，续志还须我作歌。

马湘清

题赵英三画寒月梅花团扇①

月色无纤尘，梅花有风因。试从花下认，或者是前身。

梁右偓字药仙真人，官广文②。

两烈女行③

荣姑，东安县马头村李氏女，婢曰春华，姓陈氏，相依数年，视如姊妹行，春华亦尽心事主。荣姑幼字朱氏子，朱官于浙婿，随往十余年，音问断绝。女待字年逾三十矣。父母在时，抚育之。有兄无赖，略不过问。二老相继死，女饘粥不给，且患痿痹，仰婢十指为活。女兄以博债急，将鬻婢以偿，婢恋主不肯去，挞之，女护婢，并挞女，血狼藉不能堪。主婢谋曰："与其分离而死，何如并命之为愈乎？"夜相持大恸，密缀衣裈④，门临大溪，迟明偕往溺焉。

---

① 1914年印"民国志"无此文，系合刊本"民国志"所新增。详见合刊本"民国志"卷九《艺文志内编诗》。
② 广文：明清两代儒学教官别称。
③ 1914年印"民国志"无此文，系合刊本"民国志"所新增。详见合刊本"民国志"卷十一《艺文志外编诗》。
④ 裈(kūn)：有裆的裤。

友人手持烈女状,劝我试作烈女歌。我无表扬风义①如椽之大笔,对此涕泪空滂沱。东安蕞尔县,马头寥落村,轺轩不恒到,奇事喧里门。春华其名颍川氏,质身陇西供役事。主人有女字荣姑,姊妹相看无异视。荣姑幼结朱氏姻,朱郎随仕江之滨。锦字十年沉宦海,绿窗卅载虚芳春。不幸娇姿遘痿疾,翁姆就抚难起立。那有然须视药人,同怀经岁绝踪迹。堂前爱日沉虞渊,荣姑从此愁粥饘。但仰女红度长日,然萁煮豆仍相煎。惟有女奴如共命,十年不字扶姑病。卖珠归后问兴居,压线闲时亲祗奉。朝食低颜苦劝餐,夜眠拥被寒同梦。忽忽声阋墙,博债急索偿。谋夺执爨婢,质钱卖绢郎。薄言逢怒哮如虎,李阳老拳搥败鼓。病姑匍匐遮以身,扑地梨花碎春雨。大杖小杖何纷纷,杜鹃啼血血染裙。乡邻畏事各闭户,气竭声嘶如不闻。婢在姑迟死,婢去姑速亡。与其赍恨各分张,何如就死相颉顽。既不能如薛家红线走堂堂,又不能如侠女窃负偕远飏。厓门蹈海扶幼主,吾将追逐参翱翔。风许许兮云凭凭,天阴月黑枫林青。当门巨浪如山倾,水仙羽葆来相迎。主兮婢兮同一哭,回头犹见绣阁灯荧荧。诘朝②邻人各惊绝,奔集河干相指说。主衣鲜好密密缝,婢衣暗敝重重结。想见从容就义时,礼数不因造次灭。可怜一水镇空明,生者何颜死者悦。昔年我作钱塘游,曹娥祠庙临江头。岁时村巫奏弦管,我亦躬荐苹蘩羞。千有余载得匹俦,彼苍厚意君知不?假饶主姑无疾嫁,不过媵妾青衣流,孰若两两贞烈传千秋。

---

① 风义:犹风操,指人的志行品德。
② 诘朝:明晨。

(民国)安次县志

郑孝胥海藏苏堪①

马仲莹比部晏元献公遗集题后②

中园赋与五云记,元献之文足传矣。千古唯称《珠玉词》,二晏相辉真父子。仁和慈溪发幽光,安次晚出加张皇。人生遭遇如同叔,何用辞章较短长。

严修范孙

和马仲莹比部见赠元韵③

君家古安次,人杰地斯灵。洁似米海岳④,通于卢抱经⑤。岭南搜秘籍,沽上驻文星。独有天伦乐,归常侍鲤庭。

---

① 苏堪:郑孝胥字苏戡,又作苏堪、苏勘、苏龛,号海藏,中国近代政治人物。
② 1914年印"民国志"无此文,系合刊本"民国志"所新增。详见合刊本"民国志"卷十一《艺文志外编诗》。
③ 1914年印"民国志"无此文,系合刊本"民国志"所新增。详见合刊本"民国志"卷十一《艺文志外编诗》。
④ 米海岳:即北宋著名书法家米芾,时人号海岳外史。
⑤ 卢抱经:清代著名校勘学家、藏书家。字绍弓,号矶渔,又号檠斋、抱经,人称"抱经先生"。

附录二

民国二十五年四种合刊本卷首总序
安次县旧志四种合刊序

民国二十三年冬初,余奉命摄篆安次。下车伊始,深以县政条目繁多、彼此隔膜为病。欲统筹全局,权其轻重,审其缓急,以崇事功而恤民力,非征之地方文献,未易洞见其症瘕。爰于十二月二十一日召开县行政会议,邑中耆旧、各机关、各法团均函邀与会,举保卫、自治、财政、教育、建设诸大端,多有切实决议,次第推行。原任教育局长郭君鸿群等提续修新志、重印乾隆旧志两案。经公决,续修新志,组织文献委员会负责进行;旧志,凡民三以前,各志能访求者,悉与汇印,用光县粹。当推崔传礼、马敦文、黄端、曹乃康、郭鸿群、曹乃疆、解汝霖、陈毓琦、张文熙、侯玉田诸君子为筹印委员,并以郭君鸿群董其事。斯举也,诚余所跂望而不能必者也。原安次,自汉迄唐宋,悉未易名,元始改称东安州,明为东安县,清仍之,民国初年始复旧名。传闻县之有志,以明万历年为最早,迄今时代蜕变,已散佚靡考。天启、康熙二本,邑中已无存者,幸国立北平图书馆尚有藏本。惜天启志①仅余五卷,康熙志②亦有缺残,乾隆志③则邑中仅耆绅马君箸羲皮藏一部,民三安次志④历时虽近,存亦无多。爰裒四种,合而刊之,俾天启迄民国初元三百余年之地方沿革、风俗变迁赖以有征,又岂余初意所及料哉!余亟欲观成,初由郭君鸿群赴北平图书馆商托钞录,复由曹君乃疆及郭君赴平接洽刊印未谐,最后崔君传礼、黄君

---

① 指《(天启)东安县志》。
② 指《(康熙)东安县志》。
③ 指《(乾隆)东安县志》。
④ 指1914年版的《安次县志》。

端、侯君玉田、马君敦文及第三科长王君维藩同往续商,而议乃定。慨夫!年来谈新学者,竞尚欧美皮毛,对于地方志乘不屑一顾,遂致不合国情,几无所用。近始有倡导社会调查为建设乡村基础者,兹志保存安次社会资料甚夥,其于改善县政,裨补岂浅鲜哉!溯自创议迄今,历时一载,非诸君子热心地方文献,劳瘁弗辞,未易臻此。工将讫功,问序于余。余宰安次一年有余,愧无建树,幸睹兹志得底于成用,撮其颠末以为序。

中华民国二十四年十二月冬至前三日东光王文琳序于安次县政府

安次县旧志四种合刊序

余自东北沦陷,仆仆于关内者,已四阅星霜。此次出宰安次,既喜稍纾旅怀,且喜获展夙抱,与斯民共休戚。然言政者不察民俗之习尚,吏治之症结,则无由矫其弊而挽颓风于末世。然欲知习尚之所趋,症结之何在,尤非根据本县志乘,恐茫昧无从着手。盖县之有志,犹国之有史也。史载一代之兴衰,详而靡遗;志补一方之文献,信而有征,皆足以追往古勖来今,其旨渊哉深乎!安次为燕南文献之最著者,历汉唐宋元明诸朝,人才辈出。其以文德武功彪炳于霄壤间者,殆不可偻指计。及览志中所载,举凡山川、风俗、建置、沿革以及典章文物诸大端,靡不灿然俱备,益可见邑中耆老数典不忘之深意耳。惜于庚子之役,文献稍毁于兵火,令人莫窥全豹,不无感慨系之。虽此后续修,尚未绝响,旁摭博拾,究难免史有阙文之憾。余素谂县志之续断关乎文化之隆替,遂于下车伊始赓续王前任成议,召集各乡镇士绅推销旧志,续修新志。众皆善其事,且愿殚精竭虑以赴之。虽由余提倡之力,亦诸君赞助之功也。兹当旧志讫工,勉缀俚语于卷首,用志不忘云尔。

中华民国二十五年三月三日安次县长李德润序

安次县旧志四种合刊序

民国辛未、壬申之际,省檄征集志料。邑侯赵公菊人拟乘此续修新志,爰有征集志料委员会及修志局之设。而乾隆《东安志》已不可得，县人魏氏乃出其先人手钞本，介余献之县府。赵公恐其久而易失也，主捐资重印，并自捐百元为之倡，余由各机关职员捐助，将来售价，全数作为修志经费。惟钞本有缺叶及讹夺字，赵公属余校对。适赵公受代将去，以所捐百元存之官银号，又自撰重刊钞本乾隆志序文以付余。意谓书之成，特指顾间事耳。其后，乃以种种关系迟未付印。赵公莅故城任后，曾手书询问而无以应也。越岁甲戌，今县长东光王公召开县行政会议议决，以四次续修志，搜集善本，合并付印，组织重印旧志委员会负责进行。时历岁余，开会若干次，推代表赴旧都商印又若干次，王县长并捐廉五十元以助之，遂于乙亥之冬订定合同，观成乃有日矣！盖成一事，若斯之难也。虽然，此次重印旧志四种，其天启、康熙两志，钞自北平图书馆。天启志只存卷二至卷六，乾隆志为余老友马君箸羲家藏初印本，有经箸羲校正之处，如《王二传》原本缺文若干字①，箸羲据家藏足本《寄园寄所寄》补之之类，尤原撰人所屡求而不能得者。见本志《王二传》后原撰人按语。民三《安次志》即箸羲主撰之初印本，亦有校补。迁延四载，竟得蔚成巨观。余忝获始终其事，爰述其变迁概略，以见谋始者如彼，而成功也若此。是岂初议所及料哉！

乙亥冬至前七日邑人张文熙

---

① 此处原文作"干字若"，为排版失误，应作"若干字"。

后　记

《(民国)东安县志》，刘钟英、马钟琇等纂修。

刘钟英，河北大城县人，前清拔贡。

马钟琇，安次县人。

安次县志自清乾隆朝纂修后，百余年间未曾续辑。1914年，县名从"东安"恢复古名"安次"后，县议会推举刘钟英、马钟琇总其责、专其事，取旧志变通其例，并于当年付梓。

该志十二卷，共九门四十六目。

1936年，王文琳任安次县县长，亲自筹划《安次县旧志四种合刊》的结集出版，以努力发挥县志中丰富翔实的历史记载对于建设乡村和改善县政的裨补作用。

《安次县旧志四种合刊》结集出版了安次历史上保留下来的四部旧志，包括《(天启)东安县志》《(康熙)东安县志》《(乾隆)东安县志》和1914年版的《(民国)东安县志》。其中，《(天启)东安县志》《(康熙)东安县志》和《(乾隆)东安县志》是依照明清刻本重刊，而《(民国)东安县志》则由初纂者马钟琇总负其责进行了大幅度的修订。其间，"八景诗纯构虚词，最为陋习"，被一概删去；"名臣奏议关系国家治乱嘉谋硕画"，则备载无遗，可谓颇多改动。此次整理校注中，以1914年原刊本为底本，合刊本中重刊之《(民国)安次县志》的增录与删节情况，俱在当页注文中进行了简要说明，具体增录之文本则收入书末《附录一》，以供博雅君子之考鉴。

该书的整理，历时将近两年。在校注过程中，得到了著名明史专家南炳文先生的悉心指点，也得到了安次区方志办刘化田老师的热情鼓励。另有一

后　记

干学友、孙航、白丽萍、吴文杰、司华起、崔士凯、刘小侠、王艳红、刘晓兹、张海强、高美琳、张晓婷等,或帮助录入文稿,或协助校对文字,为尽量减少整理本中的遗憾做出了很大贡献。而廊坊师院领导、安次区领导的大力支持,更可谓雪中送炭。这些都成为支撑我们一路走来的动力,值此校注整理成果即将面世之际,谨向所有帮助过我们的领导、前辈和朋友表示由衷的感念!

本书的出版工作得到了安次区委宣传部的鼎力支持,特此感谢!

（**本书为作者 2019 年承担的河北省社会科学基金项目**,**项目编号**:HB19LS004）

金久红

2019.7.28